Mark Zahel

Wilde Wege
Allgäu – Lechtal

50 ausgewählte Touren

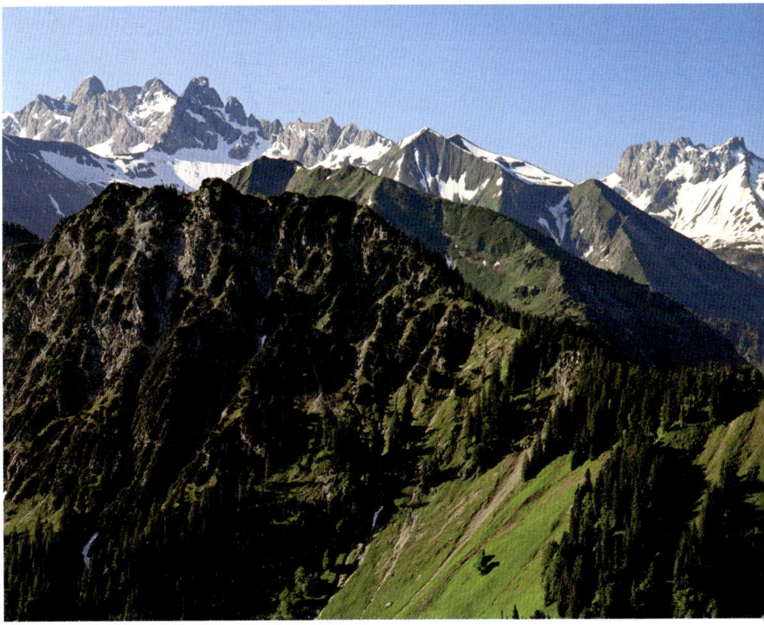

ROTHER
BERGVERLAG

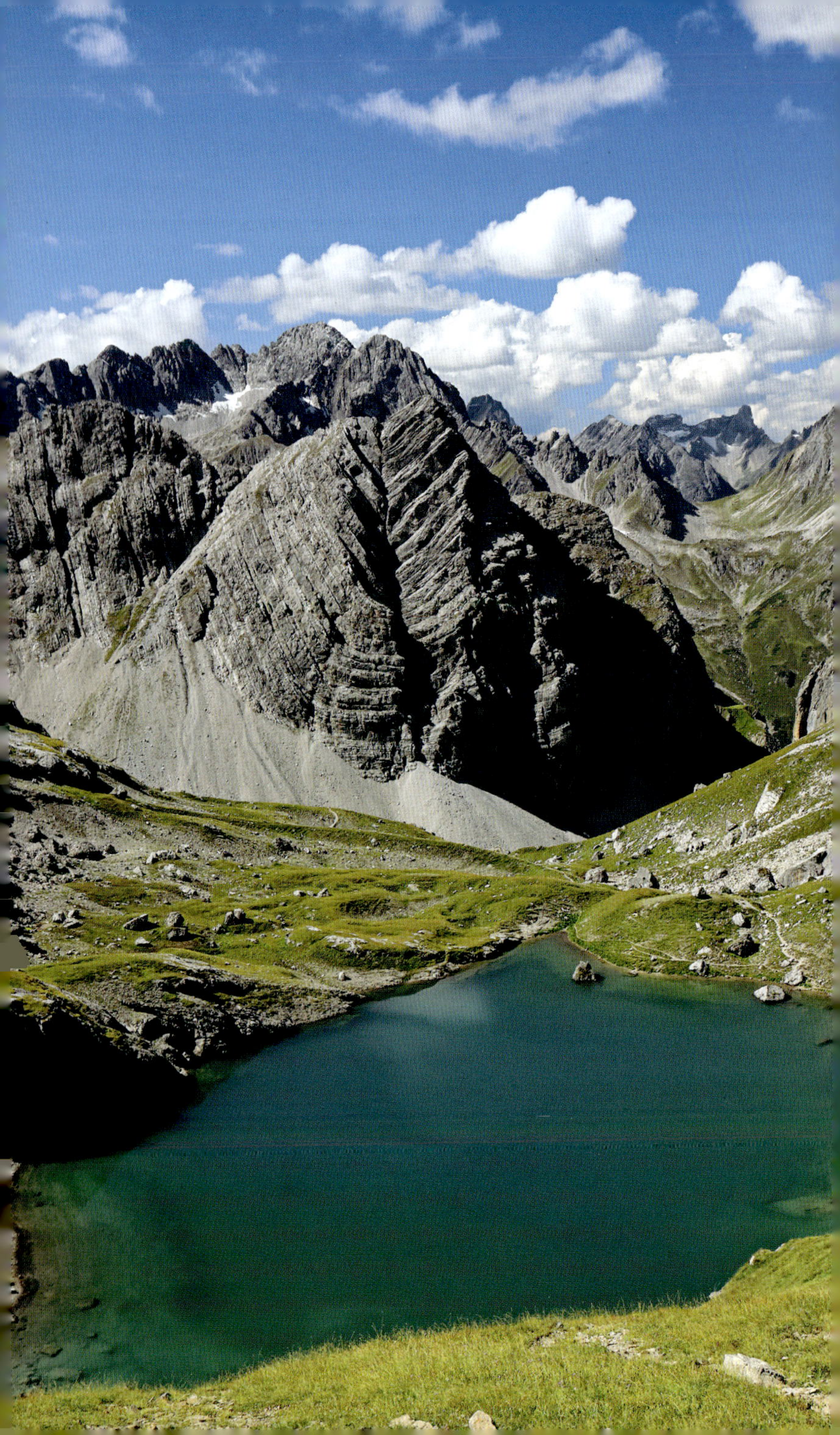

Vorwort

Nach Veröffentlichung des Titels »Wilde Wege – Bayerische Alpen« lag es für mich nah, auch in den Allgäuer Alpen Touren solchen Charakters zu erkunden und in Buchform vorzustellen. Da die Berge rund um das Lechtal landschaftlich und geografisch prima dazu passen, ist der Gebietsrahmen entsprechend erweitert worden, also praktisch von den Allgäuer Voralpen bis hinein in die Arlbergregion. Wieder handelt es sich um ausgefallenere Unternehmungen, die meist nur Insidern ein Begriff sind.

»Wilde Wege« eröffnen uns die Chance, die Bergwelt abseits des üblichen Blickwinkels zu erleben. Mit einer guten Portion Entdeckerlust und Pfadfindergeist verlässt man die breit ausgetretenen Routen, spürt alte, fast vergessene Jäger- und Heuersteige auf, zieht seine Spur auch mal nach Augenmaß durch wegloses Gelände und kraxelt über Schrofen und leichten Fels bis auf einsame Gipfelhöhen. Gewisse Unwägbarkeiten und der versierte Umgang mit ungezähmtem, mitunter widerspenstigem Alpingelände gehören dazu, aber ebenso die erhebenden Gefühle von Ursprünglichkeit, Abenteuerlichkeit und Exklusivität. Wer darauf Lust verspürt, hält mit diesem Buch eine echte Fundgrube in der Hand.

Die 50 sorgfältig recherchierten Touren sind also allesamt ungewöhnlich und nicht ganz einfach. Gleichwohl decken sie ein weites Spektrum ab. Manchmal bezieht sich das Prädikat »wilder Weg« nur auf kürzere, überschaubare Abschnitte, sodass man sich behutsam an die Materie herantasten und seine Erfahrungen sammeln kann. Nicht selten ist das Gelände tatsächlich noch unschwierig, die Orientierung aber schon ein wenig knifflig. Die wirklich anspruchsvollen Touren verlangen in jedem Fall einen routinierten Berggänger, der sich auch von steilen Kletterpassagen (bis zum II. Grad) nicht ausbremsen lässt. Zuverlässigkeit ist gerade dort, wo man das Standardrepertoire zahlreicher Wanderführer verlässt und vor Ort nicht auf ausgiebige Beschilderung bauen kann, sehr wichtig. Deshalb räume ich einer ausführlichen Charakterisierung und Beschreibung höchsten Stellenwert ein. Das Buch möchte sowohl Inspirationsquelle als auch nützlicher Begleiter auf Tour sein!

Man mag es kaum glauben, wie viele unentdeckte Möglichkeiten für individuelle Streifzüge es selbst in den als überlaufen geltenden Allgäuer Bergen gibt. Massentourismus und Einsamkeit liegen hier oft erstaunlich dicht nebeneinander und vermitteln starke Gegensätze. Die Lechtaler Bergwelt ist generell ruhiger und wilder, dort findet man sogar auf vielen Normalwegen spannende Abenteuer abseits von Modebergen. Insgesamt beinhaltet die Auswahl sowohl ganz selten aufgesuchte Ziele als auch namhaftere Berge, die dann auf weniger geläufigen Routen angegangen werden. Im Bereich der Ammergauer Alpen verzahnt sich unser Tourengebiet im Übrigen mit dem Titel über die Bayerischen Alpen.

Ich hoffe, dass Ihnen die Vorschläge gefallen und in vielen Fällen auch zur Nachahmung animieren. Mögen Ihnen ähnlich eindringliche Erlebnisse beschieden sein wie mir während der zahlreichen Erkundungen. In diesem Sinne viel Erfolg beim Pfadfinden und stets eine gesunde Rückkehr!

Sommer 2022 — Mark Zahel

Inhalt

Sonnenaufgang in den Allgäuer Alpen.

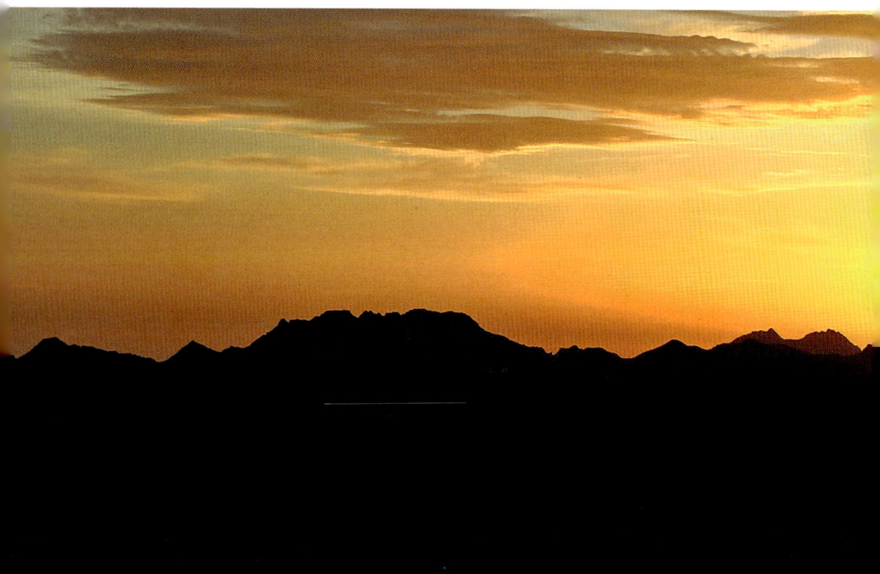

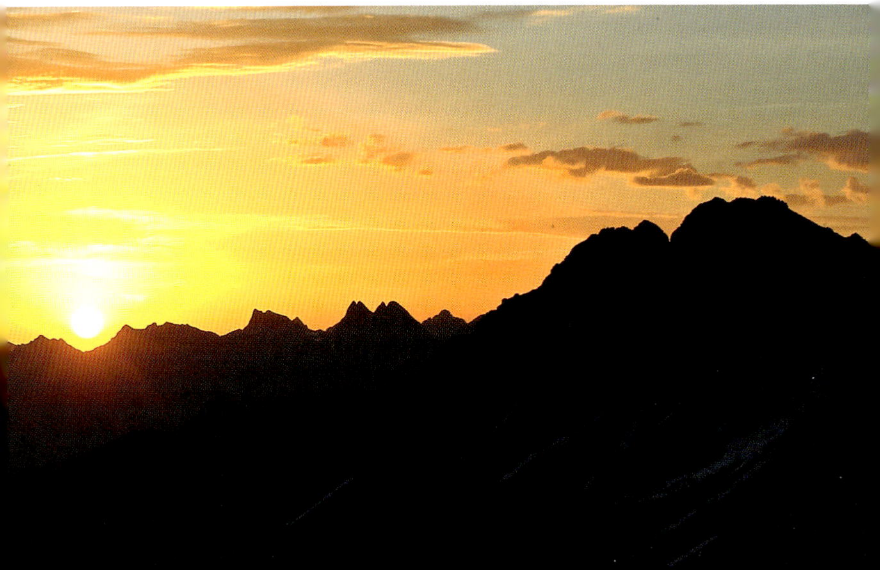

Panorama des Allgäuer Hauptkamms.

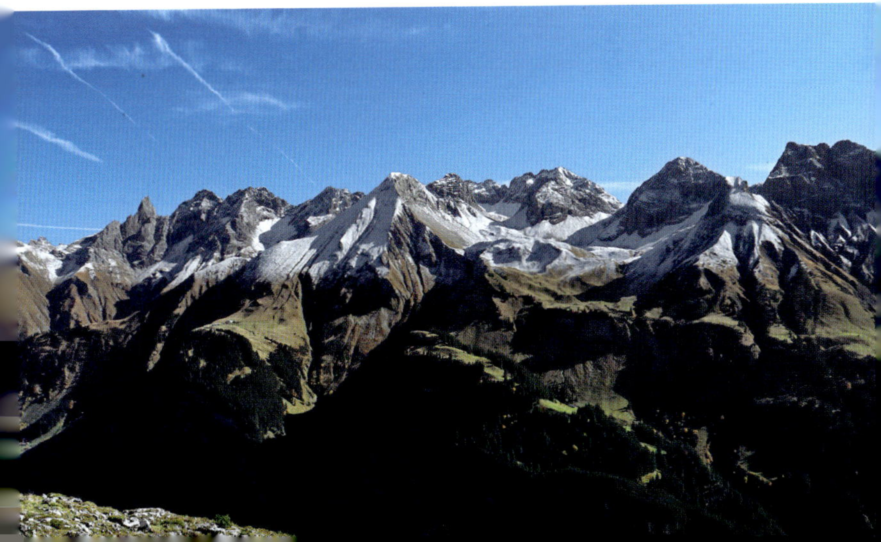

Top-Touren

Untere und Obere Gottesackerwände
Die Karstlandschaft auf der Nordseite des Ifenstocks ist für die Allgäuer Alpen einzigartig. Kleine, verschlungene Pfade prägen die ausschweifende Wanderung *(Tour 2, 7.00 h).*

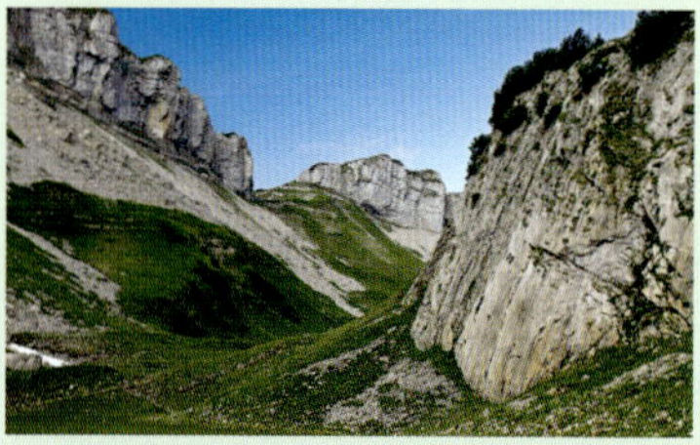

Oberstdorfer und Walser Hammerspitze
Der Grenzkamm zwischen Kleinwalsertal und Stillachtal lässt sich pfiffig überschreiten: eine Tour mit Klettercharakter *(Tour 5, 6.30 h).*

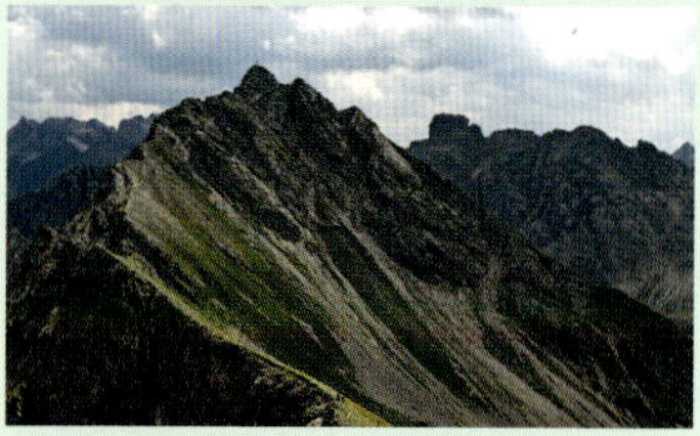

Fürschießer und Kreuzeck
Großartige Umrahmung des Traufbachkessels über aussichtsreiche Kämme. Zum Fürschießer und am Bettlerrücken »wilde Wege« par excellence *(Tour 9, 8.00 h).*

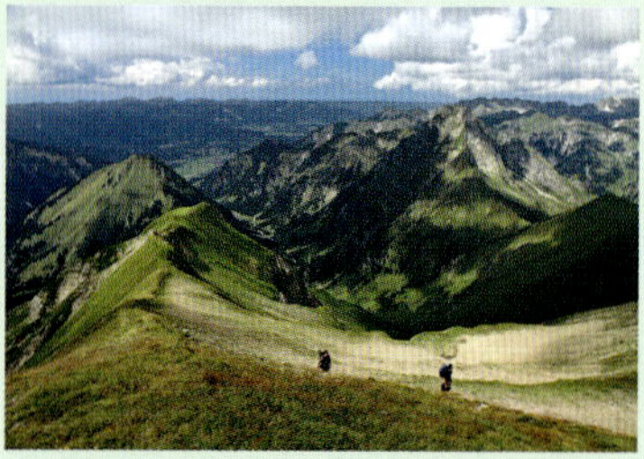

Seeköpfle
Sehr nah beim Touristenmagnet Oberstdorf und doch über weite Strecken einsam. Via Schattenberg tritt man in den malerischen Seealpkessel ein *(Tour 11, 7.45 h).*

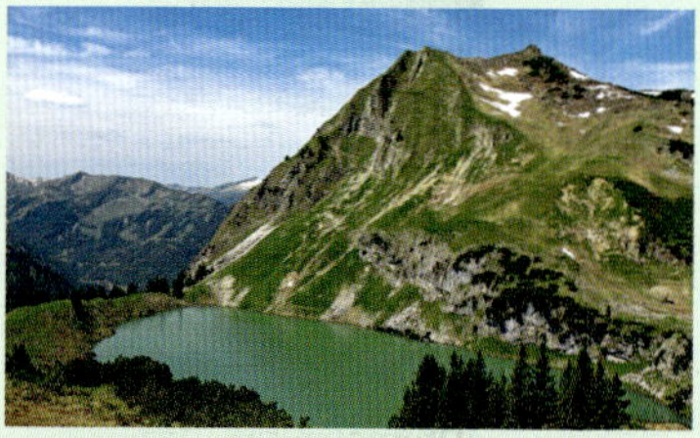

Litnisschrofen
In der Kombination Südwestgrat – Normalroute verblüffend einfache Überschreitung des ausladenden Gipfels südlich des Tannheimer Tals *(Tour 17, 5.00 h).*

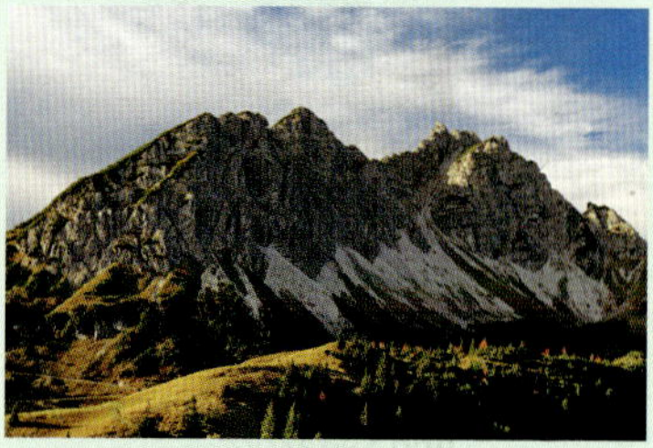

Über die Geierköpfe
Drei-Gipfel-Überschreitung am mächtigsten Bergmassiv der Ammergauer Alpen – ein Gustotück für gestandene Bergfexe *(Tour 25, 8.30 h).*

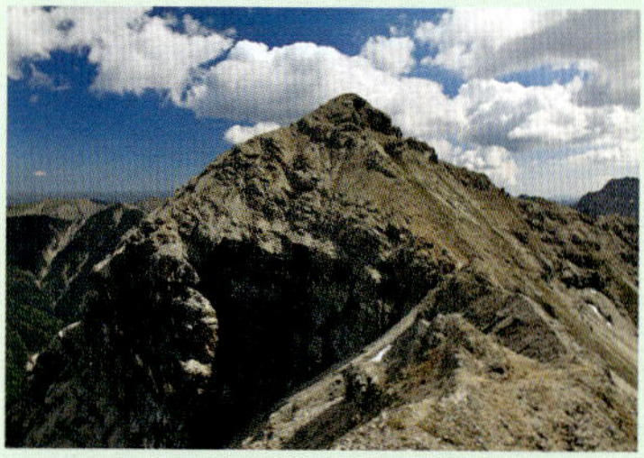

Vom Roten Stein zum Hönig

Von Berwang aus in die stille Loregruppe der Lechtaler Alpen: eine höchst abwechslungsreiche Runde über eine Handvoll Gipfel *(Tour 27, 7.45 h).*

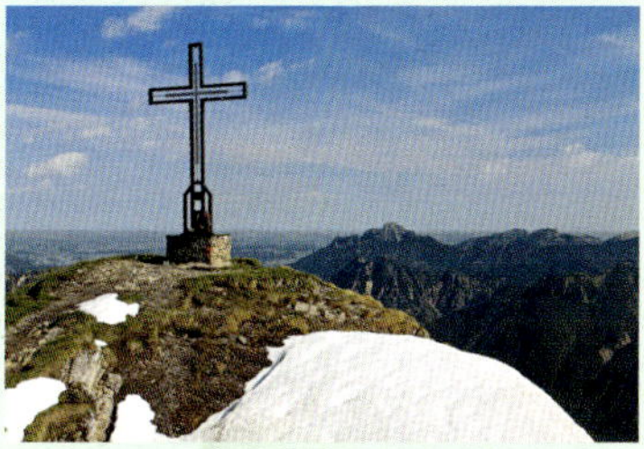

Reichspitze, Dremelspitze, Parzinnspitze

Anspruchsvolle Trilogie im Revier der Hanauer Hütte. Die Gipfel bieten knifflige Kletteraktion im wild zerklüfteten Hauptdolomit *(Tour 33, 3 Tage).*

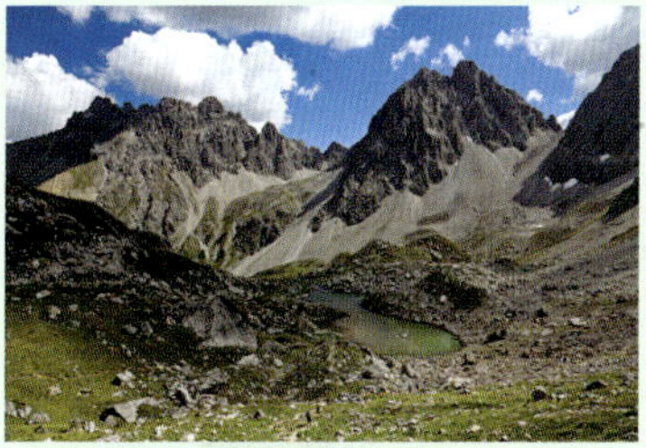

Lichtspitze und Seitekopf

Mustergültige Kammtour hoch über dem Gramaiser Tal, eingerahmt von zwei stillen Normalwegen *(Tour 34, 7.30 h).*

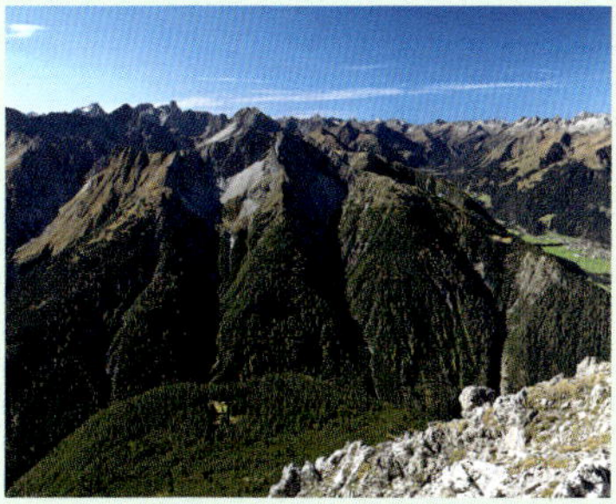

Ruitelspitze

Die abweisende Felsbastion über dem mittleren Lechtal bei Elbigenalp lässt sich von gewieften, ausdauernden Bergsteigern überraschend hindernisarm überschreiten *(Tour 38, 8.00 h).*

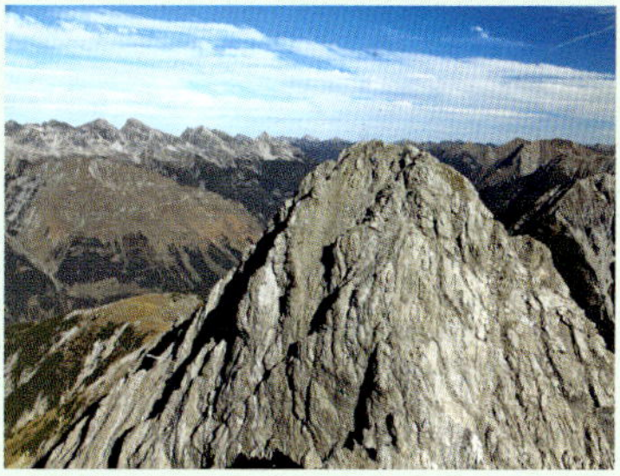

Biberkopf

Wenig bekannter Gratanstieg auf den südlichsten Berg Deutschlands: bergsteigerisch eine der schwierigsten Touren dieser Auswahl *(Tour 44, 5.30 h).*

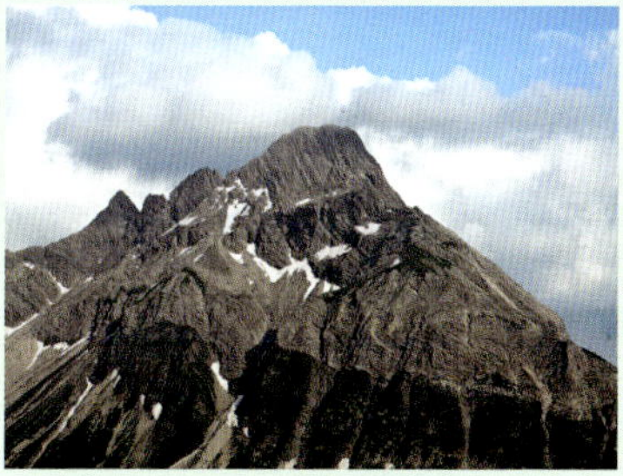

Grünhorn und Güntlespitze

Auf grüner Schneide über sechs aussichtsreiche Gipfel: eine epische Kammwanderung im hinteren Bregenzerwald *(Tour 49, 7.00 h).*

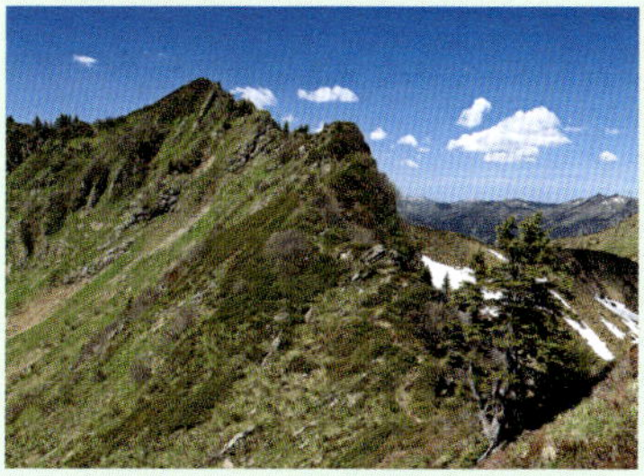

Zum Gebrauch des Buches

Auswahlkriterien

In dieses Buch haben ausschließlich Touren Aufnahme gefunden, die zumindest streckenweise eines oder mehrere der folgenden Kriterien erfüllen:

- selten begangen bzw. regelrecht einsam
- inoffizielle Routen (durch Alpenverein oder Tourismusorganisationen nicht bezeichnet)
- alte Jagd- oder Almsteige, die in der Regel nicht oder nur dürftig markiert sind
- wegloses Gelände bzw. kleine Pfadspuren, die sich durch bergsteigerische Aktivitäten quasi im »Wildwuchs« ausgeprägt haben
- landschaftlich besonders urtümliches Gepräge bzw. ein Stück Wildnis.

Damit dürfen alle hier vorgestellten Touren in differenziertem Ausmaß als außergewöhnlich gelten, auch wenn es jeweils Abschnitte oder Facetten geben kann, die eher der Normalität entsprechen. Die einschlägige Führerliteratur übersieht diese Möglichkeiten in der Regel. Bei der Auswahl wurde das typische Wanderniveau nicht nur ausgeschöpft, sondern in bestimmten Fällen auch ein Stück weit übertroffen. Mit den schwierigsten Touren bleiben wir aber auf jeden Fall noch außerhalb jenes Bereiches, wo gemeinhin das Bergsteigen mit sicherungstechnischen Hilfsmitteln einsetzt.
Räumlich findet sich eine relativ homogene Verteilung über die Berge des Allgäus und Lechtals, eine gute Mischung aus Touren im Gras- und Felsgelände, wie es dem Charakter der Region generell entspricht und jede Menge Abwechslung verspricht.

Blick ins Namloser Tal, einem Seitenast des Tiroler Lechtals.

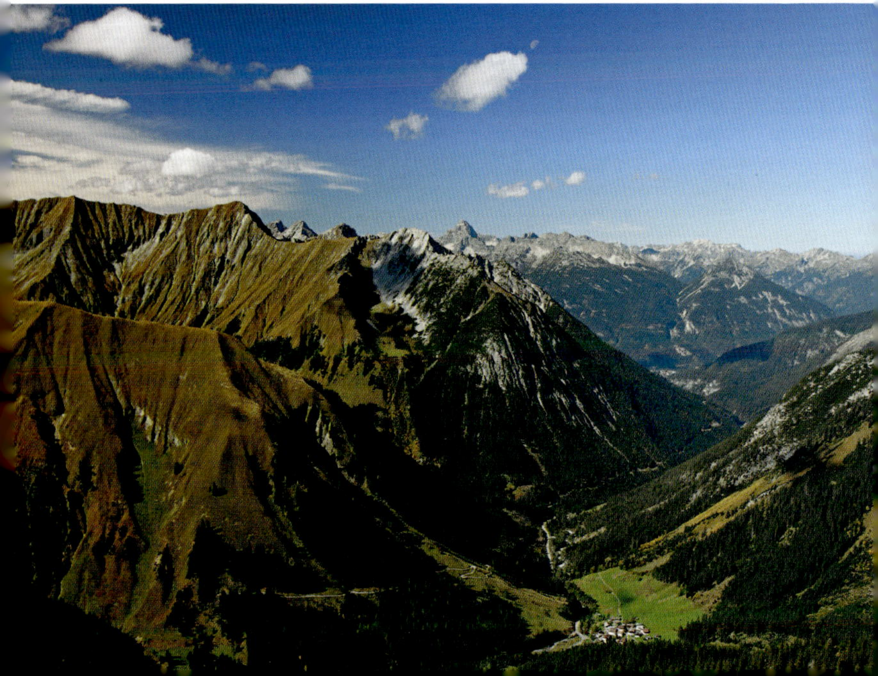

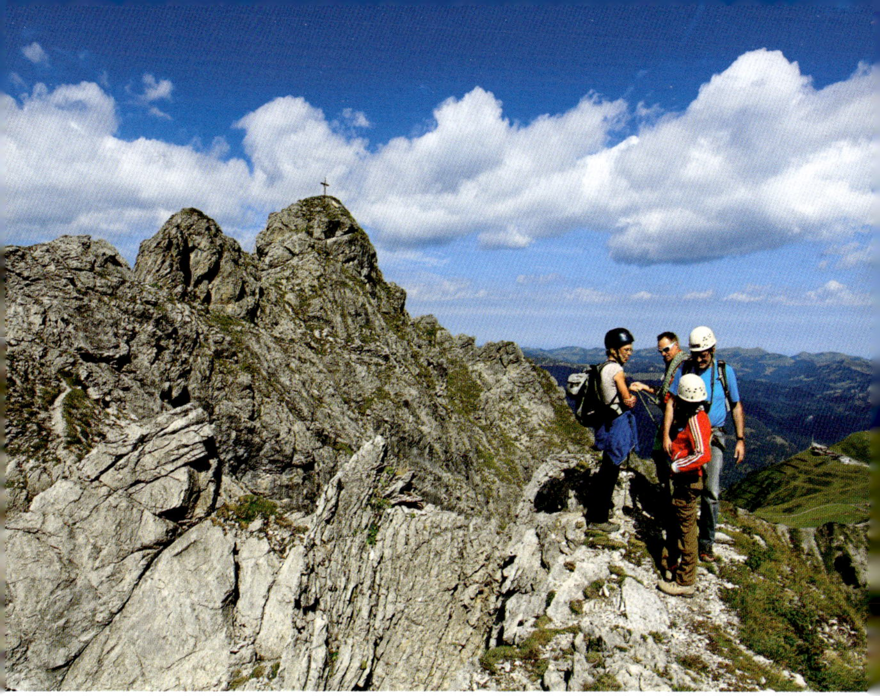

Tolle Gratroute für Versierte: die Überschreitung der Hammerspitzen.

Schwierigkeitsbewertung

Die Tourenpalette dieses Buches richtet sich eindeutig an ambitionierte Bergwanderer sowie Normalbergsteiger, was allein schon in der oben definierten Thematik begründet liegt. Nach der bekannten Einteilung in blaue, rote und schwarze Touren (die nachstehend erklärt wird), fällt die leichteste Kategorie komplett aus. Etwa je die Hälfte verteilt sich auf den mittleren bzw. gehobenen Anspruch, wobei vor allem die Kategorie »schwierig« nach einer weiteren Differenzierung verlangt. Zu diesem Zweck kommt zusätzlich die ursprünglich vom Schweizer Alpenclub entworfene Wanderskala (T-Skala) zur Anwendung, auch wenn sie für das Gebiet der Ostalpen erst allmählich ins Bewusstsein rückt. Dabei wird ab T4 konsequenterweise die Stufe »schwarz« zugeordnet.

Die grobe Unterscheidung der Anforderungsniveaus spiegelt sich also in der Farbe der Tourennummer wider und wird im Rahmen der Rother-Wanderbücher wie folgt definiert. Man beachte dabei, dass nur der maximal auftretende technische Anspruch einfließt und die konditionelle Komponente demnach separat zu beurteilen ist (z.B. anhand von Gehzeit und Höhenmeter).

■ Leicht

Bergwanderung auf gut ausgebauten und markierten Wegen von meist nur mäßiger Steilheit. Passagen in abschüssigem Gelände sind selten. Besondere Bergerfahrung ist nicht notwendig, allerdings kann manchmal ein Grundmaß an Trittsicherheit angezeigt sein.

■ Mittel

Wege und Bergpfade, die solide Trittsicherheit erfordern, in ausgesetztem Terrain auch Schwindelfreiheit. Sie sind in der Regel ausrei-

Die Schwierigkeitsskala nach Muster des SAC

Grad	Weg, Gelände	Anforderungen
T1 Wandern	Weg gut gebahnt, Gelände flach oder leicht geneigt, keine Absturzgefahr.	Keine Anforderungen, auch mit Turnschuhen geeignet, Orientierung problemlos.
T2 Bergwandern	Weg mit durchgehender Trasse, Gelände teilweise steil, Absturzgefahr nicht ausgeschlossen (aber selten).	Etwas Trittsicherheit, Trekkingschuhe empfehlenswert, elementares Orientierungsvermögen.
T3 Anspruchsvolles Bergwandern	Weg nicht unbedingt durchgehend, ausgesetzte Stellen evtl. gesichert, ggf. etwas Händeunterstützung, Geröllflächen, einfache Schrofen.	Gute Trittsicherheit, Trekkingschuhe, elementare alpine Erfahrung, durchschnittliches Orientierungsvermögen.
T4 Alpinwandern	Weg nicht zwingend vorhanden, stellenweise leichte Kletterei, Gelände recht exponiert, heikle Grashalden, Schrofen, Firnfelder.	Vertrautheit mit exponiertem Gelände, solide alpine Erfahrung, gutes Orientierungsvermögen.
T5 Anspruchsvolles Alpinwandern	Teils weglos mit Kletterpassagen im I. Grad, evtl. nicht markiert. Häufig exponiertes bzw. heikles Gelände.	Gute alpine Erfahrung und sicheres Beurteilungsvermögen auch im hochalpinen Gelände.
T6 Schwieriges Alpinwandern	Meist weglos und in der Regel nicht markiert. Kletterpassagen bis II bei diffizilen Rahmenbedingungen.	Umfassende alpine Erfahrung inkl. grundlegender Kletterkenntnisse.

chend markiert, weisen aber nicht selten schmalen Verlauf auf und können stellenweise gesichert sein. Der Gebrauch der Hände ist aber allenfalls unterstützend notwendig, klettern im eigentlichen Sinn muss man nicht. Kommen weglose oder schlecht markierte Abschnitte vor, ist Orientierungssinn gefragt (Anmerkung: in diesem Band häufiger der Fall!). Im alpinen Gelände nimmt die Abhängigkeit von den herrschenden Verhältnissen zu, was alles in allem ein gewisses Maß an Bergerfahrung verlangt.

Auf manchen Graten gibt es spannende Wechsel von Fels- und Grasterrain.

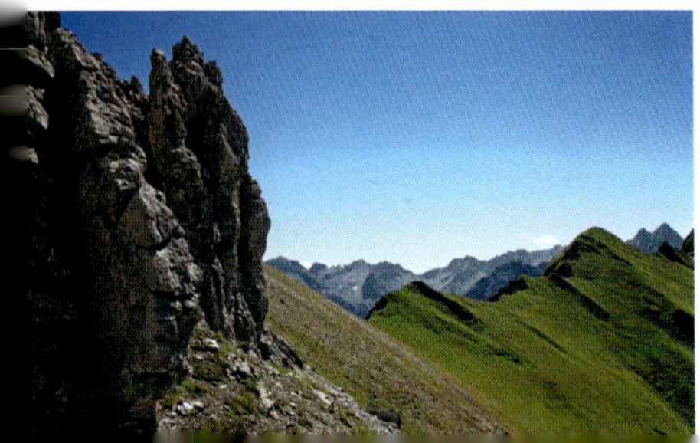

■ **Schwierig**

Anspruchsvollere Bergtouren in oft hochalpinem Gelände, die streckenweise weglos und/oder unmarkiert verlaufen können. Mitunter ist auch Kletterei erforderlich (in den Schwierigkeitsgraden I bis II nach UIAA) oder es treten klettersteigartige Passagen auf. Absolute Trittsicherheit und Schwindelfreiheit sind ebenso unerlässlich wie umfassende alpine Erfahrung. Aufgrund von Höhe und Schwierigkeit der Ziele ist hier die Abhängigkeit von Wetter und Verhältnissen besonders zu beachten.

Tourenplanung

Nachdem man im einleitenden Prosatext, der Besonderheiten und Hintergründe aufgreift, etwas über den Charakter der Tour erfahren hat und im besten Fall schon ein wenig »in Stimmung« gekommen ist, lässt sich mithilfe der KURZINFO die jeweilige Tour konkret planen. Die wichtigsten Basisinformationen sind hier übersichtlich zusammengefasst. Zum besseren Verständnis dienen die folgenden Erläuterungen.

Symbole

Diese werden in der Umschlagklappe definiert und geben einige grobe Hinweise zu logistischen und selektiven Aspekten. Generell werden die meisten Touren in ihrer kompletten Form eher wenig begangen, Teilstrecken gegebenenfalls auch häufiger. Das sonst üblicherweise angewandte Symbol »für Kinder geeignet« entfällt in diesem Band, wie nachstehend hervorgehoben.

Eignung für Kinder

Auch wenn es unter besonderen Umständen Ausnahmen geben mag, kann für die hier vorgestellten Touren keine Familientauglichkeit ausgesprochen werden. Zwar mangelt es gewiss nicht an Spannung, doch die Anforderungen sprengen normalerweise den Rahmen des Verantwortungsvollen. Wer freilich aus Erfahrung genau weiß, was auf einen zukommt, Physis und Psyche seiner Kinder gut einschätzen kann und eine Tour sorgfältig vorbereitet, findet sicher den einen oder anderen Ansatzpunkt für ein gemeinsames Abenteuer. Eine Verallgemeinerung schließt sich an dieser Stelle jedoch aus.

Talort

Nächstgelegener Ort mit Infrastruktur.

Ausgangspunkt

Ortsangabe, wo man die Tour zu Fuß startet. Falls die Zufahrt sich nicht

In steilen Grasschrofen ist Konzentration gefragt.

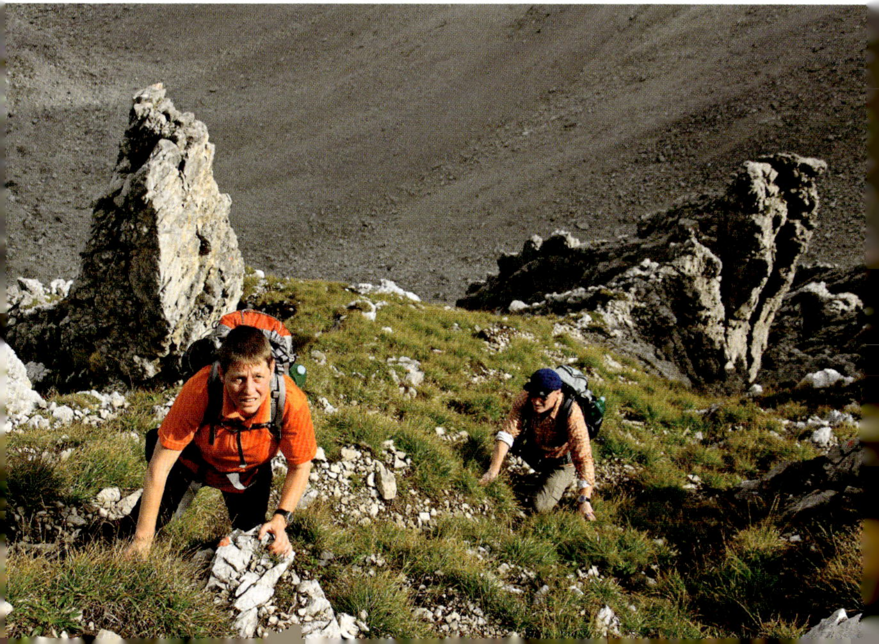

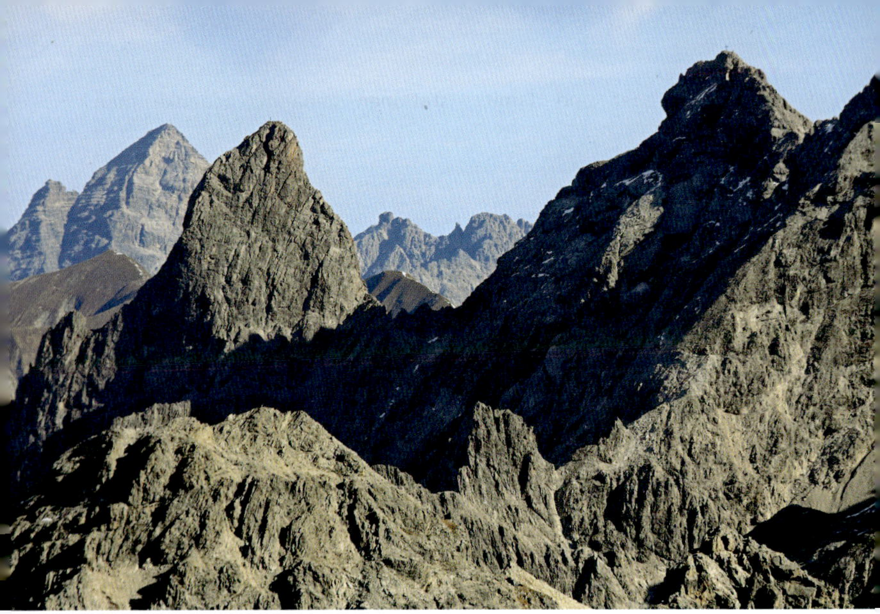

Inmitten der Allgäuer Hochalpen, mit Hochvogel, Trettachspitze und Mädelegabel (von links).

von selbst ergibt, wird ein knapper Hinweis gebracht. Ist der Endpunkt nicht identisch, wird auch dieser einschließlich der Rückkehrmöglichkeit mit öffentlichen Verkehrsmitteln genannt.

Gehzeit

Die Angabe bezieht sich auf die gesamte Tour und ist als reine Gehzeit ohne Pausen zu verstehen. Eine Gliederung mit Zwischenwerten ergibt sich sehr anschaulich aus dem Höhenprofil. Man bedenke, dass es sich stets um Richtwerte handelt, die sich an berggewohnten Wanderern orientieren und weder besonders üppig noch zu knapp bemessen sind. Gerade bei den »wilden Wegen« ist ja mit erhöhten Unwägbarkeiten zu rechnen, welche die tatsächlichen Gehzeiten im ungünstigen Einzelfall stark ausufern lassen können, z.B. bei Verhauern oder unerwarteten geländebedingten Schwierigkeiten. In der Praxis kommt es ohnehin noch auf viele Faktoren an, unter denen das persönliche konditionelle und alpinistische Leistungsvermögen sicherlich an erster Stelle steht.

Höhenunterschied

Die Werte sind leicht gerundet, beziehen aber sämtliche Gegensteigungen so genau wie möglich und sinnvoll ein. Die Angabe gilt für die ganze Tour, bei mehreren Etappen finden sich entsprechende Hinweise.

Anforderungen

Unter diesem wichtigen Punkt wird zunächst eine Einstufung mithilfe der »T-Skala« vorgenommen (Seite 8). Verbal wird über die Beschaffenheit der Wege bzw. des Geländes, über besonders relevante Schwierigkeiten (z.B. Kletterei und markante Schlüsselstellen) sowie an die Begeher gestellten Voraussetzungen hinsichtlich Trittsicherheit, Schwindelfreiheit und Ausdauer Auskunft gegeben. All dies gründet sich allein auf objektive Kriterien und damit immer auf die Annahme günstiger Verhältnisse.

Orientierung

Dieser Punkt gehört eigentlich mit zu den Anforderungen, bekommt aber im Rahmen unserer Touren einen besonders hohen Stellenwert und wird deshalb explizit behandelt. Man erfährt, ob die Routen bezeichnet und gegebenenfalls kompliziert zu finden sind und ob dabei auch wegloses Gelände auftritt.

Einkehr/Übernachtung

Hütten und Jausenstationen, die an der Route liegen (eventuell auch an Ausgangspunkten abseits von Ortschaften). Bei den Stützpunkten mit Nächtigungsmöglichkeit sind die ungefähren Bewirtschaftungszeiten sowie die Telefonnummer angegeben. Damit kann man direkt Erkundigungen (etwa zu den aktuellen Verhältnissen) einholen und sich gegebenenfalls für eine Übernachtung anmelden. Sind Almen als Einkehrstationen genannt, bedenke man ebenfalls die übliche Bewirtschaftungszeit und decke sich außerhalb der Saison lieber mit ein bisschen mehr Proviant ein.

Varianten

Hinweise auf andere Gestaltungsmöglichkeiten, die nicht ausführlich dargelegt werden, aber mithilfe einer guten Karte inspiziert werden können. Unter Umständen kann dies auch unterwegs als ungeplante »Notlösung« von Belang werden.

Karten

Die Kartenausschnitte in diesem Buch basieren auf den Wanderkarten von »Freytag & Berndt«, die im Maßstab 1:50.000 vorliegen. Der Hinweis auf das entsprechende Blatt wird gegeben. Zur praktischen Tourendurchführung sind sie wegen ihrer relativ stark generalisierten Darstellung jedoch weniger geeignet. Hier empfehlen sich vielmehr die detailgenaueren Alpenvereinskarten im Maßstab 1:25.000. Allerdings

Traumstimmung an Großer Wildgrubenspitze und Großer Grätligratspitze im Lechquellengebirge.

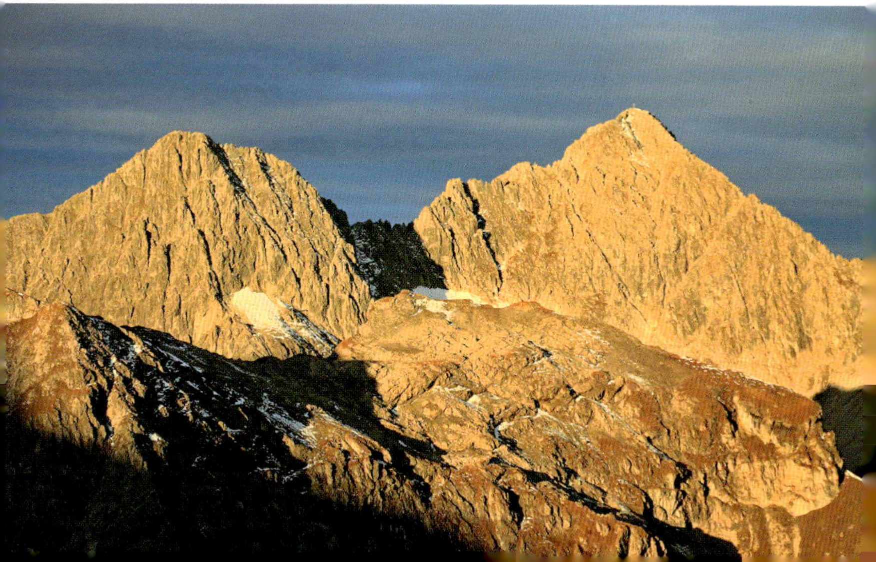

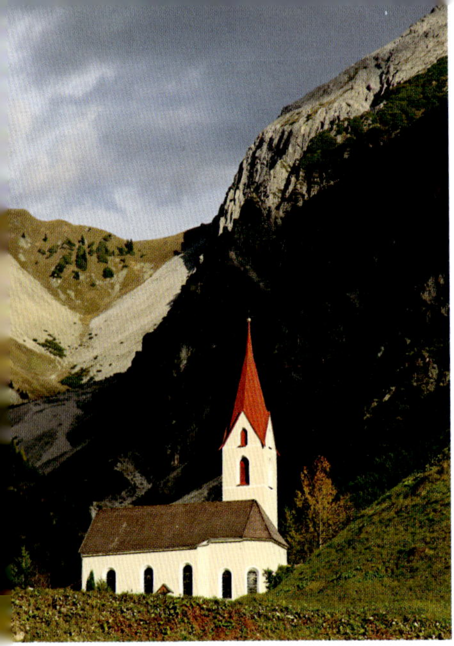

Die Kirche von Gramais auf gut 1300 Meter Seehöhe.

müssen auch dabei Einschränkungen in Kauf genommen werden. Gerade die neueren Blätter der BY-Serie verzichten bei einer Vielzahl tatsächlich vorhandener Steige leider auf einen Eintrag. Das betrifft vor allem alte Jägerpfade und aufgelassene Routen, die aber vor Ort häufig noch gut verfolgt werden können und uns daher ja interessieren. Deshalb lohnt es sich manchmal auch, historische AV-Karten oder ältere Blätter des Bayerischen Landesvermessungsamtes zu Rate zu ziehen.

Routenbeschreibungen

Das Kernstück jedes Kapitels wird den Belangen des Themas zufolge sehr ausführlich ausgestaltet. Insbesondere bei komplizierten Passagen wird die eine oder andere Erkenntnis, die der Autor aus seinen Erkundungen gewonnen hat, für den Leser und Nachahmer hilfreich sein. Eingeführt werden zudem GPS-basierte Wegpunkte, die im Höhenprofil und Kartenausschnitt nachvollzogen werden können. Um einen gewissen Lesefluss zu gewährleisten, wird eine Beschreibung im Stil von Gebrauchsanweisungen vermieden. Die Höhenangaben stammen – außer bei groben Fehlern – aus der F&B-Karte.

GPS-Tracks und Koordinaten der Ausgangspunkte

Zu diesem Wanderbuch stehen auf www.rother.de GPS-Tracks und Koordinaten der Ausgangspunkte zum kostenlosen Download bereit.

03. Auflage, Passwort: 315303cab

Sämtliche GPS-Daten wurden vom Autor im Gelände erfasst und anschließend aufbereitet. Verlag und Autor haben die Tracks und Wegpunkte nach bestem Wissen und Gewissen überprüft. Dennoch können Fehler und Abweichungen nicht ausgeschlossen werden, weshalb man sich nie blind darauf verlassen sollte. Man beachte ferner, dass GPS speziell im Steilgelände zur praktischen Orientierung nur sehr bedingt geeignet ist. Der Umgang verlangt zudem grundlegendes Fachwissen und eine gewisse Vorbereitung. Persönliches Orientierungsvermögen und der Gebrauch einer guten Karte lassen sich nicht adäquat ersetzen. Andererseits macht gerade für Touren, die abseits von klar erkennbaren, beschilderten Wegen verlaufen, eine Anwendung durchaus Sinn. Beispielsweise lässt sich schon zu Hause ein Track in eine digitale Alpenvereinskarte importieren und damit die Tourenplanung optimieren. Unterwegs kann GPS eine wichtige Entscheidungshilfe bei unklaren Routenverläufen sein oder ein effektives Hilfsmittel, um einen bestimmten Punkt im Gelände anzusteuern.

Allgemeine Hinweise

Beste Jahreszeit

Die Saison für unser Tourenspektrum erstreckt sich prinzipiell vom späten Frühjahr bis zum endgültigen Wintereinbruch im Gebirge. Normalerweise sind das die Monate Mai/Juni bis Oktober/November. Diese Spanne gilt speziell für die niedrigeren voralpinen Touren. Bei den höher gelegenen Unternehmungen reduziert sie sich zum Teil drastisch, unter Umständen sogar nur auf die Monate Juli bis September. Das alles ist natürlich in hohem Maße von den aktuellen Witterungsbedingungen abhängig. So kann ein schneereicher Winter den Beginn der nächsten Wandersaison verzögern und herbstlicher Schneefall ihr Ende beschleunigen. Manchmal macht Petrus freilich auch Geschenke und lässt gerade zum »Martini-Sommer« im Spätherbst Bergsteigerträume auf unverhoffte Weise wahr werden.

Bergwetter

Erfahrene Wanderer und Bergsteiger wissen um die Bedeutung des Wetters. Nicht nur für den persönlichen Genuss ist es ein entscheidender Faktor, sondern auch hinsichtlich der Sicherheit. Über die Medien werden aktuelle Wetterberichte ständig verbreitet. Die brauchbarsten Informationen sind heutzutage wohl via Internet verfügbar. Dazu ein paar Empfehlungen:

- www.alpenverein.de/DAV-Services/Bergwetter
- www.br-online.de/wetter (Links zu Bayernwetter, Reisewetter etc.)
- http://wetter.orf.at (Wetterprognose für Österreich, auch regional, z.B. für Vorarlberg und Tirol)
- www.wetterzentrale.de (wissenschaftlich aufgemachte Website für Nutzer mit Basiswissen)

Alpine Gefahren

Objektive und subjektive Gefahrenpotenziale gehören zu jeder Unternehmung im Gebirge. Mit reifender Fähigkeit zur Selbsteinschätzung und vertiefter Beschäftigung mit den Naturelementen bekommt man ein Gespür dafür. Zu den typischen Gefahrenmomenten, die man im Auge haben muss, zählen:

- **Ausrutsch- und Absturzgefahr:** Ruhige, konzentrierte Fortbewegung ist im ausgesetzten Gelände oberstes Gebot. Wer nicht schwindelfrei ist, hat diesem Umstand schon bei der Tourenauswahl Rechnung zu tragen.
- **Hart gefrorene Schneefelder:** Diese sind eine besondere Tücke der Übergangsjahreszeiten, vor allem im Frühsommer, wenn die Reste vom

Gewittertürme wachsen über der Heiterwand in die Höhe.

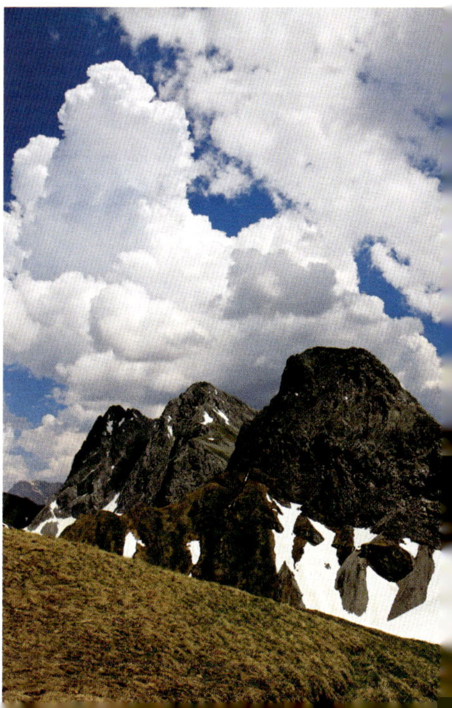

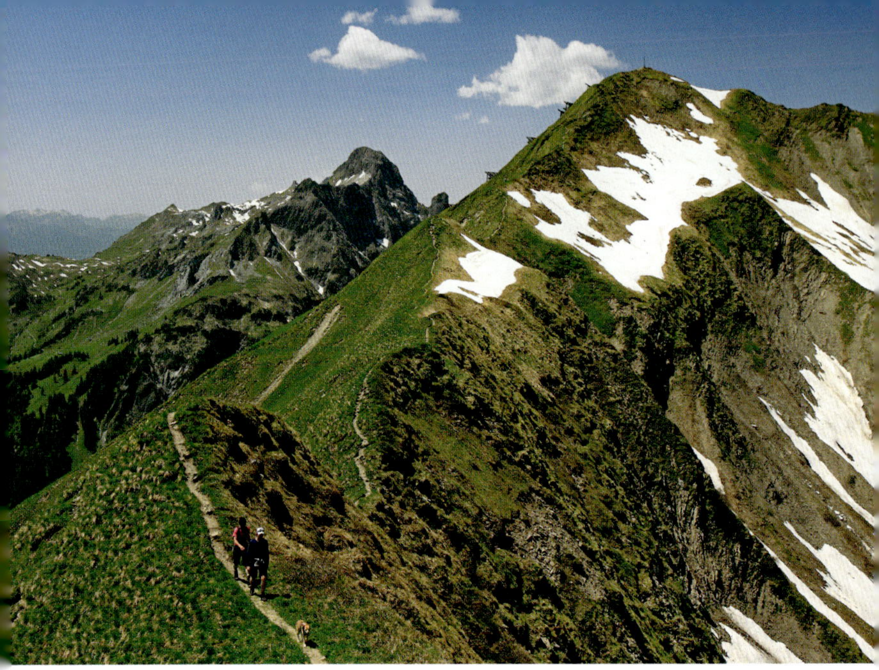

Unterwegs an der Höferspitze im Hochtannberggebiet.

letzten Winter noch nicht komplett abgeschmolzen sind. Gut, falls man ausrüstungstechnisch vorgesorgt hat (Steigeisen/Grödeln und Stöcke, eventuell auch Pickel). Im Fall des Ausgleitens sofort in die bremsende Liegestützhaltung gehen, bevor der Körper Beschleunigung aufnimmt.

■ **Nässe:** Schrofen und steile Grashänge werden dann besonders gefährlich, aber auch erdige Wegpassagen können sich mehr als unangenehm präsentieren.

■ **Steinschlag:** Gefährdete Passagen sollten, sofern nicht vermeidbar, rasch, aber konzentriert zurückgelegt werden. Im steilen Felsgelände (insbesondere auch auf Klettersteigen) Helm tragen.

■ **Gewitter:** Eine im Sommer nicht zu unterschätzende Gefahr, besonders bei langen Touren ohne günstige Rückzugsmöglichkeiten. Neben Blitzschlägen drohen auch die durch Starkregen verursachten mittelbaren Gefahren wie Muren etc. Wetterprognose einholen, früher Aufbruch, aufmerksame Beobachtung der Entwicklung und gegebenenfalls rechtzeitiger Rückzug oder Aufsuchen eines geeigneten Schutzes lassen sich als Maßnahmen anführen.

■ **Schlechte Sichtverhältnisse:** Dies ist gerade für weglose Touren ein misslicher und gefährlicher Umstand. Falls man unterwegs davon überrascht wird, besondere Umsicht walten lassen, nicht blindlings durchs Gelände tapsen und je nach Situation eher einen Rückzug auf bekannter Route erwägen.

■ **Selbstüberschätzung:** Diese dürfte einer der häufigsten Gründe für eine Notsituation sein. Man sollte schon vorab seine Leistungsfähigkeit in bergsteigerischer und konditioneller Hinsicht kritisch hinterfragen und besondere Umstände wie Hitze berücksichtigen. Unterwegs viel trinken und eventuell mit einer kürzeren bzw. leichteren Tourenvariante vorliebnehmen.

Neben diesen allgemeinen Gefahrenpotenzialen kommen für unsere Touren ganz speziell noch zusätzliche Fährnisse und Unwägbarkeiten in Betracht, die hauptsächlich mit der Orientierung verknüpft sind:

- Markierungen und Spuren, die sich spontan im Gelände verlieren
- Verblassen alter Markierungen, die nicht mehr aufgefrischt werden sowie Zerstörung von Steinmännchen
- stark verwachsene Pfade, die damit unkenntlich, bei Nässe unangenehm und im steilen Gelände sogar gefährlich werden können
- unklare Verzweigung von Pfaden oder Auftreten von Gamswechseln, die als Route missdeutet werden können
- Schäden an Wegen und andere ungünstige Veränderungen im Gelände, z.B. Vermurungen, Windbruch etc.
- Warnschilder und Sperrungen, die Zweifel an der Begehbarkeit auslösen

Pinus mugo

Die Bergkiefer (Pinus mugo), gemeinhin als Latsche oder auch Legföhre geläufig, begegnet uns auf »wilden Wegen« immer wieder, freilich selten zu unserer Freude. Wer sich schon mal im Latschendickicht verfangen hat, weiß wie fies sich das anfühlen kann. Bei erfolglosen Erkundungen war dann auch zumeist solcherlei daran schuld: zunächst noch gangbare Gassen, die sich irgendwann verloren ...

Notfall/Bergrettung

Falls man trotz aller Vorsicht in eine Notsituation gerät, gilt es, nicht in Panik zu verfallen, sondern ruhig und überlegt zu handeln. Verletzten ist zunächst Erste Hilfe zu leisten. Mit einem Mobiltelefon lässt sich am einfachsten die Bergrettung verständigen. Die Notrufnummern lauten:

- 112 für den allgemeinen Notruf und die Bergrettung in Bayern
- 140 für die Bergrettung in Österreich

Falls kein Handy zur Verfügung steht (oder man kein »Netz« bekommt), dient das internationale alpine Notsignal dazu, auf sich aufmerksam zu machen. Es besteht aus einem optischen oder akustischen Zeichen, das sechsmal in der Minute in regelmäßigen Abständen gegeben und mit jeweils einer Minute Pause dazwischen wiederholt wird, bis eine Antwort kommt. Diese besteht entsprechend aus dreimaligem Zeichen innerhalb einer Minute.

Kammwanderung am Hönig bei Berwang.

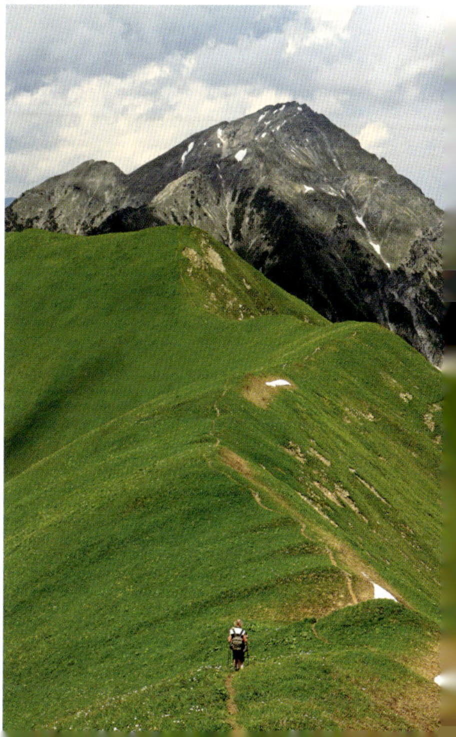

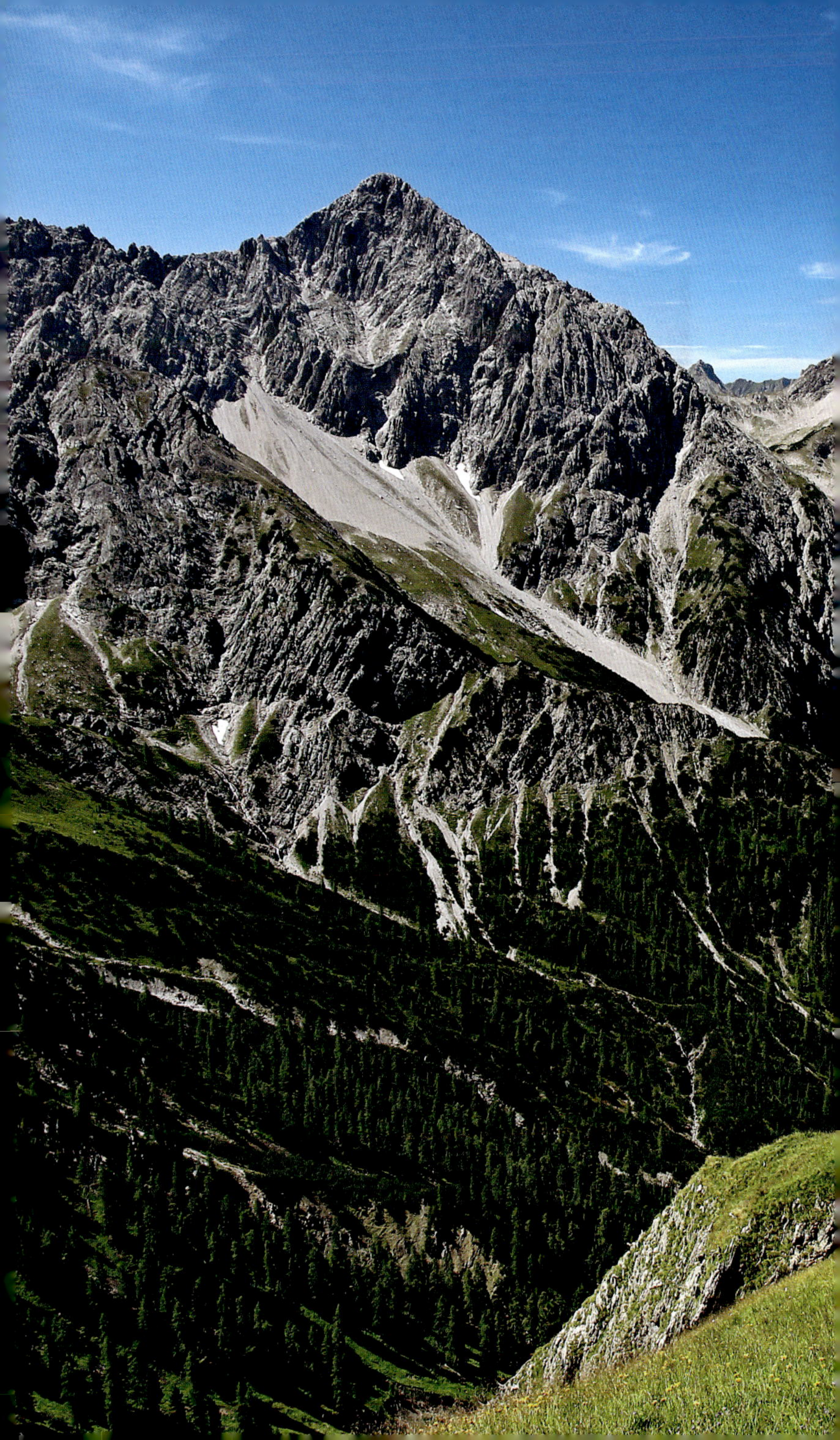

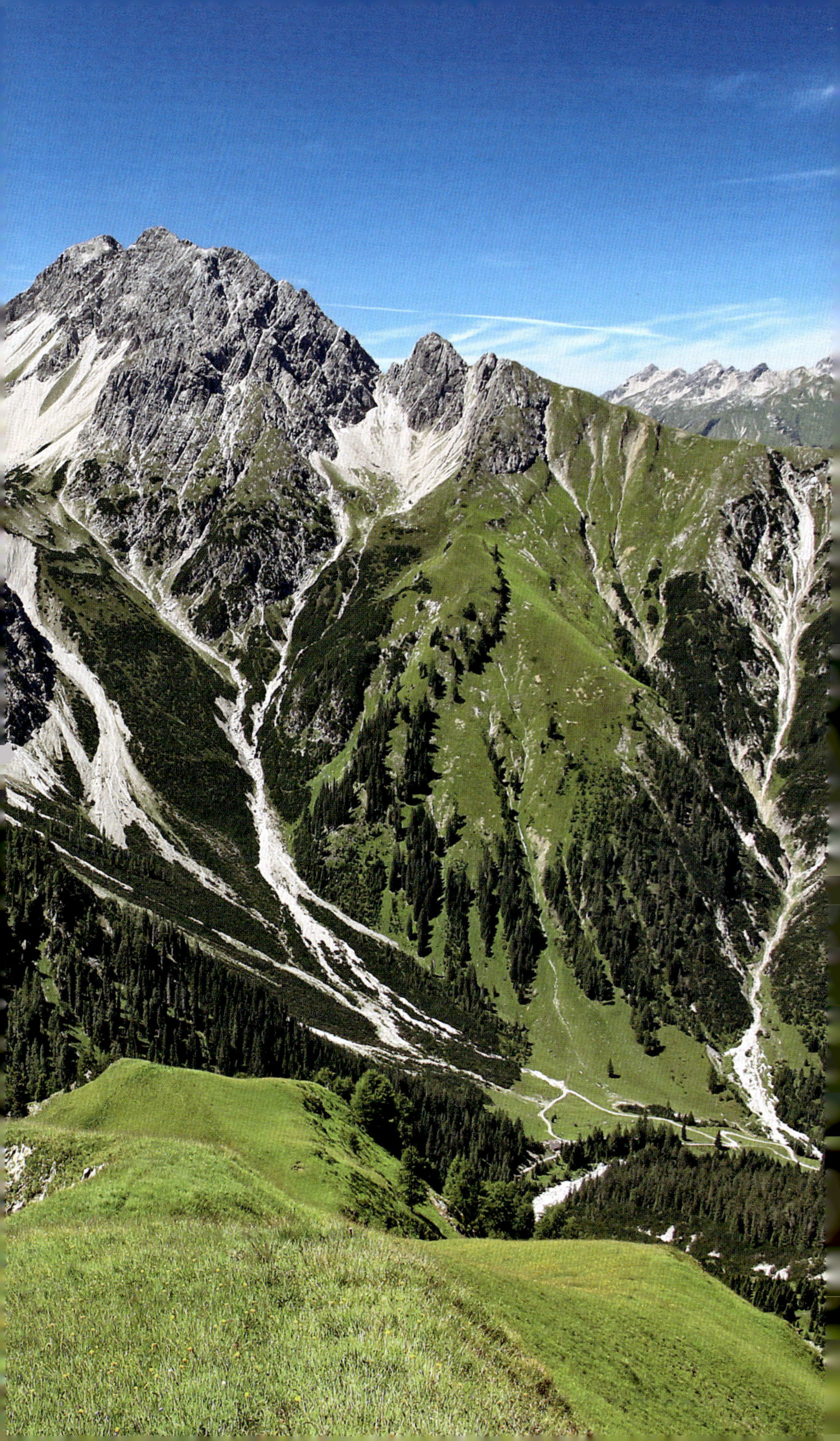

1 Vom Koppachstein zum Siplingerkopf

Über Stillberg, Girenkopf und Heidenkopf

7.00 Std. | 17,8 km | ↗1270 m | ↘1200 m

Stille Kammwanderung über dem Balderschwanger Tal

Eine ganze Handvoll Voralpengipfel steht bei dieser Tour auf dem Programm. Der Siplingerkopf als höchster Punkt ist zwar ein gut besuchtes Ziel, wogegen es am westlichen Ausläufer des Kammes ziemlich einsam zugeht. Koppachstein und Stillberg wirken regelrecht verwunschen. Außer dem Baumbewuchs leistet dazu auch das besondere Gestein seinen Beitrag. Der ganze Kamm ist nämlich von Konglomeraten durchsetzt, der sogenannten Nagelfluh oder im Volksmund auch als »Herrgottsbeton« geläufig. Dabei handelt es sich um zusammengebackene rundliche Sedimente, die häufig zu bizarren Formen auswittern. Diese Detailkulissen machen den speziellen Reiz der Tour aus!

Talort: Balderschwang, 1044 m.
Ausgangspunkt: Sipperseggalpe, 970 m, im Balderschwanger Tal zwischen Hittisau und Balderschwang.
Endpunkt: Balderschwang, 1044 m. Per Bus zurück zum Ausgangspunkt (Achtung, nur wenige Kurse täglich!).
Anforderungen: T3. Abgesehen von den Alpstraßen bei Zu- und Abstieg meist kleine Bergpfade, ganz winzig am Koppachstein und Stillberg, wenig ausgetreten zum Girenkopf, weiter über Heidenkopf und Siplingerkopf dann deutlicher. Stellenweise Trittsicherheit wichtig. In Summe einiges Auf und Ab, daher gute Ausdauer angezeigt.
Orientierung: Im Bereich von Koppachstein und Samstenberg teils wegloser Charakter und nicht markiert, was gewisse Pfadsucherfähigkeiten erfordert. Über die drei höheren Gipfel ist die Route leichter zu verfolgen.

Am Koppachstein sind nur selten Wanderer unterwegs.

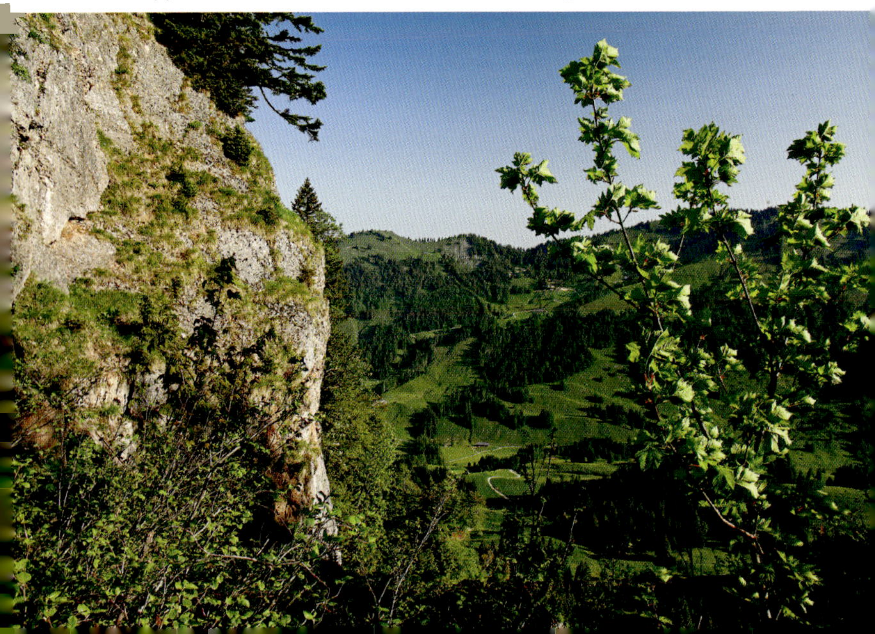

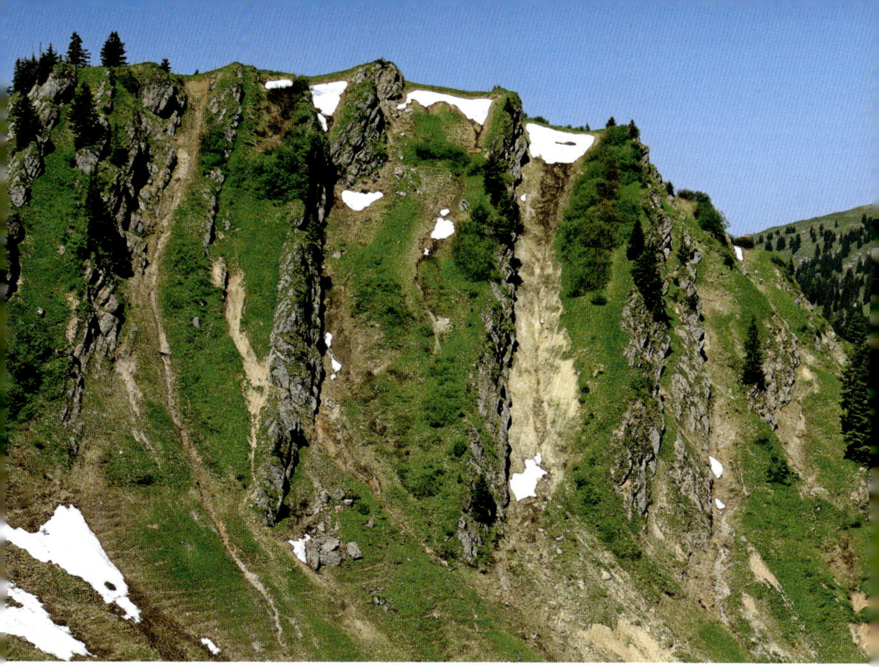

Der Girenkopf zeigt steile, begrünte Rippen.

Einkehr: Obere Wilhelminealpe, 1515 m.
Variante: Es bestehen mehrere vorzeitige Abstiegsmöglichkeiten ins Balderschwanger Tal.
Karten: AV-Karte 1:25.000, Blatt BY 1. Freytag & Berndt 1:50.000, Blatt 364.

Von der Bushaltestelle **Sippersegg** ❶ geht es zuerst auf einer asphaltierten Alpstraße über die Gschwendwiesalpe zur Unteren Hobelalpe, ehe wir auf etwa 1370 m ❷ links zur **Oberen Hobelalpe** abzweigen. Hinter den Gebäuden verlässt man den Karrenweg an geeigneter Stelle und steigt über die Weiden zur Kammhöhe auf. Hier stoßen wir auf einen ganz bescheidenen Pfad, der uns zielsicher nach links Richtung **Koppachstein** ❸, 1537 m, lotst. Dabei muss bald ein Weidezaun und im Gehölz die eine oder andere Minihürde überstiegen werden, bevor sich der höchste Punkt des Westgipfels als exponierter Nagelfluhfelsen vor uns aufbaut. Man macht normalerweise kurz davor Halt.
Nach dem Rückweg in die weite Kammsenke wird der grasige, nur licht bewaldete **Ostgipfel** des Koppachstein, 1532 m, überschritten.

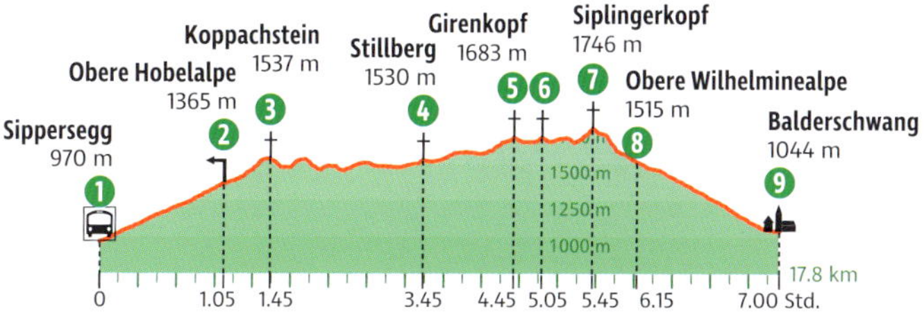

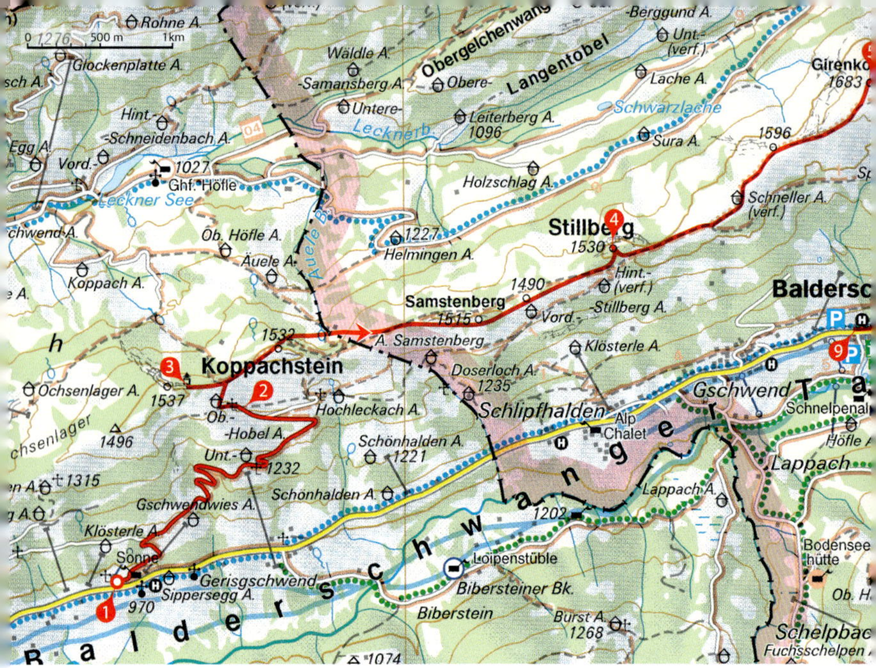

Dem Baumbewuchs ausweichend kommt man südostwärts absteigend zum Sattel oberhalb der Hochleckachalpe. Da der anschließende Samstenberg längs der Gratlinie augenscheinlich einige Hindernisse aufwirft und in verwachsener Nagelfluhszenerie erschwertes Durchkommen erwarten lässt, empfiehlt sich hier ein Ausweichen in die Südflanke. Dabei vollziehen wir die Traverse so hoch wie möglich bzw. sinnvoll, also auch nach Augenmaß ohne erkennbaren Pfad. Bei P. 1513,4 (AV-Karte)

Typisches Landschaftsflair zwischen Bregenzerwald und Allgäuer Alpen.

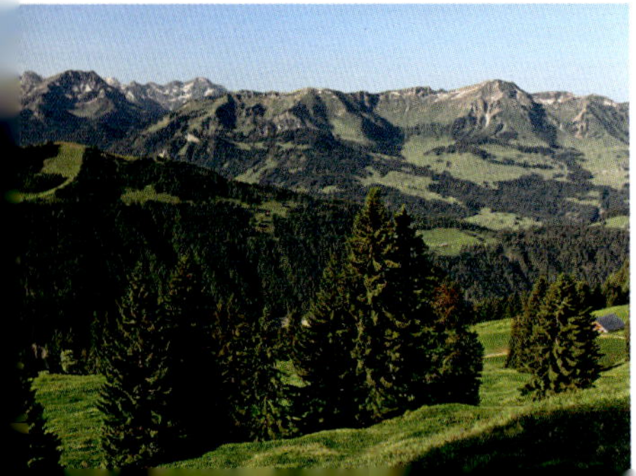

kehrt man vorteilhaft zurück auf den Kammrücken, durchschreitet einige Schneisen und schließt zu einem Karrenweg auf, der bald darauf in die Alpstraße oberhalb der **Oberen Stillbergalpe** mündet. Damit vorerst weiter gen Osten, wobei wir auf den Linksabzweig eines unbeschilderten Pfades achten, falls jetzt der **Stillberg** (4), 1530 m, aufgesucht werden soll. Dessen höchster Punkt ist in dem dichten Baum- und Strauchbewuchs gar nicht so leicht auszumachen.

Nach dem Abstecher gibt der breite Wirtschaftsweg wieder ein Stück weit die Richtung vor, bis links der Girenkopf ausgewiesen wird. Auf spärlichem Steiglein am mehrfach gegliederten Kamm bzw. in der rechtsseitigen Flanke sukzessive höher und schließlich ganz frei auf den **Girenkopf** (5), 1683 m. Das Kreuz steht hier etwas nach Norden vorgeschoben. Der Übergang zum nächsten Gipfel ist nur kurz, aber et-

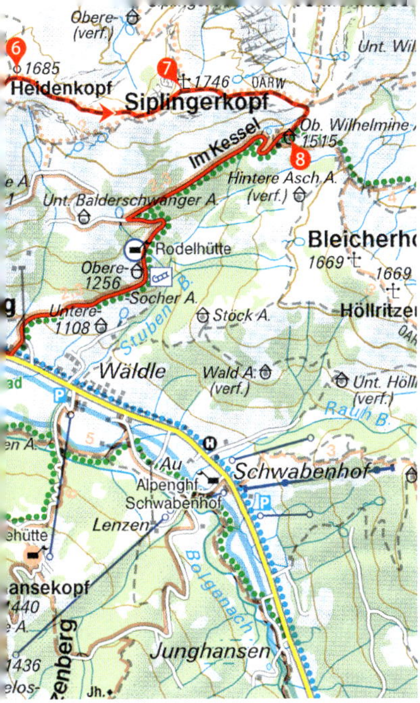

was knifflig, wenn wir im Laufe der bogenförmigen Kammroute wiederholt gesicherte Steilstellen im Bergauf meistern müssen. Diese erwarten uns stets an typischem Nagelfluhgestein und sorgen für einen moderaten alpinen Touch. Vom **Heidenkopf 6**, 1685 m, geht es in ähnlichem Gelände weiter, sprich zwischen Bäumen und Felsen hindurch. Über einen Zwischenrücken in die Route von der Alpe Oberbalderschwang einmündend, nähern wir uns nun allmählich dem Kulminationspunkt der Tour. Durch ein Waldstück in ein Tälchen zwischen zwei Rippen und zuletzt über die linke hinauf zum **Siplingerkopf 7**, 1746 m.

Von dort ostwärts um einen Hangrücken herum und auf einem gut ausgebauten Weg mit vielen Stufen hinunter in den Sattel oberhalb der **Oberen Wilhelminealpe 8**, 1515 m, die damit im Bogen erreicht wird. Eine breite Alpstraße bringt uns zuletzt hinab in den Talort **Balderschwang 9**, 1044 m, wo man die Bushaltestelle im Dorfkern ansteuert.

Am Heidenkopf genießen wir ein tolles Voralpenpanorama.

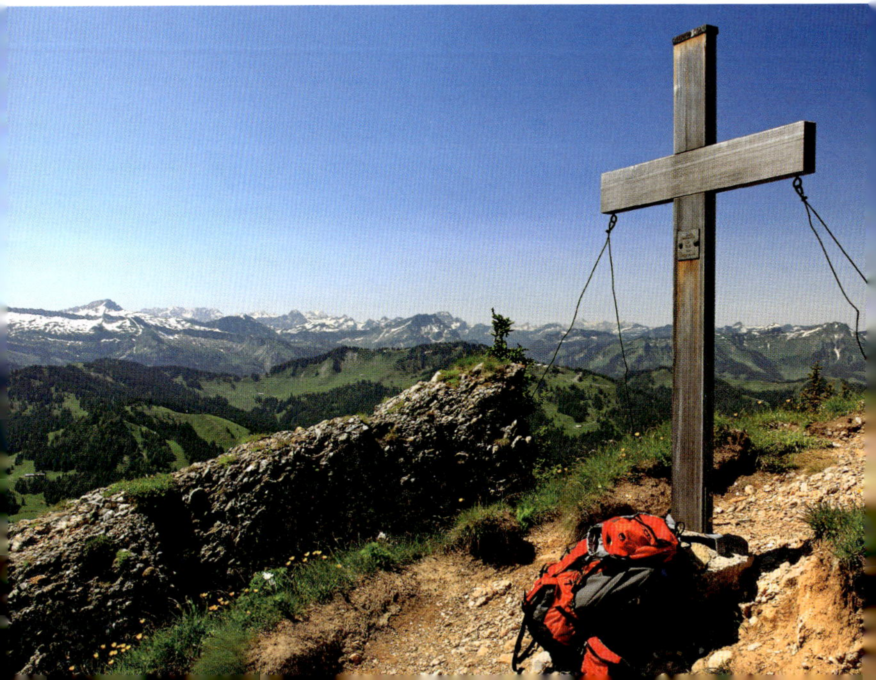

2 Untere und Obere Gottesackerwände, 2033 m

Rundtour aus dem Kleinwalsertal

TOP | 7.00 Std. | 16,3 km | ↗ 1100 m | ↘ 1100 m

Über das Schrattenplateau am Ifenstock

Der Gottesacker, topografisch und geologisch untrennbar mit dem markanten Hohen Ifen verbunden, gehört zu den eigenwilligsten Landschaften der Allgäuer Alpen. Die Verkarstung ist offenkundig. So zeigt sich der höhere nackte Bereich mit seinen charakteristischen Karrenfeldern (alemannisch meist Schratten genannt) zerfurcht und wasserzerfressen, während es weiter unten durchaus intensiv grünt, wie wir beim Aufstieg durchs Mahdtal feststellen dürfen. Hier entdecken wir auch das Hölloch, einen 96 Meter tiefen senkrechten Schacht! Zwar ist der Gottesacker objektiv nicht von jenen Ausmaßen wie das Steinerne Meer bei Berchtesgaden oder das Tote Gebirge, aber doch ausgedehnt genug, um einen nachhaltigen Eindruck von Weltverlorenheit zu vermitteln. Auch wenn wir bei dieser Tour zumeist passabel bezeichnete Wege nutzen, so passt allein schon das Ambiente meiner Empfindung nach ganz treffend zum Thema »Wilde Wege«. Einen Clou finden ambitionierte Bergfexe mit dem kleinen Abstecher entlang der ausgesetzten Gratlinie der Oberen Gottesackerwände, die im Übrigen von Norden gesehen nach den Unteren Gottesackerwänden den zweiten großen Riegel des Massivs bilden. Der dritte und letzte wäre dann die Ifenmauer am Gipfelstock, den Konditionstiger letztlich auch noch einbinden könnten. Wer es maßvoller bevorzugt, steigt indes durchs Kürental wieder talwärts und besichtigt dabei noch einen interessanten steinzeitlichen Lagerplatz.

Wie eine Barriere ragen die Oberen Gottesackerwände auf.

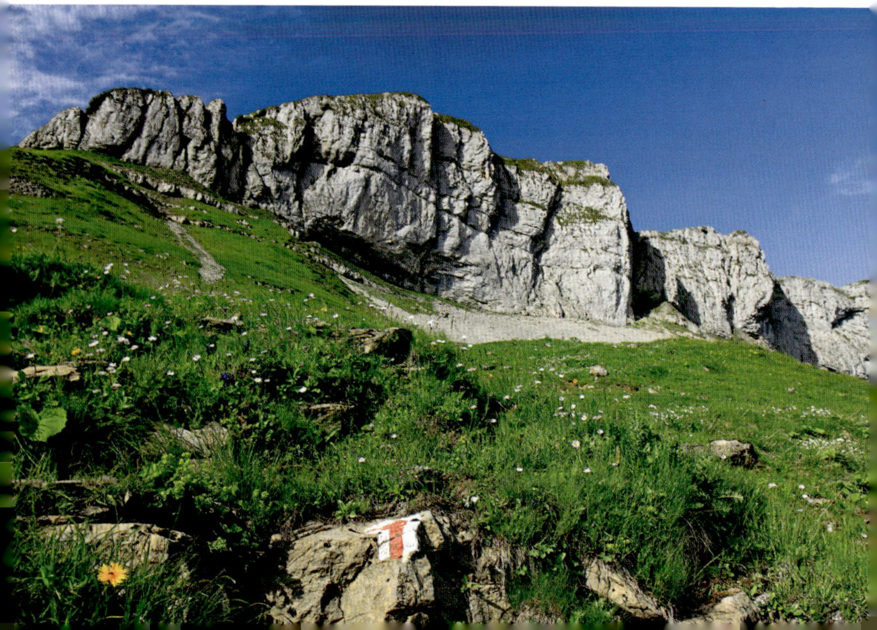

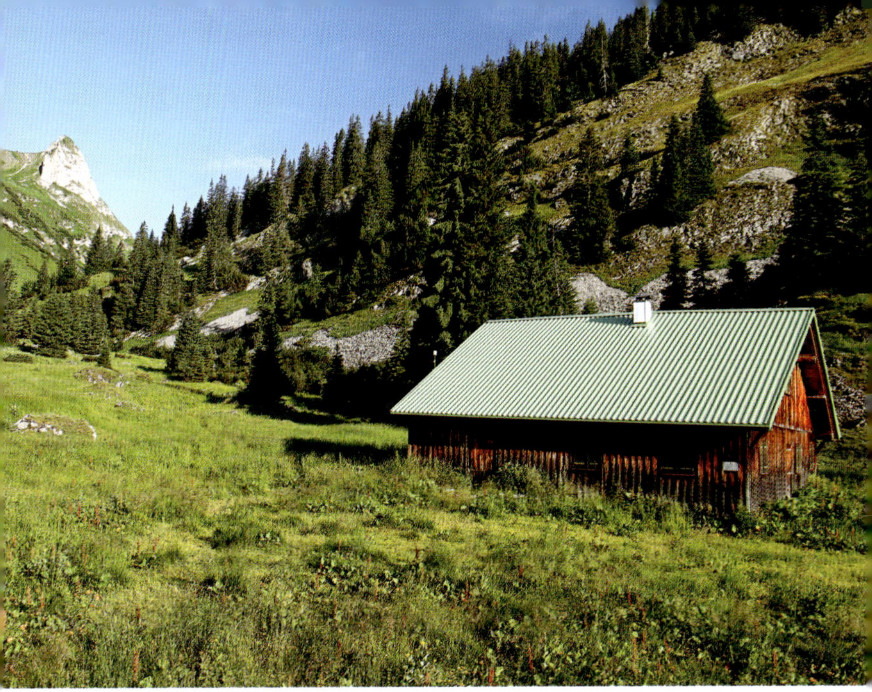

Den Zustieg nehmen wir durchs idyllische Mahdtal.

Talort: Riezlern, 1088 m, im Kleinwalsertal.
Ausgangspunkt: Innerschwende, Parkplatz in der Nähe der Zufahrt zur Höflealpe, ca. 1050 m. Busanbindung vorhanden.
Anforderungen: T4 nur an den Oberen Gottesackerwänden, sonst T2–3. Kleine, verschlungene Steige in karstigem Terrain, mithin oft holprig. Der bewachsene Anteil überwiegt, weshalb die Bedingungen bei Nässe recht unangenehm sein können (rutschiger Untergrund). Der optionale Abstecher am Grat (P. 2033) ist weglos mit Stellen I; davon abgesehen verhältnismäßig leichte, aber absolut tagfüllende Tour.
Orientierung: Fast durchwegs markierte Routen (bis auf den Gipfelabstecher). Im Karst drohen bei ungenügender Sicht jedoch immer erhebliche Orientierungsprobleme, wenn man einmal von der Route abgekommen ist.
Einkehr/Übernachtung: Keine.
Varianten:
1. Aufstieg zu den Unteren Gottesackerwänden auch nordseitig von

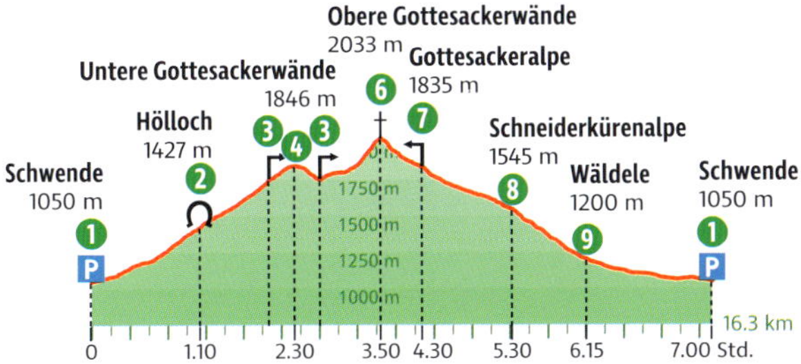

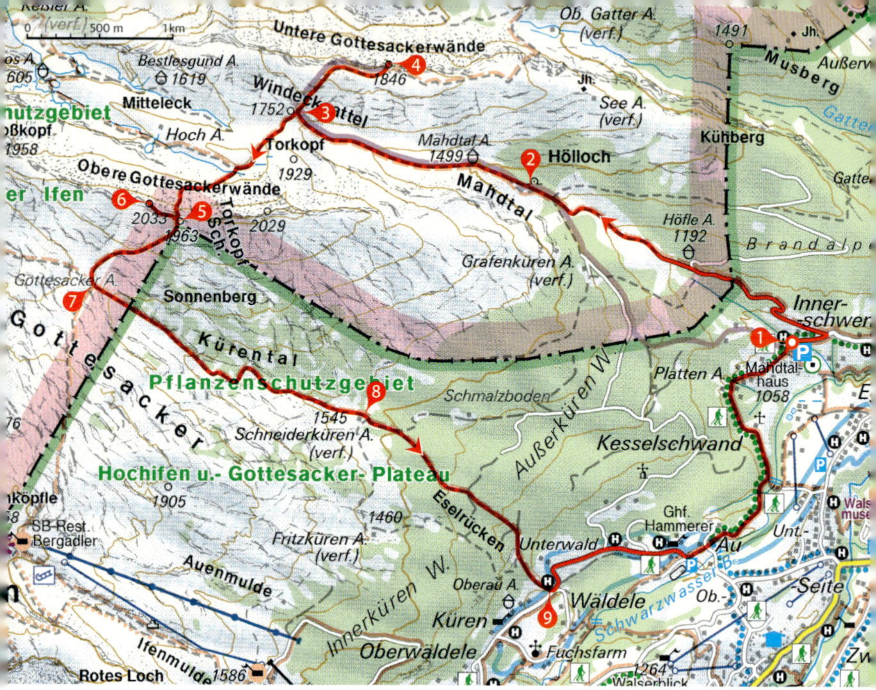

Auf der Schneide der Oberen Gottesackerwände.

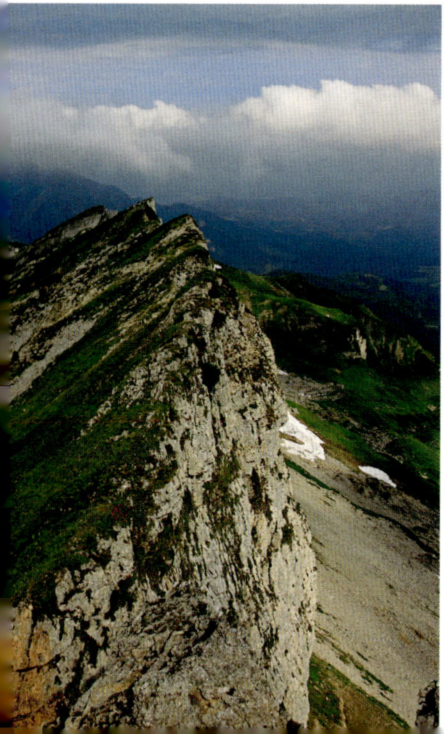

Rohrmoos, 1070 m, aus möglich. Damit wird aber eine Rundtourmöglichkeit erheblich verkompliziert.
2. Ab Gottesackeralpe weiter südwärts über das Plateau und im Steilaufstieg auf das Gipfelpult des Hohen Ifen, 2230 m. Späterer Abstieg über den Normalweg zur Auenhütte, 1275 m.
Karten: AV-Karte 1:25.000, Blatt BY 2. Freytag & Berndt 1:50.000, Blatt 364.

In **Schwende** ❶ fahren wir Richtung Mahdtalhaus und schlagen dann zu Fuß den Güterweg zur Höflealpe, 1192 m, ein. Von dort zieht ein von ausgewaschenen Felsen durchsetzter Steig nur mäßig steil weiter ins Mahdtal hinein. Man passiert das abgrundtiefe, durch Geländer abgesicherte **Hölloch** ❷ sowie die **Mahdtalalpe**, 1499 m. Jetzt freier über karstige Wiesen durch den romantischen oberen Talabschnitt zur Einmündung des Steiges von Rohrmoos knapp unterhalb des **Windecksattels** ❸, 1752 m. Wir folgen

dieser Route nach rechts ca. 100 Hm aufwärts bis auf den Latschenkamm der **Unteren Gottesackerwände** ❹, 1846 m, die zwar keine echten Gipfel bilden, aber trotzdem einen Abstecher wert sind.
Zurück am **Windecksattel** ❸ wandern wir am auffälligen Torkopf rechts vorbei und kommen über einen Boden zum Abzweig einer Route nach Sibratsgfäll beim Torkopfsattel, 1790 m. Für uns geht es schräg gegen die eindrucksvollen Oberen Gottesackerwände hinan, wobei wir mit einigen Kehren die **Torkopfscharte** ❺, 1963 m, als wichtigen Durchlass gewinnen. Wer hier westwärts pfadlos am Grat hinaufkraxelt und noch ein Stück der scharfen Graskrete folgt, kommt mit einem exponierten Kletterzug auf eine kotierte Erhebung der **Oberen Gottesackerwände** ❻, 2033 m: eine tolle Aussichtswarte über dem nordseitigen Abbruch und dem Karstplateau im Süden!
Die Fortsetzung der Tour führt ab **Torkopfscharte** ❺ in diese Richtung. Recht verwinkelt laviert man durch das Karrenterrain abwärts zur verfallenen **Gottesackeralpe** ❼, 1835 m, und schlägt bei der Kreuzung links die Route ins Kürental ein. Der gassenartige Geländeeinschnitt bringt uns in typischem, teils üppig sprießendem Bedecktkarst zur **Schneiderkürenalpe** ❽, 1545 m, mit Jagdhütte und dem einstigen Jäger- bzw. Eremitenrastplatz. Im weiteren Verlauf tauchen wir in den Wald ein, kreuzen eine Forststraße und kommen im Ortsteil **Wäldele** ❾, 1200 m, heraus. Von dort könnte man per Bus mit einmaligem Umsteigen zum Ausgangspunkt gelangen. Oder man folgt zu Fuß der Straße bis zum Sportplatz, biegt dort ab und marschiert auf breiten Wander- bzw. Fahrwegen zurück nach **Schwende** ❶.

Herbschöne Weite: das wellige Gottesackerplateau mit dem Hohen Ifen im Hintergrund.

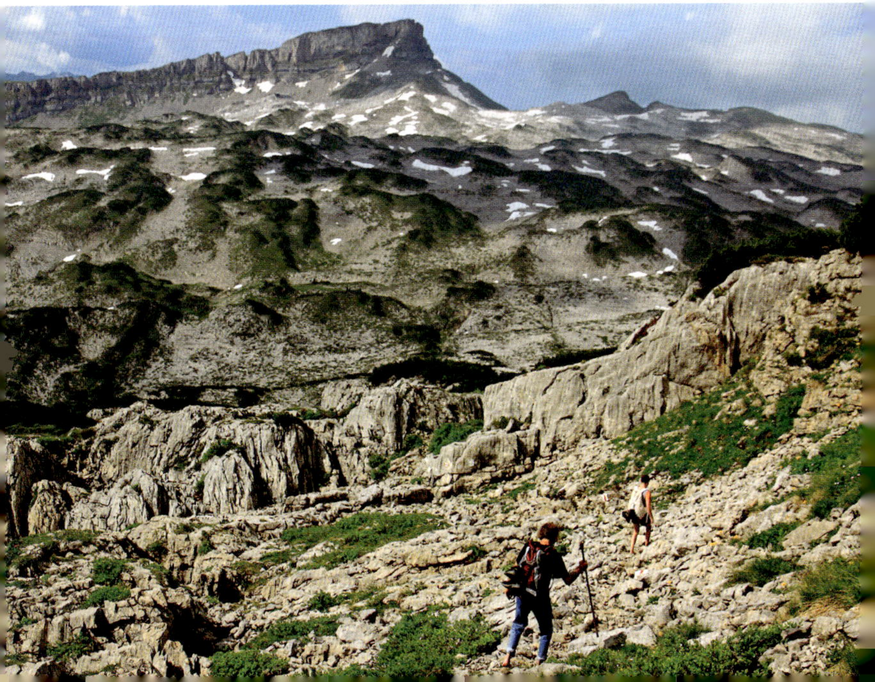

3 Bärenkopf, 2080 m
Von Baad über die Westflanke

4.30 Std. | 7,9 km | ↗ 860 m | ↘ 860 m

Im Banne des mächtigen Widderstein

Der dominante Berg im Talschluss des Kleinwalsertals heißt Widderstein, dessen einziger für Normalbergsteiger verträglicher Anstieg von der Rückseite (Hochtannberg) heraufführt. Nördlich vorgelagert erkennen wir den Bärenkopf, topografisch eher eine ausladende Schulter und dabei eine wunderbare Aussichtswarte, die von Baad aus ohne besondere Hürden erklommen werden kann. Ein offizieller Weg existiert allerdings nicht – die alten Heuersteige sind inzwischen weitgehend aufgelassen worden und verlieren sich zum Teil, sind aber zumindest abschnittsweise noch aufspürbar und damit sehr nützlich. Das klingt doch nach einem perfekten »wilden Weg« gemäß unserer Definition! In der Tat bin ich begeistert vom Bärenkopf zurückgekehrt, zumal man sich hier rasch vom üblichen Touristenrummel verabschiedet und oben einen exklusiven Logenplatz einnimmt. Unsere Blicke schweifen genau in die Achse des Kleinwalsertals samt ganzer Bergumrahmung, tief hinab auf die Dächer von Baad sowie nicht zuletzt hinüber zum gewaltigen Klotz des Widderstein, der dem Panorama einen hochalpinen Anstrich verleiht.

Talort: Baad, 1243 m, am Ende des Kleinwalsertals.
Ausgangspunkt: Gebührenpflichtige Parkplätze in Baad, 1224 m (auch Endpunkt der Buslinie von Oberstdorf ins Kleinwalsertal).

Anforderungen: T3–4. Spärliche ehemalige Heuersteige, teils auch nur Spuren in ziemlich steilem Grasgelände, aber ohne Kletterstellen. Gute Trittsicherheit erforderlich, bei Nässe etwas heikel (zu beachten ist, dass aufgrund

Der Widderstein ist fraglos das Schaustück der Tour.

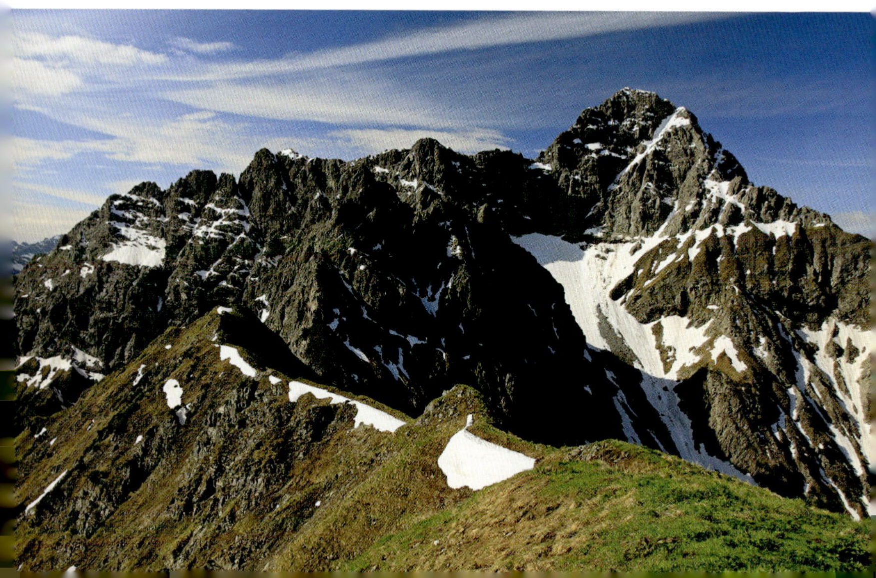

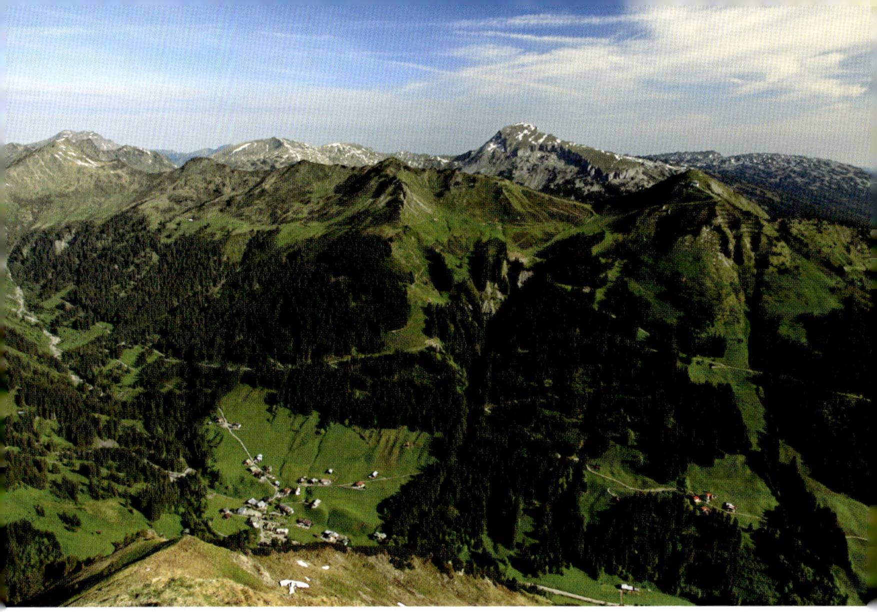

Vom Gipfel blickt man auf die Berge um Baad im inneren Kleinwalsertal.

der Westexposition morgens lange Schatten und ggf. Tau herrscht). Konditionell für Berggewohnte gemäßigte Tour.
Orientierung: Ab Widdersteinalpe unbezeichnete Route, die bei diversen Richtungswechseln, mitunter nur dürftigen Spuren und nicht überall gut überschaubarem Gelände den Spürsinn herausfordert. In der Feinorientierung liegt somit die Hauptanforderung.
Einkehr: Innere Widdersteinalpe, ca. 1330 m.
Karten: AV-Karte 1:25.000, Blatt BY 2. Freytag & Berndt 1:50.000, Blatt 351 bzw. 364.

Von **Baad** ❶ wandern wir südwärts ins Bärgunttal hinein und bei der Wegverzweigung links über die Äußere zur **Inneren Widdersteinalpe** ❷, ca. 1330 m. Wenige Schritte dahinter geht es ohne Hinweisschild links ab und über die Wiese bis vor den Grabeneinschnitt. Ein deutlicher Pfad leitet durch ein Waldstück aufwärts, womit sich haltend die **Mittlere Widdersteinalpe**, ca. 1500 m, erreicht wird. Achtung: Hier nicht dem stärksten Pfad nach rechts folgen – denn dieser quert zu tief in den Kessel –, sondern auf eher undeutlichen Tritten ziemlich gerade durch eine weitere Waldparzelle aufwärts. Sie lichtet sich an einem mitunter durch-

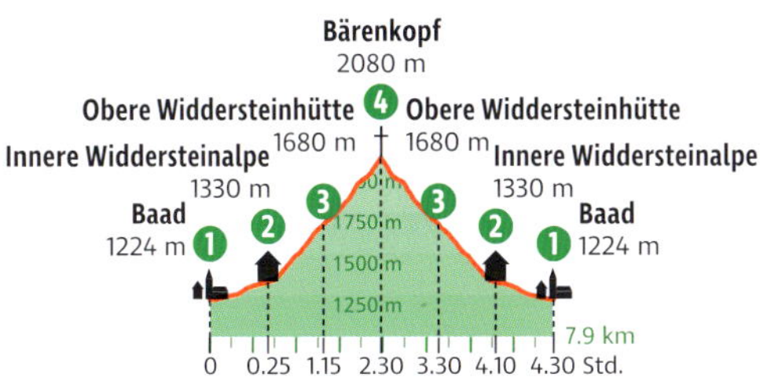

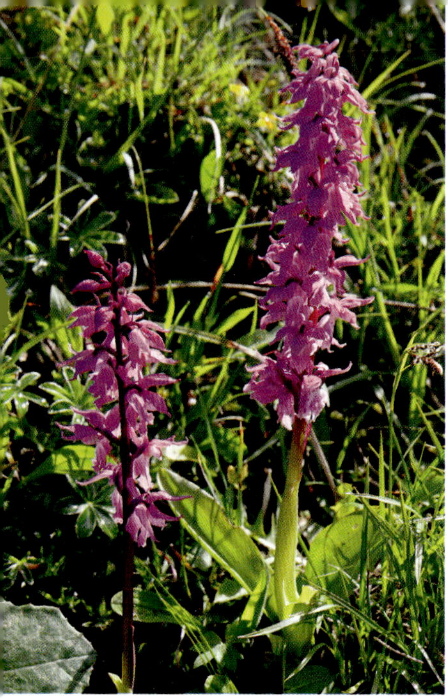

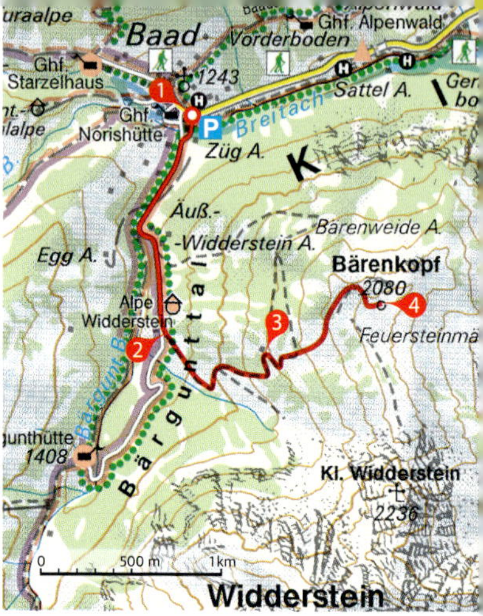

In den Bergwiesen gedeiht das Knabenkraut.

feuchteten Wiesenhang, ehe eine kurze Linkstraverse zur **Oberen Widdersteinhütte ❸**, ca. 1680 m, führt. Das oberhalb der Jagdhütte befindliche Hindernis aus Fichten und Latschen umgehen wir zunächst rechts, tauchen später mit der Trittspur aber kurz darin ein. Oberhalb über einen kleinen Absatz weiter im Zickzack gegen den Gipfel hinan, dann links haltend in die Nordwestflanke, wo der kleine Pfad bis zu einem Gratrücken quert. Schließlich im Hin und Her die letzten Höhenmeter zum Gipfel des **Bärenkopfes ❹**, 2080 m. Der Abstieg erfolgt auf derselben Route, die uns mit den Erfahrungen vom Bergauf wenig Probleme machen sollte.

Gemütliche Einkehr zum Abschluss: die Alpe Widderstein.

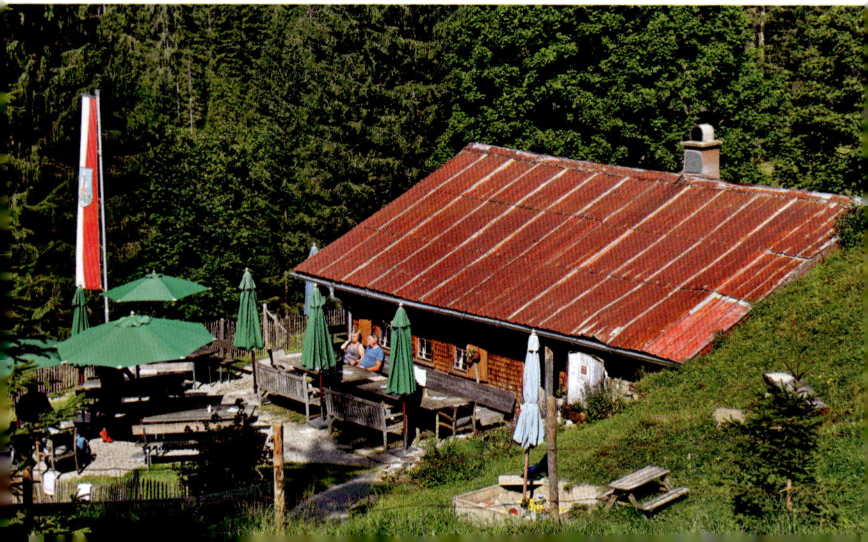

Liechelkopf, 2383 m

Über die Mindelheimer Hütte

7.30 Std. | 16,3 km | ↗ 1400 m | ↘ 1400 m

Ein Angebot zum Reinschnuppern

Von den meisten Seiten gebärdet sich der Liechelkopf, der eng mit dem wenige Meter höheren Elfer zusammenhängt, ziemlich unnahbar. Einzig über dem Wilden Gund, einem Kar unweit der stark frequentierten Mindelheimer Hütte, wirken die Schrofenflanken nicht gar so hoch und grimmig. Trotzdem gehen die meisten Wanderer achtlos am Liechelkopf vorüber, denn es gibt keinen ausgewiesenen Weg hinauf. Der Aufmerksame entdeckt freilich eine schwache Trittspur zum Südsattel, von wo der stumpfe Gipfelrücken ebenfalls kein großes Problem mehr darstellt. Wenn ich sagen sollte, welche Touren für den Einstieg in die »wilden Wege« besonders geeignet sind, wäre der Liechelkopf also auf jeden Fall ein Kandidat. Hier kann man sich nämlich in überschaubarem Maße mit weglosem Terrain vertraut machen und muss auch orientierungsmäßig keine großen Unwägbarkeiten fürchten. Dass obendrein ein stattlicher Gipfel dabei herausspringt, dürfte ja nur recht sein. Im aufziehenden Gewitter hatte es der Verfasser dann aber doch etwas eilig, wieder vom Berg herunterzukommen …

Talort: Mittelberg, 1215 m, im Kleinwalsertal.
Ausgangspunkt: Schwendle, gebührenpflichtiger Parkplatz beim Alpengasthof Bergheim Moser, ca. 1220 m. Abzweig der Zufahrt in Bödmen (hinter Mittelberg); Busanbindung bis knapp unterhalb (Linie nach Höfle).
Anforderungen: T3–4 maximal. Bis zum Wilden Gund normale Bergwege mit einigen gesicherten Steilstücken beim Hüttenzustieg. Gipfelwärts nur noch spärliche – allerdings durchaus hilfreiche – Pfadspuren in steilem Gelände, ohne Kletterei. Gute Trittsicherheit obligatorisch, als Tagestour recht anstrengend.
Orientierung: Die längste Zeit simpel

Düstere Wolkenstimmung am Liechelkopf.

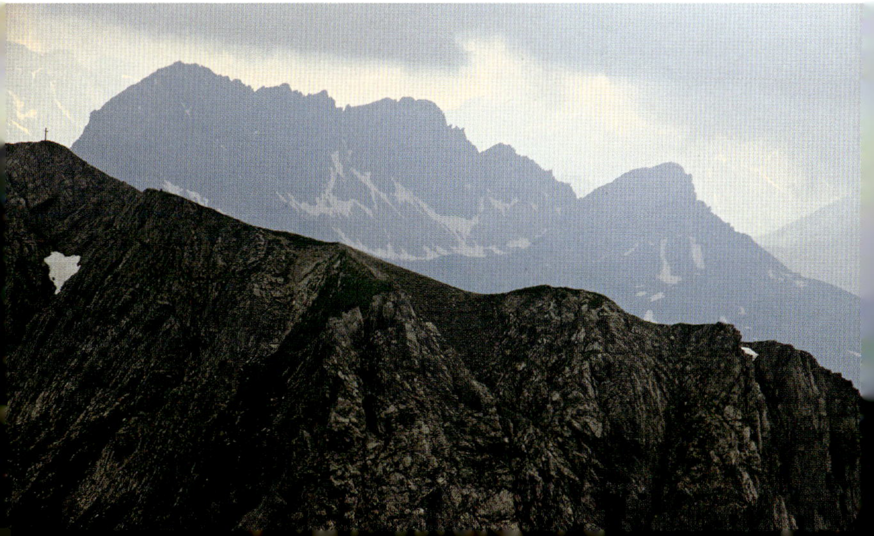

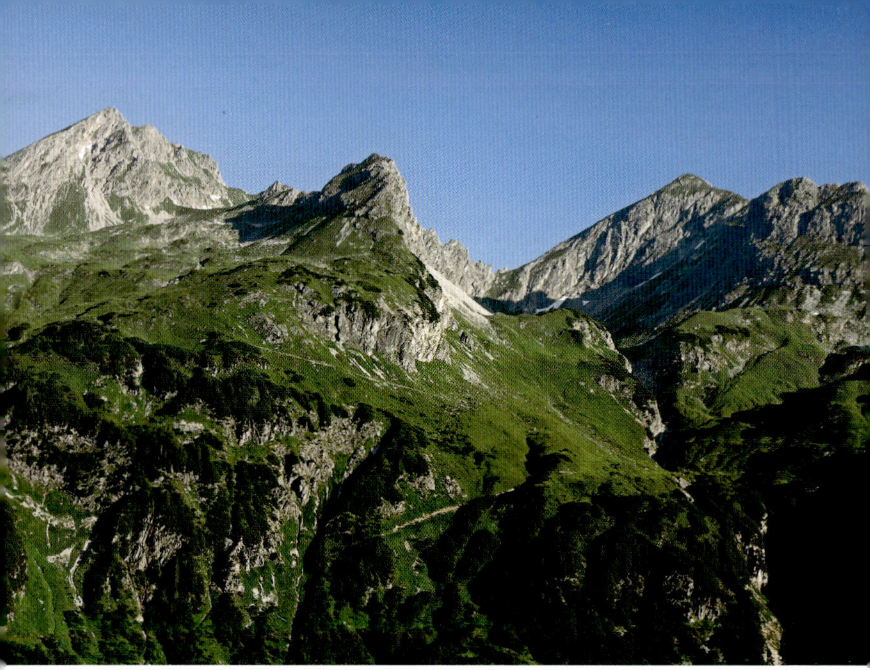

Geißhorn, Wildengundkopf, Liechelkopf und Angererkopf (von links).

auf offiziellen Routen. Auch der Gipfelzugang ist logisch und recht einfach zu finden, trotz der fehlenden Markierung und des weglosen Charakters.
Einkehr/Übernachtung: Mindelheimer Hütte, 2013 m, Anfang Juni bis Mitte Oktober, Reservierungen nur online unter www.mindelheimer-huette.de. Einkehrmöglichkeit in Schwendle, der Wiesalpe und der Fluchtalpe.
Variante: Man erreicht die Mindelheimer Hütte auch aus dem Oberstdorfer Raum, ggf. per Bike ins Rappenalpental und ab Schwarze Hütte 2 Std. zu Fuß bergauf.
Karten: AV-Karte 1:25.000, Blatt BY 2. Freytag & Berndt 1:50.000, Blatt 351 oder 364.

Von **Schwendle** ❶ folgen wir dem Güterweg ins Wildental einwärts zur Unteren und **Inneren Wiesalpe** (2), 1298 m, und weiter Richtung **Fluchtalpe** ❸, 1390 m, die alle bewirtschaftet sind. Bei Letztgenannter gabeln sich die Zustiege zur Fiderepass- und Mindelheimer Hütte. Wir gehen rechts und überwinden als Nächstes die steile, bewachsene Ge-

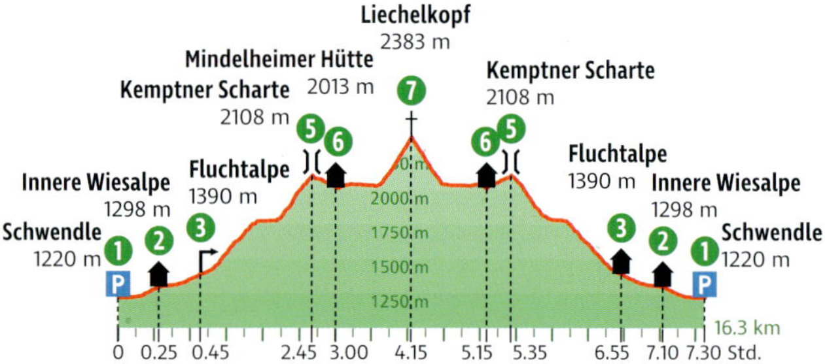

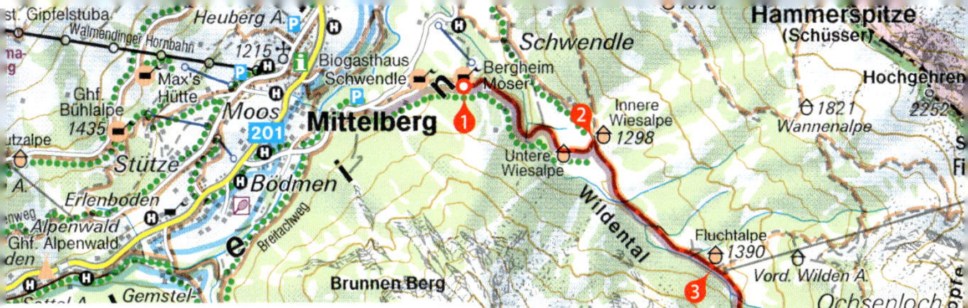

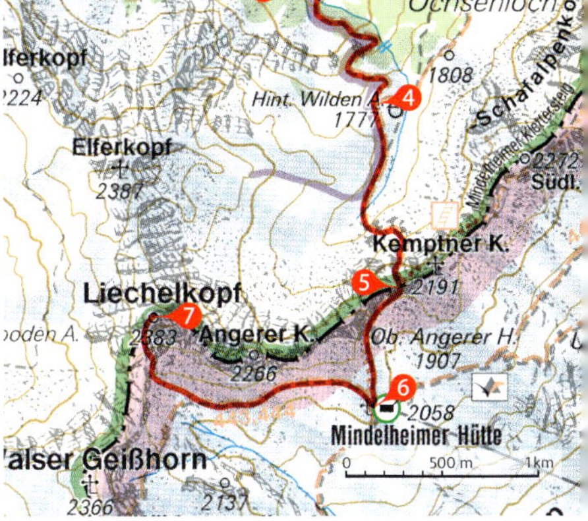

ländestufe hinauf zur **Hinteren Wildenalpe** ❹, 1777 m. Über den Boden mit Bachlauf geht es an die nächste Schutt- und Felsflanke heran. Das abschüssige Gelände wird kehrenreich und mit gelegentlicher Drahtseilunterstützung bis in die **Kemptner Scharte** ❺, 2108 m, durchstiegen. Jenseits schräg rechts in leichtem Gefälle zur **Mindelheimer Hütte** ❻, 2013 m, die sehr reizvoll auf einem südseitigen Balkon mit Blick zum Allgäuer Hauptkamm liegt.

Der Höhenweg Richtung Geißhorn bzw. Widdersteinhütte bringt uns in leichtem Auf und Ab bis in den **Wilden Gund** auf der Südseite unseres Gipfels. In dieser Karmulde biegen wir pfadlos nach rechts ab, ersteigen eine steilere Halde gegen den Felsansatz auf der linken Seite und treffen dort auf eine passable Steigspur in dem etwas unsoliden Gelände. Diese zieht in die Lücke (P. 2187 in der AV-Karte) neben den markanten Zacken und damit zum Grenzkamm hinauf. Dort wenden wir uns der Gipfelabdachung zu, wo Schutt, Gras und Schrofen keinerlei Hindernisse auftreten lassen. Einzelne Pfadspuren erleichtern den Aufstieg sogar; die Linienführung ist freilich nahezu beliebig. Der Hang leitet direkt auf den Gipfel des **Liechelkopfes** ❼, 2383 m.

Das Bergab vollzieht man am besten auf derselben Route. Man könnte auch den Südostgrat wählen und vor dem Angererkopf in die steile Flanke über dem Wilden Gund abbiegen, doch erscheint dies etwas heikler. Von der Hütte später ebenfalls wieder über die Kemptner Scharte talwärts.

Felsenszenerie beim Aufstieg zur Kemptner Scharte.

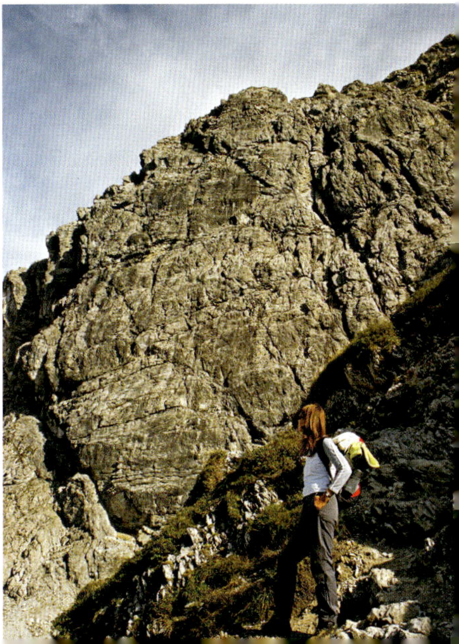

5 Oberstdorfer und Walser Hammerspitze

Vom Fiderepass ins Kanzelwandgebiet

TOP | 6.30 Std. | 12,3 km | ↗1250 m | ↘1250 m

Luftige Gratkraxelei über dem Wildental

Die Überschreitung der Hammerspitzen, die sich mit markantem Felsprofil zwischen Kleinwalsertal und Stillachtal erheben, zählt zu den attraktivsten Grattouren in den Allgäuer Alpen und ist als »wilder«, sprich weitgehend unpräparierter Weg bis heute relativ ruhig geblieben, trotz der unmittelbaren Nähe zu frequentierten Touristenmagneten wie Kanzelwand und Fiderepass. Anderthalb bis zwei Stunden lang bewegt man sich hier im anspruchsvollen Hauptdolomitgelände, das mit einigen zünftigen Klettereinlagen gewürzt ist. Die Schlüsselstelle am Gipfelwandl der Oberstdorfer Hammerspitze – früher mit Grad III bewertet – zeigt sich zwar inzwischen mit drei Eisenklammern merklich entschärft (jetzt quasi II/A0), was dem Abenteuerwert der Route aber keinen Abbruch tut. Wer den Anforderungen gewachsen ist, kann hier eine veritable alpine Genusstour erleben! Ein Wort noch zur Namengebung der Berge: Benannten die Oberstdorfer und Kleinwalsertaler unsere beiden Gipfel früher nämlich jeweils genau entgegengesetzt als Hammerspitze und Schüsser (und stifteten damit regelmäßig Verwirrung), so ist mittlerweile übereinkommend folgende Lösung festgelegt und auch in aktuellsten Karten angewandt worden: Der südliche Gipfel heißt Oberstdorfer Hammerspitze (2259 m), der nördliche hingegen Walser Hammerspitze (2170 m) und dazwischen ist und bleibt die Hochgehrenspitze (2252 m), die wir ja keinesfalls unterschlagen wollen.

Anspruchsvoller Hausberg der Fiderepasshütte ist die Oberstdorfer Hammerspitze.

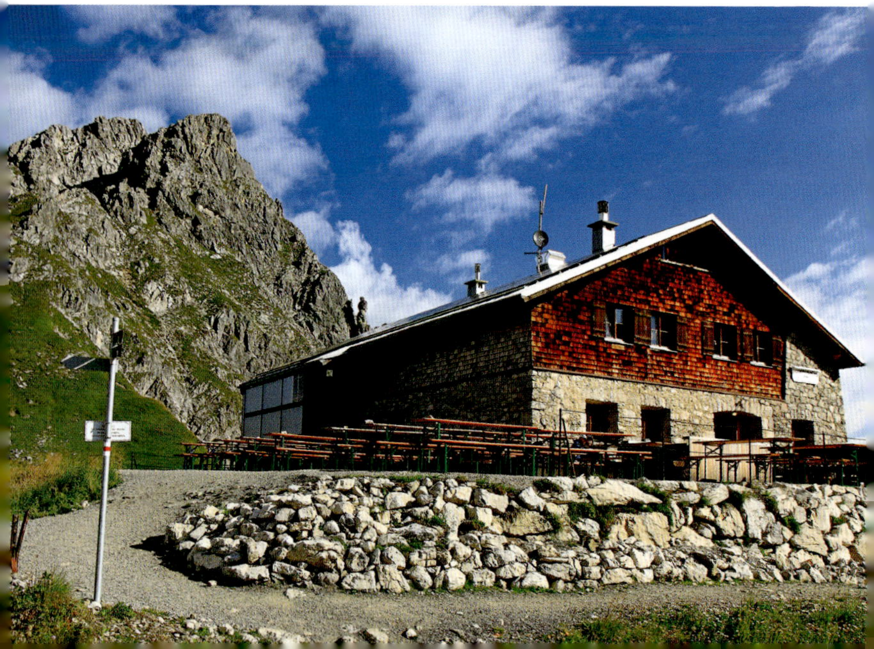

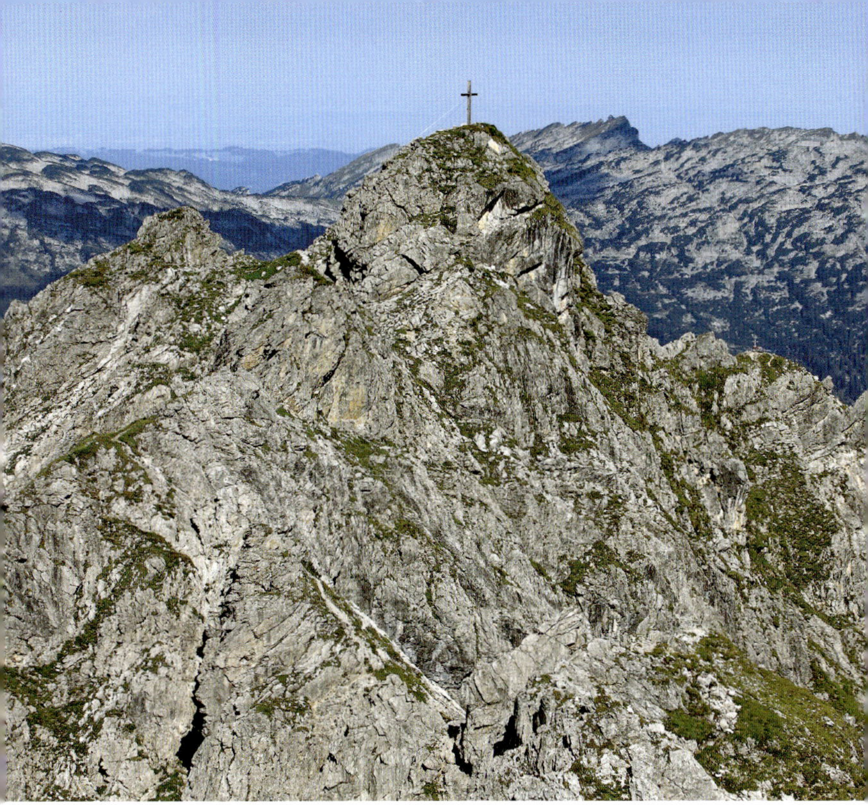

Blick über die Gratverbindung zur Hochgehrenspitze; dahinter der Gottesacker.

Talort: Mittelberg, 1215 m, im Kleinwalsertal.
Ausgangspunkt: Schwendle, gebührenpflichtiger Parkplatz beim Alpengasthof Bergheim Moser, ca. 1220 m. Abzweig der Zufahrt in Bödmen (hinter Mittelberg); Busanbindung bis knapp unterhalb (Linie nach Höfle).
Anforderungen: T5–6 für die Gipfelüberschreitung, Zu- und Abstieg maximal T3. Im Kernstück der Tour zwischen Fiderepasshütte und Walser Hammerspitze teilweise ausgesetztes Fels- und Schrofengelände mit Kletterstellen bis II, vereinzelt durch Sicherungen entschärft. Alpine Erfahrung samt ausgezeichneter Trittsicherheit und Schwindelfreiheit unabdingbar. Der Rest der Tour verläuft auf guten Bergwegen und ist problemlos. Konditionell leicht überdurchschnittliche Tagestour.
Orientierung: Über die Gipfel keine offizielle Route und allenfalls sporadisch markiert (einzelne rote Punkte und Steinmännchen), dabei etwas verwickelt in der Linienführung. Bei Aufmerksamkeit im Verfolgen der Steigspuren mittelschwere Feinorientierung.
Einkehr/Übernachtung: Fiderepasshütte, 2065 m, Ende Mai bis Mitte Oktober, Reservierungen online unter www.fiderepasshuette.de. Einkehrmöglichkeit bieten auch Bergheim Moser, Untere und Innere Wiesalpe, Fluchtalpe sowie Innerkuhgehrenalpe.
Variante: Bergfahrt von Riezlern mit der Kanzelwandbahn, dann über Kanzelwand und Nordostgrat auf die Walser Hammerspitze und den Gratübergang in umgekehrter Richtung unternehmen.
Karten: AV-Karte 1:25.000, Blatt BY 2. Freytag & Berndt 1:50.000, Blatt 351 oder 364.

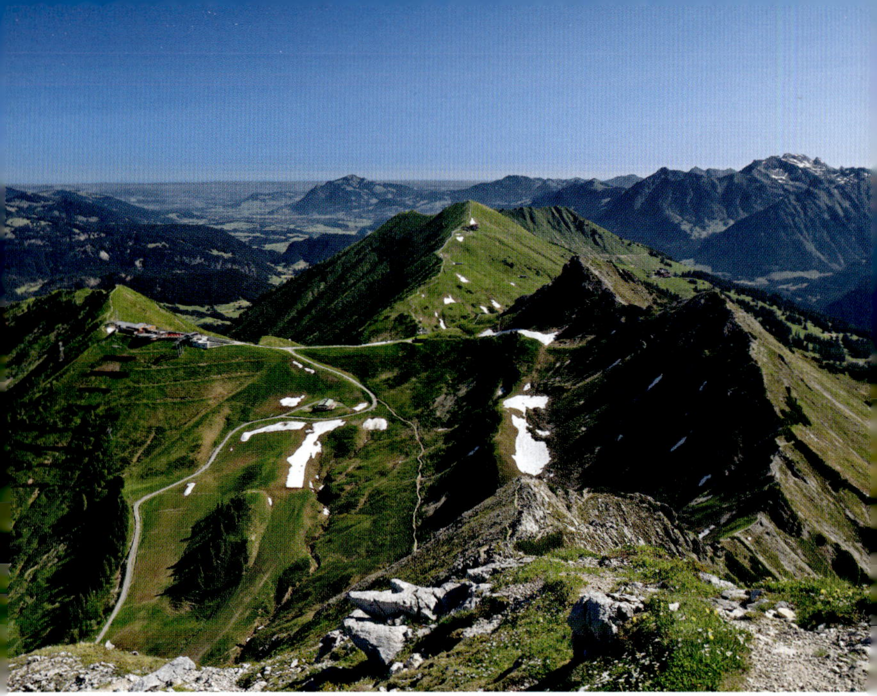

Von der Walser Hammerspitze streicht ein grüner Gratrücken ins Kanzelwandgebiet ab.

Vom obersten Parkplatz in **Schwendle** ❶ geht es auf breitem Güterweg über die Untere zur **Inneren Wiesalpe** ❷, 1298 m, beide als Jausenstation geführt. Rechts haltend folgen wir dem Fahrweg weiter zur Materialseilbahn der Fiderepasshütte und passieren kurz darauf die ebenfalls bewirtschaftete **Fluchtalpe** ❸, 1390 m, wo der eigentliche Steig beginnt. In Kehren über eine steilere, teils noch bewaldete Geländepartie und allmählich in eine weite Karwanne. Nach einem vorübergehend flacheren Stück führt ein ausgeprägter Zickzackkurs gegen den Fiderepass hinan, ehe uns etwas oberhalb zur Linken die **Fiderepasshütte** ❹, 2065 m, empfängt.

Der Gratübergang hält großartige Nahimpressionen bereit.

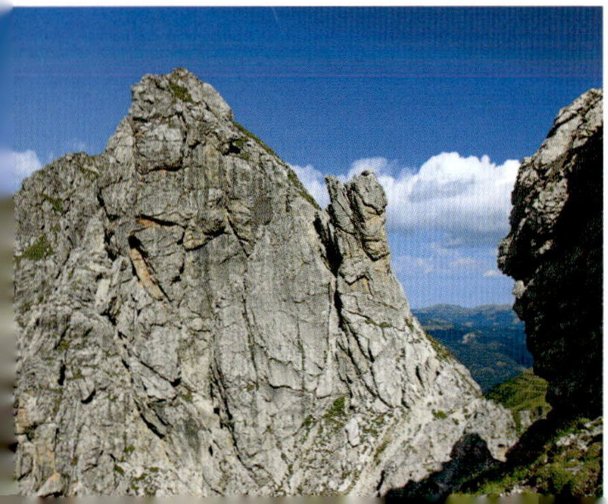

Nun beginnt der hochalpine Teil der Tour. In Richtung Hammerspitze folgen wir ohne Hinweis einer deutlichen Spur, die sich bald gabelt. Beide Varianten führen prinzipiell gipfelwärts. Rechts haltend steilt das Gelände sofort schrofig auf. Wir übersteigen eine Rippe und vollziehen dahinter einige Traversen nach links, zwischendurch mit ein paar Metern Höhenverlust. Vor einer weiteren Gratrippe leitet die Route in die markante Rinne unterhalb des Gipfelaufbaus. Darin jedoch nur kurz

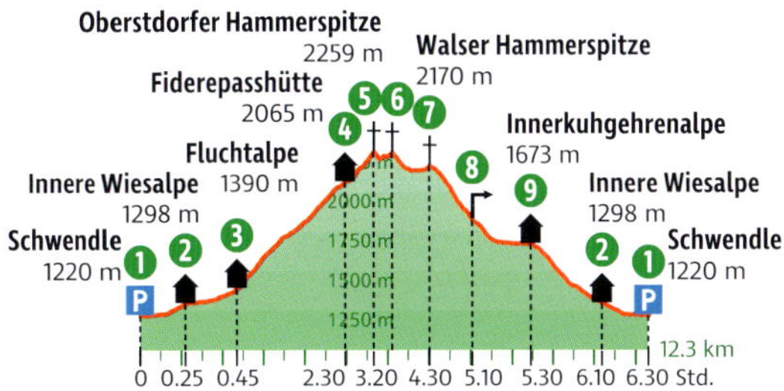

aufwärts, denn der Durchstieg wäre unangenehm geröllig und steinschlaggefährdet. Wir holen besser nach rechts in die Schrofen aus und nutzen dort bald wieder eine deutliche Pfadspur, die uns unschwierig auf den Gipfelgrat bringt. Über einige kleine Felshindernisse (I) erreicht man die erwähnte Scharte direkt vor der etwa zehn Meter hohen, nahezu senkrechten Gipfelwand, in der drei Klammern stecken (II/A0). Beherzt die Schlüsselstelle angepackt, stehen wir in Kürze am Gipfel der **Oberstdorfer Hammerspitze** **5**, 2259 m.

Jenseits steigt man links vom Grat über Fels und Schrofen (stellenweise I) bis in die tiefste Kerbe ab. Vor uns nun ein mächtiger Aufschwung, der rechts umgangen wird. Dabei taucht ein solides Drahtseil auf, das durch eine enge Rinne wieder zur Gratlinie hinaufleitet (Klettersteig im Grad B, mäßig schwierig). Schon wenige Schritte weiter gilt es auf der anderen Seite steil abwärtszuklettern (I-II) und aus dem nächsten Schärtchen in einem Kamin (II) erneut empor. Über Schrofen erreichen wir anschließend die **Hochgehrenspitze** **6**, 2252 m. Die Fortsetzung führt zu einer Abstiegsrinne (I+), ehe man mittels kurzer Traverse auf den deutlich leichteren Gratteil gelangt und hier jetzt auch einen passablen Steig verfolgen kann – nur einmal noch unterbrochen durch eine schmale

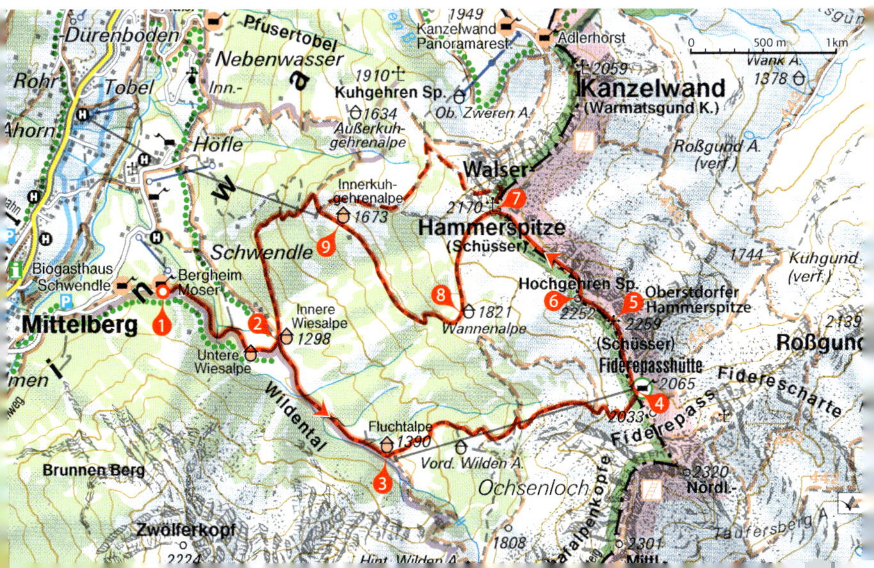

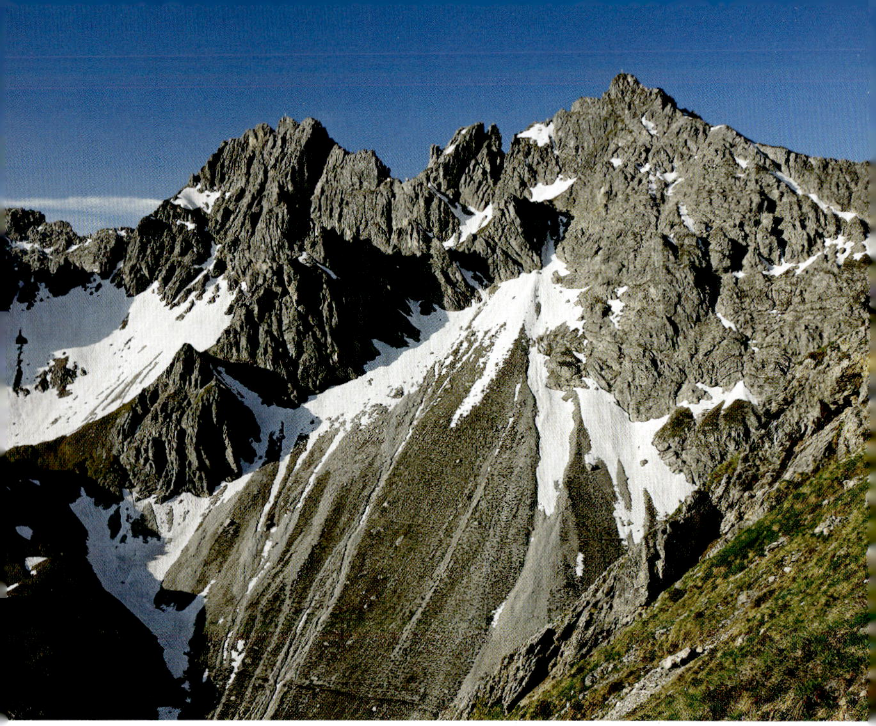

Die schroffen Hammerspitzen mit ihren Ostabstürzen.

Stelle. Nach einem fast waagerechten Stück absolvieren wir die letzte Gegensteigung zur **Walser Hammerspitze ❼**, 2170 m, die von der Kanzelwandbahn her wesentlich mehr Besuch erhält als die abweisendere Oberstdorfer.

Beherzter Einsatz in der Schlüsselstelle.

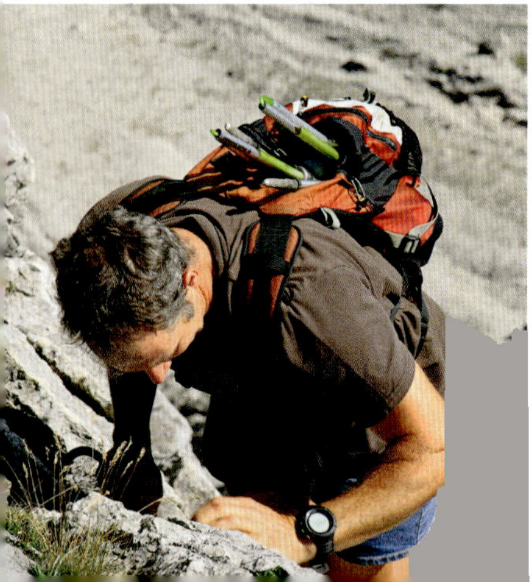

Für den Abstieg haben wir zwei Möglichkeiten: Entweder kurz am Nordostgrat hinab, dann links steil bis zum Sattel, der die Kuhgehrenspitze abtrennt. Wiederum links haltend mit einer Abwärtstraverse zu einem Geländerücken und zur Innerkuhgehrenalpe. Oder wir folgen dem reizvollen, aussichtsreichen Südwestrücken der Walser Hammerspitze und gelangen damit zunächst zur **Wannenalpe ❽**, 1821 m. Dort nach rechts noch ein Stück weit abwärts und im weiteren Verlauf quasi horizontal durch die Hänge zur **Innerkuhgehrenalpe ❾**, 1673 m. Von der Jausenstation führt ein guter Kehrenweg über Lichtungen bergab. Später links auf einen breiten Forstweg und zur **Inneren Wiesalpe ❷**; von dort schließlich wie beim Hinweg zurück zum Ausgangspunkt in **Schwendle ❶**.

Himmelschrofen, 1791 m

Überschreitung aus dem Trettachtal

6

6.00 Std. | 12,2 km | ↗1000 m | ↘1000 m

Ganz im Vordergrund und doch übersehen

Genau im Süden von Oberstdorf springt der Himmelschrofen als mächtiger Bug vor. Es ist der letzte Ausläufer eines respektablen, rund acht Kilometer langen Kammzuges, der von der Mädelegabel am Hauptkamm nach Norden ausstreicht und das Stillachtal vom Trettachtal trennt. Auf Tuchfühlung gehen gleichwohl meist nur die einheimischen Kenner, denn der Himmelschrofen bietet keine markierten Wege und fällt damit durchs allgemeine touristische Raster. Auch die Ringersgundalpen sind längst aufgegeben. Da die Pfade aber noch gut aufzufinden sind, passt diese Tour hervorragend in unser Buch. Natürlich fällt sie ziemlich ruppig aus, allein schon wegen der phasenweise extremen Steilheit der Flanken und des mitunter lästigen Buschwerks. Wer Oberstdorf also mit notorischer Überlaufenheit gleichsetzt, kann sich eines Besseren belehren lassen oder zumindest seine Eindrücke differenzieren.

Talort: Oberstdorf, 813 m.
Ausgangspunkt: Parkplatz Renksteg (gebührenpflichtig), 826 m, an der Straße zur Fellhornbahn, wo sich Stillach- und Trettachtal gabeln. Auch Bushaltestelle der Wanderbuslinie von Oberstdorf.

Anforderungen: T4. Einsame Bergtour, die einige Erfahrung und Robustheit verlangt. Im Bergauf über weite Strecken sehr steil, am Grat etliche sperrige Latschen. Nach weglosem Intermezzo zumindest angenehmerer Abstieg über einen ehemaligen Alpweg. Konditio-

Blumenwiese am Himmelschrofen vor dem Allgäuer Hauptkamm.

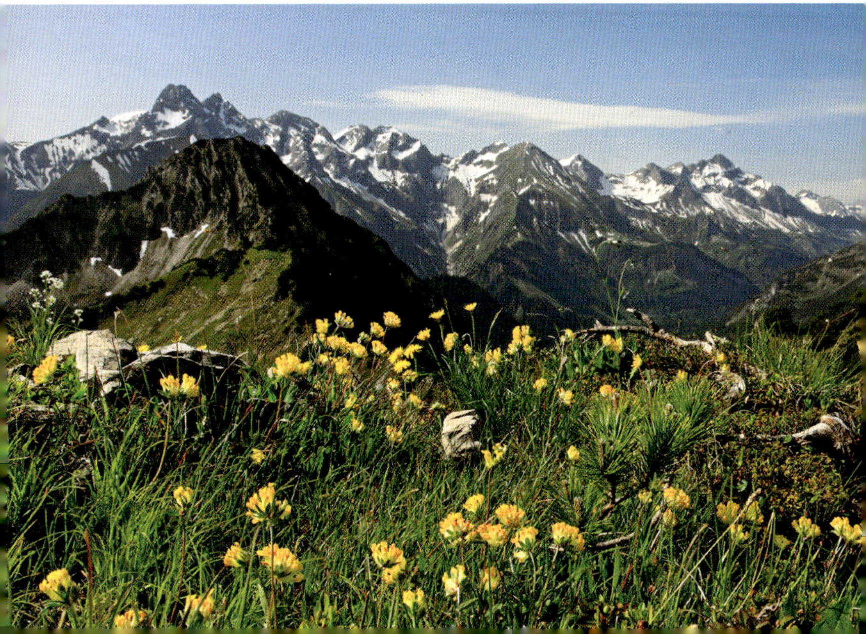

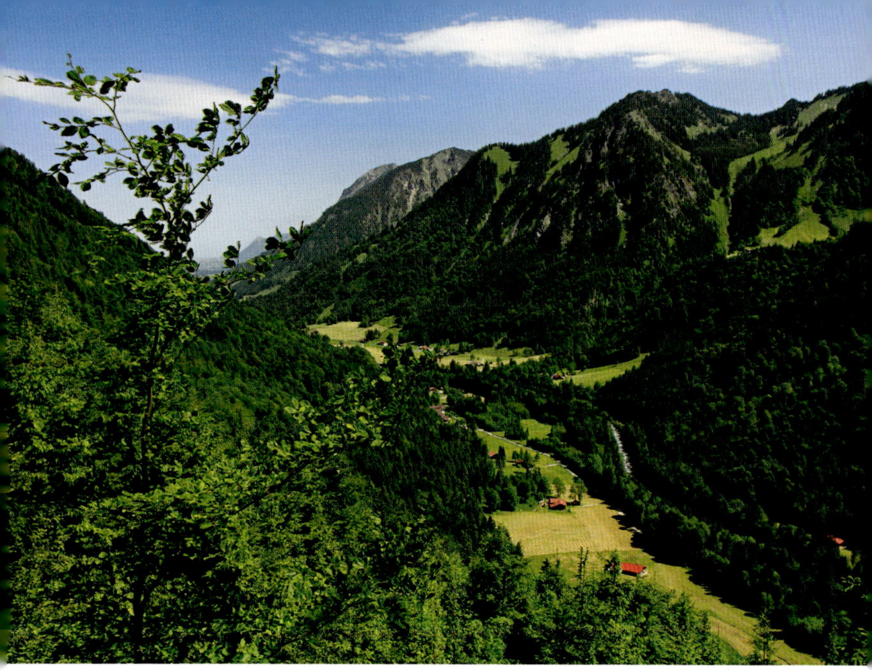

Der Abstieg führt auf altem Alpsteig ins Trettachtal.

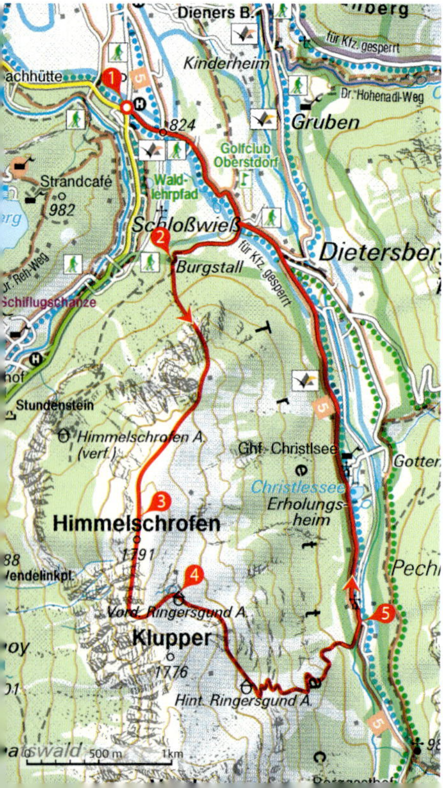

nell normale Tagestour.

Orientierung: Auf beiden Seiten nicht markierte Bergpfade, zwischendurch sogar ein Stück weglos. Nicht zu unwägbar, aber ausgereiftes Orientierungsvermögen auf jeden Fall nötig; bei Nebelneigung meiden.

Einkehr: Eventuell beim Christlessee.

Karten: AV-Karte 1:25.000, Blatt BY 4 oder 2/1. Freytag & Berndt 1:50.000, Blatt 351.

Vom Parkplatz **Renksteg** ❶ marschiert man Richtung Trettachtal (Beschilderung Spielmannsau), bis unweit des Golfplatzes ein normalerweise abgezäunter Karrenweg nach rechts abzweigt. Ohne Hinweis folgen wir dieser Zufahrt zur **Schlosswies**. Direkt am Tor vor dem Privatgelände entdecken wir links hinauf einen Pfad, bestätigt durch das Kürzel »HS« an einem Baum ❷. Dieser meist gut zu verfolgende, aber nur sporadisch rot markierte Steig zieht bald sehr steil an. Aufpassen, dass

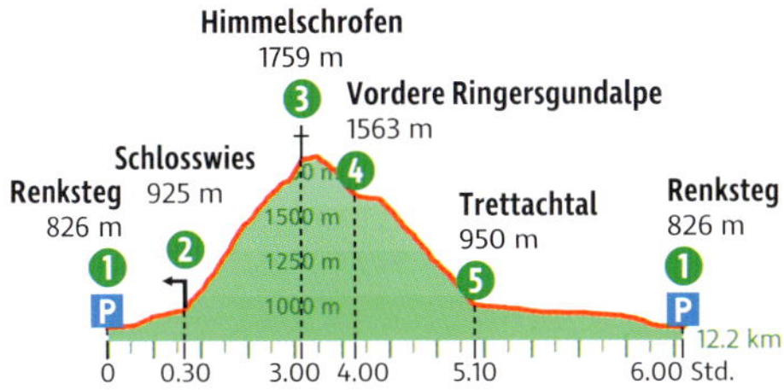

man sich keinen Fehltritt erlaubt, denn im lichten Waldgelände droht durchaus Absturzpotenzial. Nach einer Passage in der Direttissima geht es links haltend weiter (zweimal sogar Drahtseile). Oberhalb einer Hangwiese flacht das Gelände in Jungfichtenbeständen vorübergehend ab. Man bewegt sich jetzt mehr in der Ostflanke und gewinnt die Schneide auf gut 1500 m Höhe. An Lawinenverbauungen vorbei nochmals links ausbiegend und über Wiesen zurück auf den Kamm, der nun schrofig und von Latschen besetzt ist. Ein letzter gesicherter Aufschwung führt zum Kreuz auf dem Vorgipfel des **Himmelschrofen** ❸, 1759 m.

Auf der Fortsetzung nach Süden überschreiten wir die beiden höchsten Kuppen bei P. 1791 und folgen dem dürftigen Pfad, der sich durch die Latschen windet. Beim Abstieg am Südgrat wird das Krummholz sogar sperriger, doch kommt man mit etwas Beharrlichkeit durch. Gegebenenfalls kann ein Ausweichen nach links in die Ostseite helfen, vor allem vor Erreichen der tiefsten Einschartung (P. 1685) vor dem Klupper. Dort wenden wir uns ohnehin hinab auf die Grashalden, die rasch harmlos auslaufen. In geradem Abstieg stoßen wir bei den kümmerlichen Resten der **Vorderen Ringersgundalpe** ❹, 1563 m, auf einen alten, verwachsenen Querweg. Mit diesem horizontal um einen steilen Hang herum und noch vor der ebenfalls verfallenen Hinteren Ringersgundalpe schräg abwärts. Der alte Alpweg prägt sich nun recht gut aus und windet sich in Serpentinen durch die Flanken tiefer in die Waldzone. Erst kurz vor der Talsohle wird ein steilerer Abschnitt nochmals schlechter. Unten erreichen wir einen Traktorweg etwa 150 m südlich der Truppersoybrücke im **Trettachtal** ❺. Eventuell lohnt es sich, dort auf den Bus zu warten, andernfalls nimmt der abschließende Talhatscher noch eine knappe Stunde in Anspruch. Auf oder zum Teil auch parallel zur Straße geht es am Golfplatz vorbei zurück zum **Renksteg** ❶.

Zuweilen kann schon mal etwas Totholz im Weg liegen.

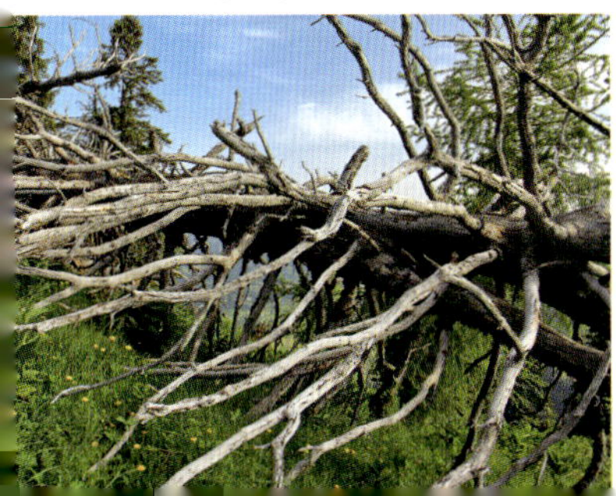

Links im Mittelgrund der Himmelschrofen in der Übersicht.

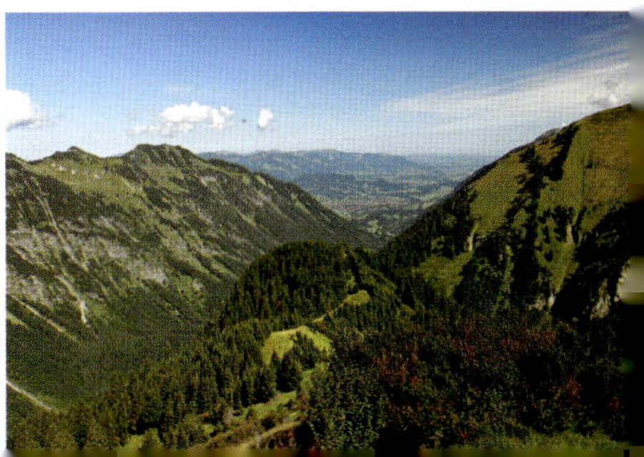

7 Wildengundkopf, 2237 m

Auf Umwegen zum Waltenberger Haus

7.15 Std. | 14,4 km | ↗ 1420 m | ↘ 1420 m

Auf Tuchfühlung mit der Trettachspitze

Als »Allgäuer Matterhorn« wird die Trettachspitze gerne tituliert – ein Gipfel, der fraglos Profil zeigt und für klettergewandte Bergsteiger eine begehrte Trophäe darstellt. Die leichtesten Routen tangieren freilich den III. Grad und sind ziemlich ausgesetzt – etwas zu hoch gegriffen für unser Anforderungsspektrum. Man kann aber trotzdem auf Tuchfühlung gehen, sich gleichsam über einen typischen Allgäuer Grasrücken annähern und die Felsszenerie dann aus nächster Nähe auf sich wirken lassen. Somit kombiniert dieser Tourenvorschlag im Prinzip die beiden möglichen Zustiege zu den Klettergraten an der Trettachspitze, zum einen von Norden über die Einödsbergalpe und den vorgelagerten Wildengundkopf, beim Weiterweg dann zum üblichen Stützpunkt Waltenberger Haus. Beide fungieren nicht als offiziell ausgewiesene Bergwege, taugen also perfekt für Wanderer, die sich ohne überbordende Schwierigkeiten abseits der Massen bewegen wollen. Das altehrwürdige Waltenberger Haus, übrigens die älteste Allgäuer Berghütte, blickt nun einer neuen Ära entgegen. Vom Zahn der Zeit marode geworden und überhaupt viel zu klein für heutige Bedürfnisse, wurde es 130 Jahre nach seiner Eröffnung abgerissen und inzwischen ganz neu errichtet: moderner, größer, komfortabler …

Matten prägen den Kammzug über die Wildgundenköpfe.

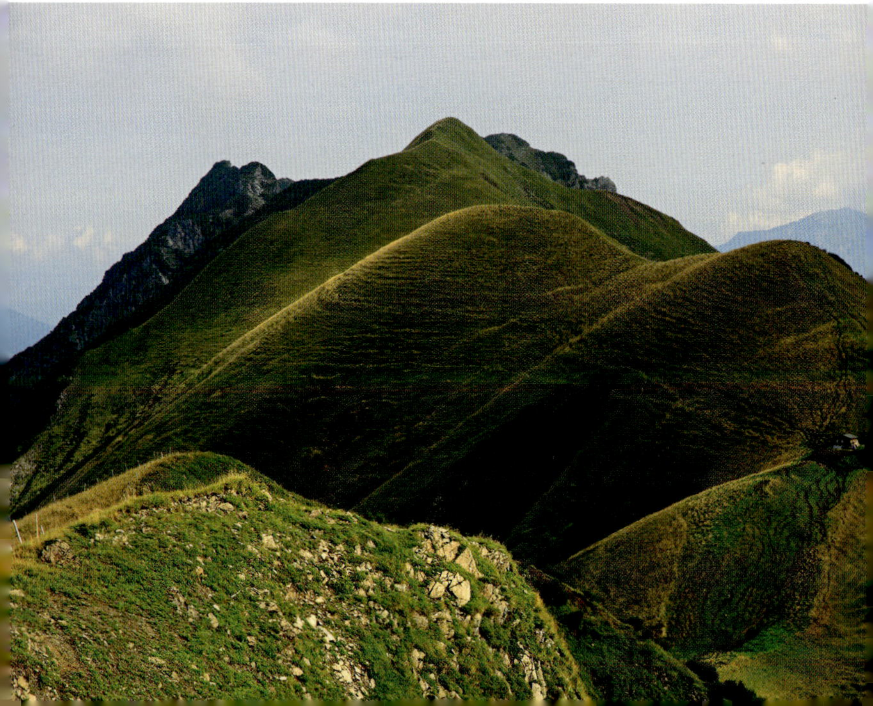

Talort: Oberstdorf, 813 m.
Ausgangspunkt: Endhaltestelle Eschbachalpe, 967 m, der Buslinie Oberstdorf – Birgsau. Mit dem eigenen Pkw kann man nur bis Faistenoy (Fellhornbahn) fahren; von dort sind es ca. 2,5 km bis zur Eschbachalpe (zu Fuß gut 30 Min.).
Anforderungen: T3–4. Meist kleine Bergpfade ohne Kletterei, Trittsicherheit obligatorisch. Nur im Mädelegabelkar eventuell kurze heikle Stellen, sonst keine größeren Hindernisse, sofern schneefrei. Nach Regenwetter allerdings bereichsweise rutschig. Beim Abstieg durchs Bacherloch viel begangener, recht alpiner Hüttenweg mit gesicherter Passage. Insgesamt eine längere Tagestour.
Orientierung: Durchgängig gepfadete Route, abschnittsweise nicht und nur spärlich markiert, aber bei guter Sicht relativ leicht zu finden und zu verfolgen.
Einkehr/Übernachtung: Waltenberger Haus, 2083 m, Anfang Juni bis Anfang Oktober, Reservierungen nur online unter waltenbergerhaus.de. Berggasthof Einödsbach, 1114 m, Tel. +49 8322 98454 (Di+Mi Ruhetag).
Karten: AV-Karte 1:25.000, Blatt BY 4 oder 2/1. Freytag & Berndt 1:50.000, Blatt 351.

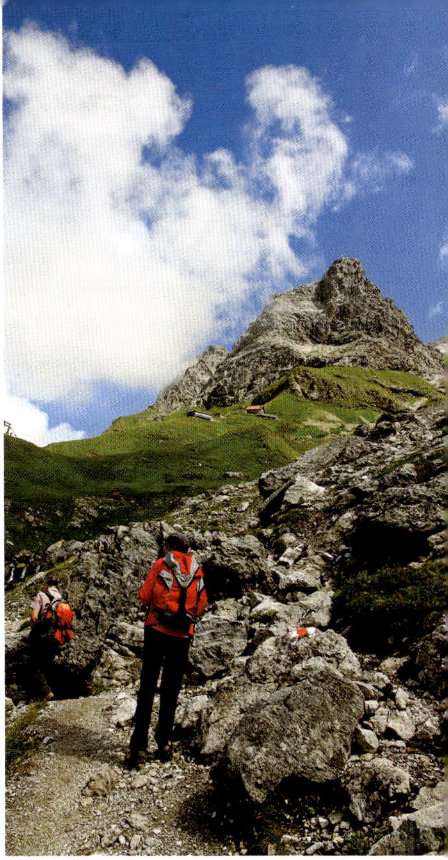

Am Bacherlochsteig zum Waltenberger Haus.

Von der Endhaltestelle nahe der **Eschbachalpe** ❶ wandern wir taleinwärts und begeben uns bei der Gabelung linker Hand Richtung Einödsbach. Kurz nachdem die geschotterte Straße eine Doppelkehre vollzogen hat, also bereits gut 10 Minuten nach Aufbruch, zweigt links der nicht beschilderte Weg zur Einödsbergalpe ab ❷. Dieser schraubt sich recht kernig an den Hängen bergauf und lässt uns zwischen-

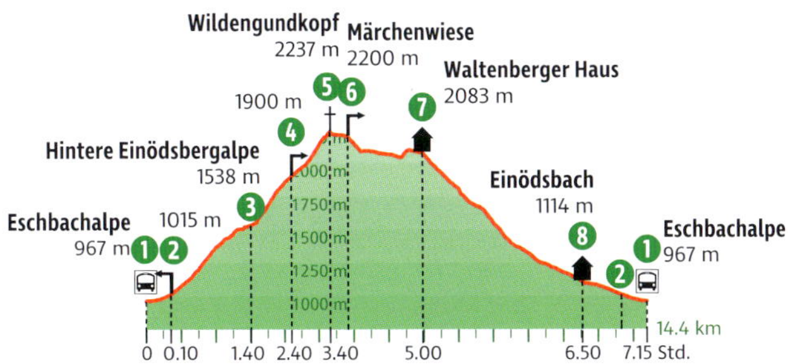

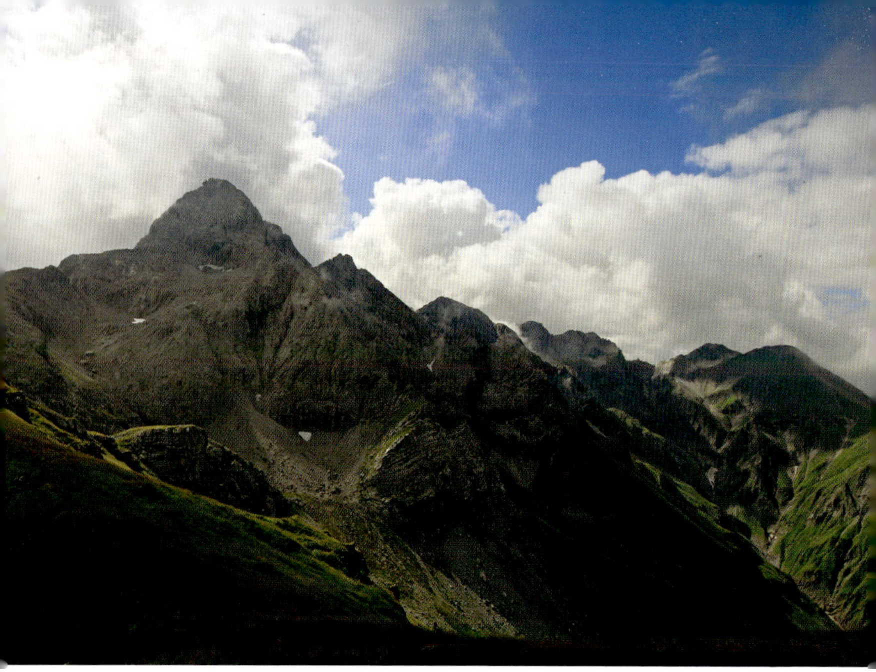

Die Trettachspitze ist ein »Star« in der Allgäuer Gipfelwelt.

Wasserfall beim Aufstieg zur Einödsbergalpe.

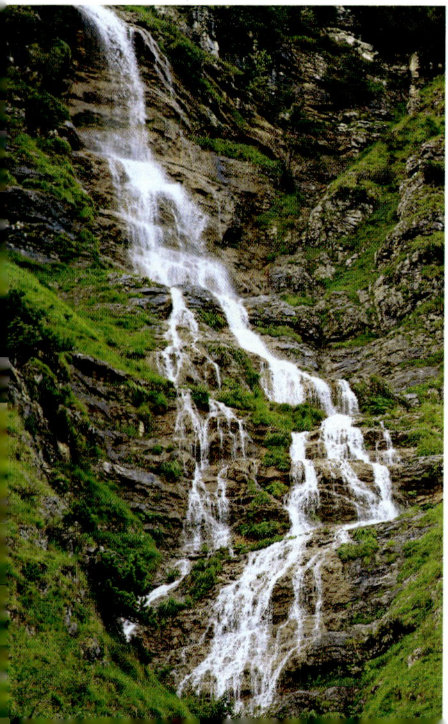

durch einen Wasserfall bewundern. Weiter oben wird mit einer Rechtstraverse der Zulauf des Wasserfalls überschritten, womit wir auch schon ins Weidegebiet eintreten und die **Hintere Einödsbergalpe** ❸, 1538 m, erreichen.
Direkt hinter den Hütten teilen sich die Pfadspuren. Man achtet darauf, nicht links Richtung Vordere Einödsbergalpe abzudriften, sondern steigt in Kehren frontal am Hang bergauf und durchmisst dabei noch ein kleines Gehölz. Der Steig kann vom Vieh arg zertrampelt sein. Auf einem seichten Wiesenrücken gewinnen wir weiter an Höhe – vorübergehend mal etwas undeutlich gepfadet, dann aber wieder klar erkennbar – und streben leicht links haltend der Kammhöhe ❹, ca. 1900 m, zu. Ein Schild weist hier den Abstieg nach Birgsau/Oberstdorf aus, sprich unsere soeben begangene Route. In südlicher Richtung passiert man den

unbedeutenden **Spätengundkopf**, 1990 m, auf der rechten Seite und folgt dann weiter dem Grasrücken, der nach einer kurzen Felspassage merklich aufsteilt. Dabei prägt sich ein guter Pfad aus, jetzt auch ab und zu von blassen roten Punkten begleitet. Er schlängelt sich zu einem Marterl hinauf und zieht dann rechtsseitig weiter zu einer hohen Schulter, wo endlich die Trettachspitze in voller Größe sichtbar wird. Wir befinden uns bereits in unmittelbarer Nähe zum **Wildengundkopf** ❺, 2237 m, und ersteigen eine der beiden Gipfelkuppen rasch über eine Trittspur im Gras.

Von der erwähnten Schulter setzt sich die Route mit einer Querung abschüssiger Hänge fort. Damit halten wir direkt auf die Trettachspitze zu und gelangen im Bereich der sogenannten **»Märchenwiese«** ❻ zum Beginn der Gipfelroute. Andererseits wird hier das Waltenberger Haus nach rechts ausgewiesen. Man verliert etwas an Höhe, um an der Steilwand des Glatteck vorbeizukommen. Am Sockel scharf um den vorspringenden Kopf herum, zieht die Route unter die Westabstürze der Trettachspitze, wo das Mädelegabelkar eingelagert ist. Dieses muss nun im Bogen ausgegangen werden, wobei es abgerutschte Passagen und bis in den Sommer hinein auch das eine oder andere Lawinenschneefeld geben kann (Vorsicht!). Auf manchmal sehr schmaler Spur erreichen wir die gegenüberliegende Seite und dort mit ein paar steilen Kehren eine Rippe (P. 2096). Die folgende abschüssige Traverse ist anfangs mit ein paar Drahtseilen entschärft und leitet hinüber zum **Waltenberger Haus** ❼, 2083 m.

Von der Hütte steigen wir westseitig auf gutem Serpentinenweg gegen das mächtig eingeschnittene Bacherloch ab. Mit einer markanten Schleife zu einem Steilriegel, der auf einer gesicherten bandartigen Passage bewältigt wird. Unterhalb dreht die Route scharf rechts nach Norden ab und windet sich stets auf der rechten Seite des Bacherlochs tiefer. Dabei wuchert zunehmend das Kraut, doch bleibt der Weg als frequentierter Hüttenzugang stark ausgetreten. Erhöhte Aufmerksamkeit erfordern diverse Bachquerungen in seitlichen Gräben. Nicht sonderlich steil läuft die Route schließlich aus – der Weg wird im letzten Stück komfortabel und nähert sich dem beliebten Gasthaus **Einödsbach** ❽, 1114 m. Von dort auf der Fahrstraße zurück zum Ausgangspunkt ❶.

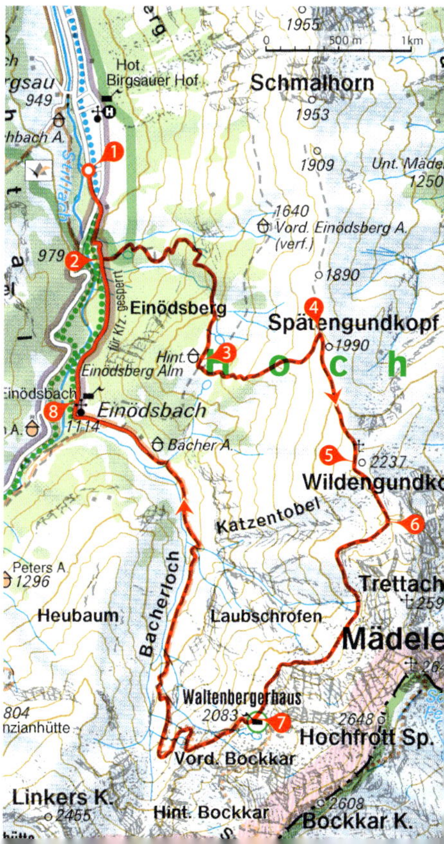

8 Kegelkopf, 1959 m

Vom Traufbachtal nach Gerstruben

6.00 Std. | 13,1 km | ↗ 1050 m | ↘ 1220 m

Üppig grünendes Individualistenziel in der Oberstdorfer Gipfelskyline

Auch der Kegelkopf zählt zu den Oberstdorfer Aussichtswarten in den vorgeschobenen Nebenkämmen. Markierte Routen: Fehlanzeige! Wilde Wege: sehr wohl, und zwar gleich auf zwei Seiten in Reinkultur, sodass sich für Bergindividualisten eine interessante Überschreitung vom Traufbachtal ins Dietersbachtal, in deren Zwickel sich unser Berg erhebt, anbietet. Es sei erwähnt, dass sich meine persönliche Erfahrung mit der Tour auf suboptimale – um nicht zu sagen, teilweise recht garstige – Verhältnisse nach Regenwetter gründet. Dies ist im niederschlagsreichen Allgäu freilich nicht ungewöhnlich, obschon natürlich die Chance besteht, es während stabiler Wetterperioden auch mal günstiger zu erwischen. Die Bewertung bewegt sich an der Schwelle von »rot« zu »schwarz«. Von einer lockeren Spritztour kann gleichwohl nicht die Rede sein. Speziell beim Abstieg müssen wir uns des Öfteren durch hinderliches Erlen- und Latschengebüsch bugsieren. Und die Aufstiegsroute hat als Finale einen aufsteilenden Grasgrat in petto, der schon eine gute Erprobung für die vis-à-vis aufragende Höfats darstellt.

Talort: Oberstdorf, 813 m.
Ausgangspunkt: Spielmannsau, 992 m, im Trettachtal. Erreichbar von etwa Ende Mai bis Ende Oktober mit dem Wanderbus von Oberstdorf (in der Hauptsaison erster Kurs um 7.45 Uhr).
Endpunkt: Parkplatz und Bushaltestelle Renksteg, 826 m. Hier kann vor-

Grasgrate sind auch am Kegelkopf typisch.

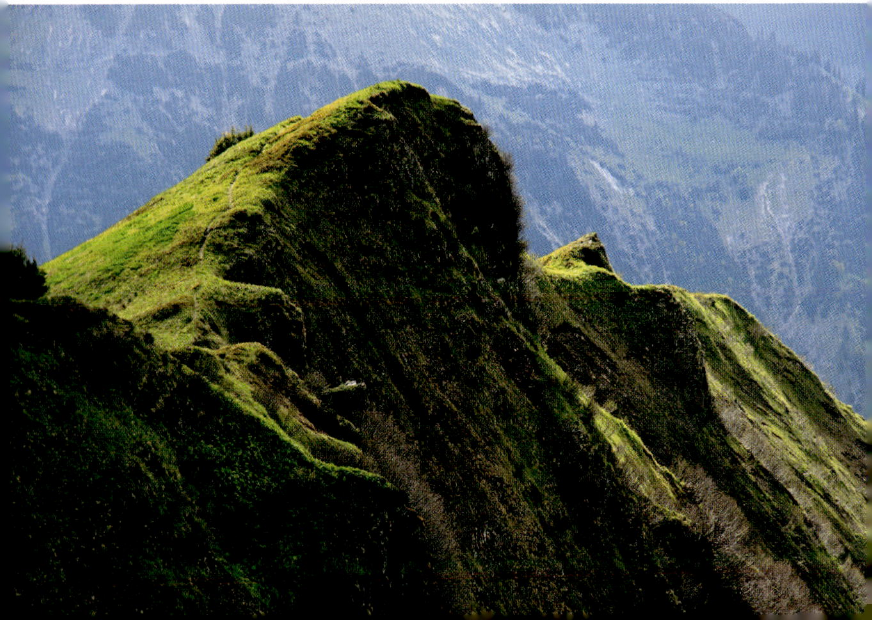

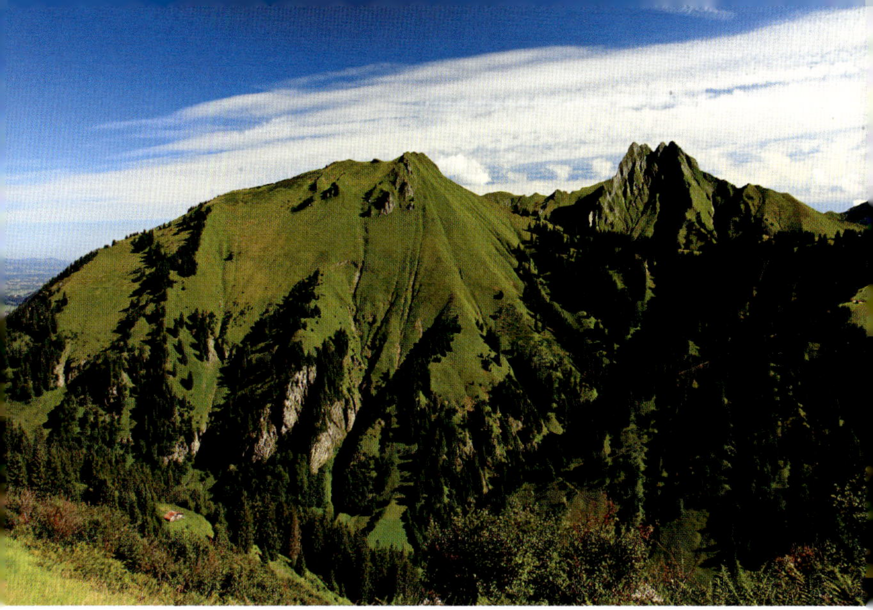

Mit steilen Flanken erhebt sich der Kegelkopf über dem Traufbachtal. Rechts dahinter die Höfats.

teilhaft geparkt werden (gebührenpflichtig). Ggf. auch abschließend vom Abzweig Gerstruben per Bus zurück (letzter Kurs in der Hauptsaison um 18.10 Uhr).

Anforderungen: T4 (Abstieg etwas leichter). Auf beiden Seiten durchgängig gepfadet, über längere Strecken steil und schmal, bei Nässe aufgrund üppigen Bewuchses unangenehm glitschig. Schlüsselpassage ist der obere Ostgrat, wo in ausgesetzten Schrofen Händeunterstützung nötig ist. Die Abstiegsroute ist technisch etwas leichter, allerdings wegen des Strauchwerks eher noch ruppiger. Solide Bergerfahrung mit gediegener Trittsicherheit unabdingbar; durchschnittliche Tagestour.

Orientierung: Aufmerksamkeit beim Verfolgen der nicht markierten Steige nötig. Die offiziellen Wanderwege reichen nur bis zur Traufbergalpe bzw. Gerstruben/Raut.

Einkehr: Spielmannsau, 992 m. Traufbergalpe, 1217 m. Gerstruben, 1154 m.

Karten: AV-Karte 1:25.000, Blatt BY 4 oder 2/1. Freytag & Berndt 1:50.000, Blatt 351.

Kurz vor **Spielmannsau** ❶, d.h. unmittelbar beim Traufbach, beginnt der Zugang. Bald zieht unser Steig in einen wildromantischen Tobel hinein

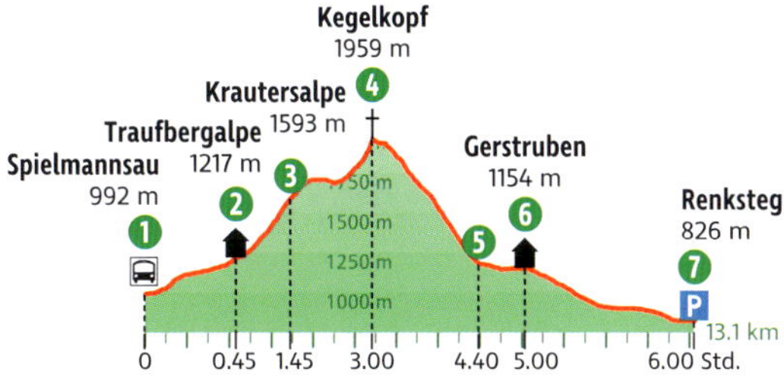

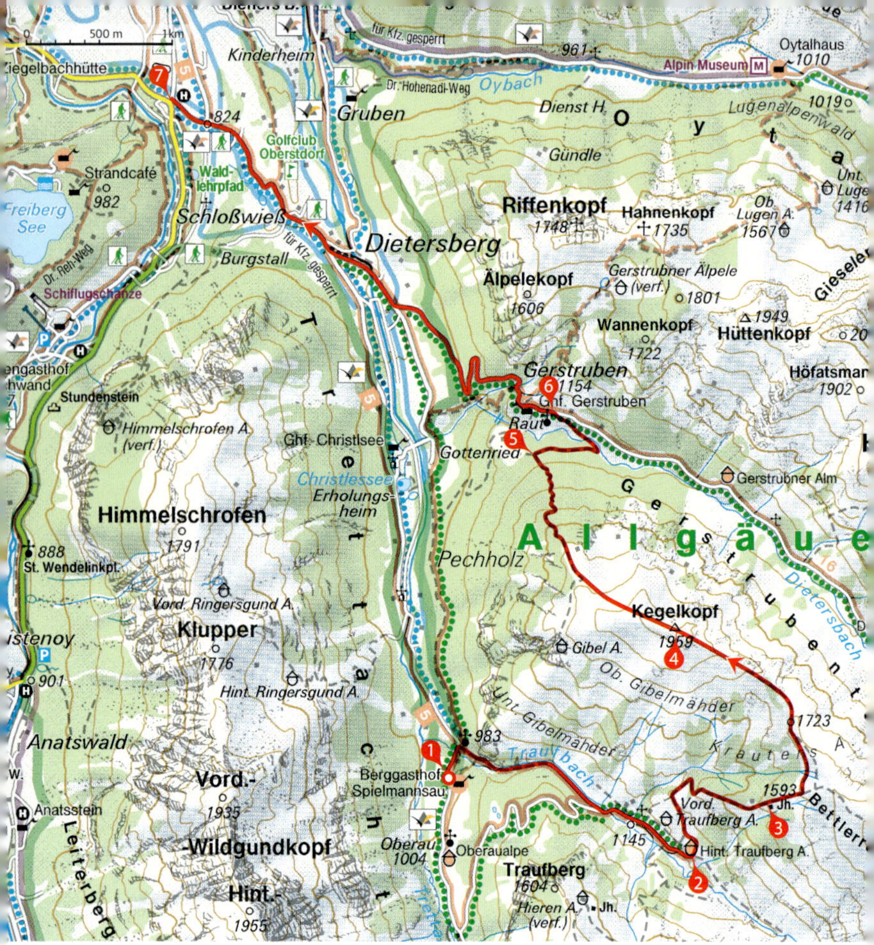

und wechselt hier auf die rechte Seite. Nachdem es flacher geworden ist, stößt man auf einen Güterweg, setzt wieder nach links über und wandert noch ein gutes Stück taleinwärts bis zur **Traufbergalpe** ❷, 1217 m.

Ohne Beschilderung schlagen wir direkt bei der Jausenstation einen horizontalen Pfad in Richtung Vordere Traufbergalpe ein, ziehen aber nach wenigen Schritten diagonal durch die üppig bewachsenen Hänge aufwärts. Der steile und oft erdige Weg erreicht einen breiten, bewaldeten Rücken zwischen zwei Tobeln und über diesen die **Krautersalpe** ❸, 1593 m. Hier empfangen uns eine alte sowie eine neue Hütte. Schwächere Spuren leiten am Wiesenrücken bergauf und gabeln sich Richtung Kegelkopf links und Bettlerrücken geradeaus. Am besten hält man sich vorerst an den passablen Steig knapp unterhalb der Kammhöhe und schmiegt sich dieser im Sattel P. 1676 an. Ein Stück weit noch zwischen Bäumen hindurch, ehe der Ostgrat ab rund 1800 m frei wird und allmählich auch immer steiler. Zwischendurch sind einige Schrofen eingelagert. An einer Stufe geht es unter Zuhilfenahme der Hände links vorbei, bevor die Trittspur im Gras vollends bis zur Rastbank auf dem **Kegelkopf** ❹, 1959 m, leitet.

Im Abstieg orientieren wir uns am nordwestwärts ausstreichenden Kammrücken, der zunächst nicht sehr steil und gut zu begehen ist. Nach einer Weile legt sich erstes Strauchwerk in den Weg. Die Route windet sich am Rand der Hochmulde »Im Gündle« tiefer und tritt etwa ab P. 1635 in schattseitige Latschenhänge ein. Noch gilt es, weitere 500 Hm zu »vernichten«, wobei immer wieder einzelne sperrige Legföhren lästig sein können. Der Steig als solcher ist aber sogar recht ordentlich ausgeprägt. Das letzte Stück hinunter zum Forstweg wird in einem verwachsenen Jungwald besonders ruppig – dabei orientiert man sich vorteilhaft an einem Wildzaun. Hinweis: Wenn man umgekehrt von unten kommt, geht es sogleich unübersichtlich ins Gehölz; der Beginn ist zumindest durch einen Steinhaufen angezeigt.

Ab diesem Punkt ❺ ergeben sich diverse Möglichkeiten: Entweder auf dem Forstweg rechts ein Stück taleinwärts und dann über den Dietersbach nach **Gerstruben** ❻, 1154 m. Oder etwas kürzer, aber mit tieferem Zwischenabstieg über die Wiese von Raut (von dort auch Abstieg weiter hinten ins Trettachtal möglich). Ansonsten geht es von der malerischen Siedlung Gerstruben auf der Zufahrtsstraße oder wahlweise auch durch den Hölltobel talwärts zur Bushaltestelle im Trettachtal und gegebenenfalls hinaus zum Parkplatz **Renksteg** ❼, 826 m.

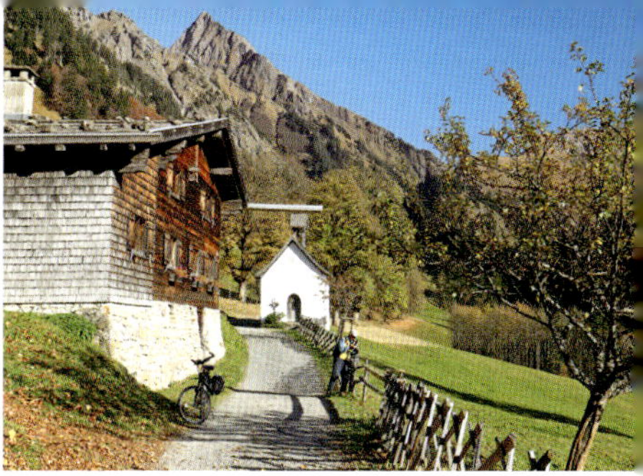

Gegen Ende der Überschreitung kommt man nach Gerstruben.

Blick vom Gipfel in den innersten Dietersbachkessel mit Rauheck und Kreuzeck; rechts der Bettlerrücken.

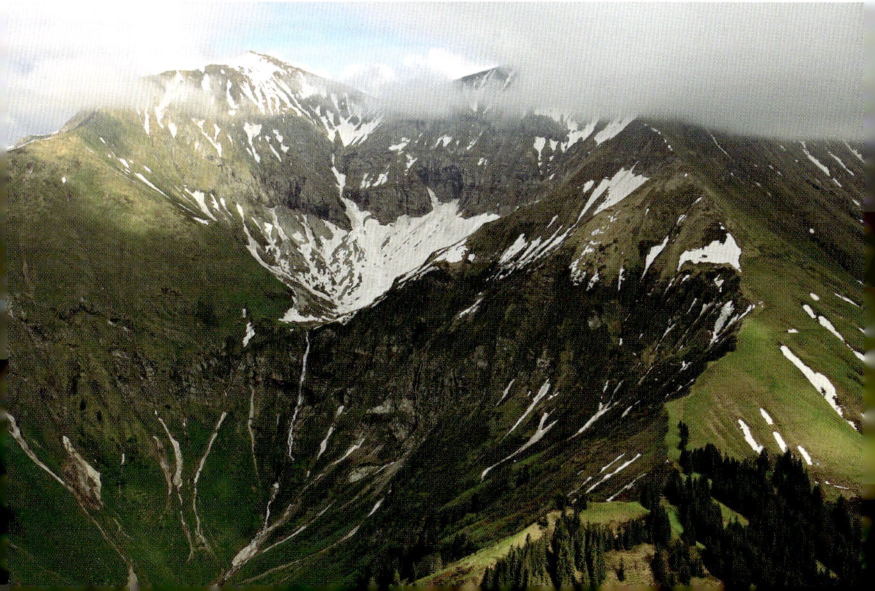

9 Fürschießer, 2271 m, und Kreuzeck, 2376 m
Über Krummenstein und Bettlerrücken

TOP | 8.00 Std. | 15,7 km | ↗1650 m | ↘1650 m

Die Umrahmung des Traufbachkessels

Wer sich mit den Allgäuer Alpen hinlänglich beschäftigt, stößt in diesem Gebiet auf eine vielseitige, kunterbunte geologische Situation, die sich quasi auf das Erscheinungsbild der Berge durchpaust. So neigen die vegetationsfreundlichen Fleckenmergel beispielsweise zur Ausbildung grasiger Steilflanken, wie wir sie rund ums Traufbachtal – eine Seitenkammer der Trettach – in mustergültiger Weise finden können. Die Umrundung dieses Taleinschnitts ist als Kammwanderung von hohem Landschaftsreiz. Allerdings braucht man dafür auch einiges an Zähigkeit und alpiner Routine.

Es sei empfohlen, die Tour mit dem Aufstieg über den Nordwestausläufer des Fürschießer zu beginnen. Die größten Unwägbarkeiten treten schon bald nach Verlassen der Talsohle auf, wenn nämlich der Zugang zum Traufbergrücken gefunden werden muss. Im Zweifel bleibt einem dann frühzeitig die Option zur Rückkehr. Der ehemalige, in Karten noch verzeichnete Alpsteig ist in der Querung zur Hierenalpe leider verfallen. Das Kraut sprießt hier gewaltig – sperrige Erlen, mannshohe Farne und Brennnesseln suggerieren beinahe Dschungelfeeling. Obwohl ich zu Beginn der Traverse definitiv auf der richtigen Spur war, ist sie mir – als sich die Gassen mehr und mehr schlossen – nicht wie angestrebt gelungen, weshalb mir die »Flucht nach oben« schließlich als zielführendere Vorgehensweise erschien. Jedenfalls darf man mit Erreichen des Trauf-

Urige Einkehr: die Traufbergalpe.

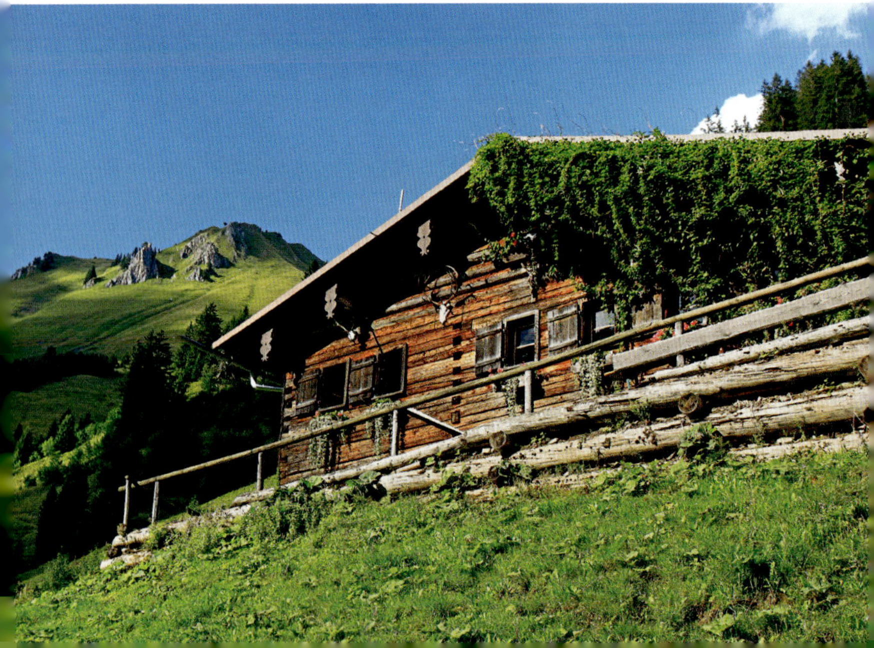

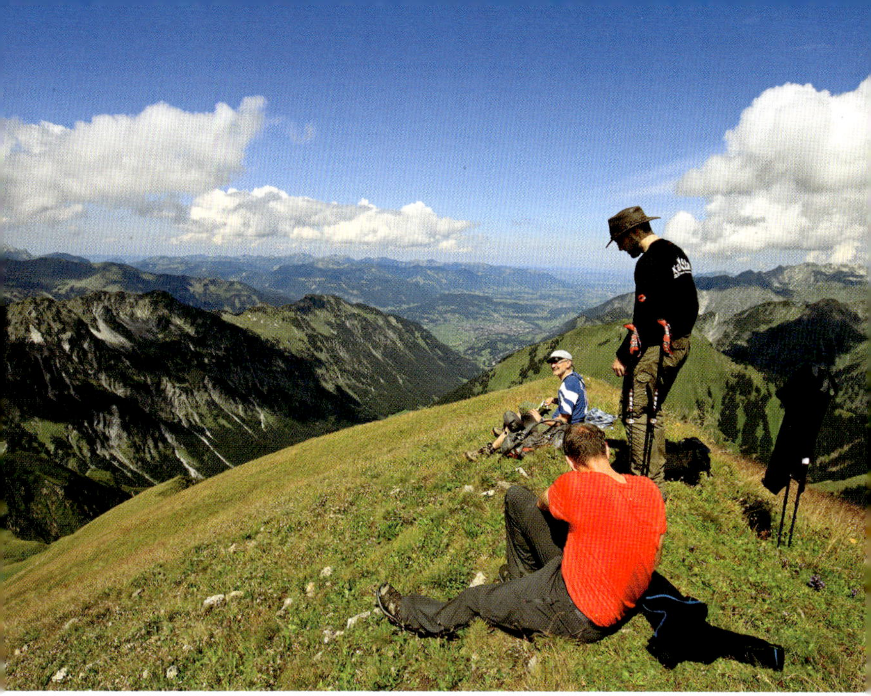

Unbeschwerte Rast am Fürschießer.

bergrückens tief durchschnaufen, denn was sich bisher als tückisch und wenig genussvoll erwies, gestaltet sich im weiteren Verlauf als optimale Tour für Liebhaber wilder Wege. Am Krummenstein verschmälert sich der Grasrücken zu einem kleinen, exponierten Aufschwung – alpintechnisch die Schlüsselstelle des Tages! Weiter oben wird man dann kaum noch ausgebremst und kann frei nach Gusto die beiden Gipfelkuppen des Fürschießer anlaufen (die linke ist die höhere). Der großzügige Bogen über das Kreuzeck folgt eine Weile dem offiziellen Höhenweg, ehe wir im Abstieg über den Bettlerrücken schließlich wieder auf einer unmarkierten Route unterwegs sind, die jedoch insgesamt leichter zu begehen ist als drüben am Fürschießer. Bergsteigerische Herausforderung und stundenlanges Schwelgen in besten Ausblicken – das ist eine Quintessenz der Runde um den Traufbachkessel.

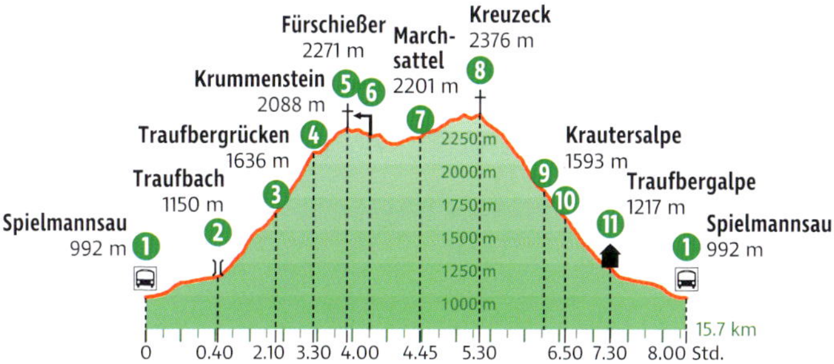

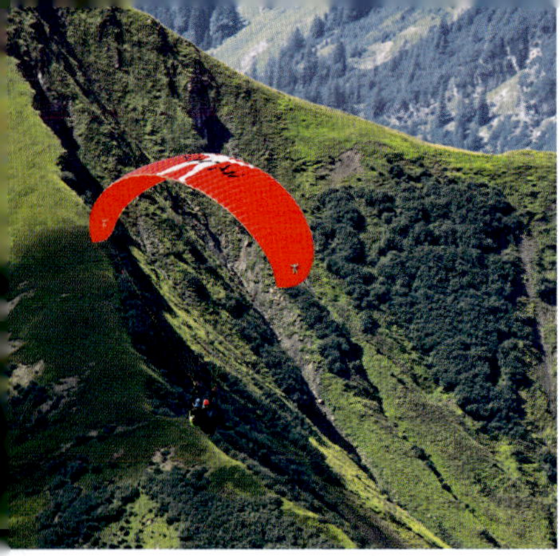

Noch mehr Freiheit genießen die Paraglider.

Talort: Oberstdorf, 813 m.
Ausgangspunkt: Spielmannsau, 992 m, im Trettachtal. Erreichbar von etwa Ende Mai bis Ende Oktober mit dem Wanderbus von Oberstdorf (in der Hauptsaison erster Kurs um 7.45 Uhr, letzte Fahrt zurück um 18.10 Uhr).
Anforderungen: T5 am Fürschießer, T3–4 über das Kreuzeck. Lange und anstrengende Rundtour mit Abschnitten unterschiedlicher Beschaffenheit. Aufstieg zum Fürschießer teils sehr ruppig schon beim Zustieg, später steiles Gras mit einer kurzen ausgesetzten Passage im oberen I. Grad zwischendurch. Danach passable Kammsteige zum Kreuzeck und auch im Bergab über den Bettlerrücken weithin steigähnlich im Gras ohne besondere Hindernisse. Trittsicherheit selbstverständlich, dazu gute Kondition und eine gewisse Robustheit. Bei Nebel oder Nässe absolut abzuraten.
Orientierung: Unmarkierte Routen am Fürschießer und Bettlerrücken, wobei Letzterer etwas deutlicher ausgetreten ist. Am weitaus kniffligsten ist der Zustieg aus dem Traufbachtal zum Rücken oberhalb der Hierenalpe – der ehemalige Steig ist aufgelassen und extrem verwachsen, daher muss man sich auf eine Durchschlageübung gefasst machen.
Einkehr: Hintere Traufbergalpe, 1217 m. Gasthof Spielmannsau, 992 m.
Varianten:
1. Zustieg zum Traufberg angeblich auch über Bubenebene – Stützel möglich.
2. Vom Fürschießersattel Rückweg über die Kemptner Hütte in die Spielmannsau, etwa 1 Std. kürzer.
3. Ganz Ausdauernde können nach dem Bettlerrücken noch den Kegelkopf überschreiten (siehe Tour 8).

Karten: AV-Karte 1:25.000, Blatt BY 4 oder 2/1. Freytag & Berndt 1:50.000, Blatt 351.

Kurz vor **Spielmannsau** ❶ begeben wir uns in den Traufbachtobel hinein, der auf reizvollem Weg durchschritten wird. Nach der Schluchtstrecke kommt man auf einen Fahrweg, der taleinwärts Richtung Hintere Traufbergalpe führt. Kurz vor der letzten Steigung scheren wir jedoch nach rechts aus, überschreiten per Steg den **Traufbach** ❷ und wandern über die erste Wiese sachte bergauf. Scharf links haltend zu einer zweiten Wiese und dort bis ins obere Eck. Am Weidezaun sollte man wieder auf Trittspuren treffen, die sich bald als überraschend guter Steig ausprägen. Damit in Kehren recht steil empor auf einen Absatz. Es schließt sich ein seichter Rücken an, auf dem sich der Wald lichtet. Dafür wird die Pfadspur an einem Hochsitz vorbei dürftiger. Bereits sehr verwachsen, müssen wir uns rechts zum Bachtobel orientieren und diesen auf ziemlich genau 1800 m kreuzen. Die gut sichtbare Jagdhütte auf der **Hierenalpe** dient nun als Richtpunkt. Während der Querung erscheinen anfangs vielleicht noch passable Gassen, doch wird man früher oder später wohl im Erlendickicht landen und zur Improvisation gezwungen sein. Vermeintliche Spuren verlieren sich und können nicht mehr unbedingt dem

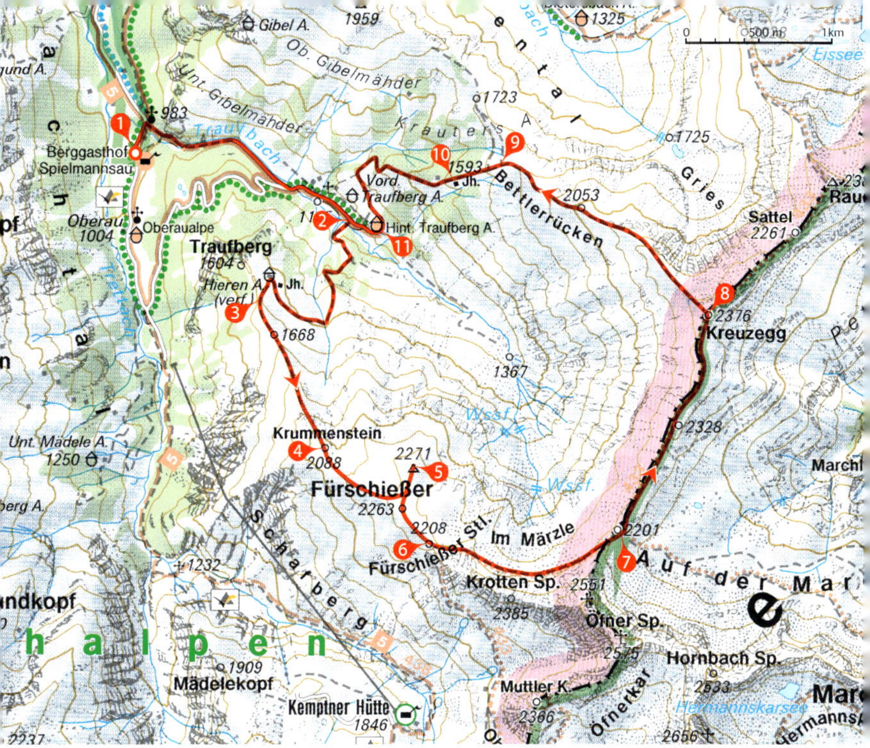

verfallenen Steig zugeordnet werden. Gut, falls man sich bis zur Jagdhütte durchschlägt, doch mit einer Portion Beharrlichkeit kann man sich notfalls auch im wuchernden Gestrüpp schon vorher schräg aufwärts bis auf die Höhe des **Traufbergrückens** ❸ hinaufkämpfen – allerdings nicht zu früh!

Dort entdecken wir eine spärliche Trittspur, die an der rechten Seite des grasigen Rückens kräftig bergauf zieht. Später dann direkt auf der Schneide gegen einen kleinen Felsriegel auf gut 1900 m hinan. Man erklettert das Hindernis auf guten Tritten an der ausgesetzten Kante (I+, die eigentliche Wand bleibt rechts davon) und meistert im Gras zwischen Buschwerk noch einige Meter bis auf den kleinen Zacken. Der nächste grasige Aufschwung bringt uns auf gewohnt spärlicher Spur zum **Krummenstein** (4), 2088 m, womit die Schwierigkeiten vorerst passé sind. Dahinter kurz hinab in eine weite Senke und auf dem nun breiten Rücken dem Südgipfel des **Fürschießer** entgegen. Kurz davor kann man nach links zur Einsattelung abdrehen und aus dieser den Nord- bzw. Hauptgipfel ❺, 2271 m, mit seinem mickrigen Holzkreuz besuchen.

Die Felsstufe am Krummenstein ist die schwierigste Stelle der Tour.

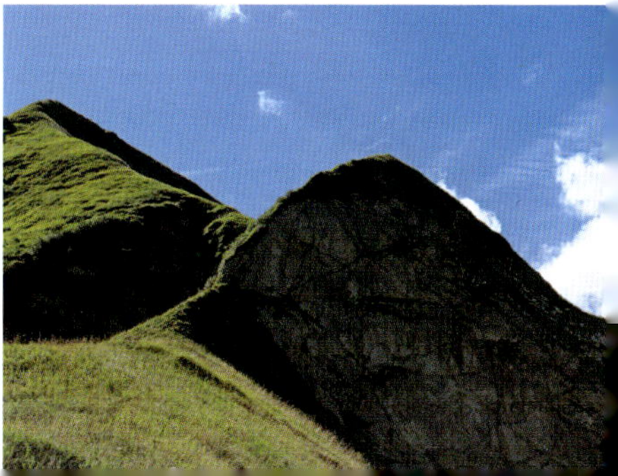

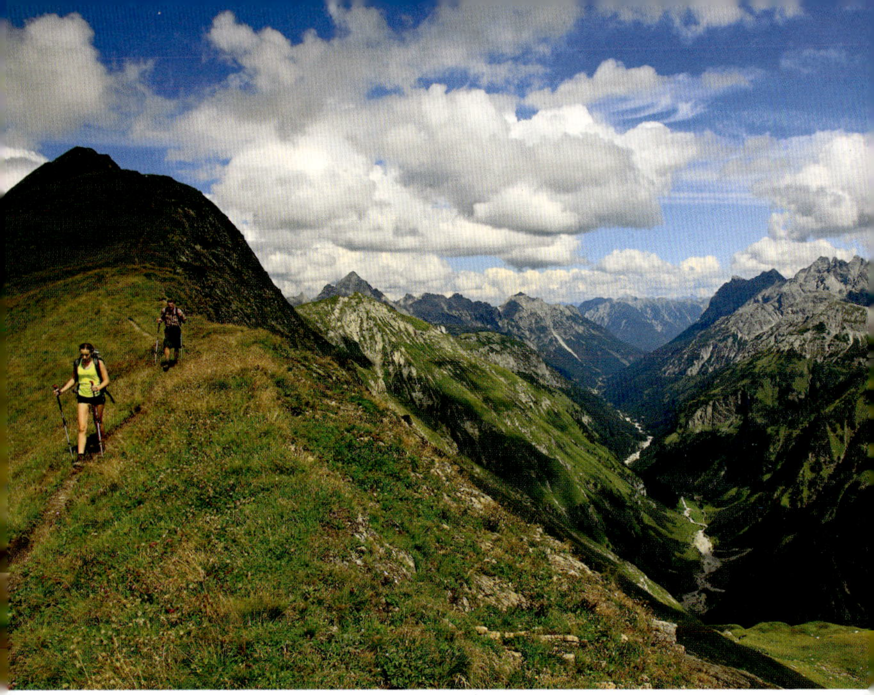

Oben: Auf der Kammroute zum Kreuzeck mit Blick ins Tiroler Hornbachtal.
Rechts: Mädelegabel und Trettachspitze vom Fürschießersattel gesehen.

Der Weiterweg führt in jedem Fall über den Südgipfel, 2263 m, hinweg zum **Fürschießersattel** ❻, 2208 m, wo wir auf den bezeichneten Höhenweg Nr. 433 von bzw. zur Kemptner Hütte stoßen. Wir gehen ostwärts über eine Geländekante bergab, um nachfolgend das Märzlekar unterhalb der Krottenspitzen zu schneiden. Quer durch die Schotterhalden gewinnt man am **Marchsattel** ❼, 2201 m, Anschluss an den Grenzkamm, mit Abzweig des Düsseldorfer Weges zur Hermann-von-Barth-Hütte. Hinüber zum **Kreuzeck** ❽, 2376 m, steht dann ein genussvoller Abschnitt entlang der grünen, blumenreichen Kammlinie bevor, wobei wir sukzessive ansteigend den höchsten Punkt der Tour erreichen.

Dort streicht Richtung Nordwesten der **Bettlerrücken** ab. Bis auf eine kurze felsige Unterbrechung präsentiert sich dieser vollkommen grasig mit einer praktisch durchgängigen Pfadspur in wechselndem Gefälle. Der Abbruch rechts ins Dietersbachtal erscheint zwar grimmig, doch sonderlich ausgesetzt ist die Sache nicht. Auf einem Köpfchen (P. 2053) empfängt uns ein kleines Kreuz, ehe man auf rund 1800 m bei einem Schild ❾ den begleitenden Viehzaun verlässt und links haltend über die holprigen Weiden zur **Krautersalpe** ❿, 1593 m, absteigt. Den Alpweg aufnehmend geht es ins Gehölz und u.U. streckenweise sehr matschig talwärts. Die Route windet sich hinab zur **Hinteren Traufbergalpe** ⓫, 1217 m, die zuletzt mit einer Linkstraverse angesteuert wird. Bei der Jausenstation schließlich auf das Sträßchen und wieder durch den Traufbachtobel zurück nach **Spielmannsau** ❶.

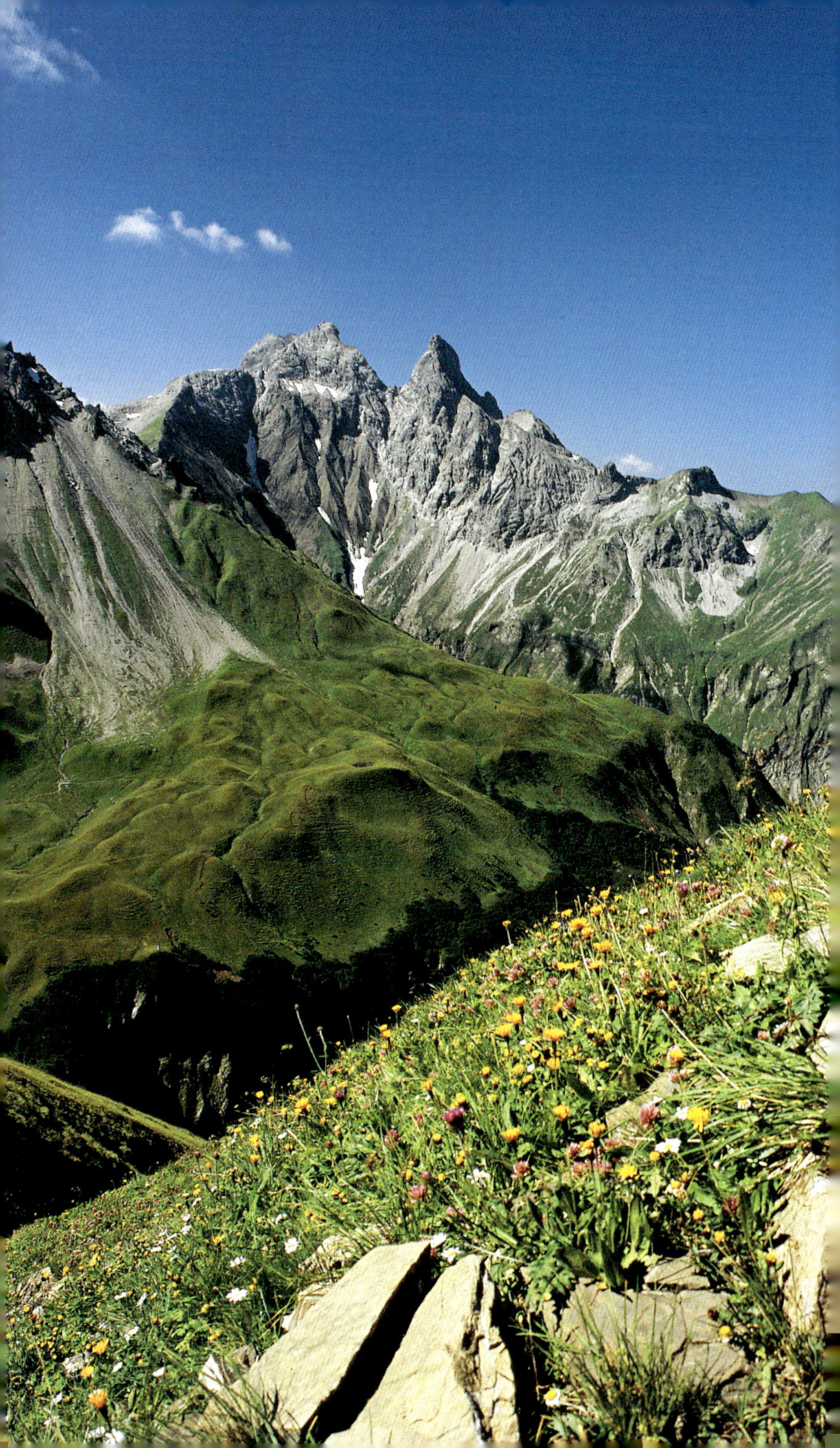

10 Höfats, 2258 m

Via Alpelesattel zum Ostgipfel

8.30 Std. | 19,6 km | ↗1440 m | ↘1440 m

Die Königin der Allgäuer Steilgrasberge

Sie ist bei Weitem nicht der höchste Berg, aber die wohl markanteste und eigentümlichste Gipfelerscheinung in den Allgäuer Alpen. Die Höfats wächst mit messerscharfen Kanten und aberwitzig steilen Grasflanken aus den tiefen Furchen des Oytals und Dietersbachtals in den Himmel und lässt niemanden unbeeindruckt, egal von wo aus man sie erblickt. Ihr dunkelgrünes Antlitz wirkt je nach Wetter und Lichteinfall manchmal freundlich, oft aber düster und bedrohlich. Legenden von heroischen Alpintaten sowie die Kunde von sagenhaften Edelweißvorkommen, die in den 1920er-Jahren regelrecht geplündert worden sind und daraufhin bewacht werden mussten, haben gleichsam einen Mythos um die Höfats aufgebaut. Eine Besteigung ist für zünftige Bergsteiger daher fast eine Pflichtübung, doch hat der Kultstatus hier keinesfalls für massenkompatible Zustände gesorgt. Die Aktion bleibt in jedem Fall ernsthaft und ist überhaupt nur bei trockenen Verhältnissen anzuraten. Beschrieben wird der Normalweg auf den Ostgipfel über den zum Alpelesattel hin abfallenden Südostgrat. Der annähernd gleichhohe Westgipfel wird zuweilen auf einer ganz anderen Route durch die sogenannte »Wanne« erklommen – ganz Mutige trauen sich auch an eine Überschreitung (bis III am exponierten Gipfelgrat).

Die viergipflige Höfats ist ein absolutes Schaustück der Allgäuer Alpen.

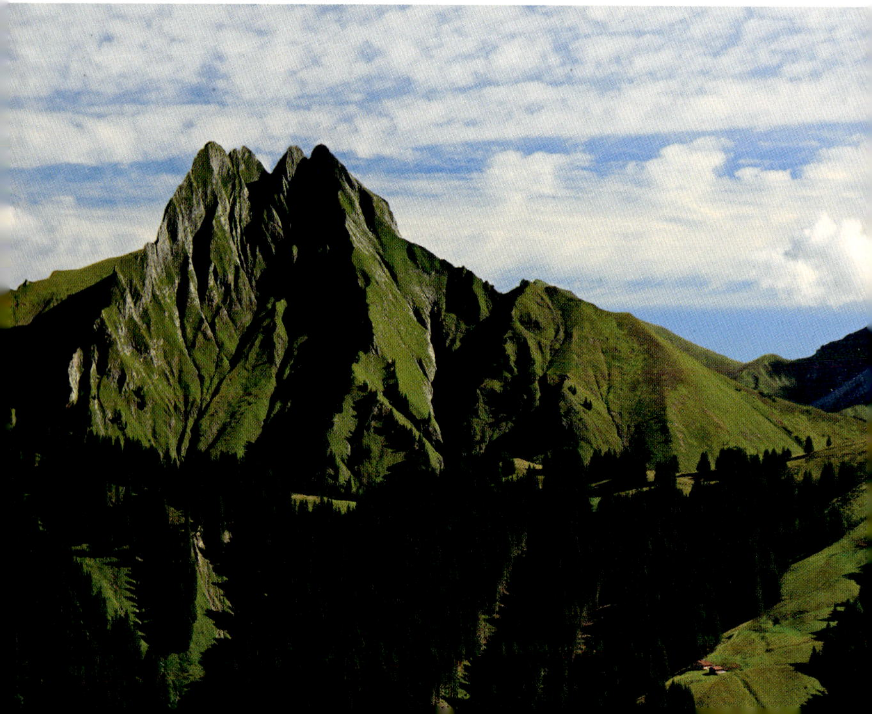

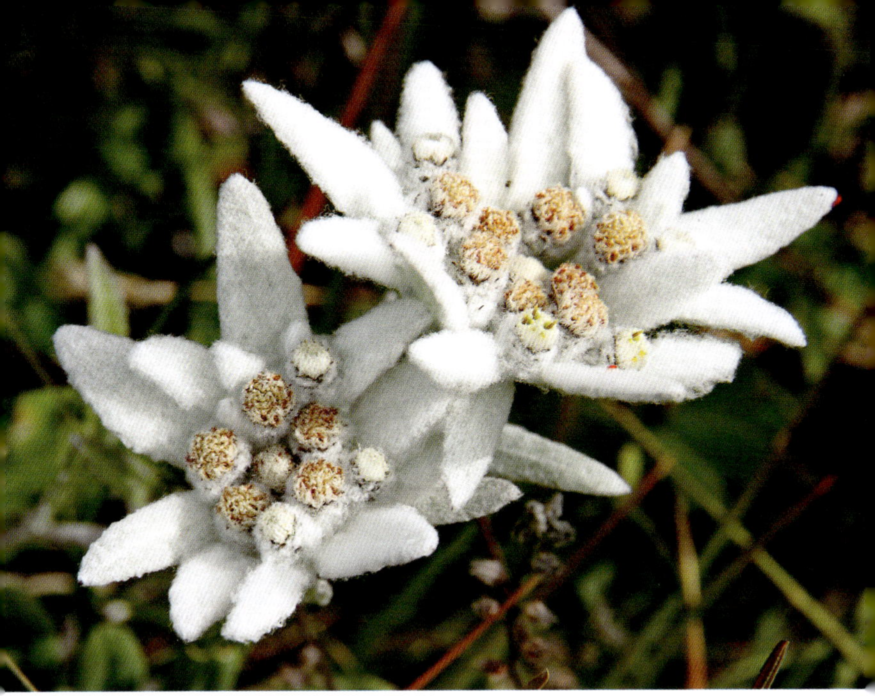

Die Höfats gilt als legendärer »Edelweißberg«.

Talort: Oberstdorf, 813 m.
Ausgangspunkt: Parkplatz Renksteg, 826 m, südlich von Oberstdorf, an der Straße Richtung Fellhornbahn (gebührenpflichtig). Mit dem Wanderbus von Oberstdorf in die Spielmannsau kann man sich den langen Anmarsch etwas verkürzen, am besten bei der Haltestelle Christlessee aussteigen (erster Kurs in der Hauptsaison um 7.45 Uhr).
Gehzeit: 8.30 Std.
Höhenunterschied: 1440 Hm.
Anforderungen: T5. Nach oben hin immer extremeres Gehgelände und etwas Schrofenkletterei, zwar auf durchgängiger Pfadspur, aber teilweise sehr ausgesetzt, im Gipfelbereich die Schlüsselpassage im II. Grad. Absolute Schwindelfreiheit und perfekte Trittsicherheit sind Voraussetzung. Bei feuchten Bedingungen gefährlich, da der Untergrund prekär rutschig wird. Je nach »Logistik« lange oder noch eher durchschnittliche Tagestour.
Orientierung: Bis zum Alpelesattel normaler Bergweg, danach unmarkiert, aber leicht zu verfolgen, da stets gepfadet.

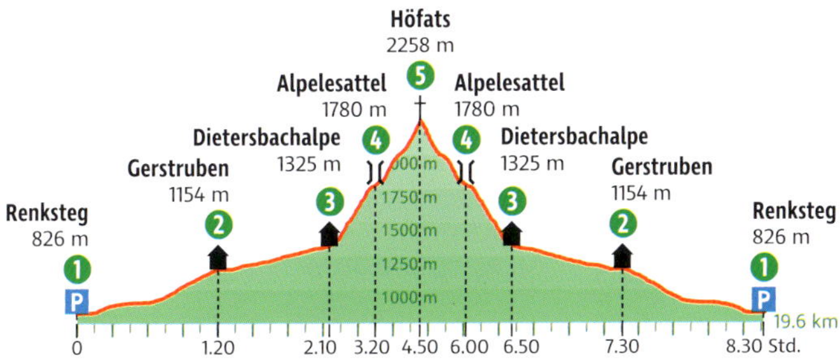

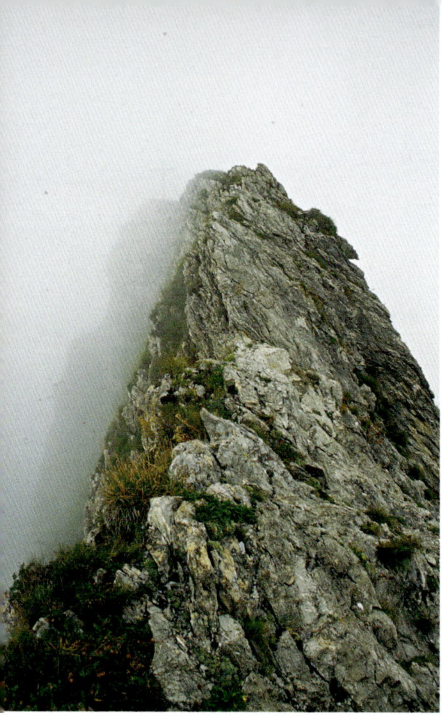

Nebelumhüllte Gipfelschneide.

Einkehr: Gerstruben, 1154 m. Gerstrubner Alpe, 1216 m. Dietersbachalpe, 1325 m.

Variante: Zum Alpelesattel kommt man auch von Oberstdorf durchs Oytal; dieser Zugang ist aber langwieriger und allenfalls als Mountainbike-Variante (fahrbar bis Käseralpe) interessant.

Karten: AV-Karte 1:25.000, Blatt BY 4 oder 2/1. Freytag & Berndt 1:50.000, Blatt 351.

Bei der Kreuzung am Parkplatz **Renksteg ①** orientieren wir uns südostwärts ins Trettachtal. Die nicht öffentliche Fahrstraße zieht allmählich an, passiert den Golfplatz und gabelt sich dahinter. Nun links über die Trettach und entweder dem Fahrweg mit seinen Schleifen folgend oder zunächst noch geradeaus weiter bis zum Abzweig des Hölltobelweges und über diesen hinauf nach **Gerstruben ②**, 1154 m. (Wer den Wanderbus nutzt, geht indes

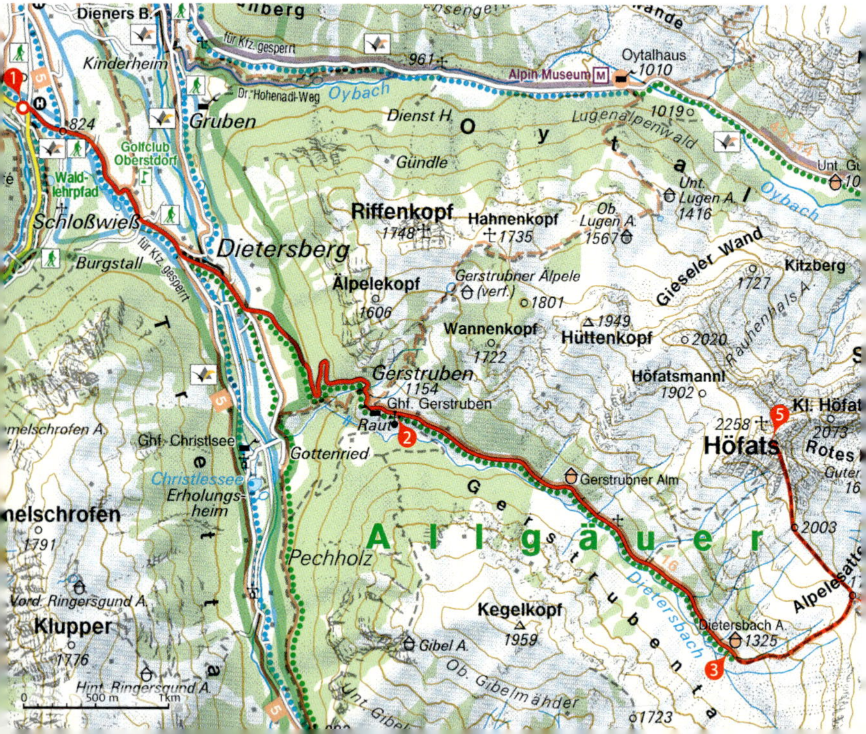

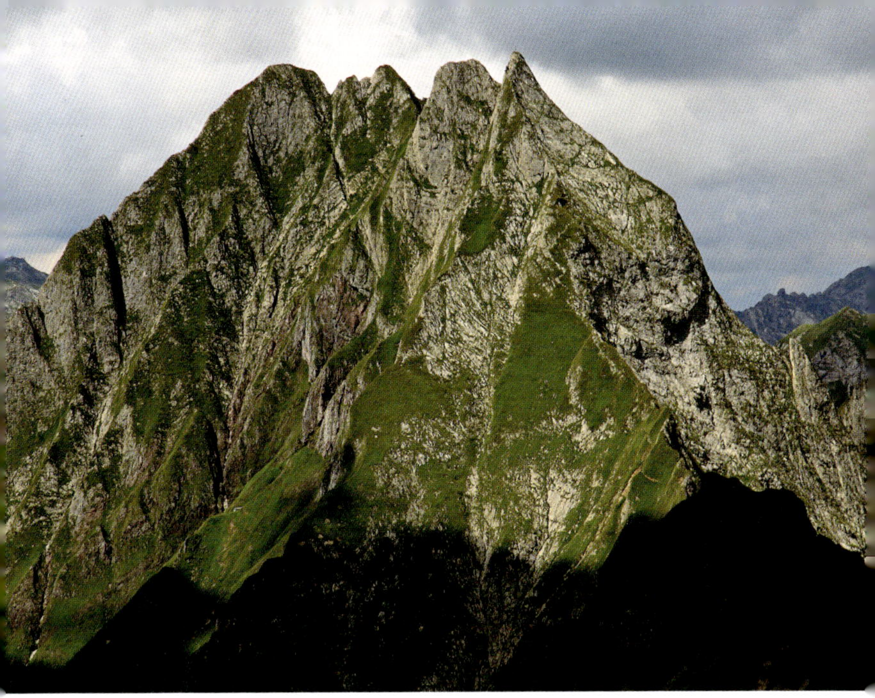

Der schräg nach vorn ziehende ausgesetzte Grat trägt die Route zum Ostgipfel.

ab Haltestelle Christlessee über die Brücke und kurz links talauswärts Richtung Hölltobel). Beim malerischen Bergweiler Gerstruben öffnet sich das Dietersbachtal, wo wir über die Gerstrubner Alpe, 1216 m, bis zur ebenfalls bewirtschafteten **Dietersbachalpe** ❸, 1325 m, nochmals 3 km auf einem sanft ansteigenden Güterweg zurückzulegen haben. Bis dorthin kann auch vorteilhaft ein Mountainbike eingesetzt werden.

Im Talschluss geht es auf Steig über einen teils bewaldeten Geländerücken weiter. Im Wiesenterrain erreichen wir den **Alpelesattel** ❹, 1780 m, wo der Südostgrat zur Höfats ansetzt, einschließlich einer deutlich ausgetretenen Pfadspur, welche sich teils schon tief in den Untergrund eingefräst hat. Der Kammrücken steigt anfangs sachte und mit einigen Erlenbeständen an. Bald wird die Spur steiler, bleibt aber bis zu einer rund 2000 m hohen, kreuzgeschmückten Kanzel am **Falkenberg** noch eher gutmütiger Art. Im weiteren Verlauf werden einige Gratpartien knapp westseitig traversiert, ehe man an den eigentlichen Gipfelaufbau herankommt. Das Gelände präsentiert sich nun häufiger schrofig und dabei auch steiler und exponierter. Womöglich freut man sich bei einzelnen leichten Kletterstellen, anstatt einer erdigen Spur jetzt mal etwas »Handfestes« zu haben. Die Schlüsselstelle erwartet uns dann ganz am Schluss, wo die scharfe Felsschneide noch eine IIer-Passage in beeindruckender Ausgesetztheit bereithält. Wenige Schritte später stehen wir auf dem Ostgipfel der **Höfats** ❺, 2258 m.

Zurück geht es auf derselben Route – im Absturzgelände selbstredend mit besonderer Vorsicht und Konzentration.

11 Seeköpfle, 1920 m

Vom Schattenberg zum Seealpsee

TOP | 7.45 Std. | 16,1 km | ↗1300 m | ↘1300 m

Oberstdorfer Berge im Dornröschenschlaf

Der Name Schattenberg besitzt in Oberstdorf schon einiges Gewicht; die meisten dürften ihn freilich von der berühmten Vierschanzentournee her kennen. Unweit der Schanzentürme finden wir den Einstieg in eine großartige Tour, die im Herzen der Allgäuer Bergwelt verläuft und dennoch über weite Strecken Einsamkeitsgarantie bietet. Dabei grüßt das Schattenbergkreuz so verlockend hinab zum meistbesuchten Ferienort Deutschlands, dass man sich darüber wundert, meist nur Einheimische und vereinzelt gut informierte Gäste auf dieser fantastischen Aussichtskanzel anzutreffen! Wer »wilde Wege« in der moderaten Version mag, ist mit dem zweieinhalbstündigen Aufstieg dorthin gut beraten. Eine Schippe drauflegen muss, wer den Weiterweg zum Seeköpfle mit späterem Abstieg über den Gleitweg ins Oytal anstrebt. Hier kommt als Besonderheit der Seealpsee ins Spiel, eines der Kleinode schlechthin rund um Oberstdorf und vor der Kulisse von Höfats und Allgäuer Hauptkamm einfach ein Motiv fürs Bilderbuch! Insgesamt haben wir damit eine ausgewachsene Bergtour vor uns, die zwar nicht in höchste Höhen führt, aber landschaftlich mit viel Abwechslung punkten kann.

Talort: Oberstdorf, 813 m.
Ausgangspunkt: Oberstdorf, Parkplatz Oybele Festhalle nahe der Trettach, 840 m.

Anforderungen: T3–4. Recht anspruchsvolles Bergwandergelände, phasenweise steil, besonders in den Latschen am Schattenbergkreuz, hinü-

Beginn des Abstiegs in den Seealpkessel.

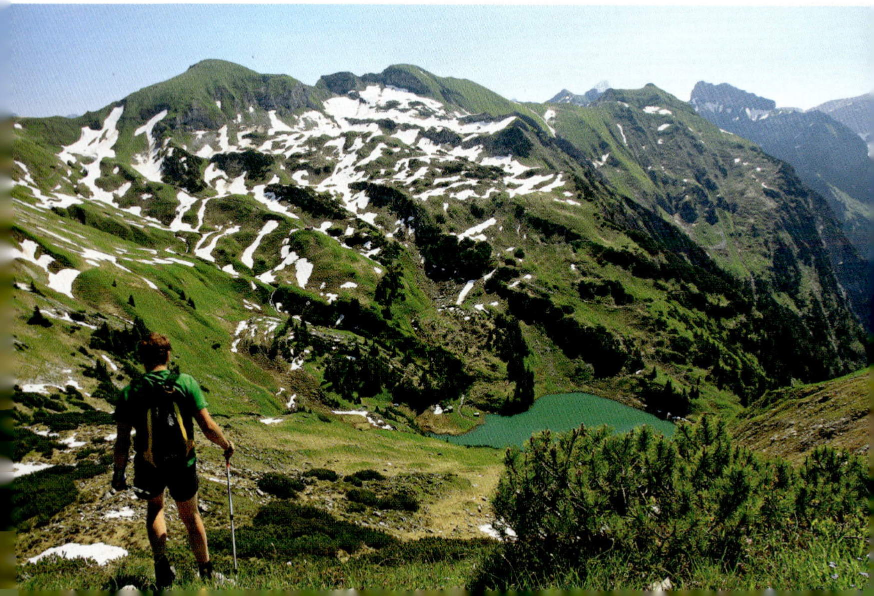

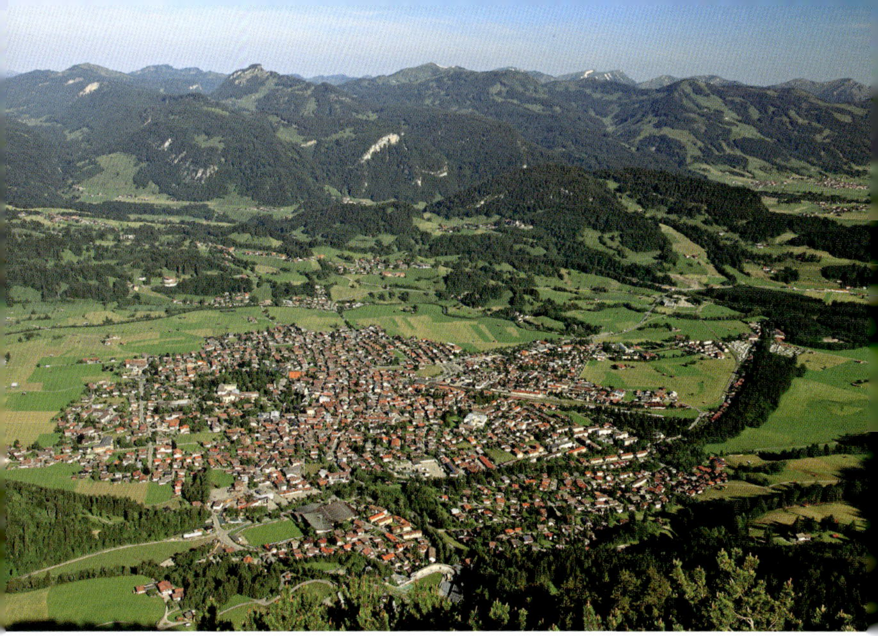

Oberstdorf, wie es sich vom Schattenberg aus zeigt.

ber zum Seeköpfle vermehrt schrofig. Kletterei kommt nicht vor, gute Trittsicherheit ist jedoch auf weiten Strecken obligatorisch, auch am oft abschüssigen Gleitweg. Volles Tagespensum für Ausdauernde, bis Schattenbergkreuz und zurück nur 820 Hm bzw. 4.15 Std.

Orientierung: Aufstieg zum Schattenbergkreuz nicht markiert und beschildert, jedoch deutlicher Bergsteig. Übergang zum Seeköpfle spärlichere Pfadspuren, für Erfahrene ebenfalls noch gut zu verfolgen. Die Verbindung zum Gleitweg erfolgt weglos nach Augenmaß und ist damit orientierungstechnisch der unsicherste Teil. Der Gleitweg selbst ist offiziell bezeichnet.

Einkehr: Oytalhaus, 1010 m.

Variante: Etwas langwieriger wird die Überschreitung, wenn man dem Grat über den Hüttenkopf, 1938 m, folgt und hinten am Zeigersattel den Gleitweg aufnimmt.

Karten: AV-Karte 1:25.000, Blatt BY 4 oder 2/1. Freytag & Berndt 1:50.000, Blatt 351.

Hinter der Trettachbrücke in **Oberstdorf** ❶ geht es in Kehren zum Kühberg hinauf und dort kurzzeitig auf die Oytalstraße, bis scharf links ein Fahrweg zu den Skischanzen abzweigt. Wichtig ist jetzt, dass man nach gut 200 Metern einen kleinen unbeschilderten Pfad in den Wiesen aufspürt ❷. Dieser zieht diagonal zum Waldrand empor und setzt sich dort ziemlich wurzlig fort. Nach einer Linksbiegung wird die Trasse besser, gewinnt in wechselnder Stei-

Das Seeköpfle über dem türkisfarbenen Seealpsee.

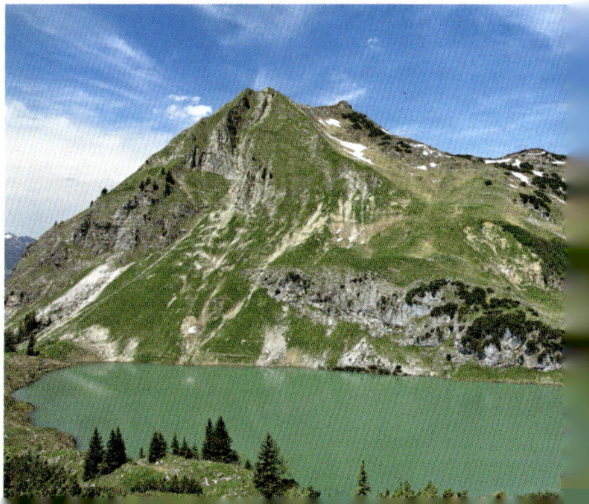

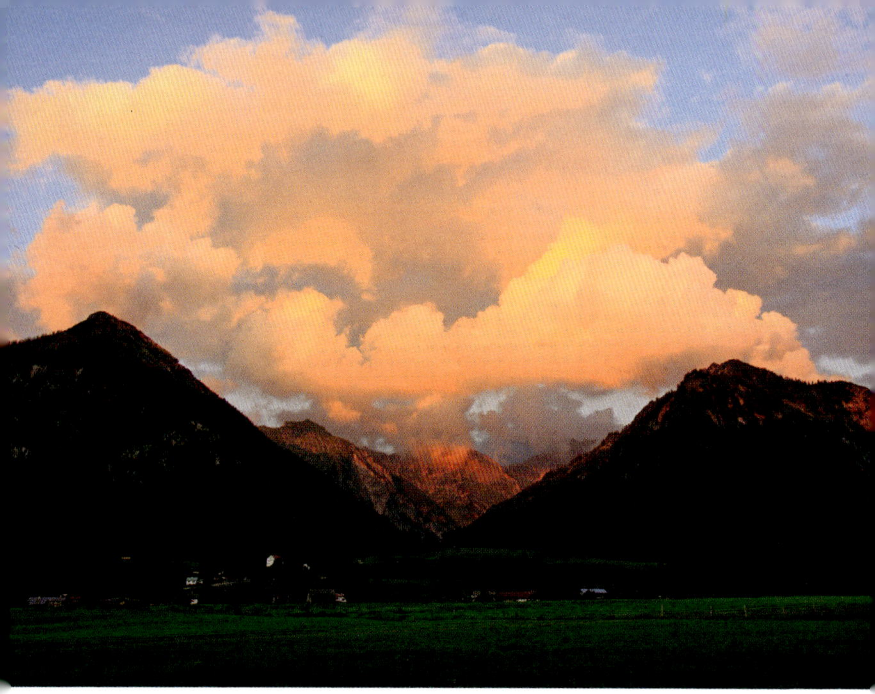

Abendliche Wolkenstimmung über Schattenberg (links) und Riffenkopf.

gung an Höhe (seltene rote Punkte) und kommt auf rund 1400 m zu einer Kanzel ❸ mit tollem Tiefblick auf Oberstdorf. Beim weiteren Aufstieg am Schattenberg wird der Wald von der Krummholzzone abgelöst. Hier sehr steil bis zum **Schattenbergkreuz** ❹, ca. 1660 m, wo das Panorama nochmals gewachsen ist.

In der Nähe des Latschenkammes setzt sich ein schwächer ausgetretener Pfad fort. Wir steigen leicht rechts ausweichend gegen den ersten Kopf an und traversieren die **Schattenbergköpfe** entweder knapp südseitig oder direkt entlang der Schneide. Dabei geht es nur wenig auf und ab, während das Krummholz zu unserer Genugtuung langsam zugunsten von Gras und Schrofen zurücktritt. Aus der letzten Scharte zum westlichen Vorsprung und in wenigen Minuten weiter zum Kreuz am **Seeköpfle** ❺, 1920 m.

Beim Abstieg orientieren wir uns gegen den nordöstlich eingelagerten Sattel (P. 1833), können aber schon davor rechts in den Kessel des See-

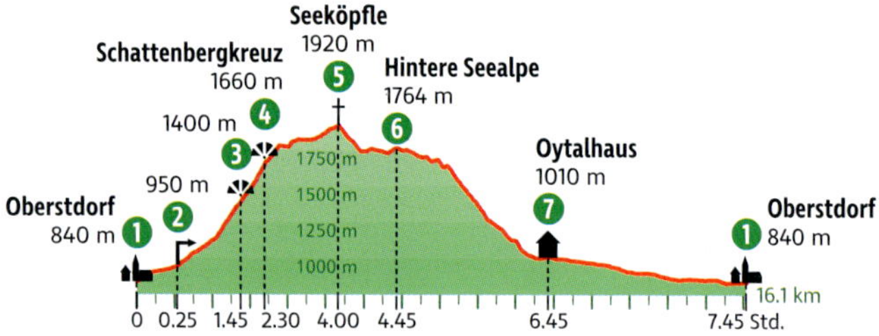

alpsees abschweifen. Hier zwischen Blöcken und Latschen hindurch und dabei eine Linie wählen, sodass man mit möglichst wenig Gegensteigung zum Gleitweg hinüberkommt (am besten schon im Überblick vom Gipfel aus eruieren). Im Groben lässt sich die **Hintere Seealpe** ❻, 1764 m, anpeilen – wobei zuvor in jedem Fall ein Bachtobel, das einzige wirkliche Hindernis in diesem weglosen Abschnitt, zu kreuzen ist.

Am **Gleitweg** wandern wir vorerst ohne merklichen Höhenverlust östlich über dem hübschen Seealpsee entlang und schwenken bei »Mäxeles Egg« nach links, um den Ansatz des wilden Gündlestobels auszugehen. Anschließend beginnt der Kehrenreigen durch die nur vorübergehend licht bewaldete Steilflanke. Zweimal muss noch der parallele Seealpengündlestobel (mit Wasserfall) gekreuzt werden, ehe der langwierige Zickzackkurs in den Wiesen des Oytals ausläuft. Dort erreichen wir in Kürze das **Oytalhaus** ❼, 1010 m, als willkommene Einkehrstation. Auf der »Ahornallee« geht es schließlich noch weit talauswärts, wobei man bald etwas schöner auch den Hohenadelweg neben dem Oybach einschlagen kann, um die Tour entlang der Trettach ausklingen zu lassen.

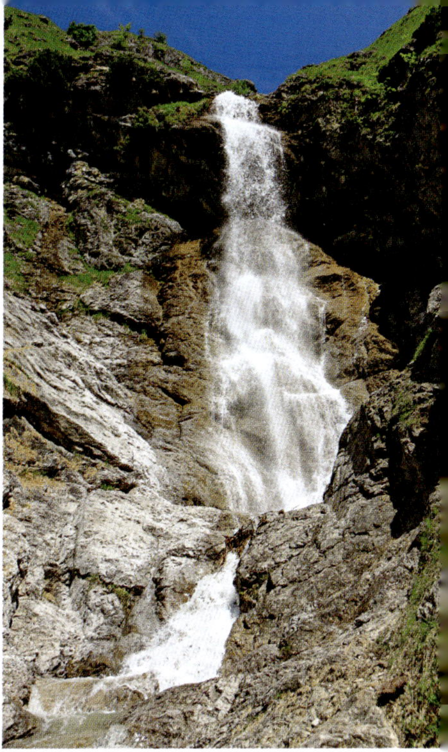

Stiebender Wasserfall am Gleitweg.

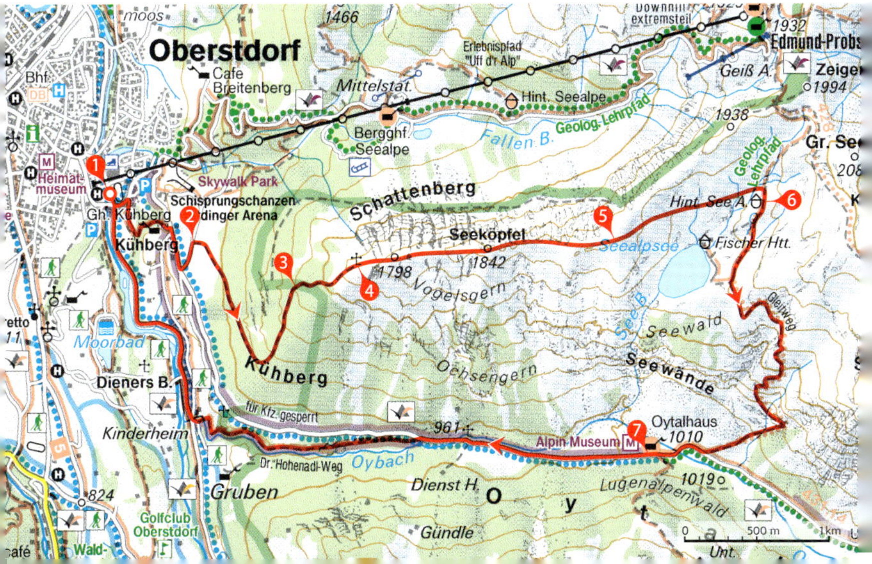

12 Entschenkopf, 2043 m

Über die Sonthofener Sonnenköpfe

7.45 Std. | 16,6 km | ↗1530 m | ↘1530 m

Landschaftskontraste zum Greifen nah

Die Allgäuer Alpen bauen sich von Norden her geradezu kulissenartig auf und steigern sich dabei von den überwiegend grünen Grasmugeln der Voralpen bis hin zum Allgäuer Hauptkamm. Eine interessante Tour im Übergangsbereich wird in diesem Kapitel beschrieben. Während die Sonnenköpfe noch den voralpinen Charakter repräsentieren, zeigt der höhere Entschenkopf schon ein felsigeres Antlitz und prüft seine Anwärter mithin auch mehr. Obgleich einige der Kriterien für die »wilden Wege« hier nicht unbedingt erfüllt sind – so ist die gesamte Route offiziell beschildert –, möchte ich die Tour in die Auswahl aufnehmen. Sie ist nämlich noch relativ still geblieben und landschaftlich wirklich erstklassig, da man sich längere Zeit auf den Kämmen bewegt. Beim Abstieg setzen die Gaißalpseen besondere Akzente. Im Übrigen handelt es sich keineswegs um durchschnittliches Bergwanderniveau. Die Orientierung ist zwar unkritisch, der alpine Anstrich speziell am Entschenkopf aber durchaus spürbar.

Talort: Schöllang, 854 m, bei Fischen im Allgäu.
Ausgangspunkt: Direkt in Schöllang.
Anforderungen: T4 am Entschenkopf, über die Sonnenköpfe nur T2–3 (hier rot). Bergwege unterschiedlicher Beschaffenheit, teils Wiesen, teils Schrofengelände. Hochalpin und am anspruchsvollsten ist der Entschenkopf mit einigen Stellen im I. Grad; Trittsicherheit und Schwindelfreiheit wichtig. Bei Nässe kann es streckenweise unangenehm rutschig und matschig werden. Eine Hauptanforderung liegt in der Kondition, denn die Tour ist ziemlich lang.

Am Sonnenkopf wird das erste Gipfelziel erreicht.

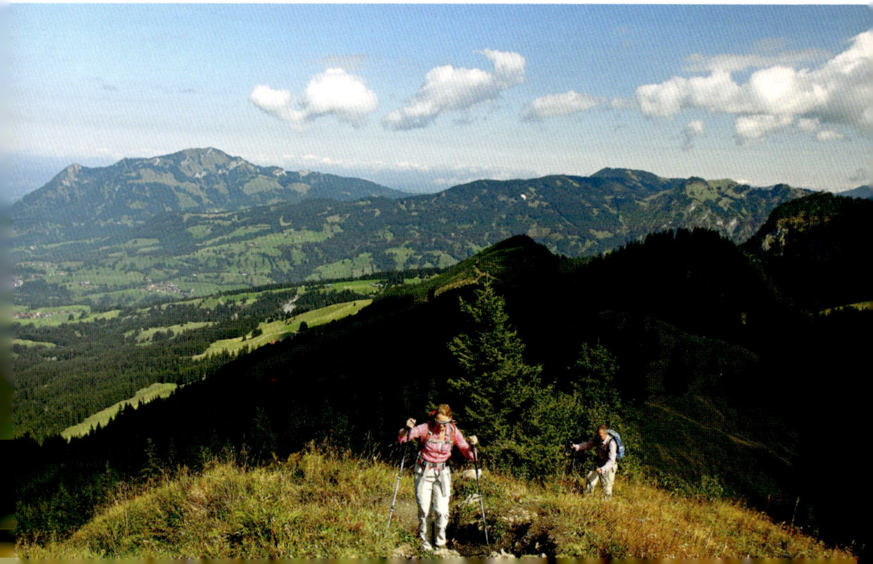

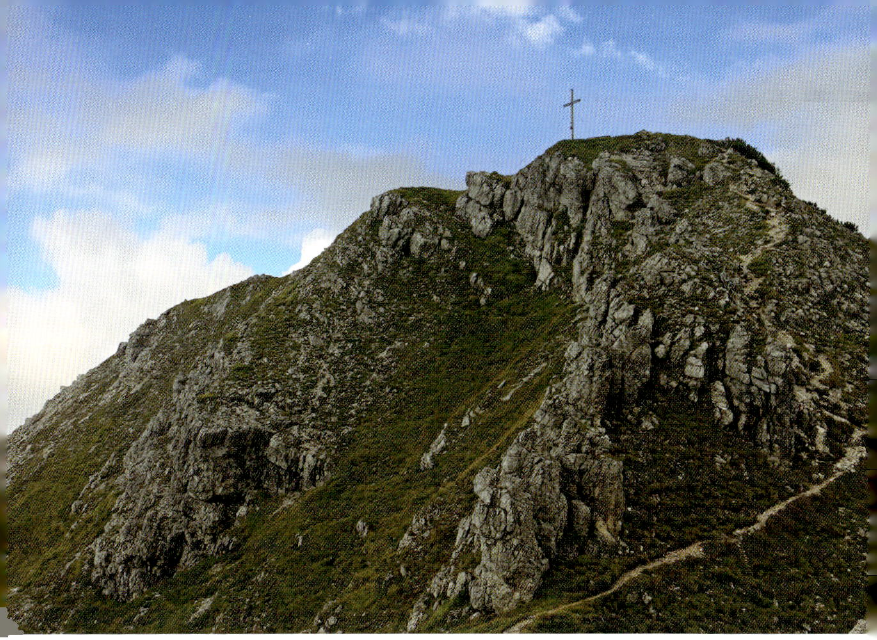

Der Entschenkopf mit seinem schrofigen Gipfelaufbau.

Orientierung: Durchwegs markiert und beschildert, daher unproblematisch.
Einkehr: Gaißalpe, 1149 m, Anfang Mai bis Ende Oktober ohne Ruhetag.
Variante: Zwischen Gaißalpe und Falkenalpe gibt es eine direkte Verbindung, was die Möglichkeit eröffnet, sowohl die Sonnenköpfe als auch den Entschenkopf getrennt voneinander aufs Programm zu setzen (für Letzteren geht man in diesem Fall natürlich von Reichenbach aus). Die Gehzeiten belaufen sich dann auf etwa 5.15 bzw. 6.00 Std.
Karten: AV-Karte 1:25.000, Blatt BY 4.

In **Schöllang** ❶ wählen wir den Eybachtobelweg und folgen zunächst einer breiten Trasse. Später auf kleinerem Steig aufwärts zum Güterweg, der zur **Entschenalpe** führt. Bereits kurz vor der Hütte zweigen wir bei P. 1355 ❷ links auf die Gipfelroute ab (Hinweis »Schöllangerhof«). Teils auf breitem Fahrweg, teils auf abkürzendem Steig zum Westkamm hinauf und an diesem in aufgelockertem Wald bis auf den **Sonnenkopf** ❸, 1712 m. Nun in schöner Kammwanderung auf recht kleinem Steig über den Heidelbeerkopf, 1767 m (ließe sich auch rechts umgehen), zum

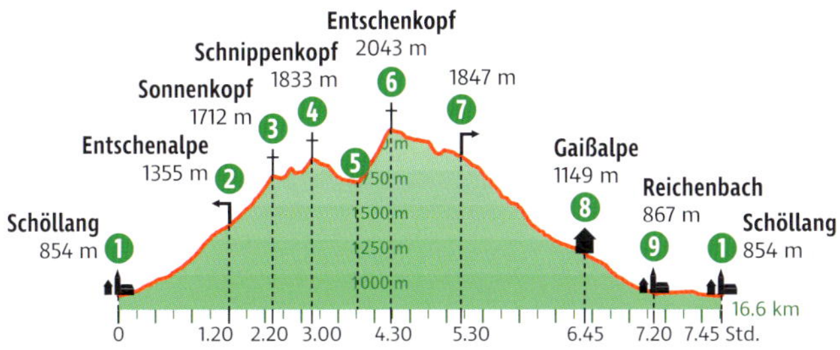

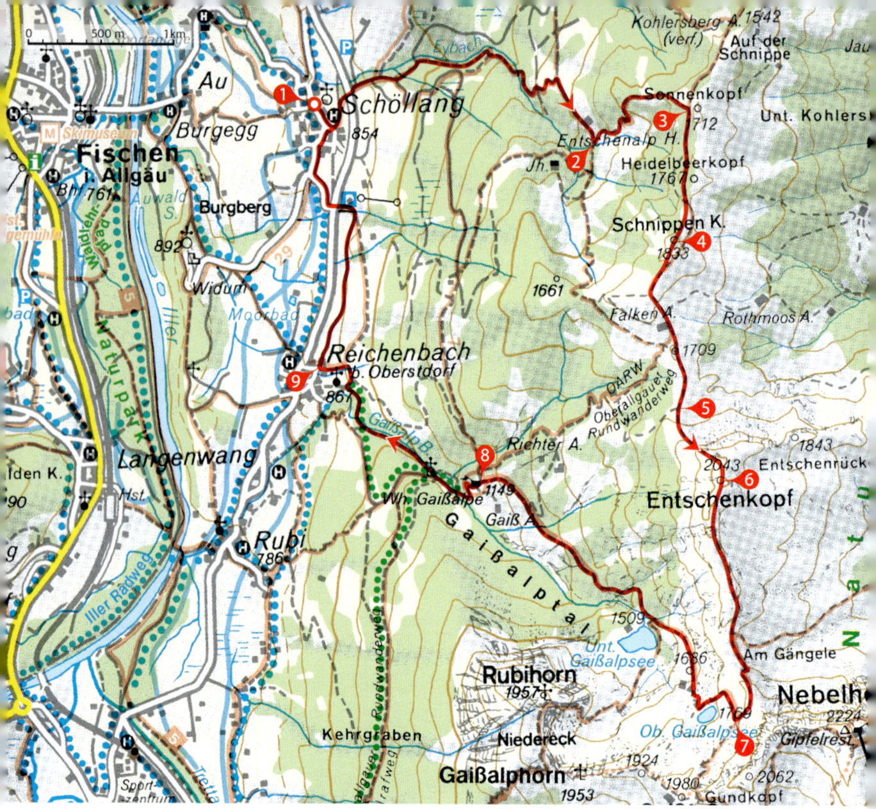

Gipfelkreuz am Sonnenkopf.

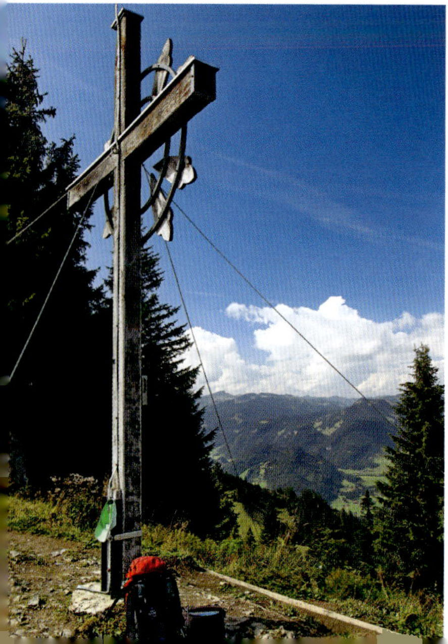

Schnippenkopf ❹, 1833 m. Die beiden Zwischenabstiege sind dabei jeweils nur geringfügig, die Gegenanstiege kurzfristig etwas steiler und leicht ausgesetzt.

Am freien Südhang geht es über einen erodierten Wiesenweg abwärts zur Falkenalpe. Kurz darauf ignorieren wir die Abstiegsroute zur Gaißalpe, halten mit dem Hinweis auf den Entschenkopf die Höhe und queren rechts an einem bewaldeten Buckel vorbei in den Sattel P. 1667 ❺. Von nun an wird's steil, zuerst in freiem Gelände, dann in einer Latschengasse, schließlich über Schutt und Schrofen. Am Gipfelaufbau sind auch kurze Kletterstellen (I) zu meistern, bevor wir auf den Grat aussteigen und das Kreuz auf dem **Entschenkopf ❻**, 2043 m, erreichen.

Die Überschreitung gen Süden ist im Detail etwas verwickelt – man bewegt sich auf und neben dem Grat, dann ein Stück weit in der westlichen Flanke und über eine Felsstufe (I) in die Einsattelung vor dem »Gängele«. Hier über ein gesichertes Band nach links und über den nächsten Schrofenbuckel hinweg in leichteres Terrain. Oberhalb des Oberen Gaißalpsees zweigt schließlich unser Abstiegsweg ab **7**. Man passiert die Seemulde mit einem großen Linksbogen und gelangt über die nächste recht steile Geländestufe zum stattlichen Unteren Gaißalpsee, 1509 m. Weiterhin an teilweise abschüssigen, felsdurchsetzten Flanken und mit einigen Bachtraversen zur **Gaißalpe** **8**, 1149 m, die als Schlusseinkehr ideal liegt. Talwärts wandern wir durch den Gaißtobel Richtung **Reichenbach** **9**, 867 m, und von dort auf nahezu horizontalem Wiesenweg nordwärts zurück nach **Schöllang** **1**.

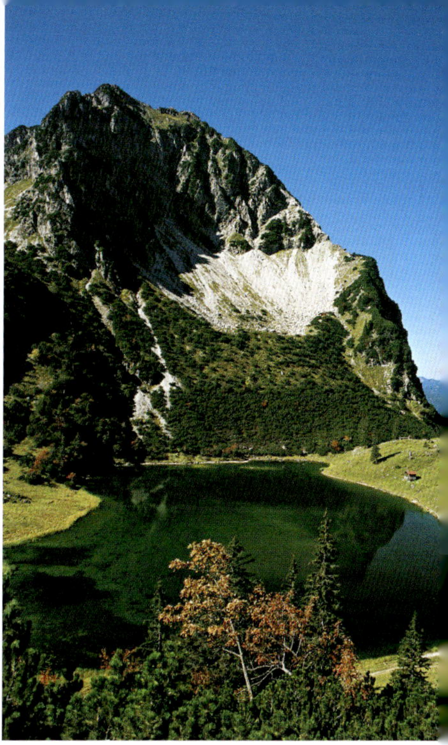

Idyllisch: der Untere Gaißalpsee unterhalb des Rubihorn.

Über die Sonthofener Sonnenköpfe gibt es einen reizvollen Kammweg.

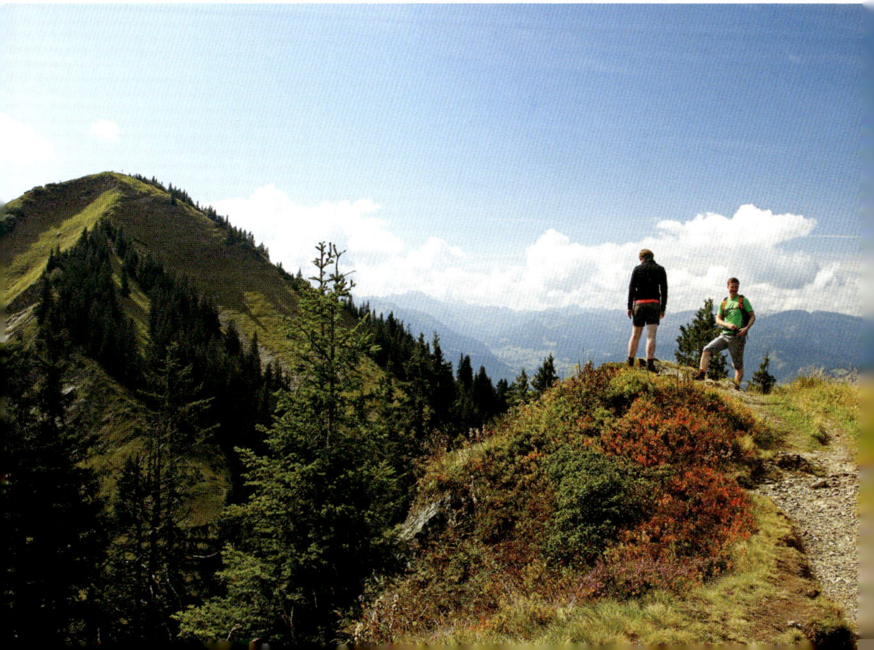

13 Burgberger Hörnle, 1496 m
Über den Funkenweg in der Südflanke

4.00 Std. | 8,2 km | ↗800 m | ↘800 m

Spritztour am Vorposten des Grünten
Als Touristenmagnet der Allgäuer Voralpen scheint der Grünten nicht wirklich in dieses Buch zu passen. Am südlichen Ausläufer des Massivs, dem keck zugespitzen Burgberger Hörnle, gibt es durch die steile Südseite allerdings einen direkten Aufstieg, den meist nur die Einheimischen begehen. Begeisternd ist der Rückblick ins Illertal rund um Sonthofen. Die Tour hat etwas Spielerisches, darf jedoch keinesfalls als trivial eingeschätzt werden. Nach Überschreitung des Hörnle gibt es ein gewisses Variationspotenzial, wobei man sich ins normale Wandervolk einreiht.

Talort: Burgberg im Allgäu, 751 m.
Ausgangspunkt: Letzter gebührenfreier Parkplatz an der Bergstraße von Burgberg Richtung Gasthof Alpenblick, ca. 840 m. Hier befindet sich auch der Abzweig des Grüntenwaldweges. Mit Öffis Start im Dorf.
Anforderungen: T3. Durch die Südflanke Steilpfad für Trittsichere, manchmal etwas Händeunterstützung nötig, aber keine eigentliche Kletterei. Ein paar ausgesetzte Stellen mit Sicherungen beim Übergang, danach leichte Bergwanderwege. Eine der kürzesten Touren in diesem Buch.
Orientierung: Problemlos, da der Steig durchgängig deutlich ausgetreten und auch blassrot markiert ist. Lediglich der Wegweiser beim Abzweig wurde auf die Rückseite geschraubt, damit der gewöhnliche Tourist ihn wohl übersehen möge.
Einkehr/Übernachtung: Grüntenhaus, 1535 m, Mai bis Mitte November,

Das Burgberger Hörnle (vorn) erweist sich als tolle voralpine Aussichtskanzel.

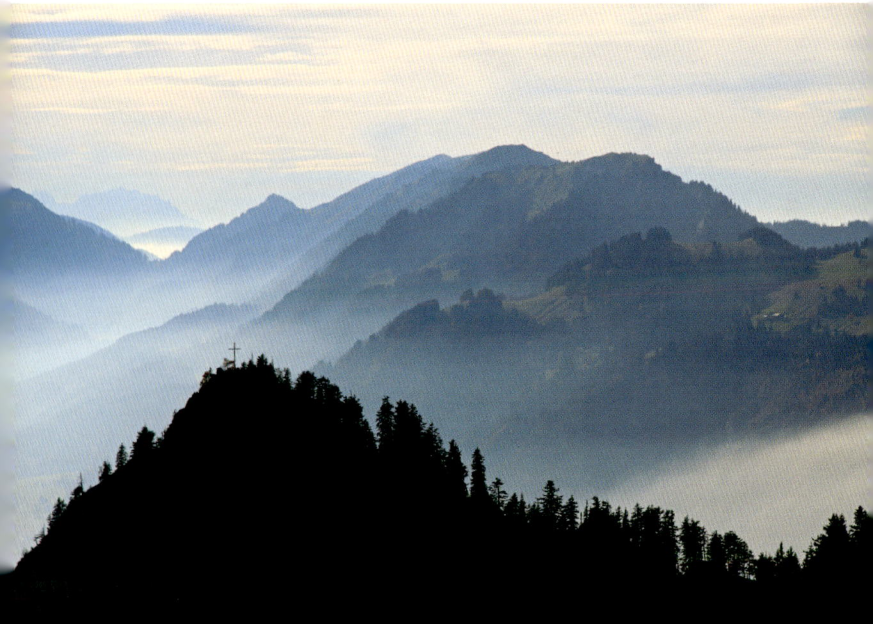

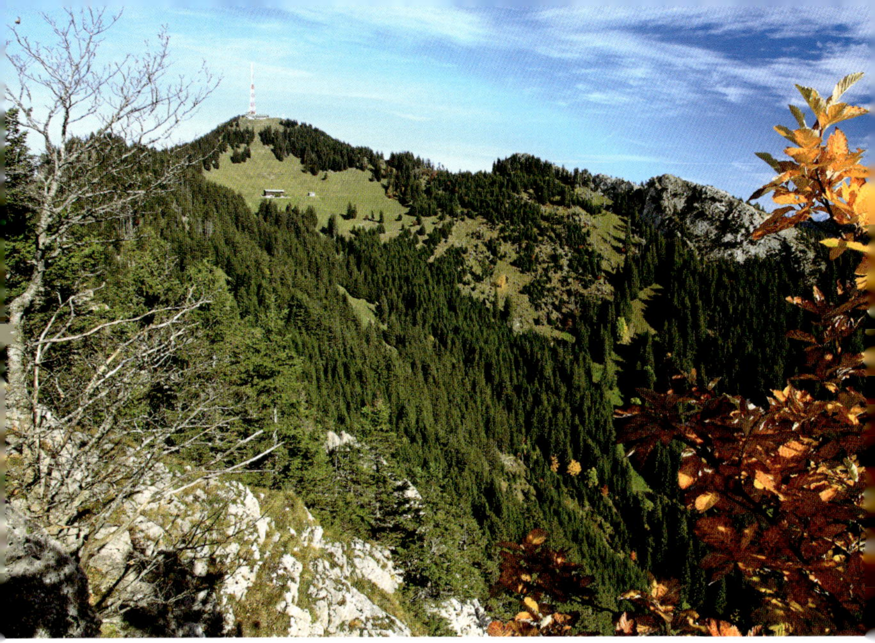

Über den Kammrücken erhält man Anschluss Richtung Grünten.

Tel. +49 8321 3372. Mittlere Schwandalpe, 1319 m. Berggasthof Alpenblick, fast ganzjährig, Tel. +49 8321 3354.
Variante: Abkürzung mit Abstieg durchs Wustbachtal, Zeitersparnis ab Grüntenhaus 30 Min., direkt sogar 1.00 Std.
Karten: AV-Karte 1:25.000, Blatt BY 3.

Unmittelbar beim empfohlenen **Parkplatz ❶** schlagen wir den ausgeschilderten Grüntenwaldweg ein und gewinnen rechts vom Wustbach an Höhe. Nach einer Weile trifft man auf eine breite Trasse, überschreitet den Bach nach links und achtet im weiteren Verlauf auf den Abzweig der Direktroute zum Burgberger Hörnle, in der AV-Karte als **»Funkenweg«** bezeichnet **❷**, ca. 1140 m. In verstrauchtem, licht bewaldetem Gelände zieht die Route schräg links an und windet sich dann in der Südflanke des Hörnle steil bergauf. Dabei wird es nach oben hin felsdurchsetzt, sodass wir ab und zu die Hände zur Unterstützung brauchen.

Steilgelände in der Südflanke des Burgberger Hörnle.

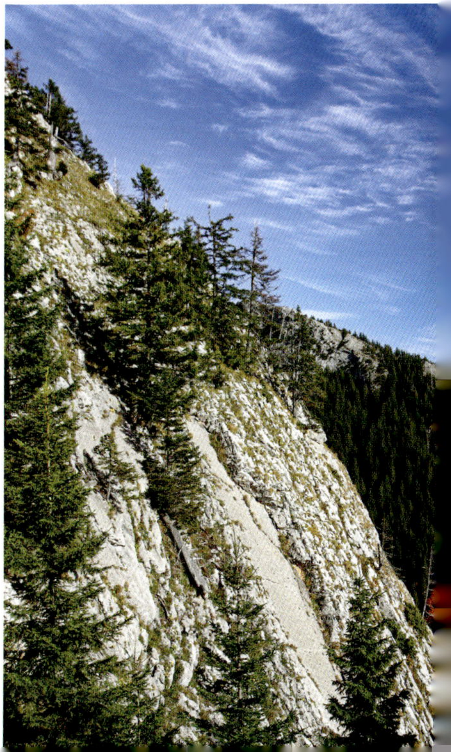

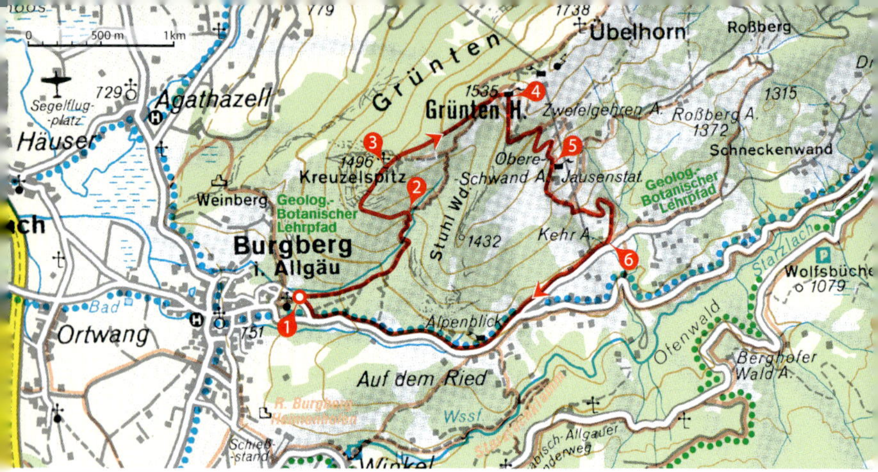

Unbeschadet davon handelt es sich aber stets noch um einen Steig, der sogar leidlich markiert ist. Nach knapp 2 Std. erreicht man das **Burgberger Hörnle** ❸, 1496 m, in Karten mitunter auch als Kreuzelspitz eingetragen.

Die anschließenden klettersteigartig ausgebauten Passagen an einer ziemlich scharfen Gratschneide sind beinahe die anspruchsvollsten. Nach diesem etwas überraschenden Intermezzo, geht es hinab in einen wenig ausgeprägten Sattel, wo die erste Abstiegsmöglichkeit besteht. Wandern wir weiter geradeaus durchs Gehölz, kommen wir hingegen leicht ansteigend Richtung **Grüntenhaus** ❹, 1535 m, und können dort einkehren. Rechts haltend erfolgt der Überstieg am Gratrücken der Stuhlwand, ca. 1560 m, und jenseits ein Abstieg auf dem sanierten Kehrenweg zur **Mittleren Schwandalpe** ❺, 1319 m. Von der einfachen Alpwirtschaft weiter abwärts zur **Kehralpe** ❻, ca. 1060 m, wo man auf eine asphaltierte Straße stößt. Diese ist nur bis zum Gasthof Alpenblick öffentlich befahrbar (Flurname »Auf dem Ried«). Man marschiert damit zumeist bergab bis zum **Parkplatz** ❶ am Beginn des Aufstiegsweges.

Im Herbst ist das Panorama oft am schönsten.

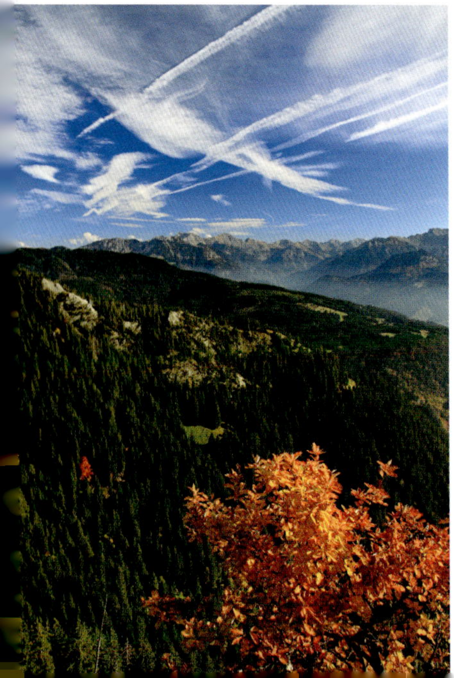

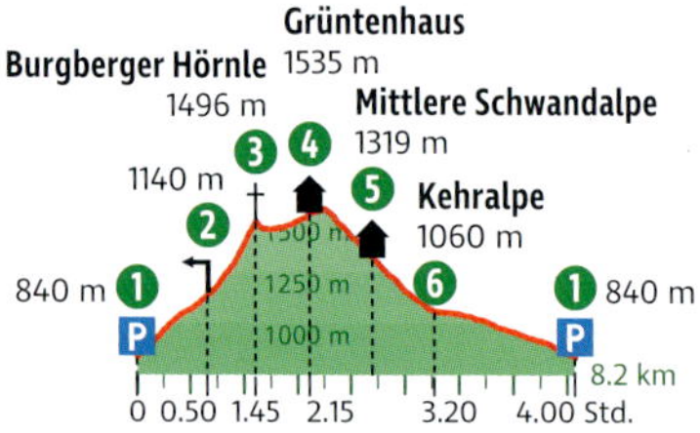

Heubatspitze, 2002 m, und Breitenberg

Mit dem Klettersteig an den Hohen Gängen

7.20 Std. | 16,9 km | ↗1300 m | ↘1300 m

Im Nordteil der Daumengruppe

Diese Tour bietet recht viel Abwechslung. Schon der nicht bezeichnete Zustieg in den Kessel der Eckalpe hat ein bisschen was von einem »wilden Weg«, wenngleich wandertechnisch harmlos. Richtung Hasenecksattel verlieren sich die Pfadspuren und wir können unserem Instinkt freien Lauf lassen. Knapp oberhalb erhebt sich die Heubatspitze als Hauptgipfelziel des Tages. Weiter Richtung Norden erwartet uns der Felsgrat der Hohen Gänge, der eigentlich in den berühmten Hindelanger Klettersteig integriert ist. Nur, dass die meisten vom Nebelhorn kommend schon am Großen Daumen wieder abdrehen und den zweiten Teil hinüber zum Breitenstein gar nicht mehr begehen. So bleibt es an den Hohen Gängen in aller Regel ruhig. In dem zerscharteten Felsgelände bekommt unsere Unternehmung einen wilden Touch als anregende Kraxelei. Die exponierten Stellen sind gut gesichert (einmal mit einer Leiter), doch muss ich damit den Schwierigkeitslevel insgesamt konsequenterweise auf »schwarz« setzen, auch wenn der Rest der Tour eher unschwierig ist. Am vorgeschobenen Breitenberg genießen wir nochmals ein feines Panorama, ehe sich über gewöhnliche Bergwege der Kreis schließt.

Spannend: die Hohen Gänge hinüber zum Breitenberg.

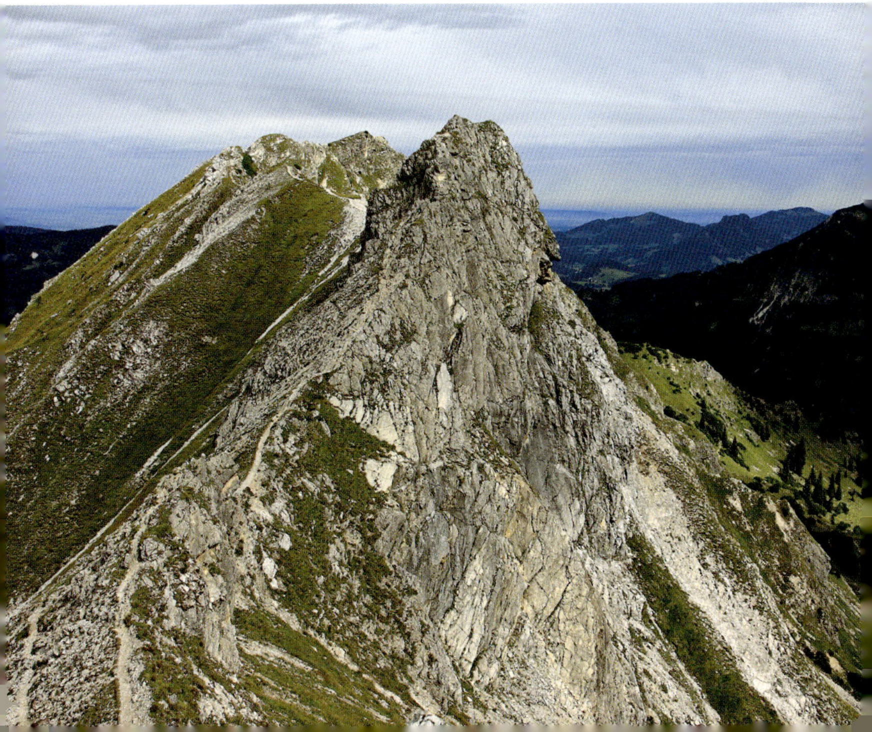

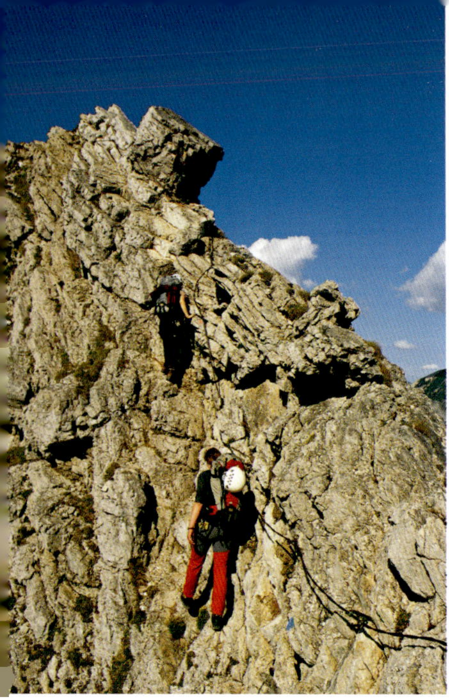

Die Gratroute über die Hohen Gänge verlangt einige Kraxelei.

Talort: Hinterstein, 866 m.
Ausgangspunkt: Parkplatz Säge, 830 m, vor Hinterstein, direkt gegenüber dem Kraftwerk (gebührenpflichtig). Alternativ kann man auch in Hinterstein selbst starten.
Anforderungen: T4 insgesamt, bis zur Heubatspitze T3 (rot). Anspruchsvollster Abschnitt am Klettersteig über die Hohen Gänge (A bis B), teilweise ausgesetztes Felsgelände. Ansonsten bewegt man sich meist in Matten, die kaum Hürden aufweisen. Unterhalb des Hasenecksattels vorübergehend ohne Steig und kurzfristig steil und vergandet. Trittsicherheit, Schwindelfreiheit und Ausdauer sollten allgemein solide ausgeprägt sein.
Orientierung: Aufstieg zur Heubatspitze weitgehend unmarkierter Steig, unterhalb des Hasenecksattels sogar pfadloses Gelände, aber im Prinzip leicht zu finden. Anschließend offiziell bezeichnete Routen.
Einkehr/Übernachtung: Keine am Weg.
Varianten:
1. Von der Heubatspitze über die Rotspitze, 2033 m, in den Häbelesgund.
2. Vom Breitenberg Abstieg über die Älpe-Alpe nach Hinterstein. Plant man dies, so verlegt man bereits den Startpunkt vorteilhaft ins Dorf.

Karten: AV-Karte 1:25.000, Blatt BY 3 und BY 4. Freytag & Berndt 1:50.000, Blatt 352.

Die benachbarte Rotspitze könnte mit einer Variante eingebunden werden.

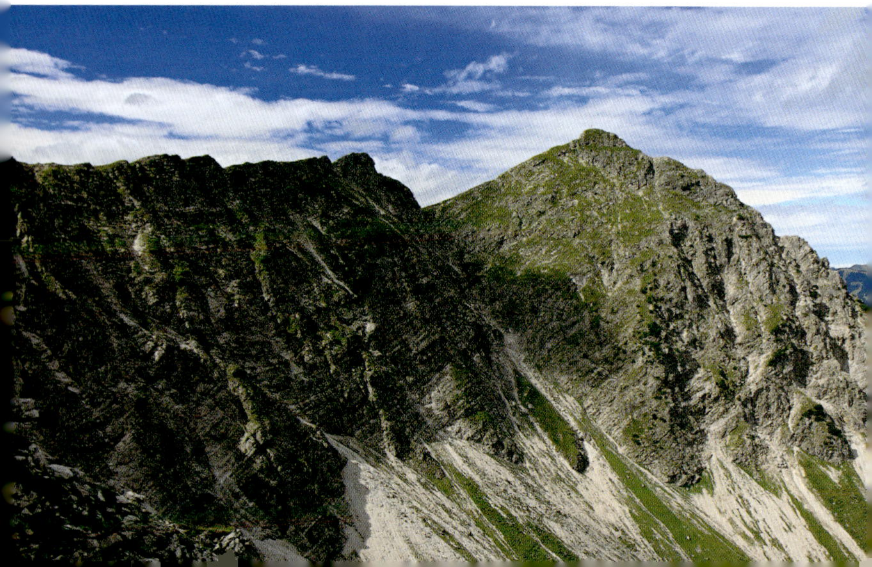

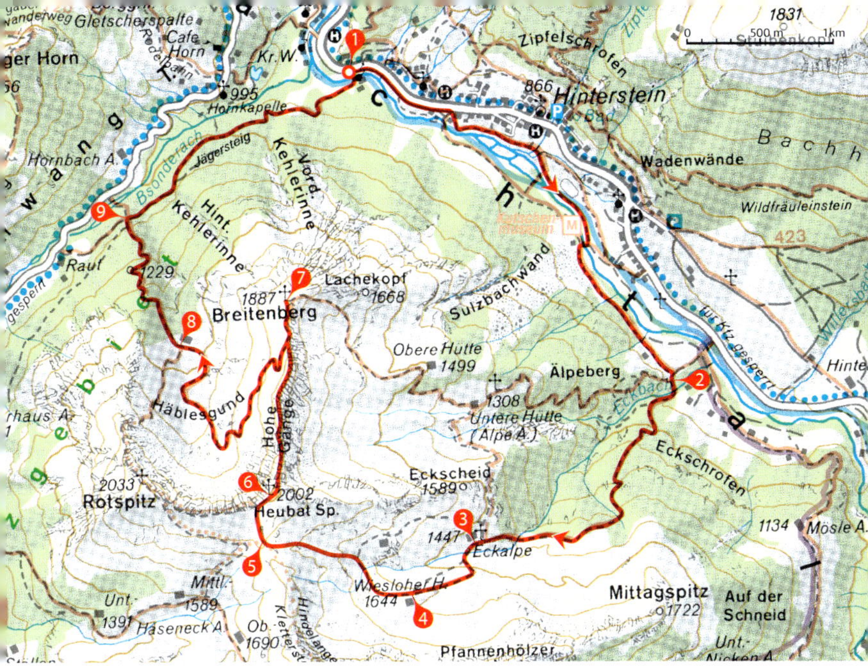

Vom **Parkplatz Säge** ❶ kann man zu Beginn auf Spazierwegen die ganze Zeit an der Ostrach entlanggehen, dabei entweder über die Heidachbrücke ans andere Ufer wechselnd oder besser bei der nächsten Gelegenheit gut 1 km weiter. Von Hinterstein aus ist der Zugang kürzer – jedenfalls trifft man neben dem **Eckbach** ❷ zusammen und überschreitet diesen nach links (derzeit keine Brücke). Der jenseitige Waldweg geht bald in einen nicht markierten Steig über, der sich an der bewaldeten Berglehne emporschraubt. Auf gut 1300 m treten wir in freieres Weidegelände hinaus, vollziehen noch eine leicht ansteigende Traverse in den Kessel und erreichen hinter dem hier seichten Eckbach die **Eckalpe** ❸, 1447 m. Vom flachen Boden auf die linke Seite hinüber und einem deutlichen Steig folgend schräg aufwärts – schließlich mit einer Kehre zu der hinter einem Geländerücken versteckten **Wiesloher Hütte** ❹, 1644 m.

Mit einem Bogen in die Mitte des Alpkessels, wo sich der Pfad zwischen Viehspuren auflöst. Es ist aber nicht schwierig, jetzt weglos über die Weiden bergauf zu steigen. Man kann dabei eine kleine Rückenstruktur nutzen und peilt durch die Mulde nördlich der Schneid den längst sichtbaren **Hasenecksattel** ❺, 1893 m, an. Erst das letzte Stück wird steiler und – zumal leicht vergandet – etwas mühsam. Am Sattel stoßen wir auf die markierte Route des Hindelanger Klettersteigs und ersteigen über einen Grashang gen Norden zuerst den Grat und nach rechts in Kürze den Gipfel der **Heubatspitze** ❻, 2002 m.

Nun steht die felsig-schrofige Gratschneide der **Hohen Gänge** bevor. Wiederholt treten ausgesetzte Klettersteigabschnitte (maximal B) auf, die meisten im Bergab. Psychische Schlüsselstelle ist womöglich eine 10 Meter hohe Leiter, die nach einer luftigen Passage einen senkrechten

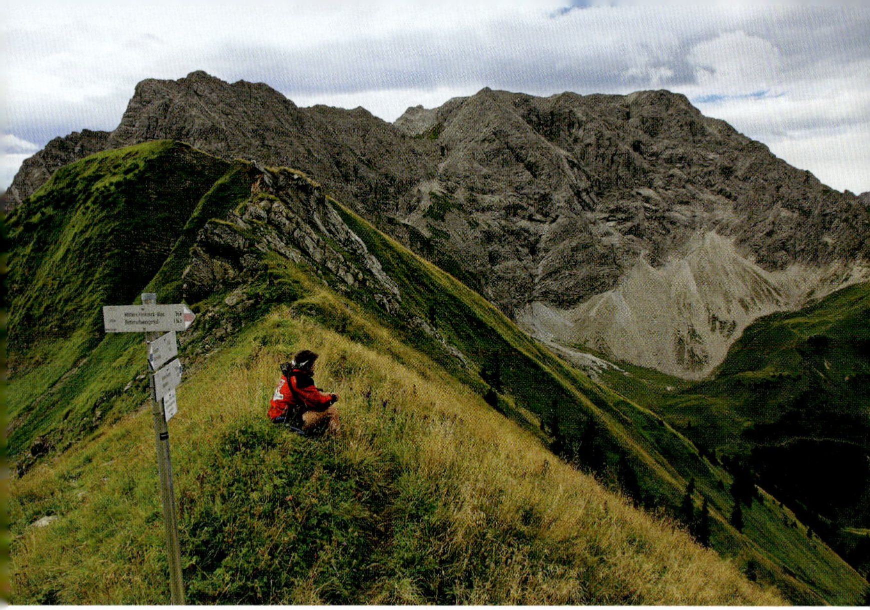

Am Hasenecksattel ist der weglose Abschnitt geschafft. Hinten Kleiner und Großer Daumen, über die der Hindelanger Klettersteig führt.

Abschwung überwindet. Zwischendurch gibt es freilich auch Gehgelände, wobei es Richtung Breitenberg ohnehin sukzessive leichter wird. Vom Abzweig unserer Abstiegsroute sollten wir den rund siebenminütigen Abstecher durchs Latschenfeld bis zum Kreuz auf dem **Breitenberg** ❼, 1887 m, nicht versäumen – denn beim Hindelanger Hausberg handelt es sich um einen klasse Aussichtspunkt!

Während eine Abstiegsroute nach Hinterstein direkt von hier nach Osten ausgreift, gehen wir zunächst die 300 m zurück und nehmen dann den Steig in die Westflanke auf. Dieser holt recht weit nach hinten aus und vollzieht später einen Bogen in den Häbelesgund hinein. Bei P. 1458 ❽ kommt die Route von der Rotspitze dazu. Kurz darauf setzt ein breiter, grobschottriger Wirtschaftsweg ein, der sich in vielen Kehren gegen das Retterschwanger Tal absenkt. Im Bereich **»Hinter der Kehle«** ❾, 1078 m, trifft man auf eine Forststraße. Mit dieser nach rechts und schlussendlich über den »Jägersteig« hinab zum Kraftwerk bzw. zum **Parkplatz Säge** ❶.

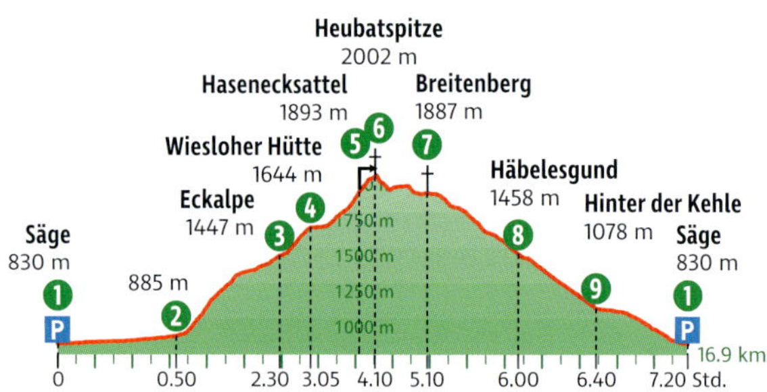

Kastenkopf, 2129 m, und Lahnerkopf, 2122 m

Von Hinterstein über die Lahnerscharte

8.00 Std. | 20,2 km | ↗1450 m | ↘1450 m

Gipfelduo über dem Schrecksee

Kastenkopf und Lahnerkopf sind zwei wenig herausgehobene »Durchschnittsgipfel« im Kammzug, der das Hintersteiner Tal vom Tiroler Hornbachtal trennt. Sie eignen sich für eine erste Schnuppertour im weglosen Gelände, was sich freilich nur auf die beiden Gipfelabstecher aus der Lahnerscharte bezieht. Davon abgesehen steht die Tour im Zeichen des türkisfarbenen Schrecksees, der ohne zu zögern zu den malerischsten Fleckchen in den Allgäuer Alpen gezählt werden darf.

Talort: Hinterstein, 866 m.
Ausgangspunkt: Parkplatz am Ortsende von Hinterstein (gebührenpflichtig). Bis zum Steigbeginn eventuell per Bike (gut 3 km).
Anforderungen: T3. Weithin gewöhnliche Bergwege, lediglich die Gipfelabstecher aus der Lahnerscharte besitzen weglosen Charakter in Schutt, Gras und Schrofen. Zum Lahnerkopf steiler als zum Kastenkopf. Trittsicherheit vorteilhaft, zudem Ausdauer wegen des langen Zustiegs.
Orientierung: Bis zur Lahnerscharte markiert, an den Gipfelaufbauten jeweils nur schwache Pfadspuren, aber im Prinzip unkompliziert.
Einkehr: Konstanzer Jägerhaus.
Karten: AV-Karte 1:25.000, Blatt BY 4. Freytag & Berndt 1:50.000, Blatt 352.

Pittoresk: der Schrecksee mit seiner Mini-Insel.

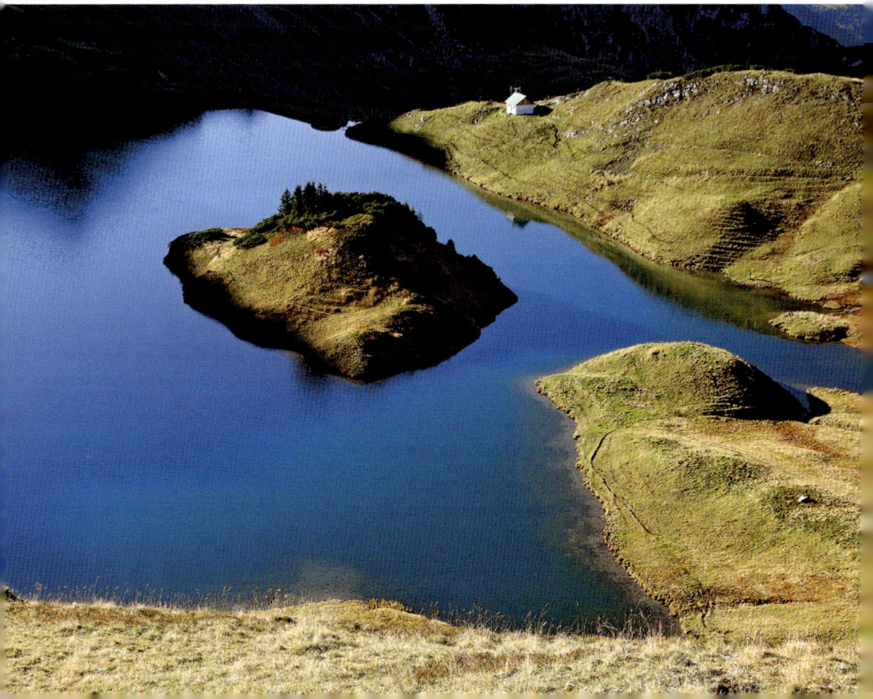

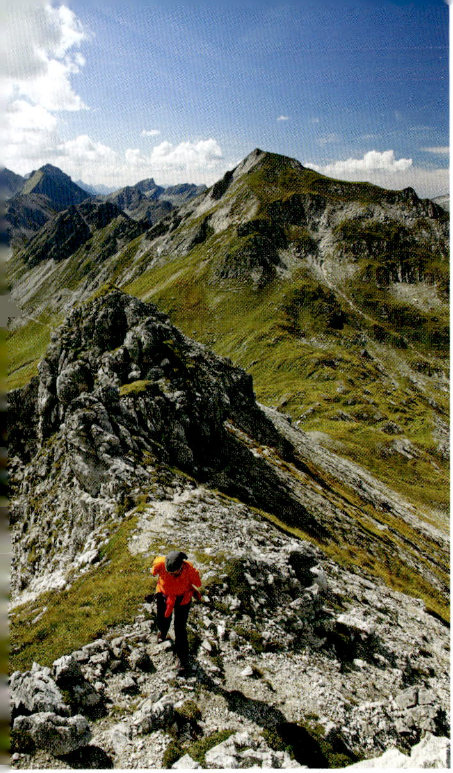

Schrofiger Aufstieg am Kastenkopf.

Vom Wanderparkplatz in **Hinterstein** ❶ marschieren wir eine Weile flach taleinwärts am Hinterbachhof und – anschließend auf der Teerstraße – am Konstanzer Jägerhaus vorbei. Nach einigen Kurven zweigt beim **E-Werk** ❷, 937 m, der eigentliche Bergsteig zum Schrecksee ab. Recht knackig zieht die Route im lichten Bergwald aufwärts. Wir passieren ein Stauwehr, 1249 m, und gelangen etwas höher auf die Böden der verfallenen **Taufersalpe**, 1338 m. Weiter geht es gegen die steile Geländestufe hinan. Dort holt man markant nach links aus und überwindet die sogenannte Hechel mit einer Reihe von Kehren. Eine felsige Passage ist gesichert. Im welligen Gelände weiter zu jener Schwelle, die den **Schrecksee** ❸, 1813 m, abriegelt. Wir gehen den Bogen am Ostufer aus und erreichen aus der hinteren Mulde die zwischen Kastenkopf und Lahnerkopf eingelagerte **Lahnerscharte** ❹, 1982 m.

Aus der Lahnerscharte packen wir den Kastenkopf an.

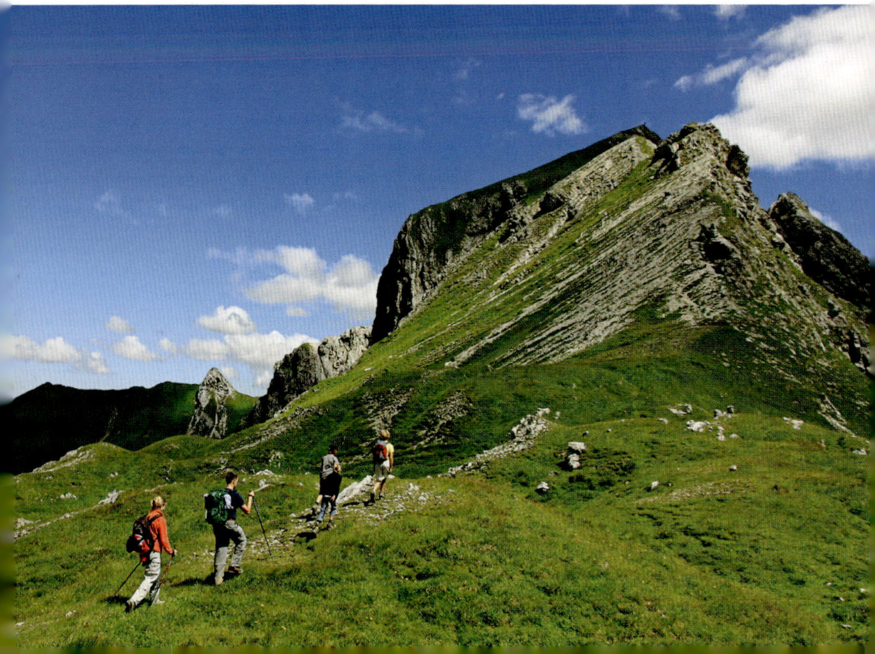

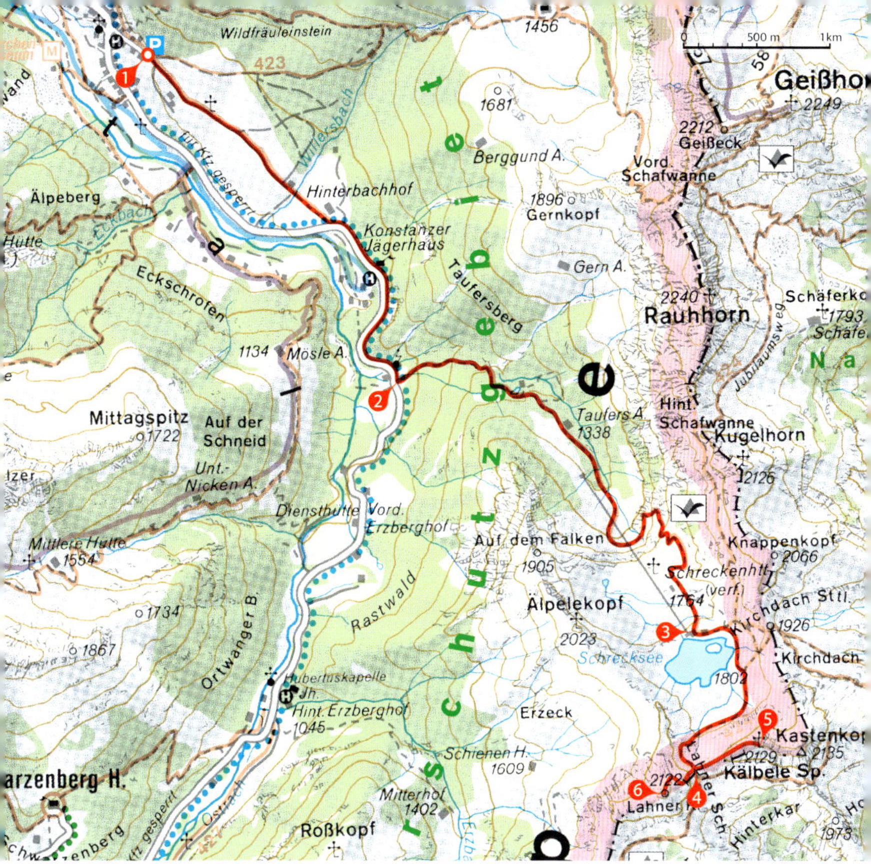

Zum **Kastenkopf** ❺, 2129 m, orientiert man sich nach links, weicht anfangs den Felsen am Grat aus und erreicht über Gras und Schrofen ohne weitere Hürden den Gipfel. Der benachbarte **Lahnerkopf** ❻, 2122 m, wird über die Ostseite angegangen. Pfadspuren sind hier spärlicher; sie leiten an einen Felsriegel heran. Man biegt nach rechts aus und findet einen schuttbedeckten Durchschlupf auf die oberen Grashänge, die bis zum Gipfel reichen. Rückweg wie Aufstieg.

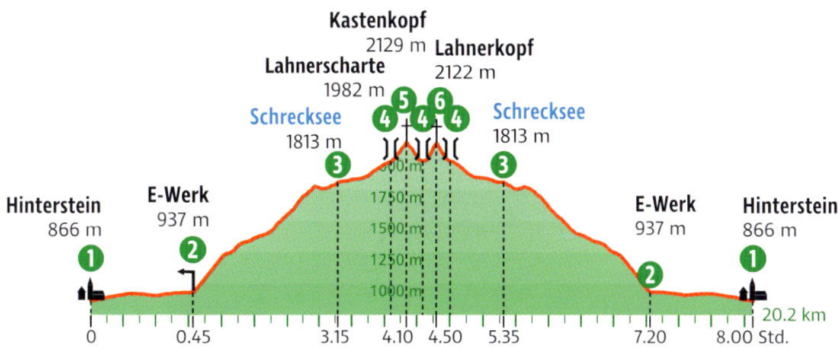

16 Fuchskarspitzen, 2314 m und 2252 m

Doppelpack vom Prinz-Luitpold-Haus

9.40 Std. | 19,0 km | ↗1700 m | ↘1700 m

Für einmal nicht auf den Hochvogel

Die Fuchskarspitze wird von Wanderern ohne Ortskenntnis zuweilen mit dem viel berühmteren Hochvogel verwechselt. Dies passiert insbesondere, wenn sie das Prinz-Luitpold-Haus besuchen und sich dort vom wuchtigen Kulissenberg gefangen nehmen lassen, während der Hochvogel von hier ja tatsächlich gar nicht zu sehen ist, weil sich davor die Kreuzspitze breit macht. Die Fuchskarspitze befindet sich indes im Mittelpunkt. Sie präsentiert uns ein Wirrwarr aus extremen Faltungen und Verwerfungen, wild zerklüfteten Gratrippen sowie kreuz und quer gelagerten Schichttafeln. Da bekommt man eine Ahnung, welch ungeheure Kräfte einst im Erdinnern auf das Gestein gewirkt haben, um es schließlich weit über zweitausend Meter in die Höhe zu türmen. Der Blick aus dem Hüttenfenster ist gleichsam ein Blick in die Erdgeschichte. Und wenn die tief stehende Abendsonne diese eindrucksvollen Felsformationen zum Leuchten anregt und ihre Strukturen so richtig plastisch herausmodelliert, werden sich Impressionen unauslöschlich in unser Herz einbrennen.

Nun ist die Fuchskarspitze allerdings vornehmlich ein Kletterberg. Gleichwohl kommt auch ein halbwegs versierter Normalbergsteiger hinauf, wobei wir zwischen Nord- und Südgipfel unterscheiden müssen. Letzterer ist der höchste Punkt und etwas komplizierter zu erreichen. Als Schlüsselpassage gilt eine grimmige Rinne, die zunächst einmal aufgespürt werden muss. Blasse Markierungen helfen im Grunde nur, wenn man eh schon auf dem richtigen Kurs ist.

Das Prinz-Luitpold-Haus liegt zu Füßen der Fuchskarspitze.

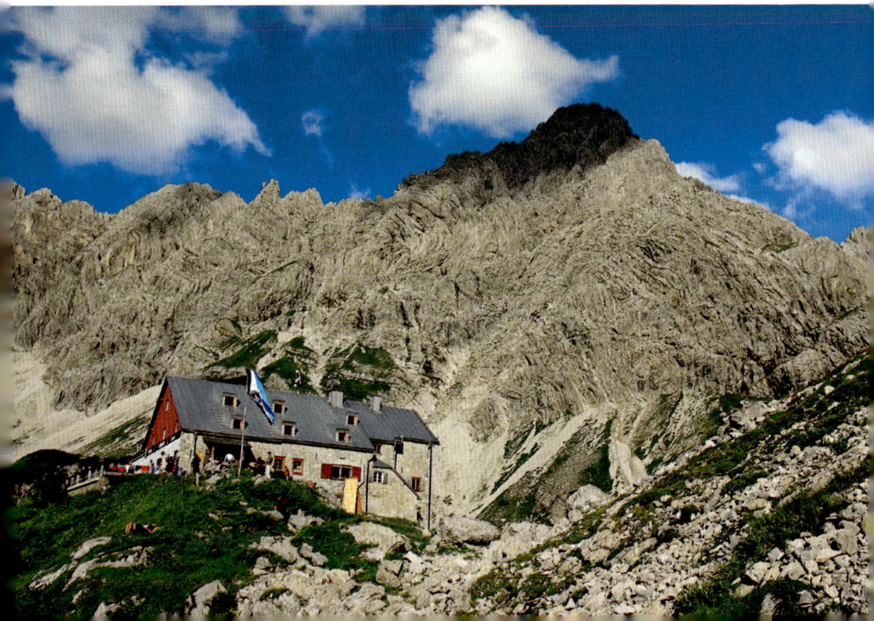

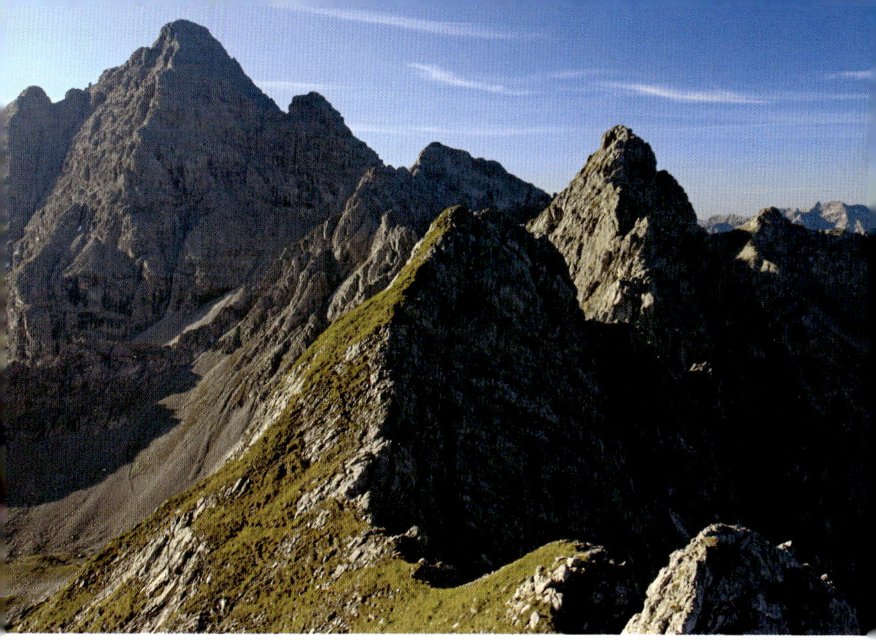

Blick von der Nördlichen Fuchskarspitze zum Hauptgipfel (rechts) und zum alles überragenden Hochvogel.

Dann bietet die Kraxelei sogar einigen Genuss und die Umschau vom Gipfel reichlich Seelenfutter. Im Süden lässt sich nun auch der Hochvogel in voller Pracht bewundern, während in der anderen Richtung ein zerklüfteter Grat zum Kreuz am Nordgipfel hinüberzieht: Stellen III–IV und damit deutlich außerhalb unseres Repertoires! Freilich gibt es ja noch die Normalroute über die relativ gutmütige, schuttbedeckte Nordwestflanke, die sogar reinen Bergwanderern mit sicherem Tritt empfohlen werden kann. Somit haben wir an der Fuchskarspitze je nach Leistungsvermögen zwei Optionen – oder ein reizvolles Doppelpack, für alle, die sich nicht entscheiden können und wollen …

Talort: Hinterstein, 866 m.
Ausgangspunkt: Giebelhaus, 1065 m. Zufahrt ab Hinterstein nur mit dem regelmäßig verkehrenden Wanderbus möglich, alternativ per Bike. Gebührenpflichtiger Parkplatz am Ortsende von Hinterstein.
Anforderungen: T5 für den Hauptgipfel (schwarz), T3–4 für den Nordgipfel (rot). Am Hauptgipfel steiles Fels- und Schrofenterrain mit Stellen I–II, entsprechende Alpinerfahrung und elementare Kletterfähigkeiten notwendig. An der Nördlichen Fuchskarspitze Steigspuren in Schotter und Felsschrofen, ohne Kletterstellen, aber Trittsicherheit auch hier wichtig. Für beide Gipfel Übernachtung ratsam, bei Beschränkung auf einen eventuell auch als Tagestour möglich.
Orientierung: Die Gipfelrouten tragen keinen offiziellen Wegestatus, sind aber zumindest sporadisch und schwach markiert. Im Fall des Hauptgipfels ist der Einstieg nicht ganz leicht zu finden und auch im weiteren Verlauf ein gewisser Instinkt notwendig.
Hinweis: Die Tour gliedert sich in 800 Hm Hüttenzustieg, 430 Hm auf den Nordgipfel, 470 Hm auf den Hauptgipfel. Am 1. Tag insgesamt 5.00 Std., am 2. Tag 4.40 Std.

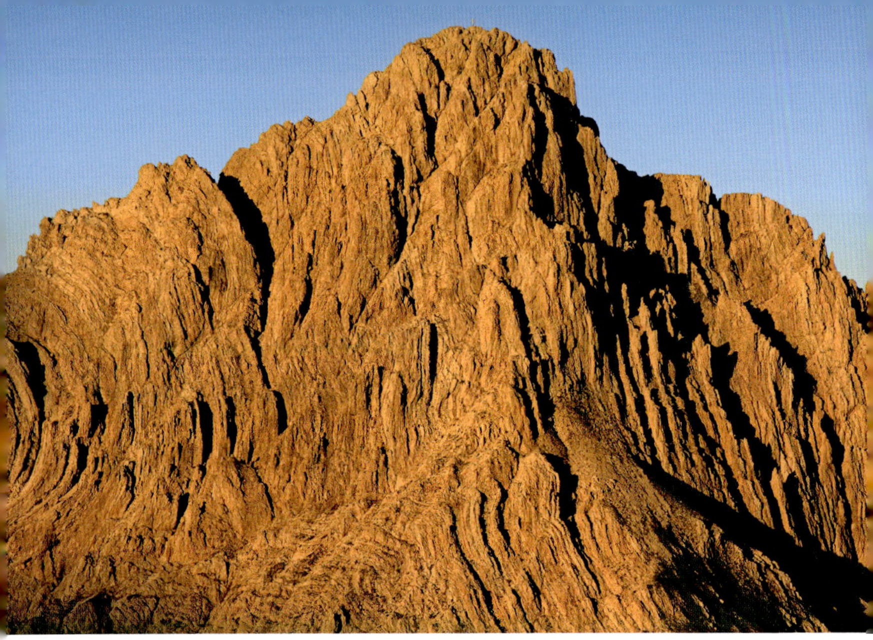

Romantisch: Alpenglühen an der Fuchskarspitze.

Einkehr/Übernachtung: Giebelhaus, 1065 m. Untere Bärgündelealp, 1322 m. Prinz-Luitpold-Haus, 1846 m, Ende Mai bis Anfang Oktober, Reservierungen unter www.prinz-luitpoldhaus.de.
Karten: AV-Karte 1:25.000, Blatt BY 4 oder 2/2. Freytag & Berndt 1:50.000, Blatt 351 oder 352.

1. Tag: Vom **Giebelhaus** ❶ gehen wir über die Brücke und folgen der Asphaltstraße mit einer markanten Schleife ins Bärgündeletal einwärts. Nach knapp 3 km zweigt links der eigentliche Hüttenweg ab. Man begibt sich kurz zum Bach hinunter und jenseits durch Wald an einem Wasserfall vorbei wieder aufwärts. In Kürze taucht die Jausenstation der **Unteren Bärgündelealpe** ❷, 1322 m, auf. Nach einer leicht felsdurchsetzten Wegpassage geht es schräg über Wiesen hinan, dann in vielen Kehren zwischen den Tobeln weiter und zur Karschwelle, auf dem das **Prinz-Luitpold-Haus** ❸, 1846 m, steht.
Um den leichteren Nordgipfel zu besteigen, begeben wir uns auf den Jubiläumsweg (Nr. 421) und steigen

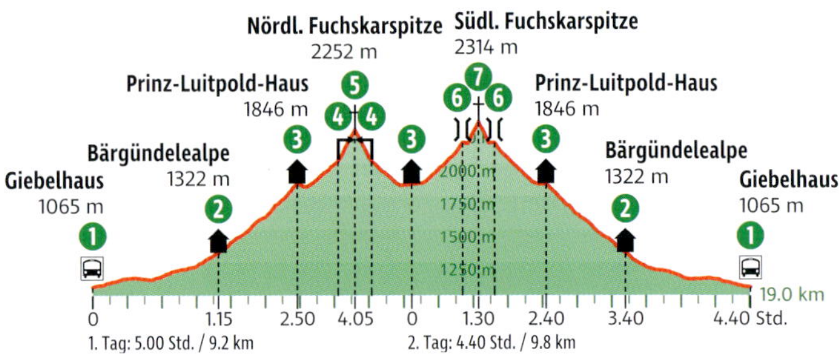

nordostwärts durch die Mulden aufwärts. Auf gut 2000 m achten wir auf den bezeichneten Abzweig ❹. Die Pfadspur zieht zumeist im Schotter mit eingelagerten Felsen über einen aufgewölbten Hang gegen den Nordgrat empor und erreicht den **Nordgipfel der Fuchskarspitze** ❺, 2252 m, praktisch ohne nennenswerte Kletterhürden. Zurück auf der gleichen Route.

2. Tag: Zur Südlichen Furchskarspitze, sprich dem Hauptgipfel, wählen wir vom **Prinz-Luitpold-Haus** ❸ zunächst den markierten Zugang zum Hochvogel. Mit ihm um den See herum ins Kar und bei der Gabelung links. Nach ein paar Kehren durchsteigen wir eine bröselige Rinne mithilfe einer Treppe am rechten Rand und erreichen damit die **Balkenscharte** ❻, 2157 m. Jenseits sofort vom Weg abrückend nach links und den Steigspuren folgend leicht abwärts um ein felsiges Eck. Man traversiert die Grasböschungen auf der Ostseite (Obacht, wegen der Abbrüche unterhalb!) und peilt eine gestufte Rinne an, die man an eigenwilligen Felstürmchen hoch oben identifizieren kann (die nächste Rinne weiter hinten mit schwarzen Felsen und eher glatter Struktur wäre ein Verhauer!). Falls wir richtig sind, bestätigen uns alsbald kleine rote Punkte. In der Felsrinne geht es mit einigen Kletterzügen (I–II) steil aufwärts bis zu einem Türmchen. Auf den Grasschrofen oberhalb rechts haltend weiter und gegen den Südgrat empor. Man legt jedoch nochmals ein Stück in der Flanke zurück und kraxelt erst fast am Ende vollends zum Grat (I), über den der **Hauptgipfel der Fuchskarspitze** ❼, 2314 m, mit wenigen Schritten gewonnen ist. Retour geht es wiederum auf der gleichen Route, ebenso talwärts zum **Giebelhaus** ❶.

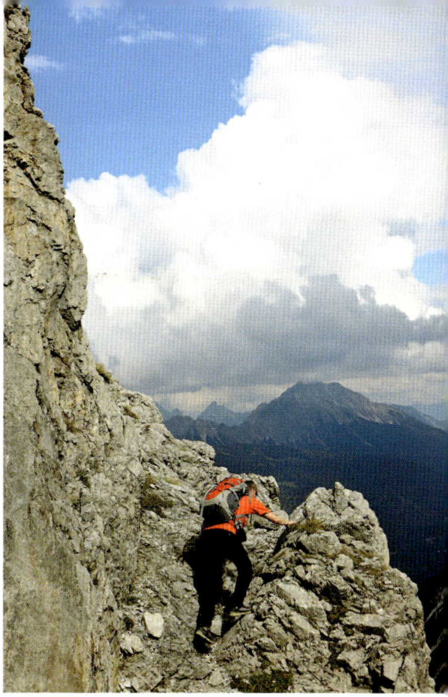

Kurz hinter der Balkenscharte heißt es erstmals kraxeln.

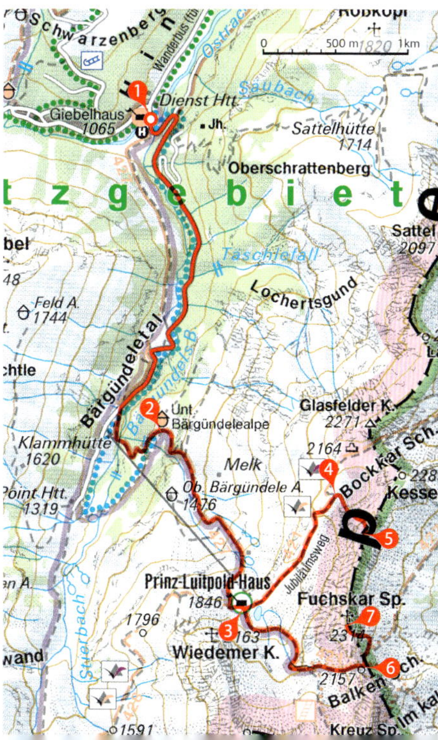

17 Litnisschrofen, 2068 m
Rundtour vom Haldensee

TOP | 5.00 Std. | 11,7 km | ↗ 950 m | ↘ 950 m

Der Südwestkamm soll es schon sein

In ansehnlicher, felsiger Breite erhebt sich der Litnisschrofen über dem Strindenbach und gehört damit zum allgemeinen Kulissenbild im Tannheimer Tal. Es gibt einen bezeichneten Normalweg über die Gräner Ödenalpe, doch hinsichtlich einer Überschreitung war ich mir im Vorhinein gar nicht so sicher. Und als es bei der Rekognoszierung den Alpfahrweg zu verlassen galt, mehrten sich die Zweifel sogar noch, denn es »roch« nach steilem, weglosem Terrain mit allfälligen Gamswechseln. Diese entpuppten sich dann etwas überraschend doch als tauglicher Pfad, der einst wohl sogar markiert gewesen ist, zumindest sporadisch, und einmal aufgespürt, eigentlich nicht mehr verfehlt werden kann. Damit stand mir der Südwestanstieg zum Litnisschrofen als wunderbar genussvolle Kammroute offen ... Die mitunter üppig wachsenden Latschenfelder, die zwar weithin die Südflanke überdecken, sind hier nirgends lästig, die Route auch niemals besonders heikel, es sei denn, man meint die etwas brüchigen, mit Ketten entschärften Schrofen am Gipfelaufbau, die bereits zum Normalweg gehören. In Summe wird eine runde Sache daraus, wenn man es sich nach dem Gipfelsturm auf der Gräner Ödenalpe noch ein Weilchen gutgehen lässt und später gemütlich zum Haldensee zurückkehrt. Bei einem Tagespensum von nicht mal 1000 Höhenmetern ist es eine der moderateren Touren dieser Auswahl.

Talort: Haldensee, 1130 m, im Tannheimer Tal.
Ausgangspunkt: Parkplatz am Westende des Haldensees (gebührenpflichtig), 1124 m.
Anforderungen: T3. Weitgehend unschwieriges Gelände, am Südwestkamm jedoch keine offizielle Route und vorübergehend wegloser Charakter. Am steilen Gipfelaufbau gesicherte Stellen (Ketten), weiterer Abstieg über den Normalweg relativ bequem und unproblematisch. Für Trittsichere insgesamt nicht sonderlich anspruchsvolle Tour, auch in konditioneller Hinsicht.
Orientierung: Nach Verlassen der Alpstraße ein ungewiss erscheinendes wegloses Stück (Routeninstinkt nötig), bald aber wieder deutliche Pfadspuren und sogar einige verblasste Farbtupfer. Abstieg auf gewöhnlichem Bergweg (Normalroute).
Einkehr: Edenbachalpe, 1405 m. Gräner Ödenalpe, 1714 m.
Karten: AV-Karte 1:25.000, Blatt BY 5. Freytag & Berndt 1:50.000, Blatt 352.

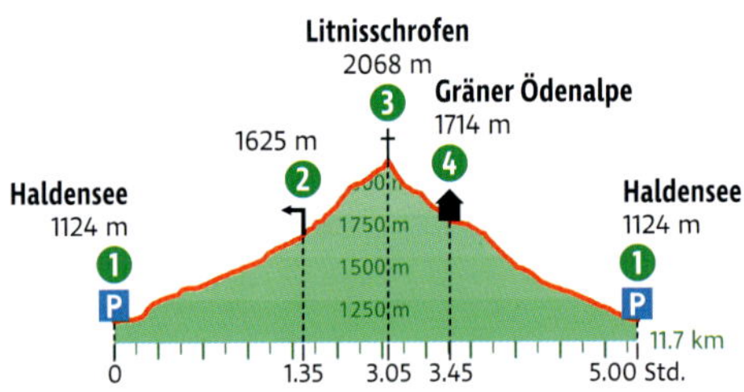

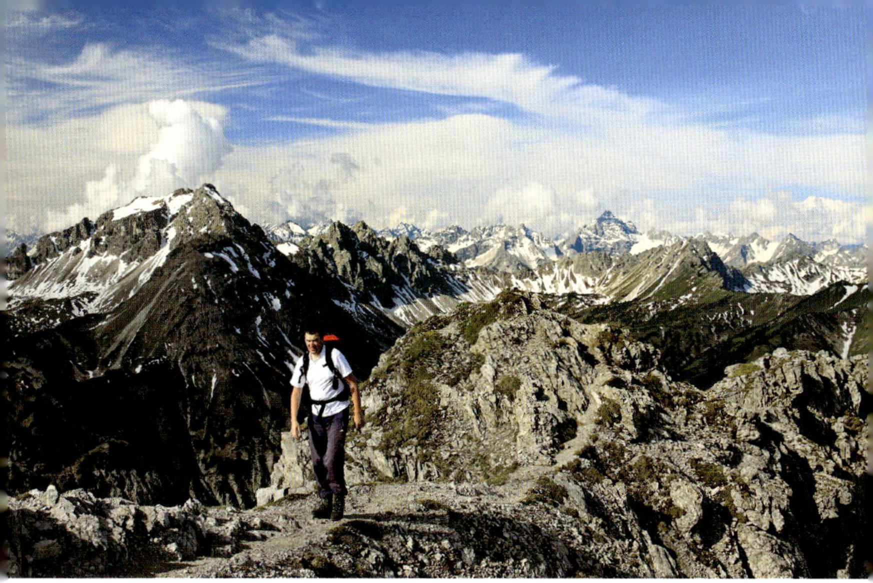

Die letzten Meter am Gipfelkamm des Litnisschrofen.

Vom Parkplatz am **Haldensee** ❶ zunächst zur Wasserfallschlucht des Strindenbachs hinüber und dann auf deren rechter Seite aufwärts. Der Steig geht in einen breiteren Almweg über und mündet später in den Fahrweg. Nach einem Flachstück bleibt die bewirtschaftete **Edenbachalpe**, 1405 m, rechts abseits. Im Talhintergrund werden einige Serpentinen vollzogen. Wo der Fahrweg danach im Bogen am weitesten nach Süden führt, zweigen wir ohne Anhaltspunkt weglos ab ❷. Man gelangt rasch auf einen Wiesenboden und erkennt in den aufsteilenden Hängen unterhalb der Strindenschartenköpfe eine diagonal von rechts nach links ziehende Spur. Anfangs ist sie kaum mehr als ein Gamswechsel, später allerdings deutlicher mit vereinzelten Farbzeichen. Bevor es zwischen Latschen steiler gegen die Kammhöhe hinaufgeht, legen sich einige kleine Rüfen in den Weg. Am Südwestrücken angelangt, kommen wir ohne besondere Hindernisse voran. Die Latschenfelder rechts in der Flanke behelligen uns ebenso wenig wie die Abbrüche zur Linken. So nähert sich die Pfadspur dem Gipfelaufbau und biegt ein Stück in die Südseite aus, wo wir auf

Blick über die begrünte Krinnenspitze bis in die Tannheimer Berge.

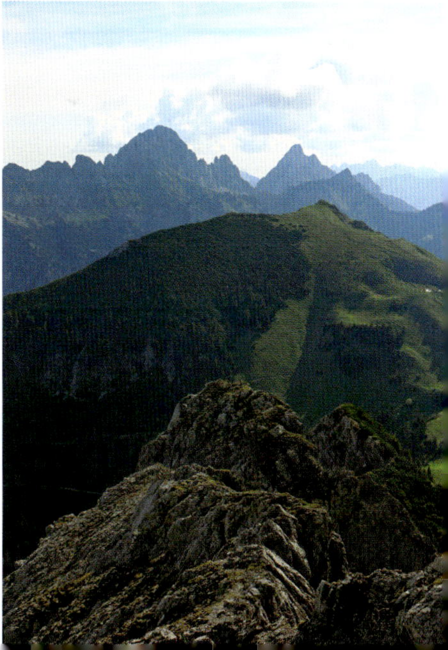

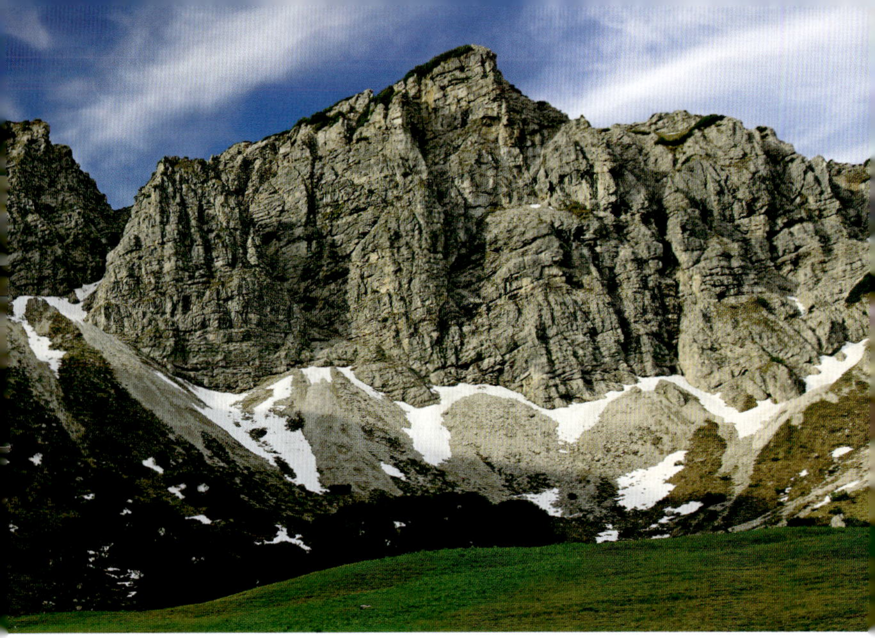

Die Strindenschartenköpfe bilden die südwestliche Fortsetzung des Litnisschrofen.

den Normalweg treffen. Das felsige Schlussstück wird nun mithilfe von Ketten bewältigt. Man steigt in eine sehr brüchige Rinne ein und kommt anschließend rechts daneben über festeres, gestuftes Terrain höher.

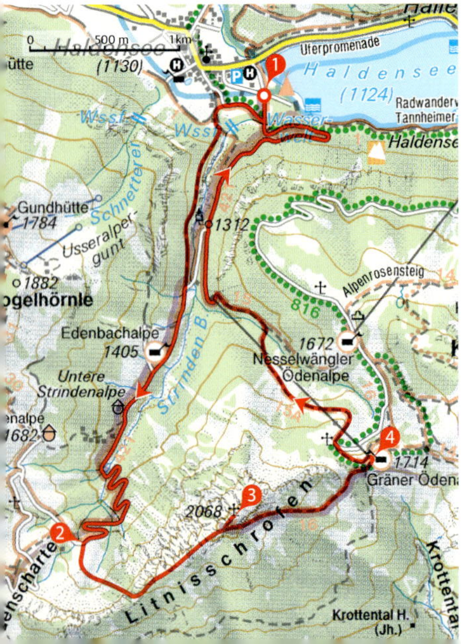

Zuletzt noch einige Schritte am unschwierigen Grat entlang zum Gipfelkreuz auf dem **Litnisschrofen** ❸, 2068 m.

Über die Gipfelfelsen geht es zunächst auch wieder zurück. Danach drehen wir mit dem bezeichneten Normalweg ostwärts ab und durchmessen in mäßigem Gefälle die Flanken unter dem lang gestreckten Ostausläufer. Der Weg führt zur Jausenstation der **Gräner Ödenalpe** ❹, 1714 m, nahe dem Sattel vor der Krinnenspitze. Wir folgen dem Fahrweg über den Sattel, bis in der nächsten markanten Rechtskehre (bei einem Marterl) der Steig nach Haldensee abzweigt. Dieser umkurvt zunächst einen Hangrücken und zieht anschließend diagonal durch den Nordhang. Nach Überqueren eines Baches gemeinsam mit dem Steig von der Nesselwängler Ödenalpe hinunter auf die Alpstraße im Strindental und wie bekannt zurück zum Parkplatz ❶.

Gimpel, 2176 m

Normalweg über den Ostgrat

5.15 Std. | 8,1 km | ↗1040 m | ↘1040 m

Beliebtes Kletterziel und Schaustück der Tannheimer Berge

Die Tannheimer Berge gelten aufgrund ihres festen Gesteins als das Kletterrevier schlechthin in den Allgäuer Alpen. Hier steht eine Reihe schroffer Felsrecken, unter denen nicht zuletzt der Gimpel eine schneidige Figur macht. Er besitzt keinen leichten Zugang, selbst auf der Normalroute – die in diesem Kapitel vorgestellt wird – wird elementares Kletterkönnen verlangt. Freilich bietet sich hier eine gute Gelegenheit, sich mit derartigen Anforderungen auf überschaubare Weise vertraut zu machen. Der logische Anstieg führt aus dem Gimpelkar durch eine schrofige Steilflanke hinauf zum Ostgrat und über diesen gipfelwärts. Viele Begehungen (auch von Kletterern im Abstiegssinn) haben die Route im Laufe der Jahre deutlich Kontur annehmen lassen, somit ist die Orientierung keine besondere Herausforderung. Es bleibt aber allemal ein erhebendes Gefühl, hoch über jähen Abgründen die Augen schweifen zu lassen – von der Zugspitze über die Lechtaler und Allgäuer Alpen bis zu den Bergen der Ostschweiz.

Talort: Nesselwängle, 1136 m, im Tannheimer Tal.
Ausgangspunkt: Gebührenpflichtiger Parkplatz oberhalb der Kirche beim Hotel Berghof in Nesselwängle.
Anforderungen: T5. Fels- und Schrofengelände mit Stellen I–II, trotzdem weithin auch steigähnlich. Perfekte Trittsicherheit und etwas Klettergeschick nötig; wegen Steinschlaggefahr Helm ratsam! Beim Zustieg guter Bergweg und später Schuttsteig. Insgesamt anspruchsvoll, aber nur auf relativ kurzen Teilstücken. Normale Tagestour.
Orientierung: Spärlich markierte Route, zudem teils ausgeprägte Steigspuren, daher verhältnismäßig leicht.
Einkehr/Übernachtung: Gimpelhaus, 1659 m, Anfang Mai bis Ende Oktober, Tel. +43 5675 8251. Tannheimer Hütte, 1713 m, derzeit bis auf Weiteres behördlich geschlossen.
Variante: Wer noch zusätzliche Energie verspürt, kann die Rote Flüh, 2111 m, anhängen – aus dem Kar über einen viel begangenen Schrofensteig in 45 Min. zum Gipfel.
Karten: AV-Karte 1:25.000, Blatt BY 5. Freytag & Berndt 1:50.000, Blatt 352.

Schon beim Zustieg ins Kar beeindruckt der steilfelsige Gimpel.

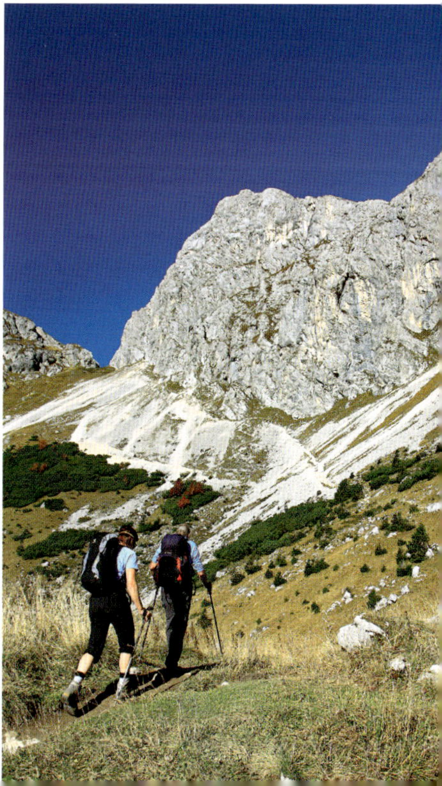

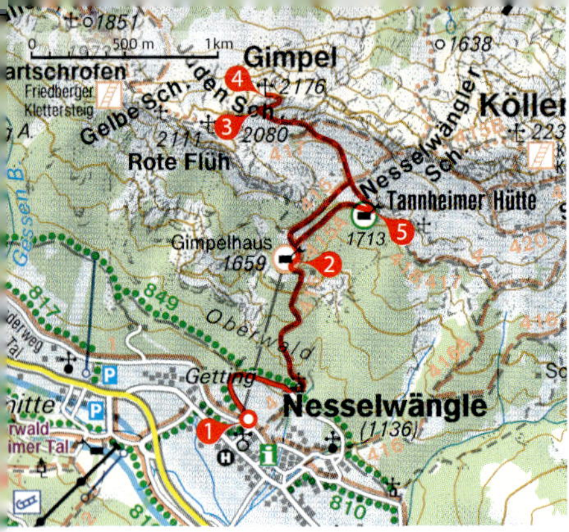

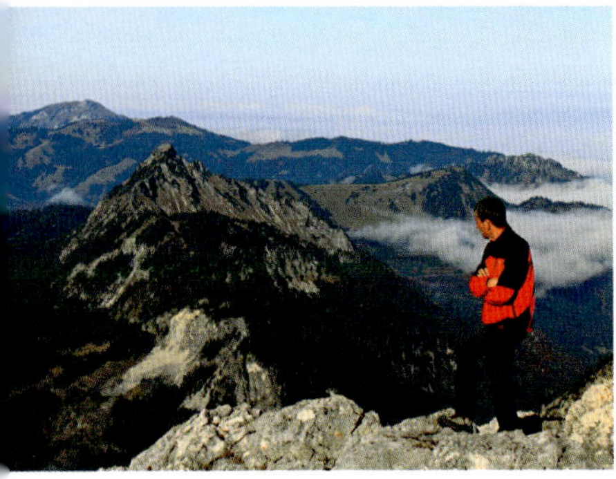

Am Gimpel nimmt man einen exponierten Aussichtsthron ein.

Vom Parkplatz bei der Materialseilbahn in **Nesselwängle** ❶ geht es nach Beschilderung »Gimpelhaus« mit einer Rechtsschleife in den Wald. Am Ende der breiten Trasse vor einem Bach scharf links und auf einem bestens angelegten Kehrenweg (Nr. 415) an der steilen Berglehne empor – nach oben hin vermehrt mit schönen Ausblicken. Man erreicht das stattliche **Gimpelhaus** ❷, 1659 m, und wählt dahinter den oberen Weg, der etwas wurzlig durch ein letztes Waldstück ins Gimpelkar führt. Dabei kommt auf den Wiesen auch der Zugang von der Tannheimer Hütte dazu. Im Kar gabelt sich die Route abermals. Während es links Richtung Rote Flüh ginge, nehmen wir den Schotterpfad am Fuße der Felsen in Angriff und arbeiten uns zum deutlich bezeichneten Einstieg ❸ auf gut 1900 m hinauf. Die Gipfelroute trägt jetzt die Nr. 422.

Freilich muss man sich nun vom Wanderterrain verabschieden. Die folgenden 60 Hm sind der schwierigste Teil, denn im abschüssigen Fels- und Schrofengelände treten Kletterstellen auf, die den II. Grad tangieren. Danach legt sich die Flanke merklich zurück. Steigspuren prägen sich teilweise als richtiger Schrofenpfad aus, der zum Ostgrat aufschließt. Dort verbleiben noch rund 100 Hm bis zum höchsten Punkt des **Gimpel** ❹, 2176 m, wobei man sich meist an die rechte Gratseite hält und trotz steigähnlicher Gegebenheiten nochmals leichte Kletterstellen im I. Grad zu bewältigen hat.

Retour geht es prinzipiell über die gleiche Route. Aus dem Gimpelkar lohnt sich – sobald der geplante Neubau errichtet ist – ein kleiner Schlenker über die **Tannheimer Hütte** ❺, 1713 m, die ihrerseits eine Wegverbindung zum Gimpelhaus besitzt.

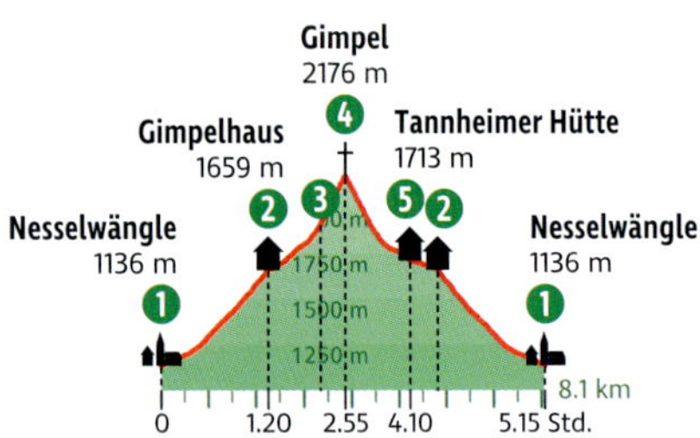

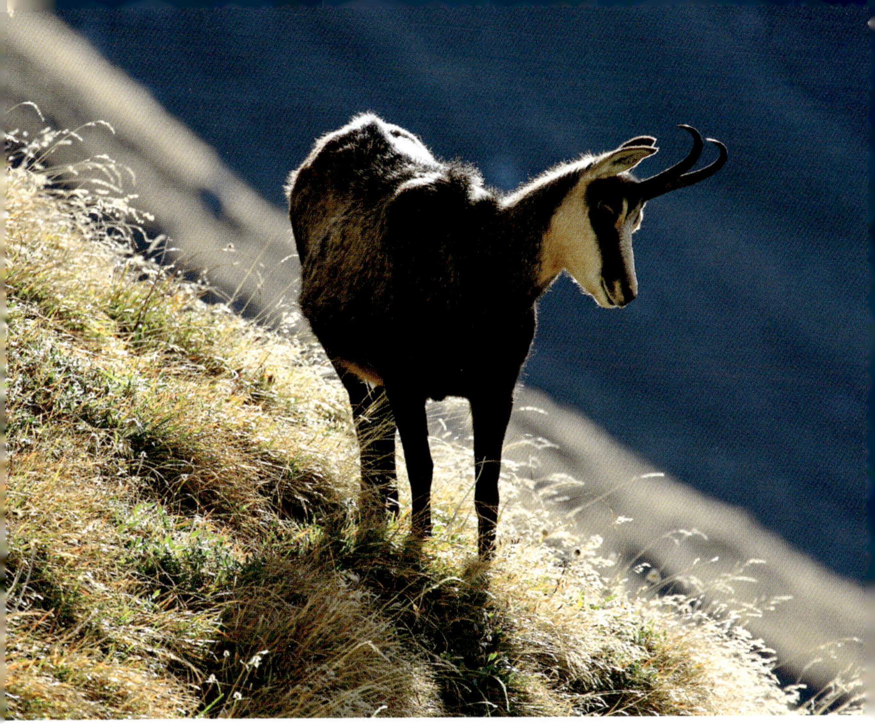

Oben: In den Tannheimern kann man oft Gämsen beobachten.
Unten: Herbstliches Panorama mit der mächtigen Zugspitze im Hintergrund.

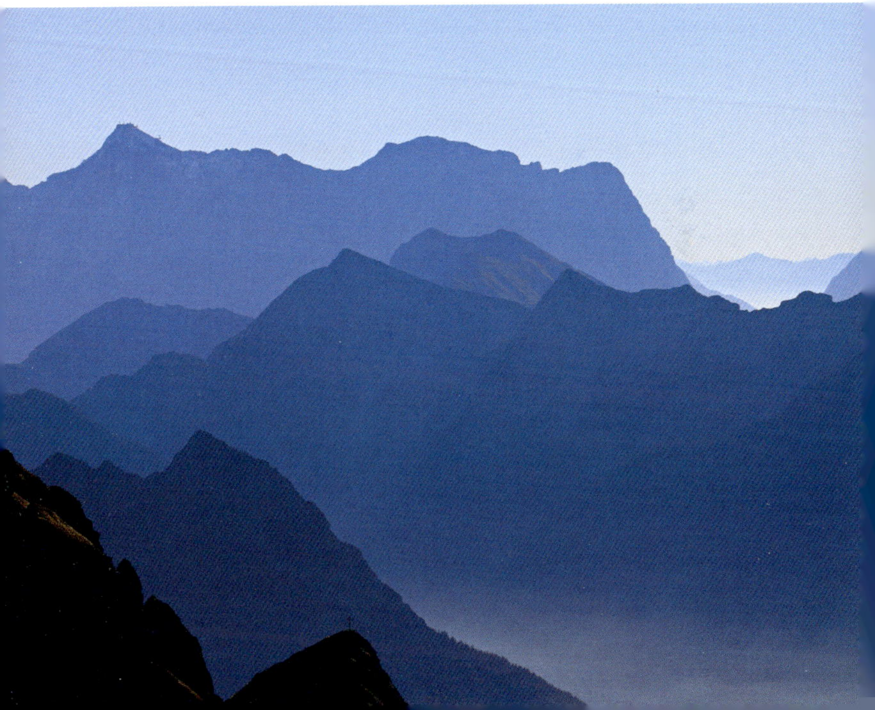

19 Vom Seichenkopf zum Brentenjoch
Rund um den Kessel der Sebenalpe

7.45 Std. | 14,1 km | ↗1450 m | ↘1450 m

Gipfelhopping in den Tannheimer Bergen

Immerhin vier Gipfeltrophäen werden auf dieser Tour eingeheimst – den wenig eigenständigen Lumberger Grat nicht mitgezählt. Das sind namentlich zwar keine »Kracher«, aber wer würde als Interessent dieses Buches den Erlebniswert schon an renommierten Namen festmachen? Gleichwohl sind die Tannheimer Berge ein beliebtes Wander- und Kletterdorado am nördlichen Alpenrand, was freilich nicht heißt, das jeder einzelne Gupf regelmäßig Besuch erhält. Den Beginn der Umrahmung des Sebenalpkessels macht der Seichenkopf, der als Eckposten durchaus auffällig in Erscheinung tritt. Der Lumberger Grat stellt die Verbindung zu den Zwillingsgipfeln der Sefen- und Sebenspitze her, die einsame Logenplätze über einem viel begangenen Höhenweg versprechen. Das abschließende Brentenjoch ist dagegen schon merklich geläufiger, doch auch hier gönnen wir uns noch eine pfiffige Überschreitung, die mangels Markierung nicht zum Allgemeingut gehört. Das ist erst mit der Einkehr in der Bad Kissinger Hütte der Fall, wo man sich nun gelassen zurücklehnen und den wirklich populären Aggenstein für heute einfach ignorieren kann (zumindest bergsteigerisch, nicht visuell). Erwähnt werden sollte noch, dass diese Überschreitung in Summe ordentlich an die Substanz geht, denn die Begleiterscheinungen mit wiederholtem Latschenverhau sind durchaus ruppig zu nennen.

Unser erstes Gipfelziel ist der selten bestiegene Seichenkopf.

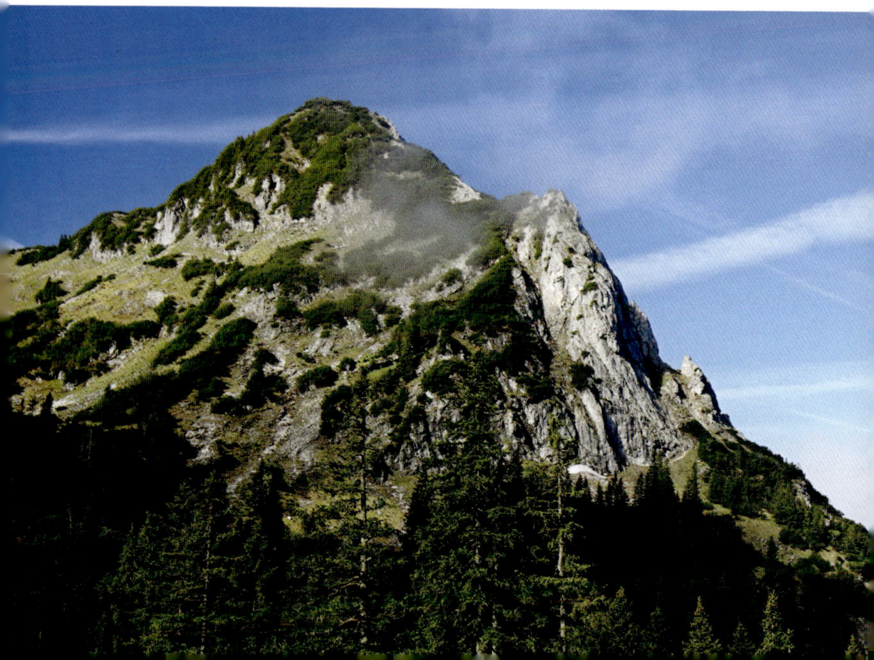

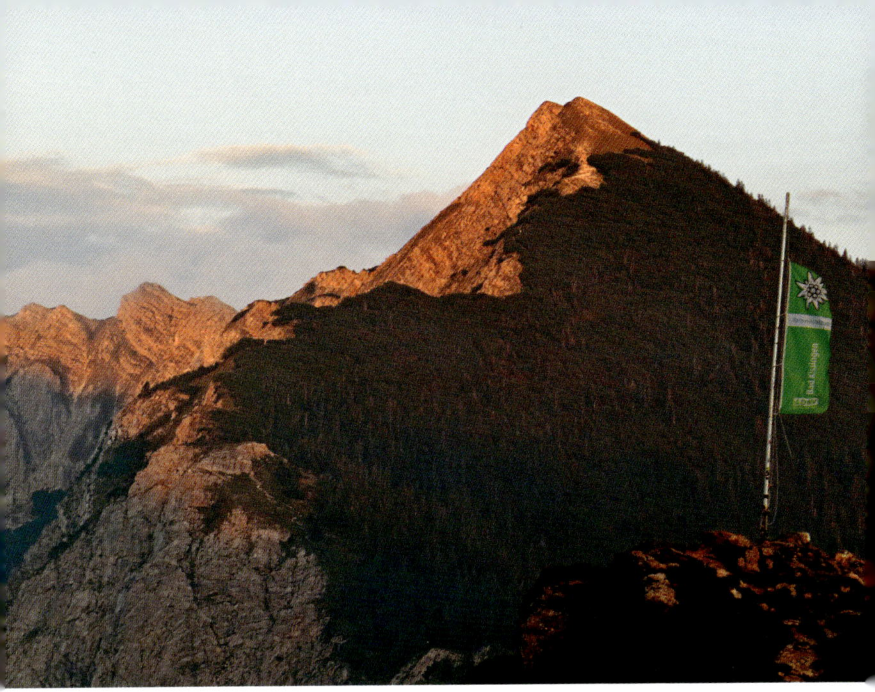

Das Brentenjoch von der Bad Kissinger Hütte aus gesehen.

Talort: Grän, 1138 m, im Tannheimer Tal.
Ausgangspunkt: Grän-Enge, gebührenpflichtiger Wanderparkplatz für die Bad Kissinger Hütte, ca. 1160 m. Mit Öffis muss man im Ort Grän starten.
Anforderungen: T4. Anspruchsvolle Mehrgipfeltour mit längeren weglosen Strecken. Nennenswerte Kletterei (I. Grad) nur auf der Südseite der Sebenspitze, sonst aber ebenfalls perfekte Trittsicherheit in steilen Grashalden und Schrofen, auf erdigen Trittspuren und manchmal auch im Latschenverhau nötig. Anstrengendes Tagesprogramm das man auch abspecken kann (bis Seichenkopf gut 700 Hm, über Sefen- und Sebenspitze 350 Hm zusätzlich, Brentenjoch 400 Hm plus).
Orientierung: Weitgehend nicht markierte Route, gelegentliche Pfadspuren sind eher unzuverlässig und können sich auflösen (außer bei Zu- und Abstieg sowie von Süden aufs Brentenjoch). Die grobe Linie ist zumeist klar vorgegeben, die Hauptanforderung liegt demnach in der Feinorientierung und im Umgang mit Hindernissen, wenn dort der Überblick fehlt.
Einkehr/Übernachtung: Bad Kissinger Hütte, 1792 m, Anfang Mai bis Ende Oktober, Tel. +43 676 3731166.

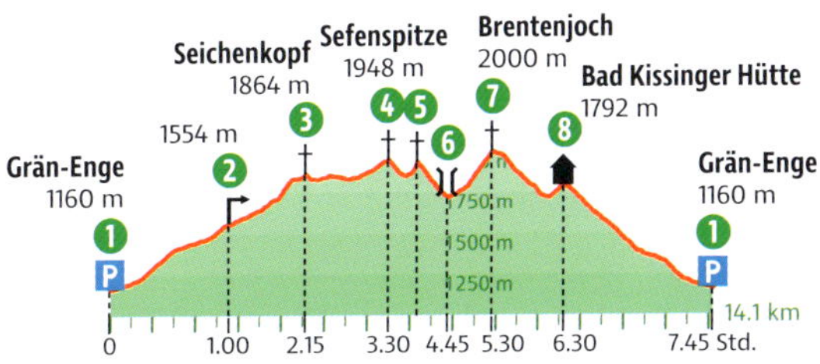

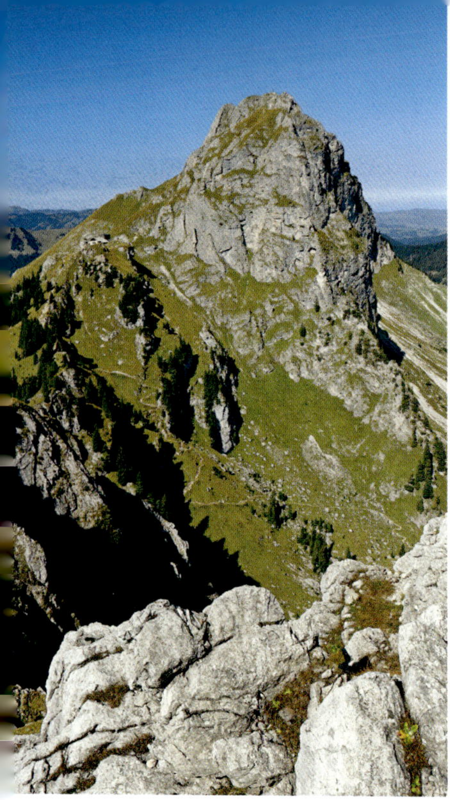

Am Westrücken des Brentenjoch mit Blick zum Aggenstein.

Variante: Vorzeitige Ausstiegsmöglichkeiten ergeben sich ganz unproblematisch nach dem Lumberger Grat sowie am Vilser Jöchl.
Karten: AV-Karte 1:25.000, Blatt BY 5. Freytag & Berndt 1:50.000, Blatt 352.

Vom Parkplatz bei **Enge** ❶ folgen wir der Forststraße und später einigen Abkürzungen nordwärts bergauf. Zuerst zweigt Nr. 411 zur Bad Kissinger Hütte ab, danach unser Steig zur Sebenalpe. Dieser durchläuft sachte ansteigend das Tal des Seebachs, wechselt zwischendurch die Seite und führt dann wurzlig ins Waldweidengelände hinein. Noch vor der **Sebenalpe** sollten wir nach Gutdünken rechts ausscheren ❷, was wegen der Bäume nicht gut zu beurteilen ist (von der Alphütte wäre ansonsten wieder ein kleiner Zwischenabstieg nötig). Jedenfalls geht es, abgesehen von allfälligen Viehsteigen, weglos in die Mulde unter dem Lumberger Grat. Wir suchen unseren leicht verschlungenen Kurs – Grundrichtung Südwest – durch Latschenfelder sowie leicht karstiges Gestein und nähern uns der aufsteilenden Flanke. Man peilt die Kammlinie links vom Seichenkopf an und folgt auf dieser den Pfadspuren etwas verzwickt durch teilweise dichteres Latschenbuschwerk. Über einen kurzen Schotterhang wird der **Seichenkopf** ❸, 1864 m, letztlich erreicht.

Anschließend wieder zurück und weiter Richtung **Lumberger Grat**, 1860 m, dessen wenig ausgeprägten, ebenfalls krummholzbestandenen Erhebungen mit Vorteil ausgewichen wird. Die nordseitige Abdachung ist hier nicht übermäßig abschüssig und lässt sich gut nach Augenmaß traversieren (manchmal sogar Andeutungen von Pfadspuren). Nur ab und zu tangieren wir dabei nochmals die Kammlinie und treffen hinter dem letzten Buckel auf den viel begangenen Höhenweg (Nr. 414) über die Sefenschulter. Hinter einem Eck setzt auf der Südseite der nicht bezeichnete Stichpfad auf die nahe **Sefenspitze** ❹, 1948 m, an.

Wir sehen indes die Überschreitung vor und begeben uns auf der steilen Nordseite bergab. Man versucht, sich am Rand der Latschen durchzuschlagen und nutzt diese zuweilen als Halt. An einem Weidezaun entlang kommt man danach auf ein angenehmes horizontales Kammstück und nähert sich – allmählich wieder steigend – an einem Felsköpfl vorbei den Steilschrofen der Sebenspitze. Wir durchsteigen sie im Bereich

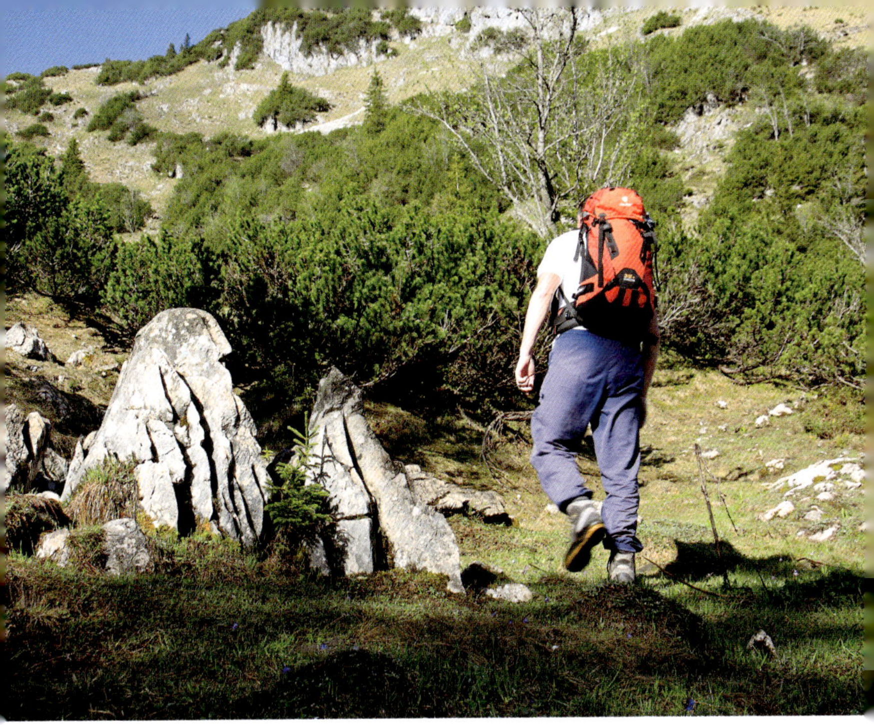

Pfadloses Gelände sollte uns nicht abschrecken.

einer Rinne (Stellen I) und halten dabei nach den günstigsten gestuften Vorsprüngen Ausschau, weil der Fels allemal solider ist als ein schuttbedeckter Untergrund. Diese vermeintlich anspruchsvollste Aufgabe hinauf zur **Sebenspitze** ❺, 1935 m, kann – zumal frei von Krummholz – durchaus reizvoller sein als das gelegentliche Gezerre andernorts. Der jenseitige Abstieg beginnt in recht gutmütigem Grasgelände. Wir orientieren uns zum Nordwestrücken, müssen allerdings später wieder davon abweichen, weil ein Durchkommen wegen abermaliger Latschen unsicher erscheint. Also rechts etwas unübersichtlich in die Flanke, hier noch durch einzelne Krummholzbarrieren und mit Bedacht in steilen Graspleisen hinab zum **Vilser Jöchl** ❻, 1718 m, wo ein markierter Weg kreuzt. Auch der Gegenanstieg zum **Brentenjoch** ❼, 2000 m, ist nun bezeichnet. Ohne Besonderheiten windet sich der Steig über die geräumige Südflanke aufwärts und gewinnt über Gras und Schotter den Gipfel. Diese Fleißaufgabe

Im Frühjahr blühen die Aurikeln.

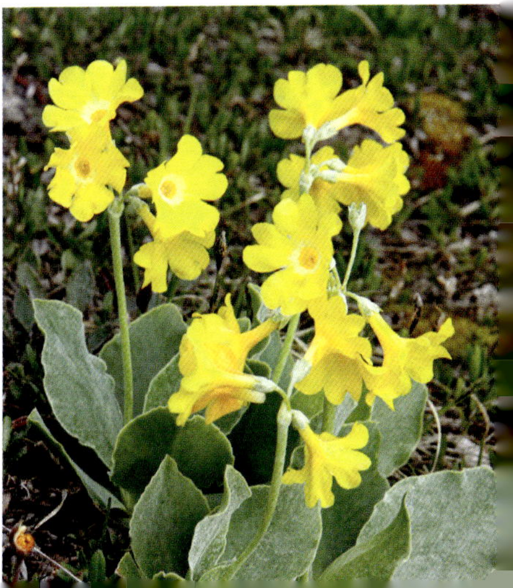

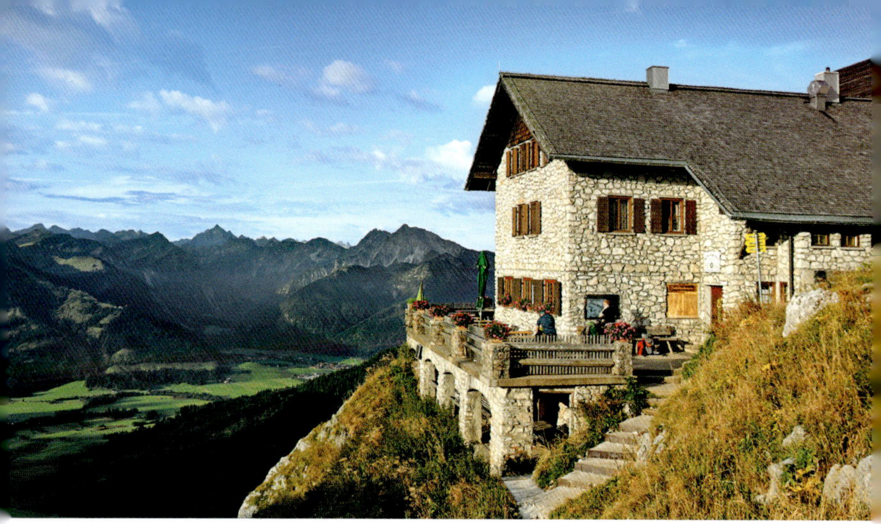

Die Bad Kissinger Hütte.

wird nicht nur mit einer prächtigen Schau nach Norden ins Alpenvorland hinaus belohnt, sondern auch durch einen weiteren »wilden« Wegabschnitt, den wir ohne Markierungen am Westrücken finden. Wir nehmen die deutliche Spur auf und bewegen uns nach den ersten freien Passagen genau am Saum zwischen dem Latschendickicht zur Linken und den Abbrüchen zur Rechten. Vorsicht bei Nässe auf lehmigem Untergrund! Über mehrere Steilstücke und die entsprechenden Absätze kommt man mal durch Gassen, mal hart an der Kante hinab zum Hauptwanderweg. Mit einer Gegensteigung an den beiden Abzweigen zur Breitenbergbahn bzw. nach Grän vorbei zur meist gut besuchten **Bad Kissinger Hütte ❽**, 1792 m, wo die Schlusseinkehr stattfindet.

Der Talabstieg (Nr. 411) vollzieht unzählige Serpentinen am lichten Waldhang. Weiter unten überschreiten wir einen Graben und kurz darauf auch die Runse des Seebachs, womit wir wieder auf die Anstiegsroute und zum Parkplatz **Enge ❶** zurückkommen.

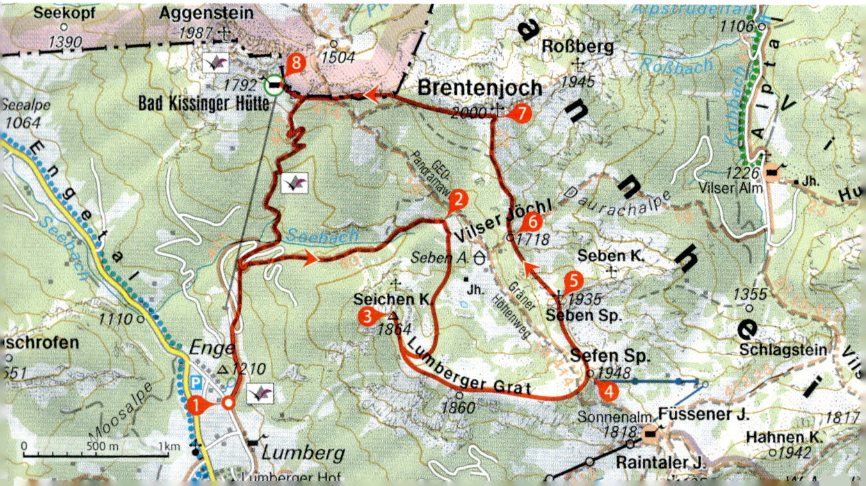

Einstein, 1866 m, und Schönkahler, 1688 m

Aus dem Achental

6.35 Std. | 16,2 km | ↗1300 m | ↘1300 m

Zwei beliebte Voralpengipfel auf die unkonventionelle Art

Einstein und Schönkahler sind im Prinzip eifrig besuchte Ziele und auch nicht übermäßig wild, dennoch gehört die hier vorgestellte Kombination kaum zum Standardrepertoire und kann in gewissem Maße als individuell gelten. Der Einstein, aufgrund seiner isolierten Position sehr prägnant wirkend und zudem ein famoser Aussichtsberg über dem Tannheimer Tal, wird gewöhnlich von Süden angegangen und viel seltener aus dem nördlich gelegenen Steinacher Achental. Wer dort startet, kann später einen ausschweifenden Bogen zum Schönkahler schlagen und auch an diesem voralpentypischeren Gipfel verschiedene Seiten kennenlernen. Die Runde bietet sich für alle an, die sich gern mal auf stilleren Routen bewegen, ohne dabei jedoch das Anspruchsvolle zu suchen.

Talort: Pfronten, 853 m.
Ausgangspunkt: Parkplatz Achental, ca. 1020 m, an der Straße zwischen Pfronten und Grän (im Sommer auch Bushaltestelle).
Anforderungen: T3. Über weite Strecken leichte (»blaue«) Bergwanderung auf Wald- und Wiesensteigen, längere Abschnitte zwischendurch und am Ende auch auf Forststraßen. Im Gipfelbereich des Einstein allerdings steileres Schrofengelände, welches Trittsicherheit erfordert. Tagfüllende Tour.
Orientierung: Leicht, da durchgängig gepfadet und beschildert. Zu beachten sind freilich zahlreiche Abzweigungen und Richtungswechsel.
Einkehr: Keine am Weg.
Karten: AV-Karte 1:25.000, Blatt BY 5. Freytag & Berndt 1:50.000, Blatt 352.

Der Wegweiser beim Parkplatz **Achental ❶** lotst uns über eine Wiese in den nahen lichten Wald, wo es auf erdigem Steig bergauf geht. Nach einer halben Stunde erreichen wir auf knapp 1200 m eine Forststraße, folgen dieser ein Stück weit nach rechts und beachten dann stets die Hinweise zum Einstein (an sämtlichen Verzweigungen beschildert). Auf einer Lichtung empfängt uns die **Einsteinhütte ❷**, ca. 1330 m. Über Wiesen weiter in den Geländeeinschnitt, später rechts haltend und an der Ostflanke unseres Berges in Keh-

Der Einstein gilt als vorzüglicher Tannheimer Aussichtsberg.

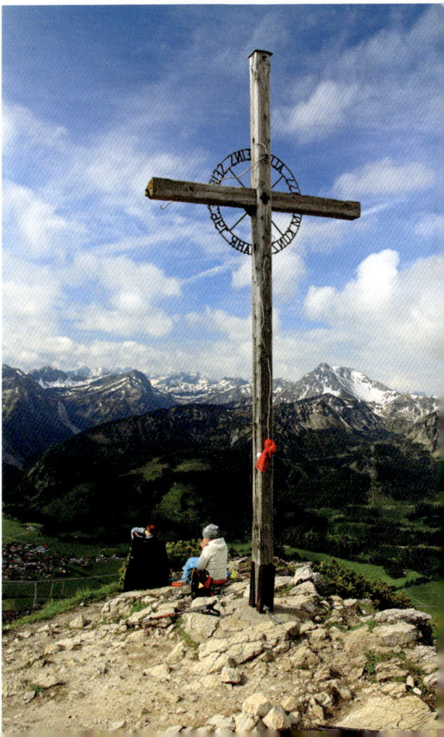

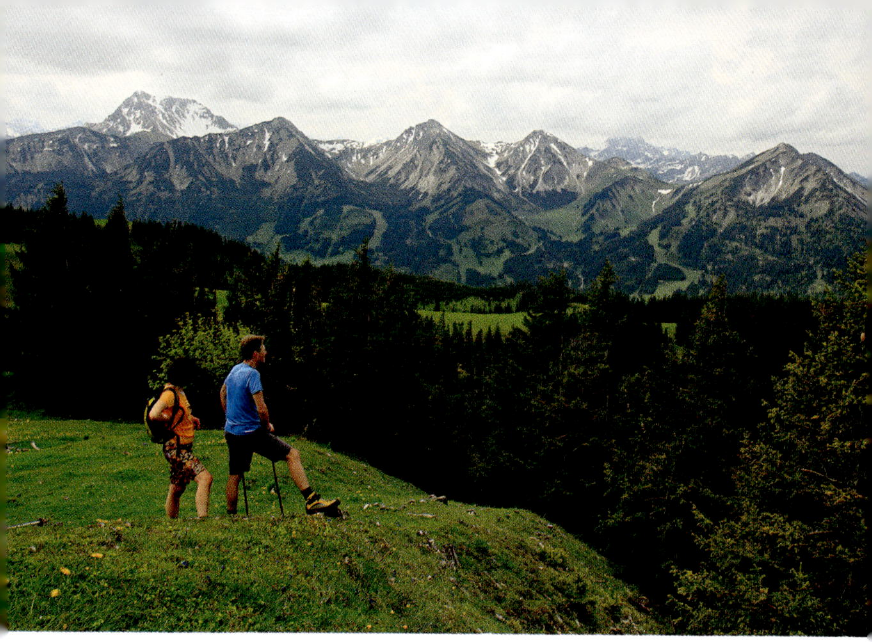

Am Schönkahler ist alles wiesengrün.

ren bzw. später schräg bergauf. Man gelangt zu schrofigen Passagen, die mit Fixseilen entschärft kurzfristig anspruchsvoller zum Südostgrat, ca. 1730 m, emporleiten. Dieser bildet nun die Leitlinie. Wo ein wenig nach links ausgewichen wird, kommt der stärker ausgetretene Normalweg von Tannheim dazu. Über Wurzeln und Schrofen erklimmt man recht steil den Gipfel des **Einstein** ❸, 1866 m, muss dabei aber kaum einmal die Hände zu Hilfe nehmen.

Knabenkraut am Schönkahler.

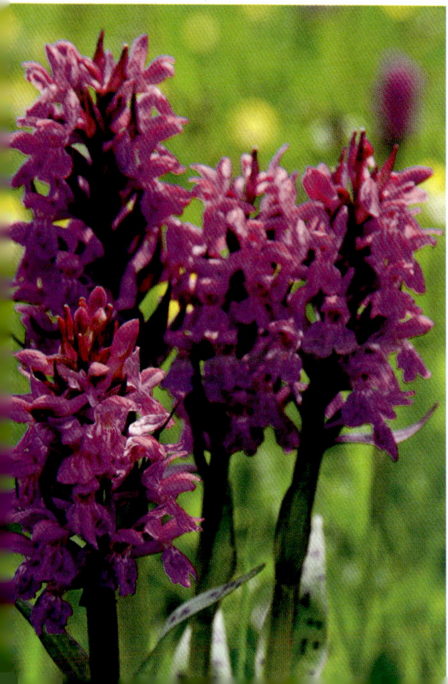

Im Abstieg wählen wir die gut ausgebaute Tannheimer Route, die sich mit vielen Serpentinen in der Südflanke abwärtsschraubt. Auf rund 1480 m scheren wir allerdings rechts Richtung Zöblen aus ❹. Ein Steig quert in leichtem Auf und Ab die bewaldete Geländeterrasse und geht in einen breiteren Karrenweg, schließlich in eine Forststraße über. Bei der nächsten Gabelung rechts und über das Lohmoos in Grundrichtung West. Die Forststraße fällt bald ab und bringt uns zum beschilderten Schönkahler-Abzweig ❺.

Pfiffige könnten bereits vorher weg-

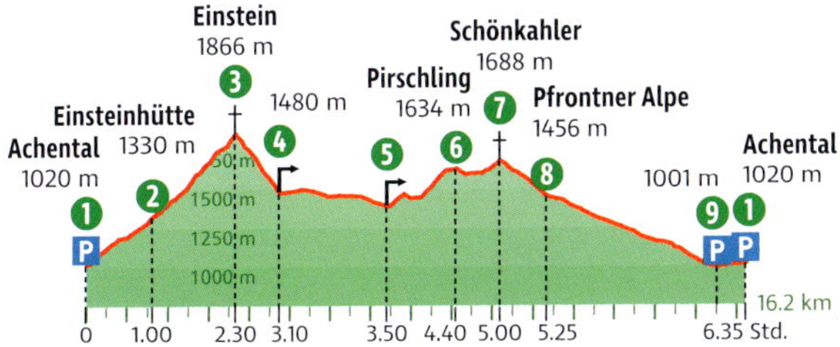

los zu diesem Pfad abkürzen. Die Route überwindet eine Anhöhe, senkt sich zwischendurch wieder etwas in das Wiesengelände »Alter Hof« und führt am Rehbichl abermals bergauf. Es wird eine neue, sehr unsensible Forststraße gekreuzt. Zwischen ein paar Bäumen hindurch überschreiten wir den Kamm des **Pirschling ❻**, 1634 m, verlieren in die weitläufige Senke ein paar Meter und vollziehen – gemeinsam mit dem Weg von der Pfrontner Alpe – den mäßig steilen und weiterhin harmlosen Schlussanstieg zum **Schönkahler ❼**, 1688 m.

Vom zweiten Gipfelziel zuerst wieder nach Süden zurück, dann links haltend in die Flanke und mit einigen Windungen hinab zur **Pfrontner Alpe ❽**, 1456 m. Hier nimmt uns eine Forststraße auf, deren weite Schleifen im Jungwald wohl nicht abgekürzt werden können (allenfalls die letzte vor dem Kotbach). Auf ca. 1200 m zweigt scharf links ein Waldweg ab, der dem ausgeschilderten Verlauf (Traverse auf Forststraße zum Steig vom Beginn der Tour) eventuell vorzuziehen ist. Damit schräg abwärts zum Ächsele-Forstweg und zum **Parkplatz Schönkahler ❾**, 1001 m, ein Stück weit nordwestlich vom Ausgangspunkt. Rund 10 Minuten bummeln wir schließlich noch entlang dem Radweg im wiesenreichen Achental, um den Kreis zu schließen.

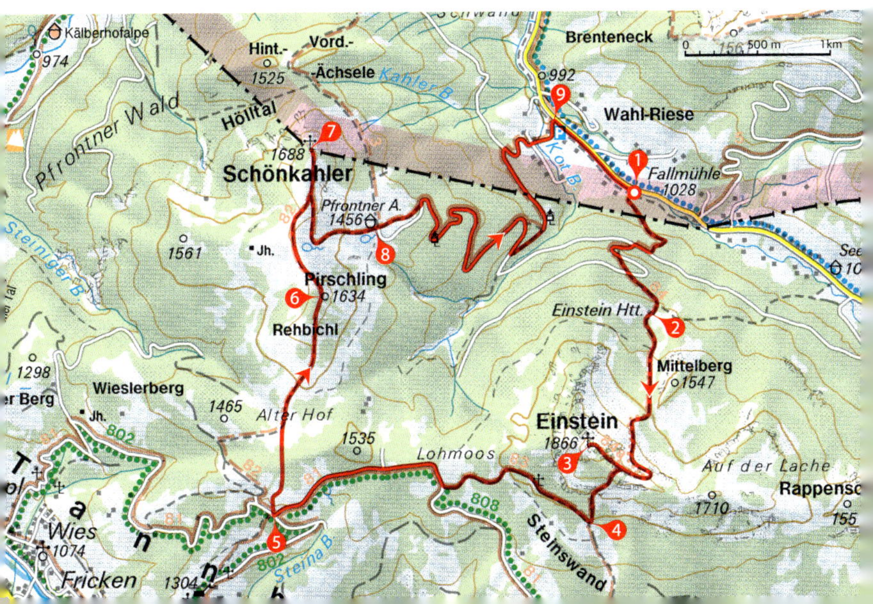

21 Über den Kienberg, 1536 m

Ost-West-Überschreitung von Pfronten

5.30 Std. | 10,6 km | ↗880 m | ↘880 m

Kleine Pfade am Pfrontner Hausberg

Der Kienberg erstreckt sich als meist bewaldeter, mit einigen Felsblößen gespickter und kaum erschlossener Bergrücken unmittelbar westlich von Pfronten. Er verspricht uns im besten Sinne einen »wilden Weg« voralpiner Prägung. Der recht raue, urwüchsige Charakter ist wohl verantwortlich dafür, dass es hier keine offiziellen Routen gibt. Gleichwohl entdecken wir einen durchgängigen Pfad, der eigentlich kaum verfehlt werden kann und während der Überschreitung sogar einigen Genuss aufkommen lässt. Das anspruchsvollste Gelände liegt am mehrgipfligen östlichen Ausläufer, der auch den eigenständigen Namen Pfrontner Berg trägt. Insbesondere der erste Aufstieg ist recht knackig und verlangt einen absolut sicheren Tritt, weshalb die Ost-West-Richtung zu bevorzugen ist. Diese Tour kann gewöhnlich schon ab Mai ausgeführt werden und wird auch denjenigen nicht enttäuschen, der sonst eher hochalpin orientiert ist. Ich kann's bestätigen …

Talort: Pfronten, 853 m.
Ausgangspunkt: Parkplatz unterhalb des Milchhäusle, beim Landhotel Christina in der Kienbergstraße in Pfronten, ca. 875 m.
Anforderungen: T3–4. Kleine, häufig auch verwachsene Steige, weithin im Waldgelände, doch kaum Hindernisse durch Windbruch. Der Aufstieg zum Pfrontner Berg ist sehr steil, die Schlüsselstelle gesichert, bei Nässe heikel. Im weiteren Verlauf nur noch kurze anspruchsvollere Stellen, meist normales Gehgelände. Trittsicherheit und

Blick vom Pfrontner Berg ins Tal der Vils.

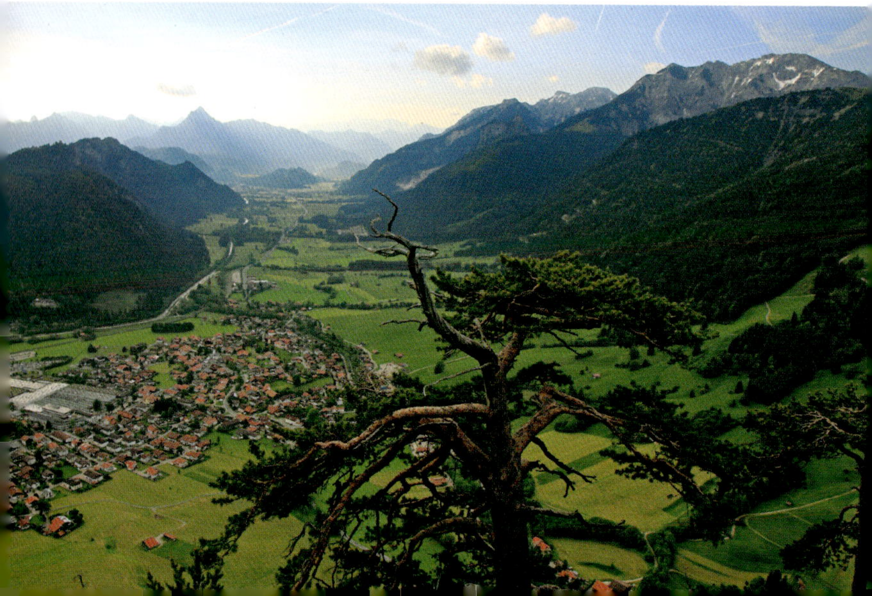

Schwindelfreiheit wichtig, konditionell durchschnittliches Tagespensum.
Orientierung: Durchgängig gepfadet und sogar passabel mit roten Punkten markiert, aber nicht beschildert und auch in Wanderkarten nicht verzeichnet. Mit der entsprechenden Aufmerksamkeit ist die Orientierung nicht übermäßig problematisch.
Einkehr: Milchhäusle, 925 m. Gasthof Fallmühle, ca. 940 m.
Variante: Ab Himmelreich über den Kesseweg entlang der Nordseite des Bergzuges insgesamt leicht fallend zum Milchhäusle – eine gleichwertige Alternative für den Rückweg.
Karten: AV-Karte 1:25.000, Blatt BY 5. Freytag & Berndt 1:50.000, Blatt 352.

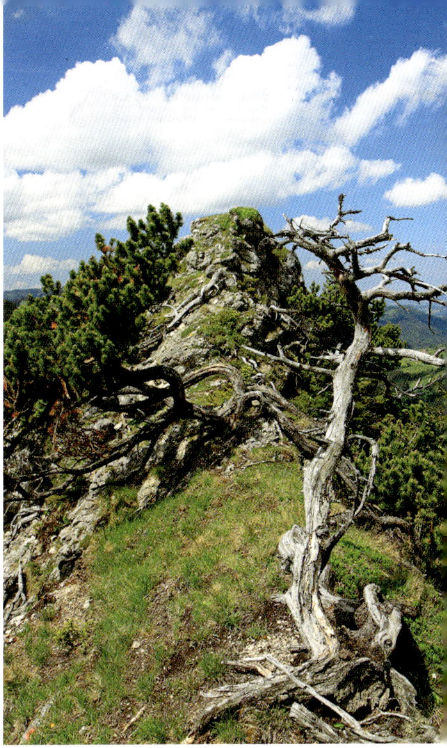

Urwüchsiges Ambiente am Westgrat.

Vom kleinen Parkplatz beim Landhotel Christina in **Pfronten** ❶ geht es in 10 Minuten zum **Milchhäusle**, 925 m, hinauf. Direkt bei der Einfahrt zum Gasthaus spüren wir den unbeschilderten Waldpfad am Steilhang auf. Er schraubt sich beeindruckend zünftig in die Höhe – ohne die Bäume wäre das Gefühl der Ausgesetztheit wohl beträchtlich. Ab und zu können einige Wurzeln als Griffe dienen. Weiter oben kommen wir von links her zu einer Stufe, die etwas Kraxelei (I) erfordert. Auch die folgende Linkstraverse auf schmaler Spur gebietet Vorsicht. Sie führt unter einer kleinen Felsbarriere entlang und am Ende scharf rechts zu einer sehr steilen Schrofenrampe. Diese Schlüsselpassage ist exponiert und mit solidem Stahlseil gesichert. Oberhalb erreichen wir den Rast- und Aussichtspunkt am Pfrontner Berg ❷, 1273 m, mit Kreuz und schöner Rückschau ins Pfrontner Talbecken.
Der grasige Ostgipfel, 1297 m, wird gleich im Anschluss überschritten. Dahinter gewahrt man eine nach links hinabziehende, von einigen Kiefern bestandene Grasrinne mit Zickzackspur, die einen vorzeitigen Abstieg ermöglicht. Wir setzen die Tour indes zum nahen Mittelgipfel fort. Jenseits am schmalen Grat mit

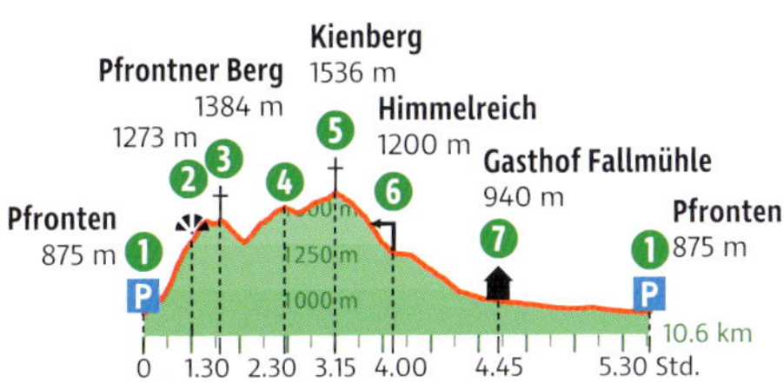

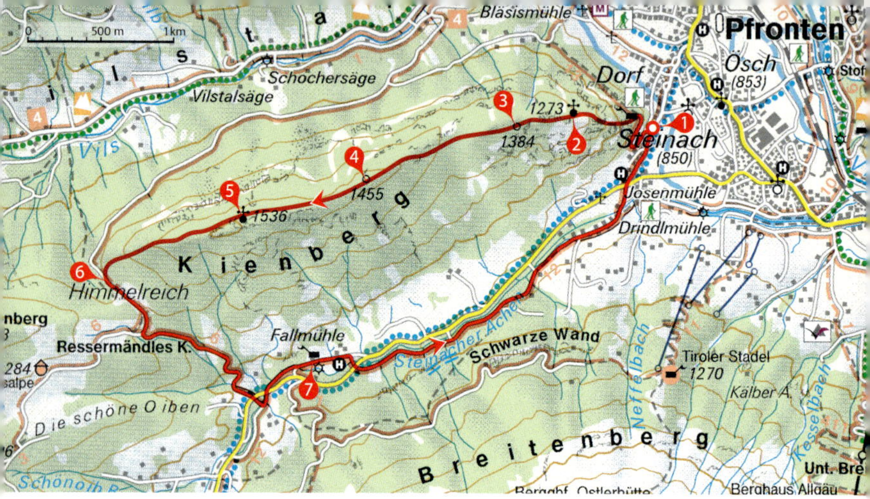

einer abdrängenden Stelle ziemlich steil bergab in den nächsten Sattel und mit dem anschließenden Gegenanstieg auf Grastritten zum Hauptgipfel des **Pfrontner Berges** ❸, 1384 m, den ein schlichtes Kreuz ziert.

Der Weiterweg in die weitläufige Kammsenke namens Krenge fällt nun deutlich gemäßigter aus. Erst geht es durch Wald, dann zwischen umgestürzten Bäumen hindurch. An der Krenge setzt die lang gestreckte Gegensteigung entlang dem mehr oder minder dicht bewaldeten Kamm Richtung Schnalskopf an. Wir achten auf die hilfreiche rote Signalisierung, die sich um allfällige Hindernisse schlängelt. Einigen Felsen wird in der Regel links ausgewichen, so auch am **Schnalskopf** ❹, 1455 m, der kurz ausgesetzt erklettert werden kann. Dahinter wenig abwärts, an einem markanten »Gendarm« mittels Durchschlupf links vorbei, über ein kleines schrofiges Gratstück

Der Kienberg wird Richtung Westen überschritten.

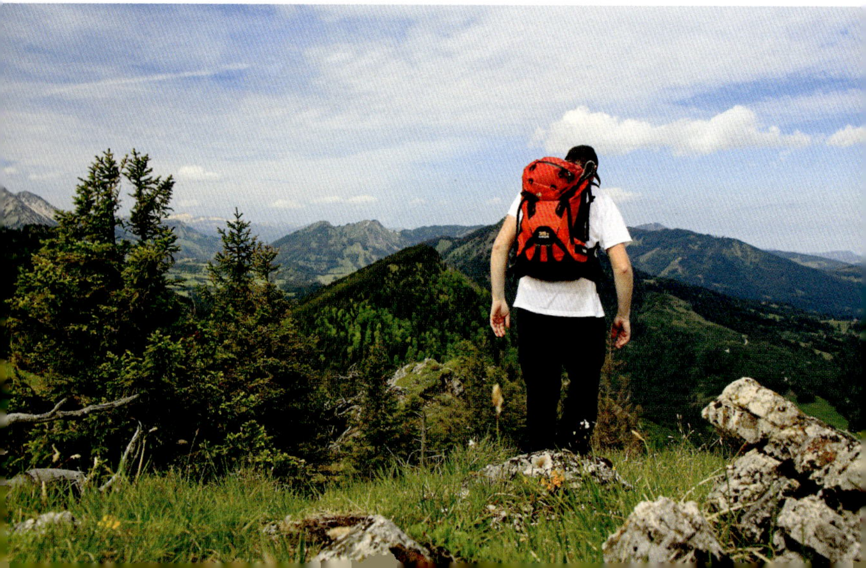

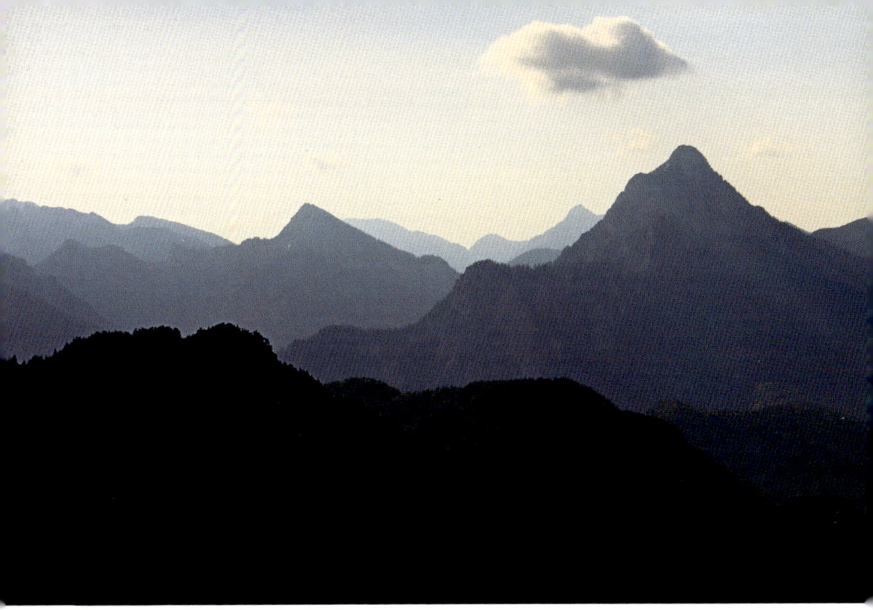

Fernschau Richtung Ammergauer Alpen, wo der Säuling heraussticht.

und dann ein letztes Mal deutlich aufwärts zum Kienbergkreuz. Wenige Schritte weiter befindet sich der höchste Punkt am **Kienberg** ❺, 1536 m. Man sollte sich erst hier niederlassen und nicht beim Kreuz, wo die Aussicht eingeschränkter ist.

Der obere Teil des Westgrates gehört nun zu den reizvollsten Abschnitten. Dabei wird man von den roten Punkten bald an einem luftigen Gratstück links vorbeigeleitet – wer trittsicher und absolut schwindelfrei ist, kann auch eleganter auf der Schneide bleiben (I). Auch im weiteren Verlauf einigen Hindernissen teils links ausweichend, teils die Kammlinie tangierend. Der Baumbewuchs wird dichter, während unser Pfad eine steilere Partie mit einigen Kehren überwindet, danach nicht zu hinderlich durch etwas verwachsenes Gelände mit umgestürzten Bäumen laviert und schließlich flacher zur Forststraße am **Himmelreich** ❻, ca. 1200 m, ausläuft.

An diesem Punkt stehen zwei mögliche Rückwege zur Auswahl, entweder mit dem Kesseweg (Forststraße) nördlich um den Kienberg herum oder wie folgt beschrieben: Man wandert südwärts über die Lichtung und hält sich bei der nächsten Gabelung links ins Achental. Unten über die Brücke und hinter der Straßenunterführung entlang der Ache zum **Gasthof Fallmühle** ❼, wo sich einkehren ließe. Man kreuzt den Fluss nochmals auf die rechte Seite und begleitet ihn weiter hinaus Richtung Pfronten. Bei Drindlmühle zur Straße hin, links in die Kienbergstraße und zum **Parkplatz Milchhäusl** ❶.

In der anderen Richtung erstreckt sich eine liebliche Voralpenlandschaft.

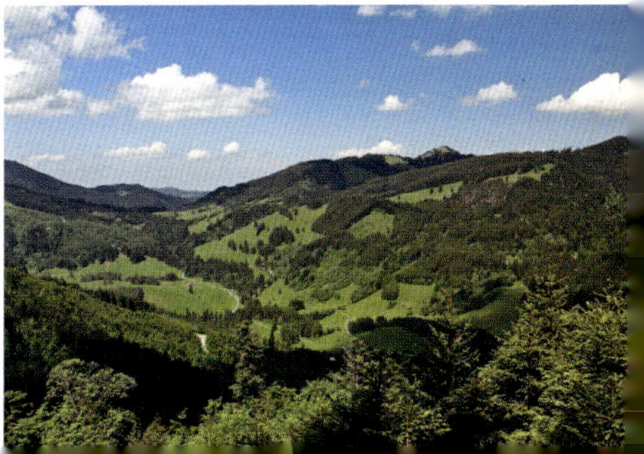

22 Schönleiten- und Branderschrofen, 1879 m

Über Mühlberger Älpele und Gelbe-Wand-Steig

7.15 Std. | 14,5 km | ↗ 1350 m | ↘ 1350 m

Eine bunte Mischung im Tegelberggebiet

Die beliebte Ostallgäuer Bergwelt hat neben den weltberühmten Königsschlössern vor allem am Tegelberg einen Hotspot. Der nahe Branderschrofen dürfte demnach einer der meistfrequentierten Gipfel weit und breit sein. Und doch finden wir an seinem Nordgrat einen Aufstieg, der den »wilden Wegen« würdig ist. Zuvor möchte ich jedoch den abseits stehenden Schönleitenschrofen einbinden. Da ist uns über Drehhütte, Mühlberger Älpele und Südwestgrat (notabene: der einzige leichtere Zugang) stilles Bergglück beinahe garantiert. Der anschließende Höhenweg lässt den Rummel sukzessive näherrücken, und manch einer der Gelegenheitsbergsteiger, die sich am Normalweg zum Branderschrofen hinaufzittern, mitunter sogar an den finalen seilgesicherten Stellen scheitern, dürfte verwundert sein, wenn wir plötzlich vom jähen Nordgrat gipfelwärts aussteigen. Die Route verlangt den routinierten Schrofengeher! Der Abstieg lässt sich schließlich noch mit dem weithin gesicherten Gelbe-Wand-Steig aufpeppen. Hier ist es vor allem das landschaftliche Ambiente, das durchaus das Prädikat »wild« verdient. Summa summarum eine interessante Mixt(o)ur!

Talort: Schwangau, 796 m, im Ostallgäu bei Füssen.
Ausgangspunkt: Parkplatz Drehhütte, ca. 890 m. Zufahrt von der B 17 rund 2 km nördlich von Schwangau, dann noch etwa 1,5 km bis zum Fahrverbot.
Anforderungen: T4–5 kurz am Branderschrofen, T3–4 am Gelbe-Wand-

Am Branderschrofen liegt uns das Füssener Land zu Füßen.

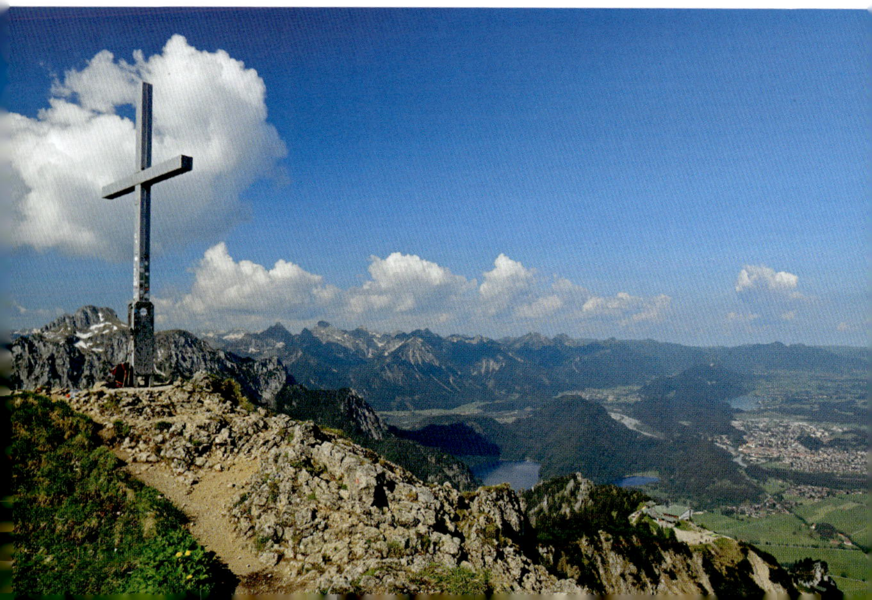

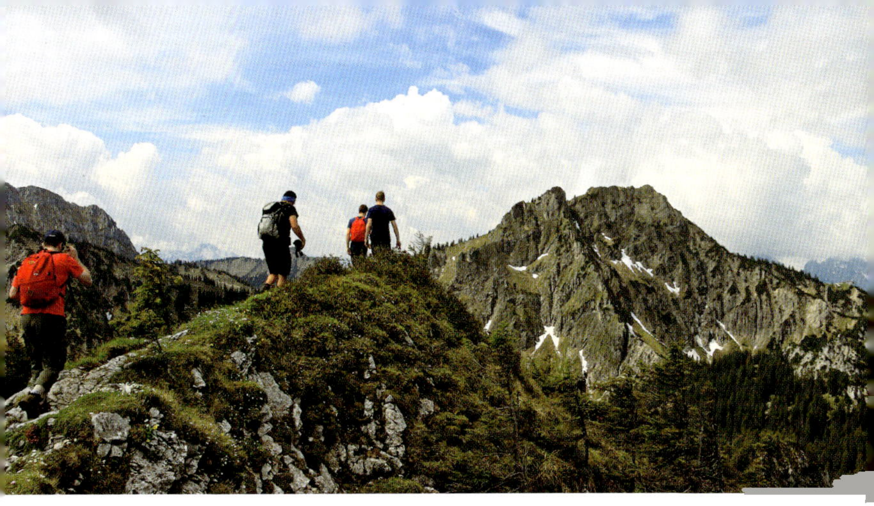

Unterwegs am Schönleitenschrofen, im Hintergrund der höhere Branderschrofen.

Steig, sonst T3 und leichter. Abschnittsweise gewöhnliche, teils auch ruhige Bergwege, im Bereich des Schönleitenschrofen schrofig, aber nicht schwierig (bis hierher rot). Am Nordgrat des Branderschrofen nur kleine Trittspur und stellenweise I (ausgesetzt). Abstieg über Tegelberg und Gelbe-Wand-Steig klettersteigartig ausgebaut (A), vom Gelände her teils recht ruppig. Lange Tagestour für Ausdauernde.
Orientierung: Mit Beschilderung im Wesentlichen einfach, nur der Einstieg zum Branderschrofen-Nordgrat kann im Latschenfeld leicht übersehen werden.
Einkehr/Übernachtung: Drehhütte, 1230 m. Tegelberghaus, 1707 m, fast ganzjährig (Übernachtung von Mai bis Oktober), Tel. +49 8362 8980. Nebenan das Panorama-Restaurant der Bergstation.
Varianten:
1. Der Branderschrofen kann ausgelassen werden, womit sich der Gesamtanspruch deutlich reduziert. Man folgt vom Latschenschrofen einfach dem offiziellen Wanderweg zum Tegelberg.
2. Vom Tegelberg auch schneller, aber weniger spannend über die Rohrkopfhütte zurück zum Ausgangspunkt.

Karten: AV-Karte 1:25.000, Blatt BY 6. Freytag & Berndt 1:50.000, Blatt 352.

Vom **Parkplatz ❶** folgen wir weiter der nicht öffentlichen Straße zur Drehhütte und nutzen dabei zuweilen die Abkürzungsmöglichkeiten.

Kraxelspaß ist am Gelbe-Wand-Steig garantiert.

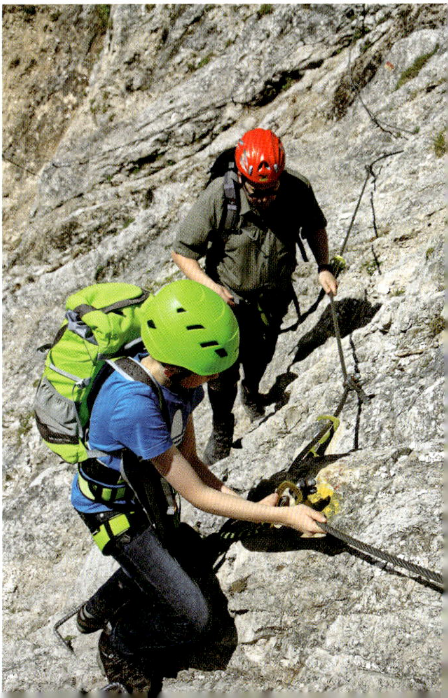

Unmittelbar vor der **Drehhütte ❷**, 1230 m – Franziskaner und Branderschrofen sind im Blickfeld erschienen – biegen wir Richtung Mühlberger Älpele ab. Vorerst noch auf breitem Traktorweg, dann auf Steig in Kehren an den Hängen des Pechkopfes empor und wieder leicht fallend zur Lichtung des **Vorderen Mühlberger Älpele ❸**, 1405 m. Über die Wiese südwärts. Es setzt ein breiter Weg ein, der an einer Quelle und links an einem Felsaufbau vorbei zur Kammhöhe hinaufleitet. Dort ist linker Hand der Schönleitenschrofen mit 30 Minuten ausgewiesen. Über einen Wiesenboden landen wir auf einem wurzligen Pfad, der vorerst noch fast horizontal dahinzieht und dann am bzw. neben dem Südwestgrat an Höhe gewinnt. Zwischendurch über ein paar harmlose Schrofen und am Schluss flach hinüber zum Kreuz auf dem **Schönleitenschrofen ❹**, 1702 m.

Auf gleicher Route zurück bis zur Gabelung und dort geradeaus weiter Richtung Tegelberg. In Grundrichtung Südwest geht es auf holprigem Wurzelpfad am Roßgern vorbei, zur Rechten ein markanter Felsaufbau. Bald darauf steht man vor dem Franziskaner (Spitzigschröfle), einem kecken Felszacken, der leicht absteigend in den sogenannten Kessel passiert wird. Wir durchqueren die Karmulde unterhalb der Branderschrofen-Nordostabstürze und mühen uns am Gegenhang steil hinauf zur Einsattelung am **Latschenschrofen ❺**, 1677 m, der hier rasch mitgenommen wird.

Wenige Schritte am Hauptweg weiter spüren wir links eine Pfadspur auf, die augenscheinlich ins Latschendickicht zieht. Keine Bedenken – man muss sich nur kurz durchs Krummholz zwängen. Unter den Felsen angelangt, steigen wir rechts haltend in eine mit labbrigem Drahtseil entschärfte Rinne ein. Durch diese etwas heikel hinauf und damit auf den Branderschrofen-Nordgrat, der zunächst auf Pfadspur durch kaum noch sperrige Latschen und Strauchwerk verfolgt wird. Allmählich auch über Gras und Schrofen, wobei der Grat sukzessive aufsteilt. Im Zweifel halte man sich eher an die rechte, etwas weniger grimmige Seite. Mit etwas Händeunterstützung in sehr steilen Schrofen (I) zu einem Felsköpfchen, das überstiegen wird. Damit erhalten wir Anschluss an den Normalweg und stehen kurz darauf am höchsten Punkt des **Branderschrofen ❻**, 1879 m. Die viel begangene Normalroute führt zunächst

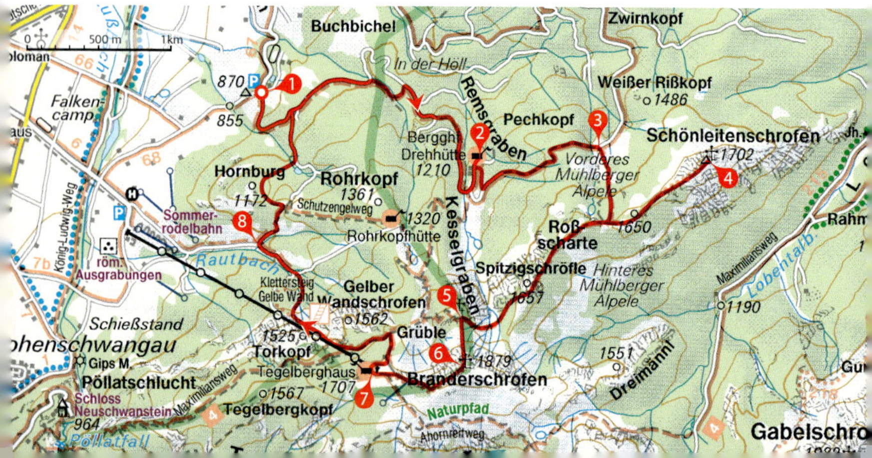

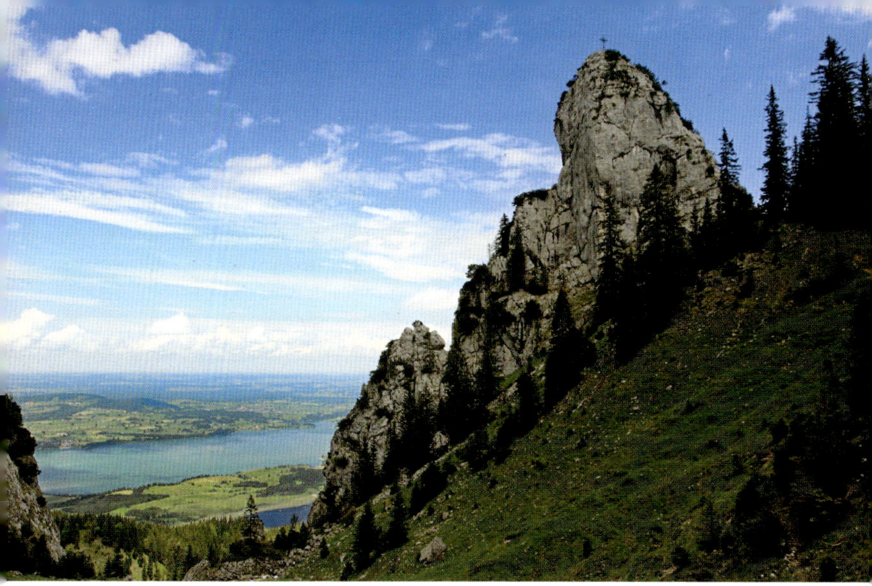

Elegant spitzt der Franziskaner in den Himmel.

in felsdurchsetztem Terrain (stellenweise gesichert) tiefer und läuft später als harmlose Promenade zur Seilbahnstation am **Tegelberg** ❼, 1720 m, aus.

Auf breiter Trasse am knapp unterhalb gelegenen **Tegelberghaus** vorbei und zum Täfelesattel, wo sich der Gelbe-Wand-Steig und die leichtere Rohrkopf-Route verzweigen. Wir gehen links und kurz darauf wiederum rechts, womit wir uns auf dem klettersteigartig ausgebauten **Gelbe-Wand-Steig** befinden. Dieser zieht vorerst als normaler Zickzackweg in den Geländetrichter zwischen Torkopf und Gelber Wandschrofen hinunter. Allmählich treten jedoch vermehrt Sicherungen an plattig-abschüssigen Passagen auf. Wiederholt werden Gerinne gequert, bevor die Sicherungen auf gut 1200 m enden. Nach rechts hinaus auf einen sehr wurzligen, bei Nässe auch unangenehm glitschigen Steig und weitere Bachrunsen querend zu einem breiten Weg, der nun schnurstracks gegen die Talsohle hinabzieht. Auf knapp 1000 m ❽ müssen wir allerdings ausscheren und nochmals rund 20 Minuten Gegensteigung bis zum Hornburgsattel absolvieren. Jenseits im Bergab den Lenkenbach überschreitend und damit auf die Straße von der Drehhütte, die uns zurück zum **Parkplatz** ❶ bringt.

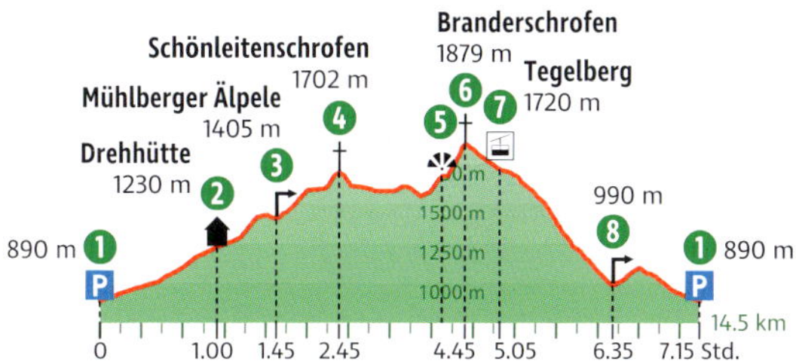

23 Hoher Straußberg, 1933 m

Spritztour vom Tegelberg aus

4.00 Std. | 8,0 km | ↗ 550 m | ↘ 550 m

Die Seilbahn nutzen, aber dem Trubel entfliehen

Im beliebten Tegelberggebiet ist der Hohe Straußberg keine unbedeutende Erscheinung, aber für den Wanderverkehr doch nur ein Nebenschauplatz. Woran liegt's? Man kann es sich fast denken: Die markierten, gut ausgebauten Routen führen eben daran vorbei, und so bleibt der Hohe Straußberg in seiner durchaus eigenständigen Form zumeist bloß Kulissenbild. Nun wird sich manch einer fragen: Ein »wilder Weg« mit Seilbahnunterstützung, passt das überhaupt zusammen? Nun, dem Puristen möge ein Zustieg über den Gelbe-Wand-Steig (siehe Tour 22), über den Tegelbergkopf oder durch den Ahorngraben unbenommen bleiben. Erlaubt ist freilich, was Spaß macht, und warum soll nicht mal ein stiller Gipfel auf die Schnelle hergehen? Zünftiges hat der Hohe Straußberg allemal zu bieten, denn schon das Steilschrofengelände am üblichen nordseitigen Aufstieg ist absolut ernst zu nehmen. Pfiffiger fällt die Tour aus, indem man später am Ostgrat absteigt und jene Rinne aufspürt, die in den Kessel der Niederstraußbergalpe und damit zurück auf einen markierten Weg führt. Die schattige Rinne wirkt etwas abweisend und unsolide, ist aber bei normalen Verhältnissen nicht schwierig zu durchsteigen: ein kleines, kalkulierbares Experiment, mit dem Neulinge Selbstvertrauen und Erfahrung im Umgang mit weglosem Terrain tanken können ...

Die Tannheimer Berge (Gehren- und Köllenspitze) sind ein Blickfang im Panorama.

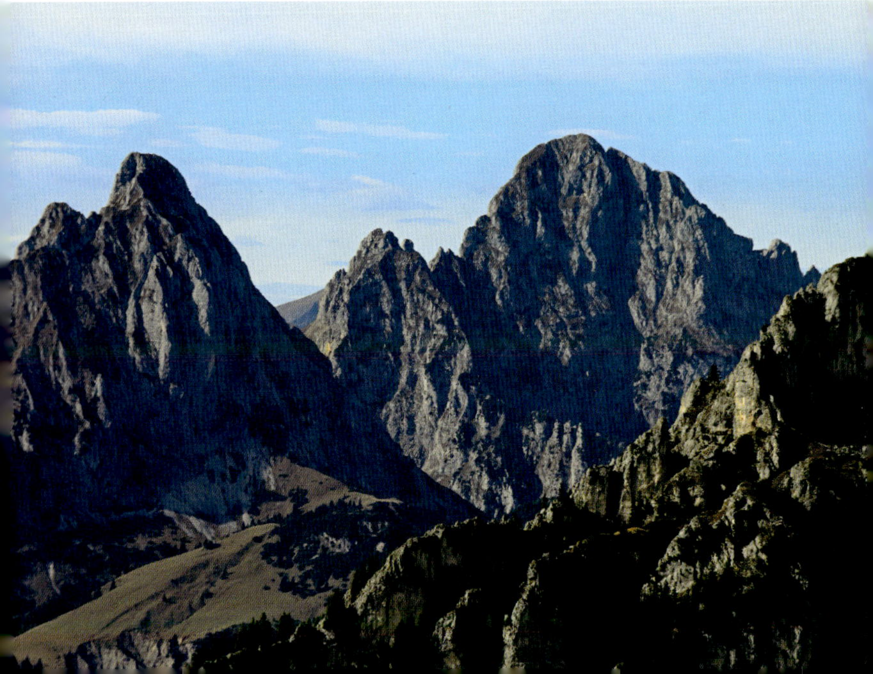

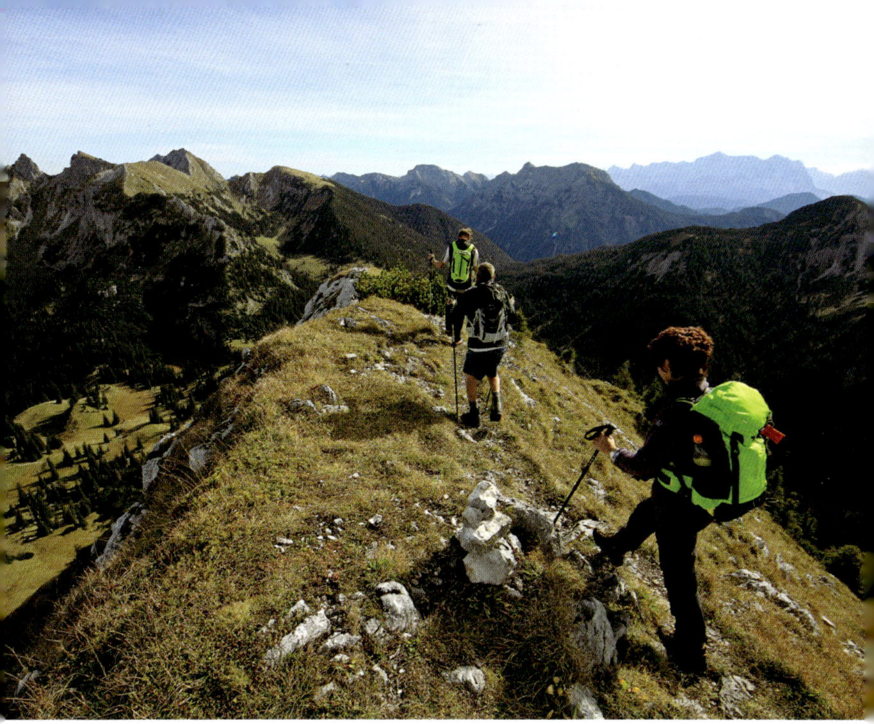

Wanderer im Gipfelbereich.

Talort: Schwangau, 796 m, im Ostallgäu bei Füssen.
Ausgangspunkt: Talstation der Tegelbergbahn (Stichstraße von Schwangau bis zu den großen, gebührenpflichtigen Parkplätzen). Von dort mit der Gondelbahn zur Bergstation, 1720 m. Betriebszeiten von 9 bis 16.30 Uhr.
Anforderungen: T3–4. Kleine Alpinsteige und auch wegloses Gelände prägen den Hohen Straußberg, Kletterei kommt jedoch kaum vor. Gute Trittsicherheit wichtig, konditionell hingegen dank Seilbahn wenig anstrengend.

Orientierung: Der gepfadete Normalanstieg durch die Nordflanke ist gut zu finden, wenn auch nicht offiziell bezeichnet. Für die weglose Überschreitung ist erhöhtes Orientierungsvermögen gefragt, im Grunde muss aber nur der Einstieg in die Rinne richtig beurteilt werden.
Einkehr/Übernachtung: Tegelberghaus, 1707 m, fast ganzjährig (Übernachtung von Mai bis Oktober), Tel. +49 8362 8980. Nebenan das Panorama-Restaurant der Bergstation.
Karten: AV-Karte 1:25.000, Blatt BY 6. Freytag & Berndt 1:50.000, Blatt 352.

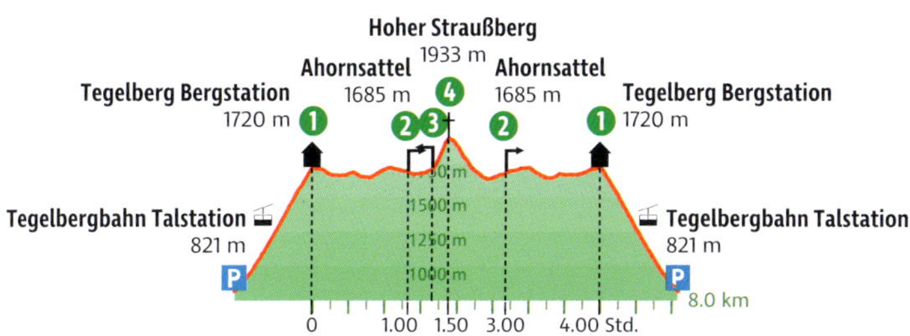

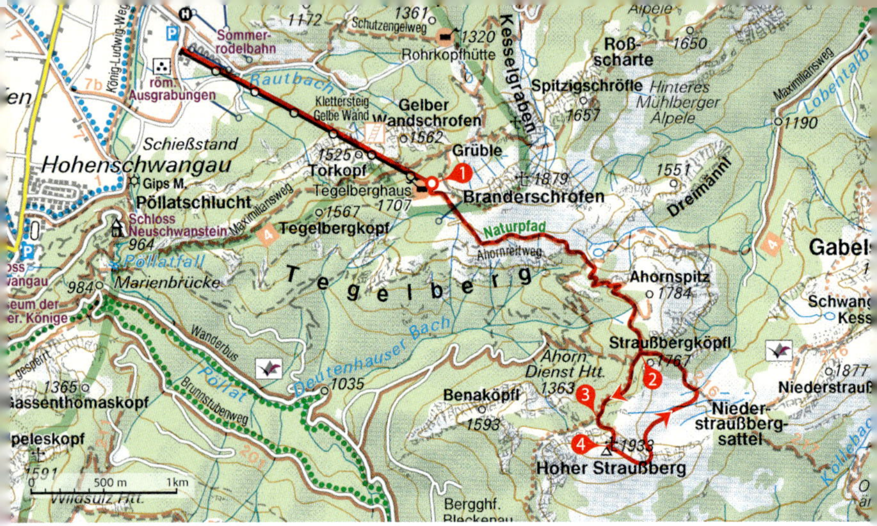

Zunächst schweben wir bequem mit der Seilbahn zum **Tegelberg** ❶, 1720 m, hinauf. Ein komfortabler Wanderweg (auch als E4 und Maximiliansweg ausgewiesen) zieht leicht fallend bzw. querend durch die Südflanke des Branderschrofen und mit mehreren Kurven und Biegungen zum Branderfleck. Im Bereich des Sattels zweigen rechts wie links Routen ab, während wir geradeaus einige Kehren im Bergauf in Angriff nehmen und danach die **Ahornspitze**, 1784 m, traversieren. Der beschilderte Abstecher ist angesichts seiner Kürze übrigens lohnend (nur 10 Minuten über einen Latschensteig und einige Schrofen). Ansonsten zieht der Hauptweg weiter zum **Ahornsattel** , 1685 m, wo wir den Settelesteig

Der einsame Hohe Straußberg von Osten gesehen.

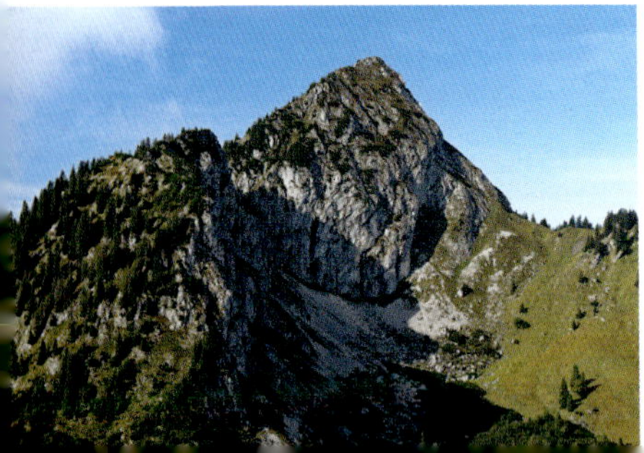

einschlagen. Nach einer viertelstündigen Traverse zeigen Steinmännchen den Einstieg in die Gipfelroute an ❸. Ohne weitere Markierung windet sich der deutliche Steig in der Nordwestflanke über Gras, Erde und Schotter steil aufwärts zum obersten Ostgrat, über den rasch der Gipfel des **Hohen Straußberg** ❹, 1933 m, gewonnen ist.

Im Abstieg verfolgen wir den Ostgrat weiter, nach Gegebenheiten etwas südseitig ausweichend, bis eine enge Rinne nach Norden weist. Sie ist ohne wesentliche Kletterei gangbar, wenngleich in feuchtem Moos, Gras und Schutt und auch wegen der Steilheit Vorsicht und Behutsamkeit geboten ist. Der Auslauf weitet sich in die urtümliche Hochmulde der Niederstraußbergalpe, wo wir nach Augenmaß zwischen Latschenfeldern hindurch lavieren und ostwärts den offiziellen Weg vom Niederstraußbergsattel anpeilen. Über Wiesen wird jetzt ein Gegenanstieg eingeleitet, der um das Straußbergköpfl herum wieder zum **Ahornsattel** ❷ führt. Von dort wie gehabt auf der landschaftlich schönen Strecke zurück Richtung **Tegelberg** ❶.

Krähe, 2010 m, und Hochblasse, 1989 m

Vom Ammerwald über den Niederstraußberg

6.00 Std. | 15,3 km | ↗ 1150 m | ↘ 1150 m

Auf die Trabanten der bekannten Ammergauer Hochplatte

Die zwischen Kenzen und Ammerwald aufragende Hochplattengruppe gehört dank eines dicht geknüpften Wegenetzes eigentlich zu den gut besuchten Ecken in den Ammergauer Alpen. Es gibt aber auch ein paar Möglichkeiten, sich etwas abseits zu wenden. Dafür schlage ich den pfadlosen Gratanstieg über den Niederstraußberg auf die Krähe vor – landschaftlich eine merkliche Aufwertung gegenüber dem parallelen Normalweg. Und auch beim Rückweg gibt es für passionierte Pfadsucher ein kleines Schmankerl zu entdecken: Auf Latschenpfaden wollen wir nämlich die Hochblasse überschreiten und damit noch einen nach Süden abgesetzten, stilleren Gipfelpunkt mitnehmen.

Talort: Reutte, 853 m.
Ausgangspunkt: Hotel Ammerwald, 1079 m. Zufahrt von Reutte am Plansee vorbei oder von Bayern her über Linderhof. Parken an der Straße, keine Busanbindung!
Anforderungen: T3–4. Der Gratverlauf über den Niederstraußberg zur Krähe setzt den Maßstab für diese Tour; Trittsicherheit in weglosem Schrofengelände notwendig. Die Hochblasse ist noch ähnlich, wobei bereits etwas leichter; der Rest vollzieht sich auf normalen Bergwanderwegen. Durchschnittliche Ausdauer ausreichend.
Orientierung: Die kniffligsten Passagen sind eher kurz und bei guter Sicht nicht problematisch: am Einstieg zum

Am Ostgrat der Krähe.

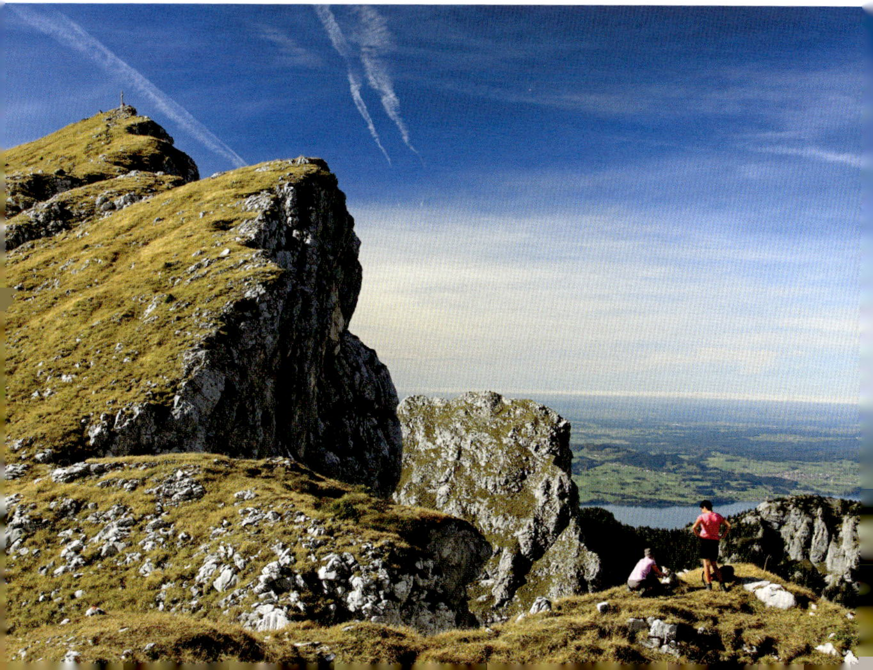

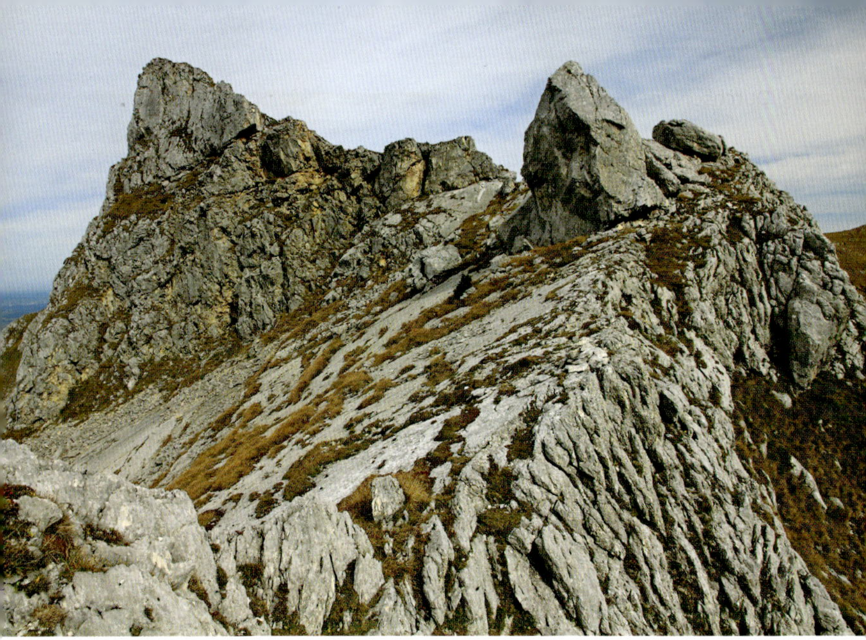

Zur Krähe wählen wir die spannende Gratroute via Niederstraußberg.

Grat am Niederstraußberg, evtl. auch weiter oben bei einer Traverse. Die Gassen beim Abstieg von der Hochblasse sind deutlich. Sonst bewegt man sich auch häufig auf markierten Wegen.
Einkehr: Jägerhütte, 1418 m.
Varianten: Die Hochblasse kann ausgelassen werden, indem man am Roggentalsattel gleich rechts ins Köllebachtal abbiegt. Andererseits ließe sich ab Fensterl die Hochplatte überschreiten, mit späterem Abstieg über den Wilden Freithof und das Weitalpjoch ins Roggental.
Karten: AV-Karte 1:25.000, Blatt BY 6. Freytag & Berndt 1:50.000, Blatt 352.

Beim luxuriösen **Hotel Ammerwald** ❶ schlagen wir zuerst eine Forststraße ein und kommen damit auf den gut ausgebauten Schützensteig, der sich am Waldhang über einem tiefen Graben emporschraubt. An einem Wasserfall vorbei steuert man den weiten Sattel an und zweigt kurz vor der **Jägerhütte** ❷, 1418 m, rechts ab. Ein breiter Karrenweg zieht nun via **Ochsenängerle** (Abzweig der Route durchs Köllebachtal Richtung Roggentalsattel) zum **Niederstraußbergsattel** ❸, 1615 m. Die Fortsetzung führt nach rechts zu einer Spitzkehre und quert allmählich in die Nordseite des Niederstraußberg hinein. In diesem Bereich suchen wir

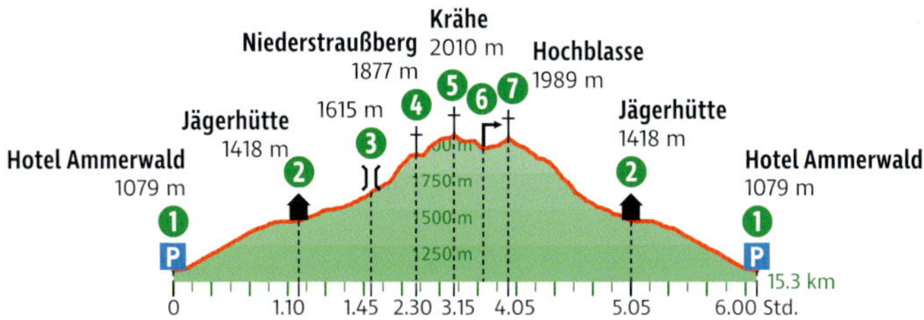

einen Durchschlupf in den Latschen, um auf den Grat zu gelangen. Man erkennt eine Pfadspur, die später am Grat etwas spärlicher wird. Die Schneide selbst wartet bald mit einer kleinen Schrofenstufe auf, erweist sich im weiteren Verlauf aber als gutmütig, zumal uns keine sperrigen Latschen mehr behindern. Man überschreitet den wenig herausgehobenen **Niederstraußberg** **4**, 1877 m, und packt den nächsten Aufschwung an. Wo dieser schärfer und felsig wird, rechts ausweichend und in typischem Schrofengelände an einigen Hindernissen vorbei. Später begehen wir wieder unmittelbar die Grathöhe und erreichen die Lücke, wo der markierte Weg vom Gabelschrofensattel heraufkommt. Von hier sind es nur noch wenige Schritte bis auf die **Krähe** **5**, 2010 m.
Wir überschreiten den Gipfel ostwärts Richtung **Fensterl** **6**, 1916 m, und tangieren hier den berühmten Felsdurchbruch. Man bleibt jedoch auf der Südseite und quert als Nächstes hinüber zum **Roggentalsattel**, 1883 m, wo der Nordgrat der **Hochblasse** **7**, 1989 m, ansetzt. Über kurze schrofige Aufschwünge und einen Grashang erreichen wir unseren letzten Gipfel. Für den Abstieg ist der Westrücken vorgesehen. Dabei treten wir aus dem Grasgelände bald in eine Latschengasse ein, die nicht zu verfehlen ist. Weiter unten knickt der Pfad rechts ab und löst sich Richtung Köllebachtal etwas auf, doch kommt man dort ohne Schwierigkeiten hinab zum offiziellen Weg. Mit diesem zum **Ochsenängerle** und auf bekannter Route via **Jägerhütte** **2** und Schützensteig zurück nach **Ammerwald** **1**.

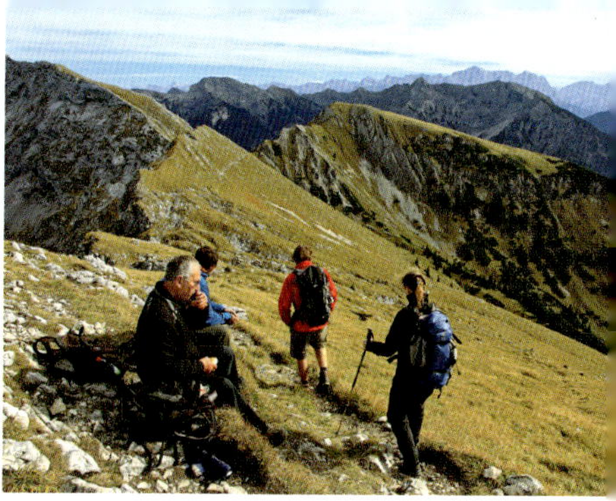

Die Krähe kann leicht überschritten werden.

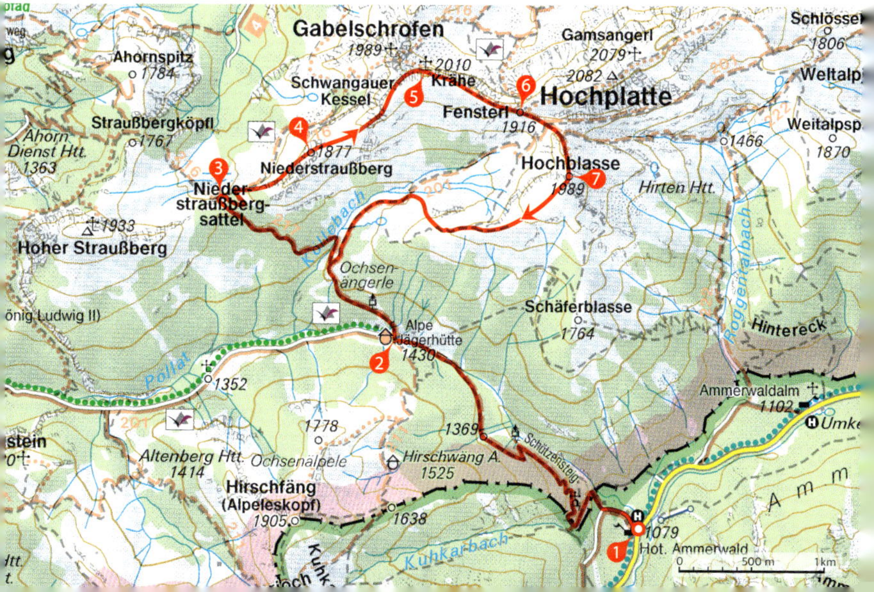

25 Über die Geierköpfe, 2161 m

Vom Teufelstal ins Neualmgries

TOP | 8.30 Std. | 19,5 km | ↗1400 m | ↘1400 m

Das dreigipflige Bollwerk über dem Ammerwald

Zu meinen absoluten Lieblingstouren im Bereich der Ammergauer Alpen gehört die Überschreitung der Geierköpfe. Die alpine Anmutung kann sich schon mit Wetterstein-Dimensionen messen, außerdem herrscht hier niemals großer Andrang. Meistens wird eh nur der Westgipfel bestiegen, allenfalls noch der wenig Kopfzerbrechen bereitende Übergang zum Mittel- respektive Hauptgipfel angepeilt. Die eigentlichen Herausforderungen bietet indes die langwierige Fortsetzung gen Osten, wenn auch lediglich an einzelnen kniffligen Hindernissen. In Summe erweist sich die Überschreitung der Geierköpfe als großzügiges Unternehmen, denn schon der Zustieg auf dem pfiffigen kleinen Jagdsteig durchs Teufelstal zur Zwerchenberg-Jagdhütte stimmt darauf ein und der spätere Abstieg bis ins Neualmgries tut es ihm gleich. Einziges Manko: Start- und Endpunkt liegen ein gutes Stück auseinander und verursachen einen lästigen Straßenhatscher zum Abschluss (vielleicht erbarmt sich auch ein Autofahrer). Doch die fantastischen Landschaftseindrücke lassen darüber am Ende leicht hinwegsehen …

Im Süden erhebt sich der Danielkamm in ganzer Breite.

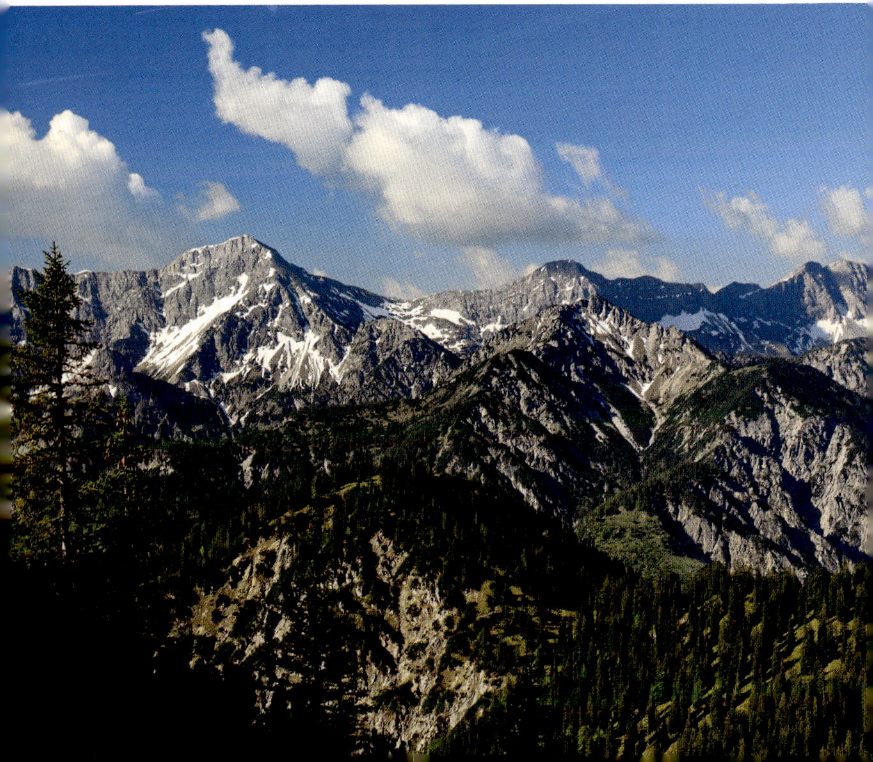

Talort: Reutte, 853 m.
Ausgangspunkt: Kleine Parkbucht bei der Teufelsbrücke, ca. 1030 m, von der Siedlung am Plansee ca. 2,7 km in nördlicher Richtung (Ammerwaldstraße). Tipp: Da der praktische Endpunkt 5,5 km entfernt liegt, lohnt es sich, ggf. mit Radldepot oder zweitem Fahrzeug zu operieren. Ein Bus verkehrt nicht.
Anforderungen: T5 (stellenweise beim Übergang zwischen Haupt- und Ostgipfel), sonst selten anspruchsvoller als T3 (bis Hauptgipfel noch rot). Auf weiten Strecken schmale Jagd- und Bergsteige, die schon grundlegende Trittsicherheit verlangen. Über den Westgipfel bis zum höchsten Punkt bis auf eine kurze Schrofenstelle (I) noch unschwierig, erst Richtung Ostgipfel anspruchsvoller mit Stellen I–II. Am schwierigsten ist das Durchklettern einer ganz engen Scharte. Konditionell ein ziemlicher Brocken.
Orientierung: Beim Gratübergang speziell zum Ostgipfel (Steinmännchen beachten) und dem anschließenden Abstieg bis zum Wanderweg durch unübersichtliche Latschenfelder braucht man ein wenig Routengespür. Der anfängliche Jagdsteig durchs Teufelstal ist hingegen problemlos verfolgbar, wenngleich nicht markiert. Sonst hat man bezeichnete Routen.
Einkehr: Almwirtschaft Ammerwald, 1102 m.
Variante: Man kann über den Steig Nr. 243 quer durch die Südflanke der Geierköpfe zum Kreuzjöchl zurückkehren und wie bekannt absteigen. Weniger abwechslungsreich, aber man spart sich den langen Straßenhatscher.
Karten: AV-Karte 1:25.000, Blatt BY 6. Freytag & Berndt 1:50.000, Blatt 352.

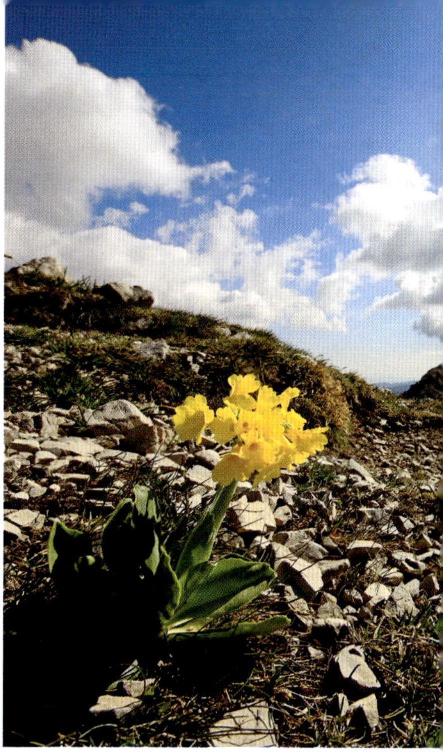

Eine Aurikel strebt zum Licht.

In der Parkbucht bei der **Teufelsbrücke** 1 achten wir auf das kleine handgeschriebene Schild am Baum und schlagen ohne weitere Markierung den schmalen Pfad an der steilen Berglehne ein. Er schraubt sich

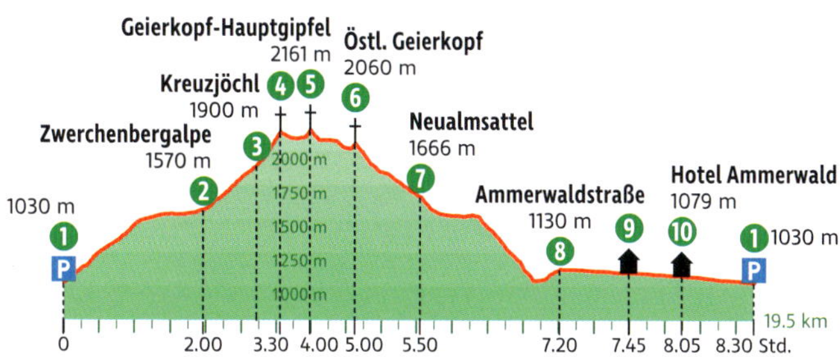

am linken Rand des **Teufelstals** geschickt höher, vollzieht dabei recht ausladende Schleifen, zwischenzeitlich auch mal weiter links außen herum, sodass sich auf gut 1300 m ein Blick zum Hotel Ammerwald ergibt. Danach über felsdurchsetzte Stellen wieder gegen das Teufelstal zurück und mit Kehren zu einer längeren, nahezu horizontalen Traverse von fünf Gräben. Nachdem die kleinen Einschnitte ausgegangen sind, kommen wir auf die Lichtung der **Zwerchenbergalpe** ❷, ca. 1570 m, und stoßen hier auf den bezeichneten Steig vom Plansee. Bald geht es durch eine ausgewaschene Latschengasse und weiter auf ordentlichem Steig durch oft hohe Legföhrenbestände mit einer markanten Schleife zum Südrücken hinauf. Beim **Kreuzjöchl** ❸, 1900 m, zweigt der Querweg in die weitläufige Flanke ab, während wir dem Gratrücken treu bleiben und über Schutt und Schrofen (eine kurze Stelle I) zum **Westgipfel der Geierköpfe** ❹, 2143 m, aufsteigen.

Der Übergang ostwärts beginnt am leichten Grat auf deutlichem Pfad. Hinter einer Zwischenerhebung treten einige Stellen in splittrigem, zerklüftetem Geschröf auf – ein erster Vorgeschmack auf das Kommende. Aus der Einschartung wird der steile Gipfelaufbau des **Hauptgipfels** ❺, 2161 m, auf rutschigen Steigspuren, jedoch ohne Kletterei erklommen. Im Gegensatz zum Westgipfel steht hier nur ein mickriges Kreuz.

Jenseits am Grat weiter und vor dem ersten Abbruch rechts durch eine gestufte Rinne ausweichen. Man kehrt auf den Grat zurück und muss eine fast senkrechte Zwei-Meter-Stufe abklettern. Gleich danach nicht den Spuren auf den nächsten Kopf folgen – dieser bricht ungangbar in die markante Scharte ab. Wir weichen also wiederum südseitig aus, tasten uns über unsolides, splittbedecktes Gelände tiefer und queren am Felsansatz bis unter die Scharte. Nun entweder direkt aus dieser mit leichter Kletterei (I) auf den folgenden

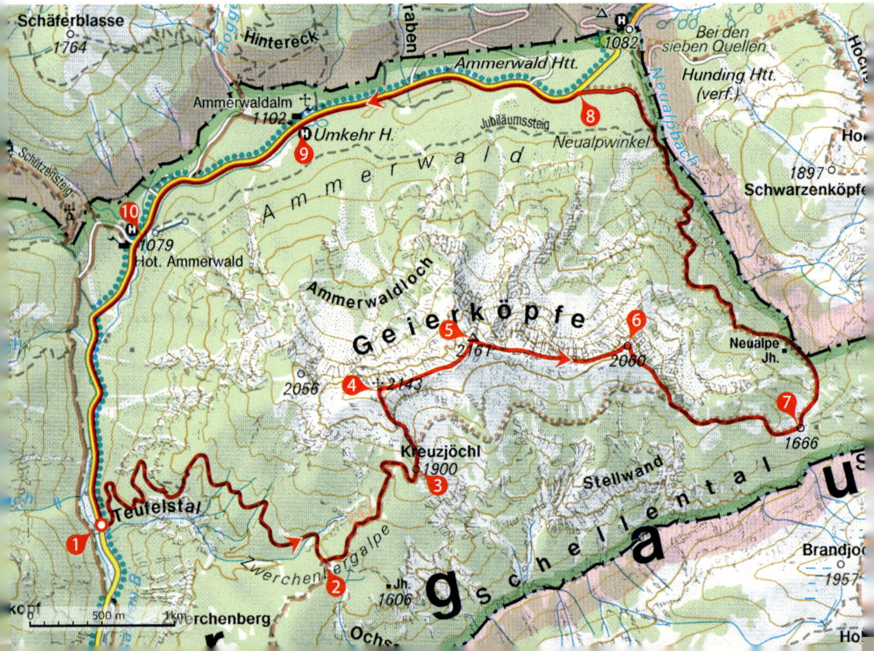

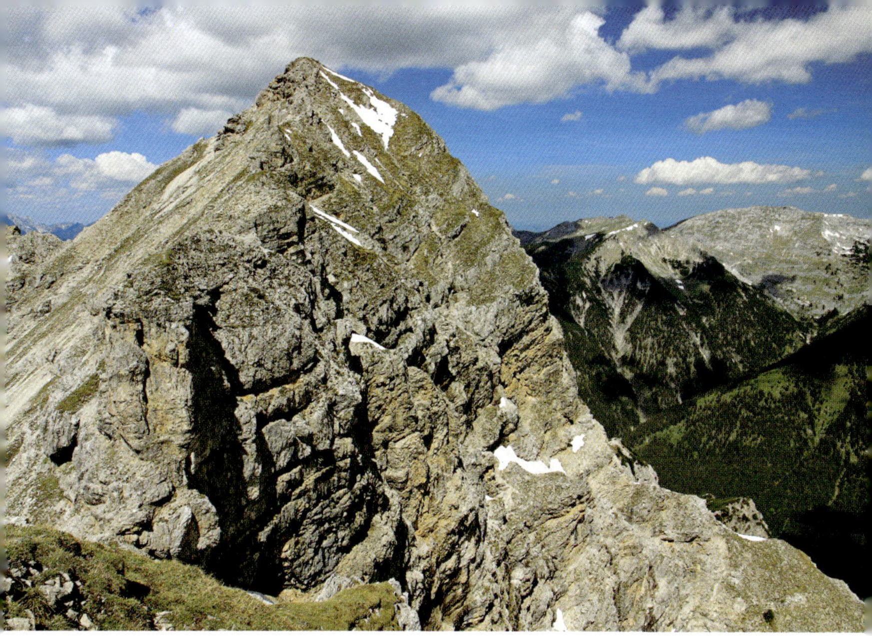

Typisches Ambiente beim Gratübergang zwischen Haupt- und Ostgipfel.

Gratkopf oder etwas leichter nach rechts zu einem Steinmännchen und über die Grasschrofen der Südflanke hinauf. Der anschließende Abstieg führt zur Schlüsselstelle, einer ganz engen Scharte. Über gestuften Fels ausgesetzt in diese hinab und durch eine Kaminrinne auch gleich wieder heraus (I bis II). Damit sind die klettertechnischen Schwierigkeiten erfolgreich bewältigt. Wir folgen dem deutlichen Pfad rechts an zwei Köpfen vorbei, steigen in die folgende Senke ab und dann nochmals ein Stück aufwärts bis zum **Ostgipfel** ❻, 2060 m.

Das Bergab leiten wir über den grasig-schrofigen Südostrücken ein, weichen aber zu Beginn der Latschenfelder augenscheinlich besser rechts davon ab und suchen uns eine gangbare Gasse hinab zum markierten Südhangsteig, den man von oben schon erkennt. Hier fühlt man sich orientierungsmäßig wieder sicherer und kann der schmalen, aber

Schroffer Gratabbruch im brüchigen Hauptdolomit.

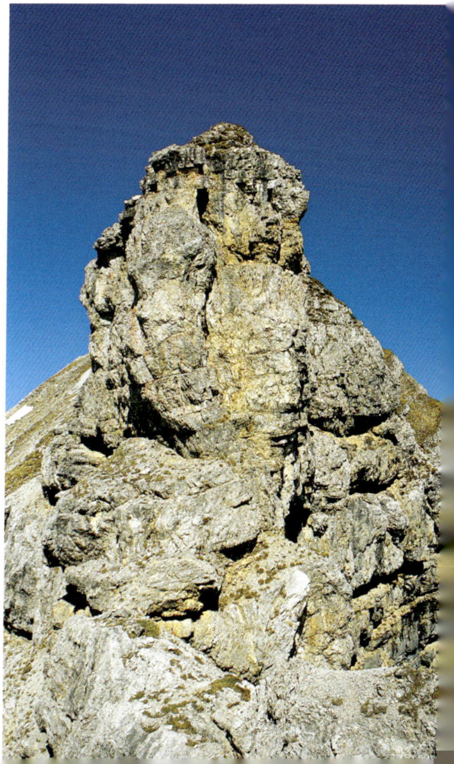

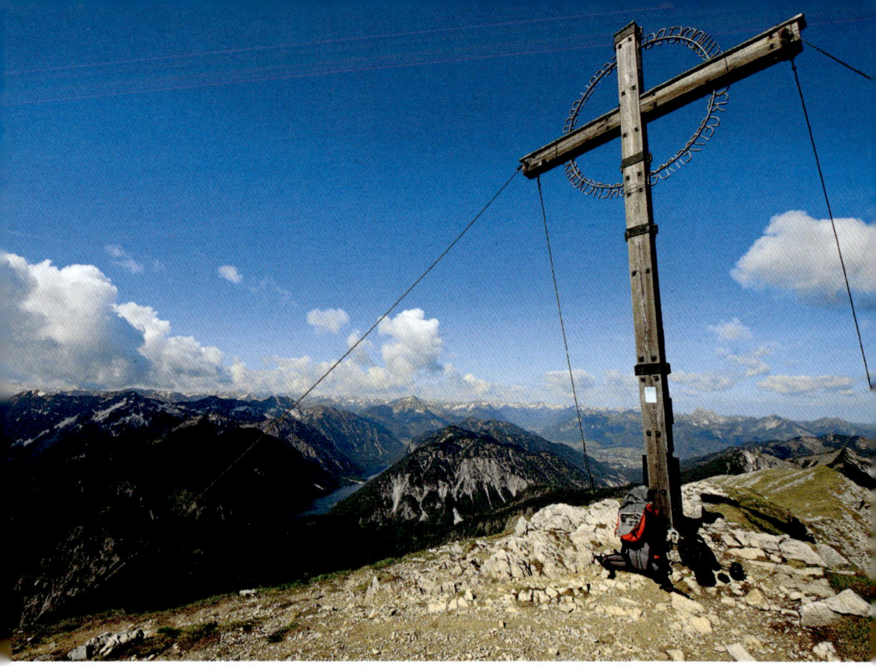

Der Westgipfel der Geierköpfe erhält noch am meisten Besuch.

guten Trasse in den weitläufigen **Neualmsattel** ⑦, 1666 m, folgen. Vom gegenüberliegenden Kreuzspitzl kommt ebenfalls eine Spur herunter. Man wendet sich nordwärts und zieht dann bald links hinüber, denn die Route bleibt vorerst hoch über dem gewaltigen Trichter, der von wilden Schuttreisen gespeist wird. In leichtem Auf und Ab werden etliche Gräben gekreuzt. Das gestaltet sich unerwartet langwierig, bevor der ruppig wurzlige Steig endlich deutlich zu fallen beginnt. Er läuft schließlich ins Neualmgries aus, quert ein Stück weit den Schotterstrom und setzt sich gegenüber auf der linken Seite als Traktorweg fort. Mit diesem erreichen wir in Kürze die **Ammerwaldstraße** ⑧, ca. 1130 m. Was bleibt, sind noch 5,5 km entlang des Asphaltbandes – vorbei an der **Almwirtschaft** ⑨, 1102 m, und dem mondänen **Hotel Ammerwald** ⑩, 1079 m, bis zum Parkplatz Teufelstal ①. Obacht, denn besonders Motorradfahrer geben hier gern über Gebühr Gas!

Diesem Hinweis gilt es zu folgen.

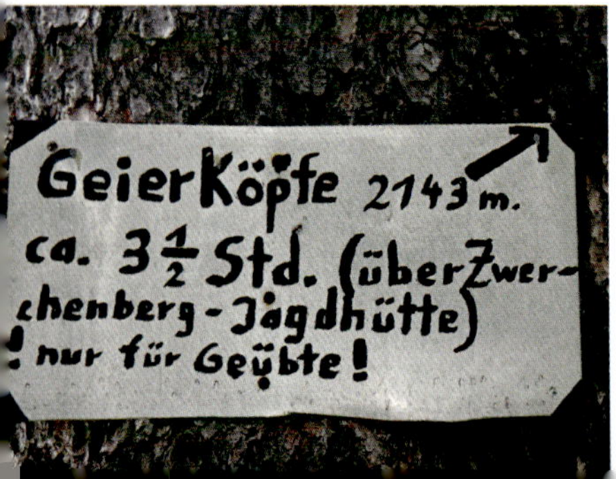

Auf der Zwerchenbergalpe.

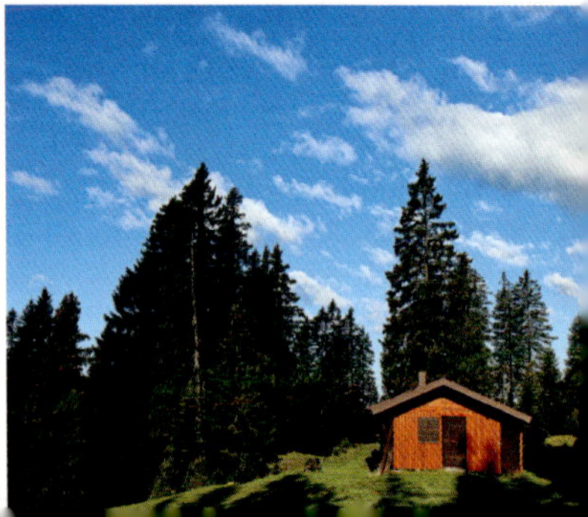

Plattberg, 2247 m, und Pitzenegg, 2174 m

Rundtour von Lähn

6.30 Std. | 11,4 km | ↗1300 m | ↘1300 m

Am Danielkamm hoch über Plansee und Zwischentoren

Die höchsten Gipfel der Ammergauer Alpen erheben sich im Danielkamm auf Tiroler Boden. Der Daniel selbst ist natürlich ein populäres Vorzeigeziel im Außerfern, ein Logenplatz vor dem Zugspitzmassiv. Doch gibt es in seinem Gefolge auch stillere Fleckchen, wie den Plattberg, der vor Ort gern »Blattberg« kauderwelscht wird und in Karten zudem auch als Hochschrutte aufscheint. Während nach Norden zum Plansee ein morscher Steilabbruch jegliche Annäherungsversuche fragwürdig erscheinen lässt, gibt sich die Südseite mit der namengebenden, plattigen Grasabdachung prinzipiell einladender. Regelmäßig wird auf Reisen in die Alpen daran vorbeigefahren, aber mehr als einen flüchtigen Blick erhaschen die allermeisten nicht. Deshalb wollen wir in Lähn Halt machen und eine ursprüngliche Tour über den Plattberg und seinen westlichen Nachbarn, das Pitzenegg, entdecken. Filetstück ist natürlich die Gratstrecke, wo sich die Freiheit des Bergsteigens voll auskosten lässt. Dieser Abschnitt erreicht zwar schon knapp die Einstufung »schwarz«, ist aber noch nicht so ernst wie wirklich anspruchsvolle Touren.

Talort: Lähn, 1112 m, im Zwischentoren an der Strecke Reutte – Lermoos.
Ausgangspunkt: Parkmöglichkeit direkt beim Bahnhof in Lähn.

Anforderungen: T4 beim Gratübergang, sonst eher T3. Meist nur kleine Steige und Pfadspuren, die sich mitunter sogar verlieren (speziell beim

An der Zugspitze geht kein Blick vorbei.

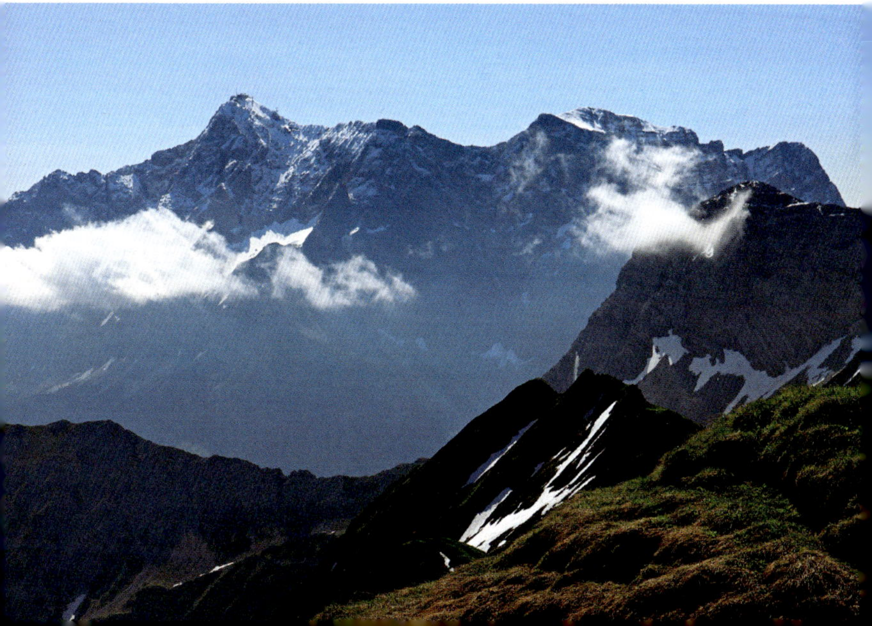

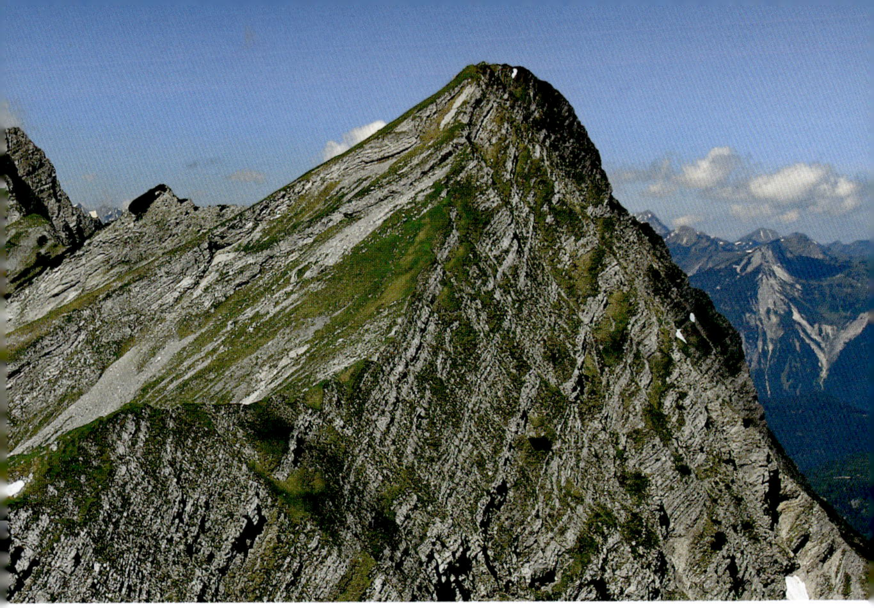

Als Nächstes nehmen wir das Pitzenegg ins Visier.

Abstieg vom Pitzenegg). Im Kammbereich Trittsicherheit und Schwindelfreiheit erforderlich, kurze Stellen I. Bei Nässe kann es phasenweise unangenehm rutschige Passagen geben. Volle Tagestour.
Orientierung: Die Routenführung ist zumeist logisch vorgegeben und auch einigermaßen markiert, obgleich meist nur schwach ausgetreten. Etwas unsicherer wird es nur vom Pitzenegg-Südrücken hinunter ins Wiestal.
Einkehr: Keine am Weg, ein Stück entfernt die Bichlbacher Alm, 1591 m.
Karten: AV-Karte 1:25.000, Blatt 4/1. Freytag & Berndt 1:50.000, Blatt 352.

In **Lähn** ❶ orientieren wir uns zum westlichen Ortsrand und überqueren hier die Bahngleise. Bergwärts folgt man anfangs einem Wirtschaftsweg und bleibt nach Beschilderung »Blattberg« (Nr. 692) rechts vom Wiestal. Ein Steig windet sich nun durch aufgelockerten Wald in die Höhe; auf reizvollen Lichtungen stehen einzelne Hüttchen. Taunasse Wiesen am Morgen und lehmige Wegpassagen sind eventuell weniger erquicklich. Auf knapp 1600 m stoßen wir auf die Zufahrt zur Bichlbacher Alm, wenden uns allerdings nach links und setzen von einem Geländeeck ❷ den Aufstieg am Farenegg fort. Dieser Rücken ist vorerst noch baumbestanden, bald aber frei. Nach Abzweig des Alpenrosensteiges geht es aufsteilend gegen das **Kleine Pfutjöchle**, 2135 m, hinan. Nahe dem Kamm drehen wir nach links ab, traversieren mit Drahtseilhilfe einige schrofige Felsen und ersteigen aus einer seichten Gratsenke – nochmals steil, zuletzt aber abflachend – den Gipfelaufschwung des **Plattberg** ❸, 2247 m.

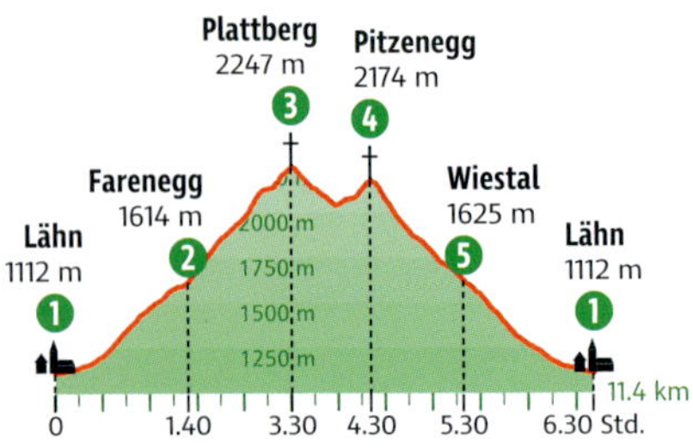

Der Südwestgrat bietet in der Folge über Gras und Schrofen einen schönen Laufsteg. Pfadspuren sind zwar spärlich, Hindernisse treten aber nur sporadisch auf. Ein gutes Balancegefühl ist an schmalen Stellen hilfreich. Aus der Gratsenke am **Wiesjoch**, 2023 m, geht es nochmals 150 Hm aufwärts bis zum **Pitzenegg ❹**, 2174 m, dabei mit ein paar leichten Kletterstellen garniert.

Vom Gipfelpunkt gehen wir kurz zurück und schwenken dann auf den Südrücken ein. Dieser ist recht breit ausgeprägt und grasig, später auch mal leicht schrofig. Auf gut 1900 m rückt man links in die Hangmulde der Oberen Wies ab. Die Spuren verlieren sich ziemlich und alte, verblasste Markierungen sind etwas schwer zu verfolgen – das Gelände ist aber nicht heikel. Nach Augenmaß steigen wir schräg in Richtung Untere Wies bzw. gegen den Einschnitt des **Wiestals** ab und treffen dort wieder auf deutlichere Farbzeichen. Wir kreuzen die quer ver-

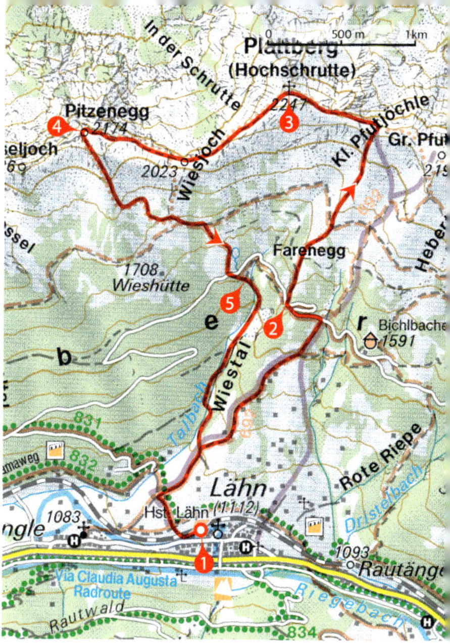

laufende Almstraße ❺ und setzen das Bergab praktisch geradeaus in den Trichter des Wiestals fort. Dort mehrmals die Bachseite wechselnd und schließlich auf die Talwiesen bei **Lähn ❶**, wo sich der Kreis schließt.

Bleispitze sowie der obere Teil der Gartnerwand grüßen herüber.

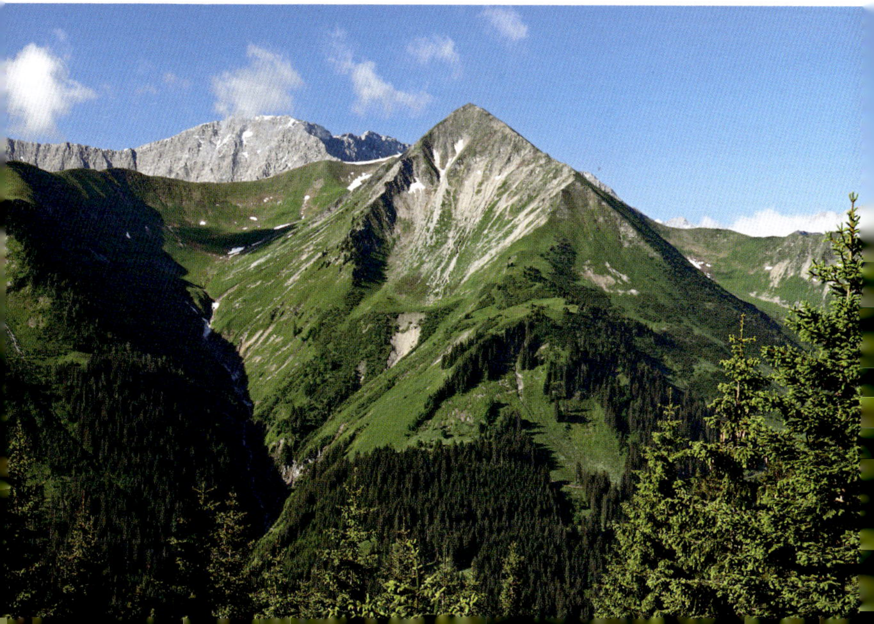

27 Vom Roten Stein, 2366 m, zum Hönig

Grattour über Steinmandl- und Suwaldspitze

TOP | 7.45 Std. | 15,6 km | ↗ 1550 m | ↘ 1550 m

Die reizvollste Tour in der Berwanger Gegend

Rund um das hübsche Außerferner Bergdorf Berwang erstreckt sich ein recht stilles, vielseitiges Tourenrevier, in dem üppig bewachsene Fleckenmergel- und brüchig-zerborstene Hauptdolomitberge nebeneinander stehen. Beide Charaktere spielen bei unserer Unternehmung über eine Handvoll Gipfel eine Rolle. Der Rote Stein ist dabei noch vergleichsweise bekannt und wird auf zwei Routen regelmäßig bestiegen, ebenso wie der Hönig als nächstgelegener Berwanger Hausberg. Dazwischen liegt allerdings eine Kammüberschreitung, die unserem Motto absolut gerecht wird. Ganz perfekt ist der Verlauf jedoch nicht, denn den wild zerscharteten Nordostgrat der Steinmandlspitze direkt vom Roten Stein herüber sollten wir uns angesichts brüchiger Zweierstellen eher verkneifen und stattdessen lieber den gutmütigeren Ostgrat aus dem Lackekar begehen. Im Anschluss wird man über die beiden Suwaldspitzen ausgiebig dem alpinen Genuss frönen und schließlich den prägnanten geologischen Wechsel würdigen. Der Hönig ist plötzlich mit einem dichten Graspelz und bemerkenswerter Blumenpracht überzogen. Seine Flanken schießen aalglatt in die Täler hinab und vermitteln winters krasses Lawinengelände – umso schöner ist der Gang auf der Schneide. Die in der Alpenvereinskarte eingetragenen Spuren in der Direttissima hinab nach Berwang waren in hohem Grasbewuchs übrigens kaum auffindbar, weshalb ich abschließend sicherheitshalber das Bergab via Sattelkopf und Rastkopf beschreibe. Die Tour hat sowieso schon ausreichend Abenteuerelemente in petto ...

Berwang mit seinem bekanntesten Hausberg, dem Thaneller.

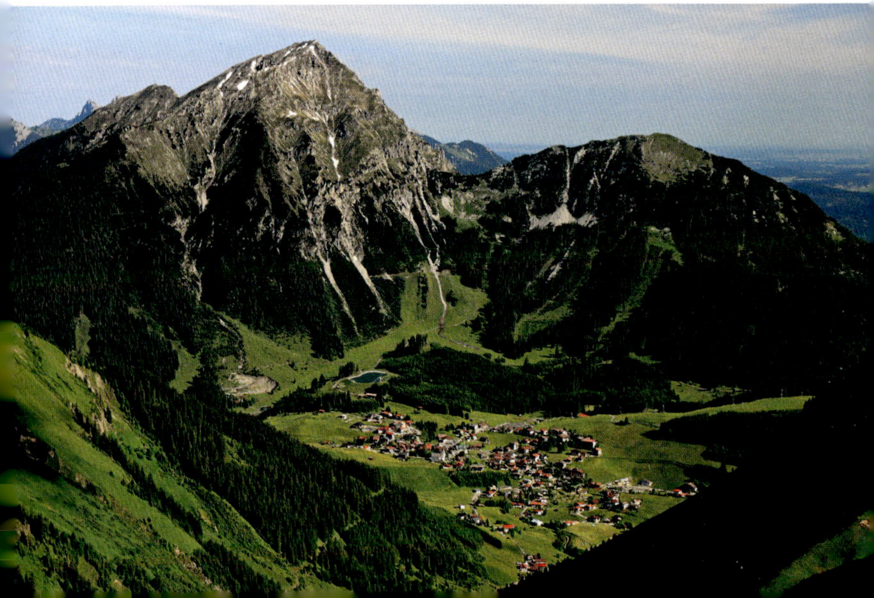

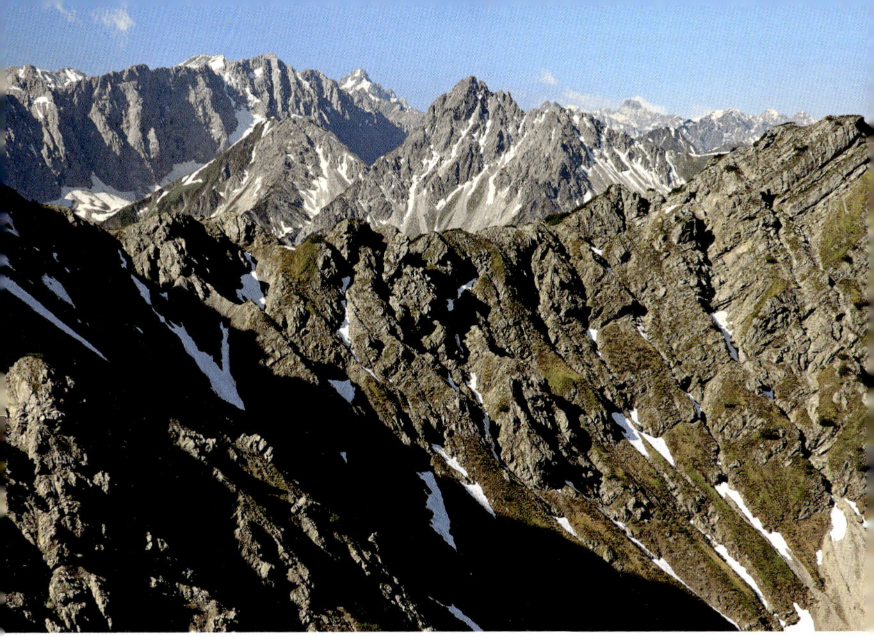

Die Gratverbindung zwischen Steinmandl- und Suwaldspitze vor der Kulisse der Hochalpen.

Talort: Berwang, 1342 m.
Ausgangspunkt: Parkplätze entweder beim Höniglift, ca. 1315 m, oder bei der Kirche in Berwang, 1342 m.
Anforderungen: T4 im weglosen Kernbereich, sonst T3. Lange, einigermaßen anspruchsvolle Bergtour mit markierten Steigen am Roten Stein und Hönig; auf der Ostseite des Roten Stein einige Sicherungen. Zwischendurch längere Zeit wegloses Gehgelände mit allenfalls sporadischen Trittspuren, dabei nur kurze Stellen im I. Grad an der Steinmandlspitze. Im bewachsenen Gelände sind bei Nässe Beeinträchtigungen zu erwarten (z.B. bereits beim Zustieg evtl. sehr matschige Stellen in Tobeln). Ausgeprägte Trittsicherheit und solide Kondition für eine ausschweifende Tagestour erforderlich.
Orientierung: Auf längeren weglosen Strecken entsprechende Routine notwendig. Die Linienführung entlang der Gratkämme ist meist logisch.
Einkehr: Keine direkt am Weg, aber ggf. kurzer Abstecher zur Kögelehütte beim Schlussabstieg.
Variante: Abkürzung der Tour vom Sonnbergsattel via Älpele zurück nach Berwang.
Karten: AV-Karte 1:25.000, Blatt 4/1. Freytag & Berndt 1:50.000, Blatt 352.

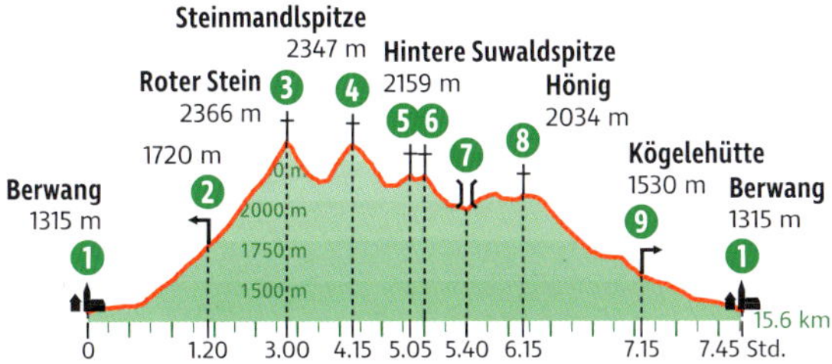

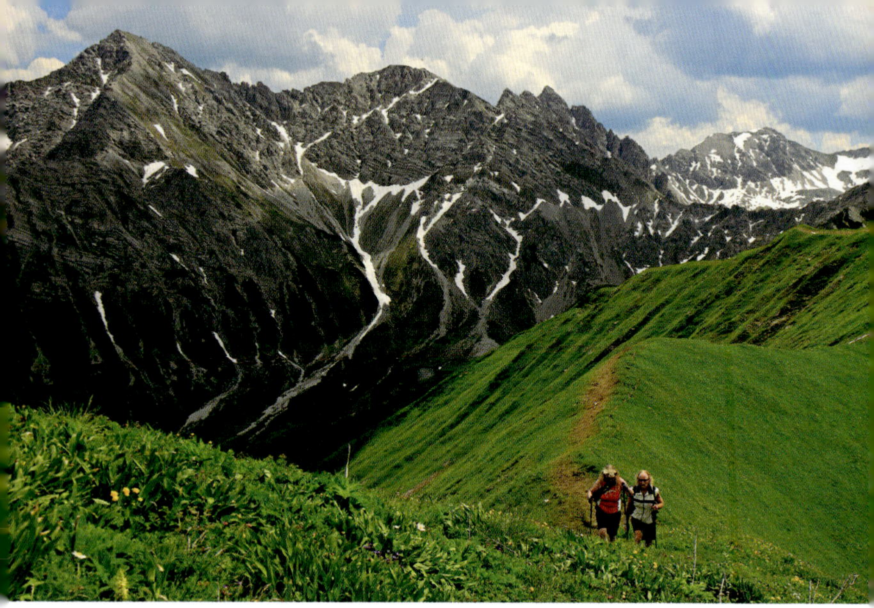

Letzter Anstieg über den grünen Kammrücken zum Hönig.

Vom Höniglift in **Berwang** ❶ geht es über den Weiler Gröben ins Tal des Älpelesbachs hinein. Bald beginnt hier ein Steig, der auf der rechten Seite ein gutes Stück oberhalb der eingeschnittenen Sohle entlangführt. Wiederholt sind Rüfen zu kreuzen, die aus der hohen Flanke des Hönig Muren und Lawinen herunterschicken, was unerfreulich schlammige Traversen hervorrufen kann. Ansonsten durch stark bewachsenes Gelände hinauf zur Karschwelle des **Älpele**, wo sich schuttdurchzogene Böden zeigen und der Steig besser wird. Bei der Gabelung ❷, ca. 1720 m, halten wir uns links und nähern uns

Tiefblick auf den Weiler Mitteregg.

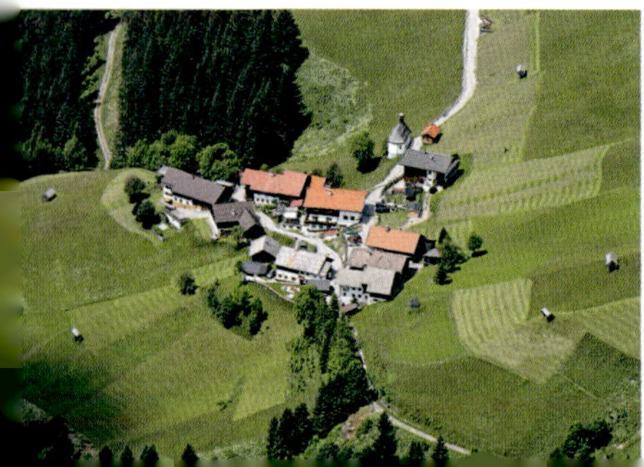

der Westflanke des Roten Stein. Hier in anhaltendem Zickzack noch über 500 Hm bergauf, zwischendurch an einem Vorsprung mit Kreuz vorbei. Über nach und nach kargeren Untergrund erreichen wir den **Roten Stein** ❸, 2366 m.

Der ebenfalls markierte Abstieg auf der anderen Seite leitet durch zerklüftetes Felsterrain und weist im oberen Teil einige gesicherte Stellen auf. Wo der kleine Stierkopf mit einem Sattel abgesetzt ist, verlassen wir den Steig und schlüpfen durch ebendiese Lücke ins Lackekar. Auch hier findet man noch schwache Spuren. Mit etwas Abstieg orientieren wir uns entlang der ausgeprägten Karschwelle zum Ansatz des Steinmandl-Ostgrates. Ein schrofiger Aufschwung verlangt nun etwas Kletterei (I). Dann verbleibt man in splittrigem, aber nicht wirklich schwierigem Gelände meist direkt auf der Schneide, die sich zweimal verschärft, oder allenfalls wenige Meter links von ihr. Oben auf der

Steinmandlspitze ❹, 2347 m, steht ebenfalls ein Gipfelkreuz.
Wir überschreiten den Gipfel nach Westen. Außer an einem kleinen Riegel, der links haltend einen Durchschlupf (I) öffnet, stellen sich keine nennenswerten Hindernisse entgegen, obschon das steile Gelände grundsätzlich einen sicheren Tritt verlangt (Andeutung von Begehungsspuren). Wir gelangen hinab in die Einsattelung vor der Hinteren Suwaldspitze. Der Gratanstieg zu dieser erweist sich als etwas verwickelter, weil teils von Krummholz bedrängt und häufiger auch in mehr Detailformen aufgelöst. Die Latschen sind aber nicht wirklich sperrig, wenn wir uns nahe der Kante bewegen. Wir überschreiten die **Hintere Suwaldspitze** ❺, 2159 m, drehen damit nordwärts ein und folgen einer passablen Pfadspur rasch hinüber zur **Vorderen Suwaldspitze** ❻, 2155 m.
Unterhalb des Kammes auf der Westseite zieht der Pfad schräg hinunter Richtung Neederiger Sattel, der vom wichtigeren **Sonnbergsattel** ❼, 1944 m, durch eine unbedeutende Kuppe getrennt wird. Hier kommt ein Weg vom Älpele herauf. Wir folgen freilich dem schönen Grasgrat nordwestwärts über die Kuppe namens Joch, 2052 m, bis zum **Hönig** ❽, 2034 m, dem letzten Gipfelpunkt unserer Tour direkt oberhalb von Berwang.
Im Abstieg zunächst auf der Gratroute weiter zur Schulter, von der sich eine lange Reihe von Kehren abwärtsschraubt (bei Nässe lehmiger Steig). Von der Kreuzung beim Sattelkopf nordwärts querend zur sommers nicht bewirtschafteten Rastkopfhütte und auf einer Skipiste hinunter zum Fahrweg unweit der **Kögelehütte** ❾, ca. 1530 m. Dieser schließt den Kreis Richtung **Berwang**, wobei man zur Kirche kommt und am Ende gegebenenfalls noch den Wiesenweg zum Parkplatz beim Höniglift begeht.

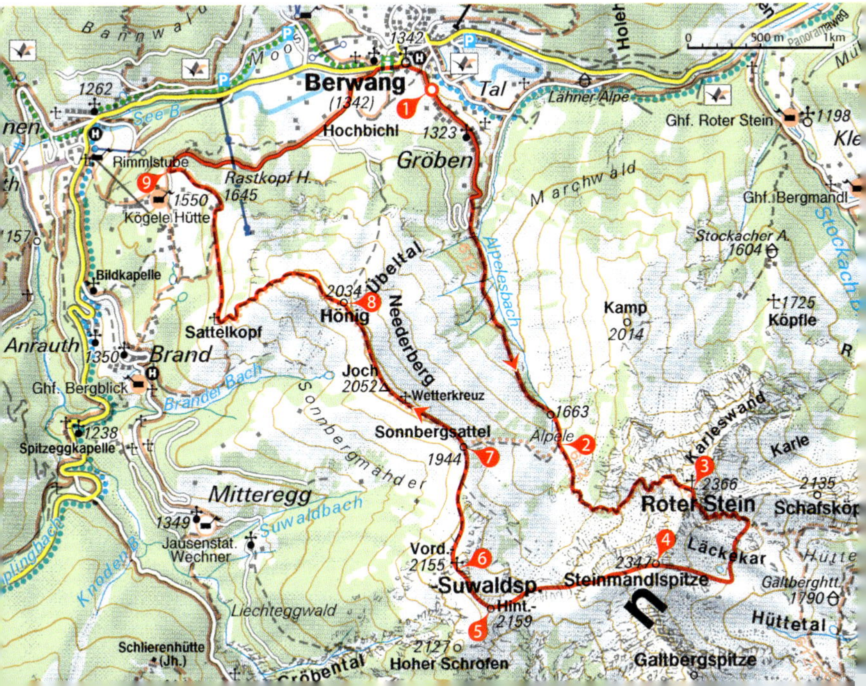

28 Knittelkarspitze, 2376 m
Überschreitung via Schönjöchl und Wetterkreuz

6.00 Std. | 11,5 km | ↗1200 m | ↘1200 m

Einsame Routen am Hauptgipfel der Liegfeistgruppe
Manchmal muss man zunächst ein wenig leiden, um in den Genuss der erträumten alpinen Exklusivität zu kommen. So erging es mir mit dem Aufstieg vom abgeschiedenen Bergdorf Namlos über das Schönjöchl zur Knittelkarspitze, fraglos ein »wilder Weg«. Da braucht es schon ein wenig Zähigkeit, um sich vom oft verwachsenen oder erdig-schmierigen Steig nicht abschrecken zu lassen. Wer den Widrigkeiten zu Beginn und auch der Steilheit erfolgreich trotzt, kann sich oberhalb der Waldgrenze endlich freuen. Am schönsten ist der Schlussanstieg vom Schönjöchl gipfelwärts. Die Knittelkarspitze ist der höchste Punkt im Bereich zwischen Lech, Rotlech und Namloser Tal, alpingeografisch auch als Liegfeistgruppe bezeichnet. Nicht gerade weltberühmt, aber ein toller Berg für all jene, denen das Renommee eines Zieles ziemlich egal ist und die deshalb vielleicht überhaupt dieses Buch in Händen halten. Übrigens brauchen wir über den garstigen Weg keinesfalls wieder hinunter. Es gibt eine offizielle Route von Kelmen und dabei zwischendrin noch eine Variante (durch das Kleine Knittelkar), die ebenfalls als »wilder Weg« charakterisiert werden kann. Prädikat lohnend!

Talort: Namlos, 1225 m, im gleichnamigen Seitental des Lechtals.
Ausgangspunkt: Parkmöglichkeit bei der Bushaltestelle in Namlos, 1208 m. Im Sommer Linientaxi von Stanzach.
Anforderungen: T4 im Aufstieg, etwas

Spätherbstliche Verhältnisse an der Knittelkarspitze.

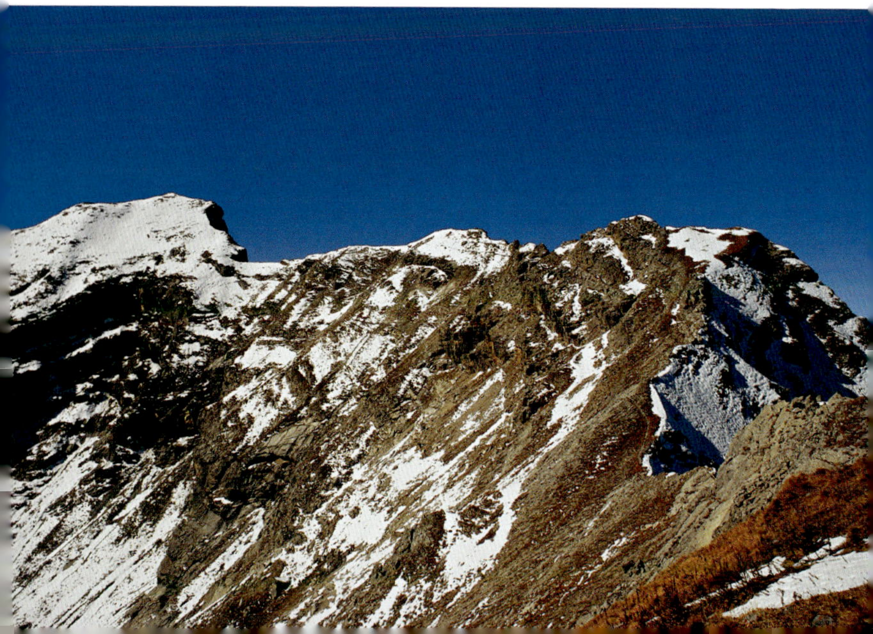

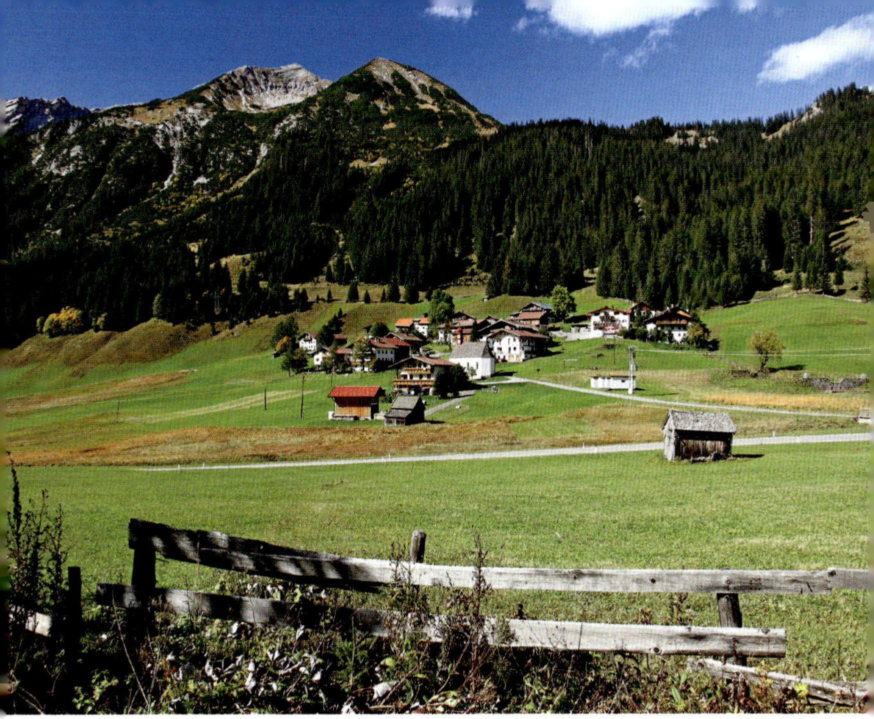

Der Weiler Kelmen unterhalb der Knittelkarspitze.

leichter im Abstieg. Über das Schönjöchl sehr steiler, oft verwachsener und bei feuchten Verhältnissen unangenehmer Pfad, der sich zwischendurch immer mal verliert und neben perfekter Trittsicherheit gutes Durchhaltevermögen erfordert. Die Abstiegsroute ist vor allem oben in den Schrofen noch recht anspruchsvoll, später aber deutlich leichter. Normales Tagespensum.
Orientierung: Zum Schönjöchl einigermaßen, unten sogar überraschend gut markiert; man sollte aber nicht fehlgehen. Beim Abstieg weitgehend offiziell bezeichnet, außer zwischen Wetterkreuz und Kelmer Jöchl, wo die Orientierungsgabe auf eine Probe gestellt wird. Speziell die Latschengasse muss unbedingt gefunden werden.
Einkehr: Nur in Kelmen und Namlos.
Variante: Vor dem Wetterkreuz Überstieg in die Ostseite und durchs Steinkar zum Kelmer Jöchl. Besser markiert, aber Stellen I im Felsriegel, zeitlich ähnlich.
Karten: AV-Karte 1:25.000, Blatt 3/4. Freytag & Berndt 1:50.000, Blatt 351 oder 352.

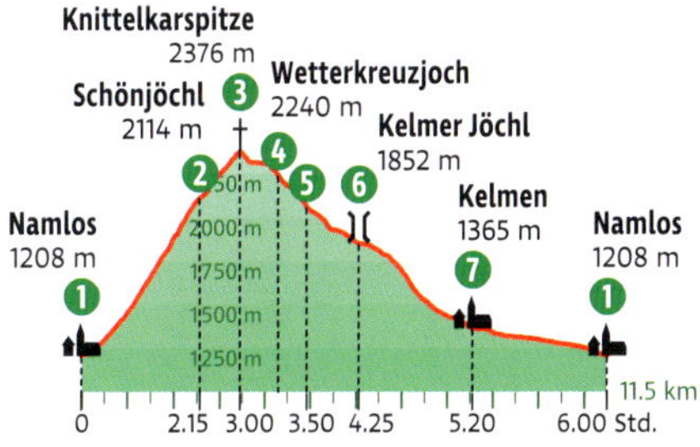

In **Namlos 1**, wo die Knittelkarspitze mit 3 Stunden ausgewiesen wird, zu den obersten Häusern und über eine Wiese gerade hinauf in den Wald. Hier tauchen deutliche rot-weiße Farbzeichen auf. Sie leiten vorübergehend in lichten Jungwald, der viel Bodenvegetation und manchmal ungute Stellen zulässt. Nach knapp

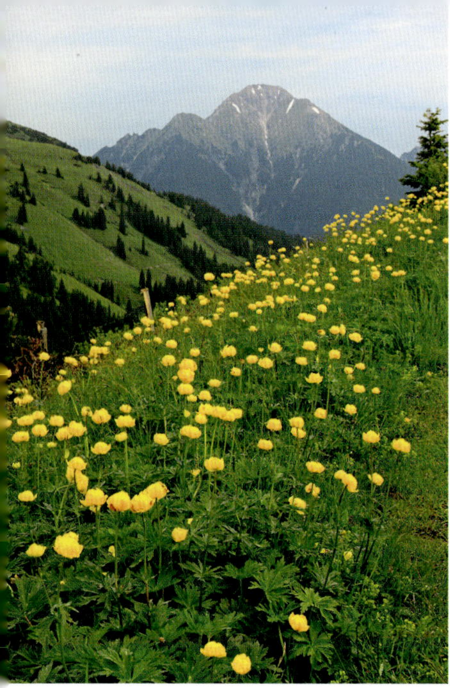

Trollblumenwiese am Kelmer Jöchl.

30 Minuten gilt es einen Linksknick zu beachten. Im Steilgelände kann der Trittsichere zügig Höhe gewinnen. Auf gut 1600 m passieren wir einen Umsetzer im Wald. Die Bergflanke bleibt weiterhin steil, während die Markierung spärlicher und blasser wird. Zweimal schalten sich kurze Linkstraversen ein – die erste leitet ins Latschengelände, die zweite in die Nähe eines **Reflektors**, ca. 1930 m. Danach in einer Schneise aufwärts zum Grat nahe dem **Schönjöchl ❷**, 2114 m, das westseitig passiert wird. Nochmals rücken wir vom Südgrat ab, um am Aufschwung von P. 2262 vorbeizukommen. Schließlich im Schrofengelände bis auf die **Knittelkarspitze ❸**, 2376 m.

Im Bergab folgen wir der Normalroute Richtung Nordost bis Ost. Dabei wird mit einigen etwas ausgesetzten und gesicherten Passagen der Knittelkarkopf, 2313 m, überschritten, bevor wir am **Wetterkreuzjoch ❹** vom Hauptweg abschweifen (jener führt über eine Steilstufe ins Steinkar hinab). Wir bleiben hingegen auf der Seite des Großen Knittelkars und steigen weit oberhalb anhand einer blassen Markierung und kleinen Pfadspur diagonal ab. Das **Wetterkreuz**, 2265 m, wird damit rechts umgangen; es kann wahlweise aber auch überschritten werden (kurzzeitig ausgesetzt mit Stellen I und daher etwas schwieriger). Am Südostgrat wieder gemeinsam weiter,

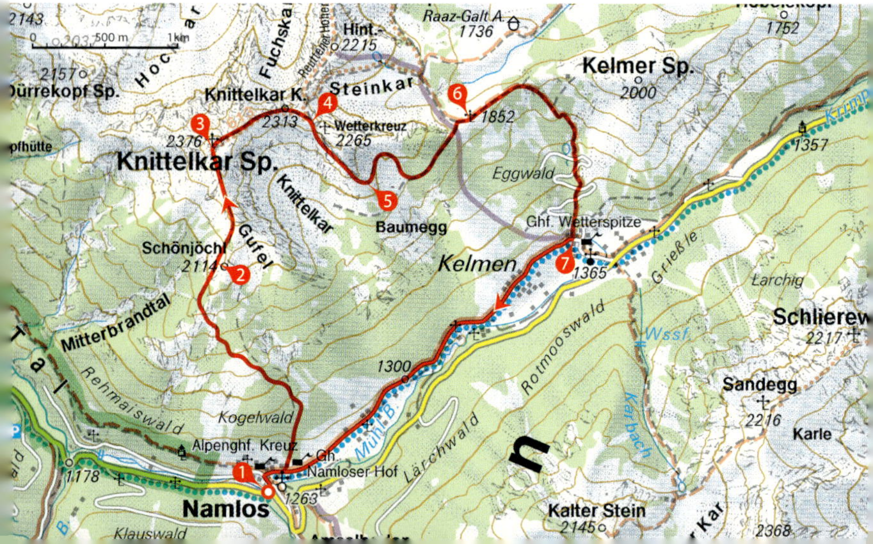

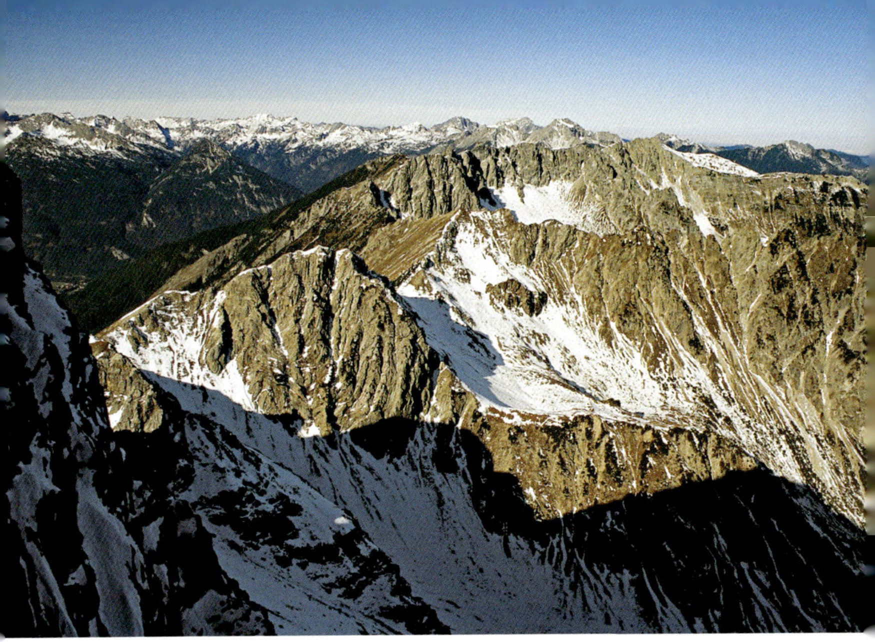

Im Gebiet der Liegfeistgruppe mit der Schwarzhanskarspitze in Bildmitte.

bis die Route scharf nach links ins **Kleine Knittelkar ❺**, ca. 2060 m, abknickt. Diese wichtige Stelle sollte angesichts der Farbzeichen und gut erkennbaren Trasse zuverlässig zu finden sein. Im Kar schlagen wir einen Bogen auf die andere Seite und steigen pfadlos neben einem Latschenfeld bis auf rund 1920 m ab. Dort erkennt man einen Latschenpfad, der die einzige Möglichkeit einer Traverse des Verhaus bietet. Mit der Querung kommen wir zum **Kelmer Jöchl ❻**, 1852 m, voran und stoßen hier wieder auf die offizielle Route durchs Steinkar. Mit dieser ein Stück eben dahin und anschließend auf erdigem Waldweg talwärts. Weiter unten kann eine Forststraße hinab nach **Kelmen ❼**, 1365 m, benutzt werden. Da es hier keinen regulären Busanschluss gibt, wandern wir abschließend noch 3 km auf einem asphaltierten Wirtschaftsweg durch das idyllische Hochtal zurück nach **Namlos ❶**.

Vom Almdorf Fallerschein hat man Einblick in die Schönjöchl-Route an der Knittelkarspitze.

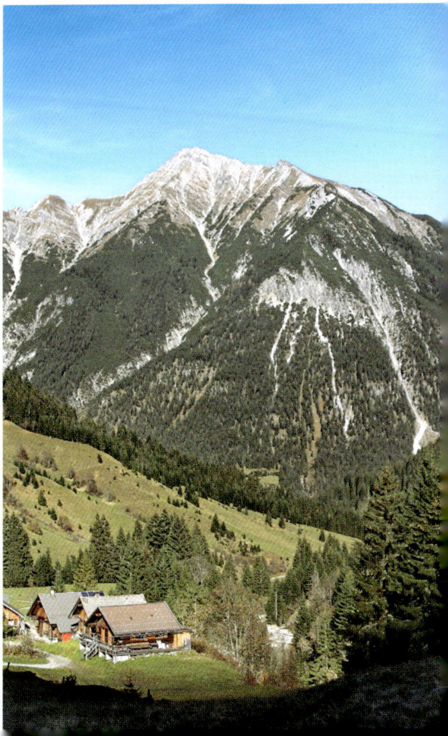

29 Seelakopf, 2368 m

Von Namlos über die Engelspitze

6.30 Std. | 12,3 km | ↗1250 m | ↘1250 m

Genussvolle »Namenlose«

Rund um das Lechtal sind in letzter Zeit etliche Berge »beschildert« worden, auch wenn es sich – wie beispielsweise im Fall der Engelspitze bei Namlos – nicht immer um durchgängig markierte Steige handelt. Als Individualistenziel taugt die Engelspitze allemal, und weil die Fortsetzung zum benachbarten Seelakopf kein großer Aufwand ist und die Tour landschaftlich sogar noch ungemein aufwertet, kommt diesem Gipfel sogar die Hauptbedeutung zu. Man steigt vorteilhaft über den gutmütigen Westrücken zur Engelspitze auf und vollzieht den kaum schwierigeren Übergang zum Seelakopf. Ideal wäre jetzt natürlich der Abstieg via Karjoch nach Kelmen, doch am Nordgrat des Seelakopfes stellen sich gravierende Hindernisse in Form von brüchigem Hauptdolomitgelände entgegen. Von der Engelspitze ist hingegen ein teilweise wegloser Abstieg über den Kalten Stein möglich. Wer sich diesen nicht zutraut, kehrt einfach wieder über die Aufstiegsroute zurück und hat damit ebenfalls eine reizvolle Tour abseits des Massentourismus absolviert. Solcher ist in den Namloser Bergen ja ohnehin ein Fremdwort.

Talort: Namlos, 1225 m, im gleichnamigen Seitental des Lechtals.
Ausgangspunkt: Parkplatz, ca. 1260 m, nach der Kehre oberhalb von Namlos, wo gegenüber das Hinweisschild zur Engelspitze steht.
Anforderungen: T4, bis Engelspitze T3. Zumeist Grasgelände wechselnder

Am Gratkamm der Engelspitze; im Hintergrund die Knittelkarspitze.

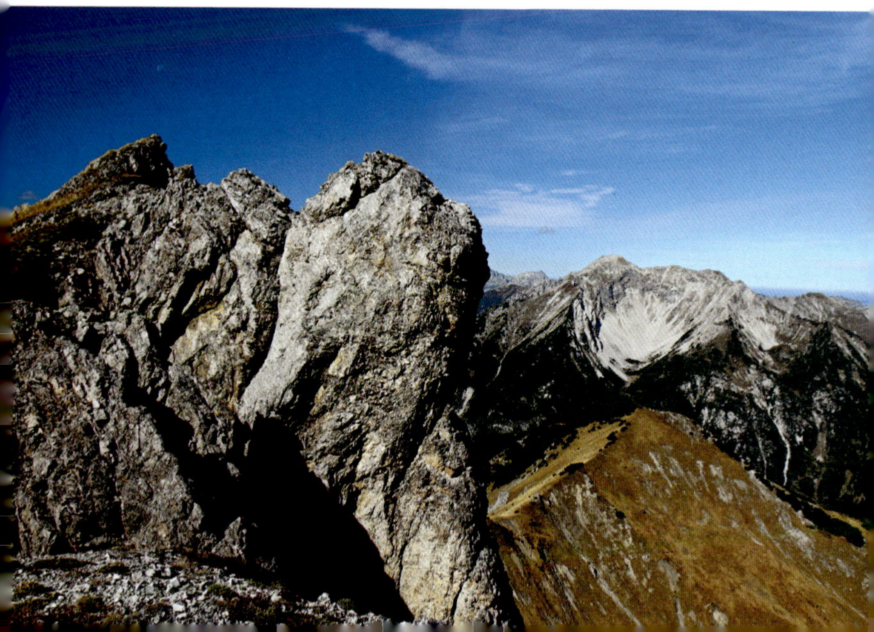

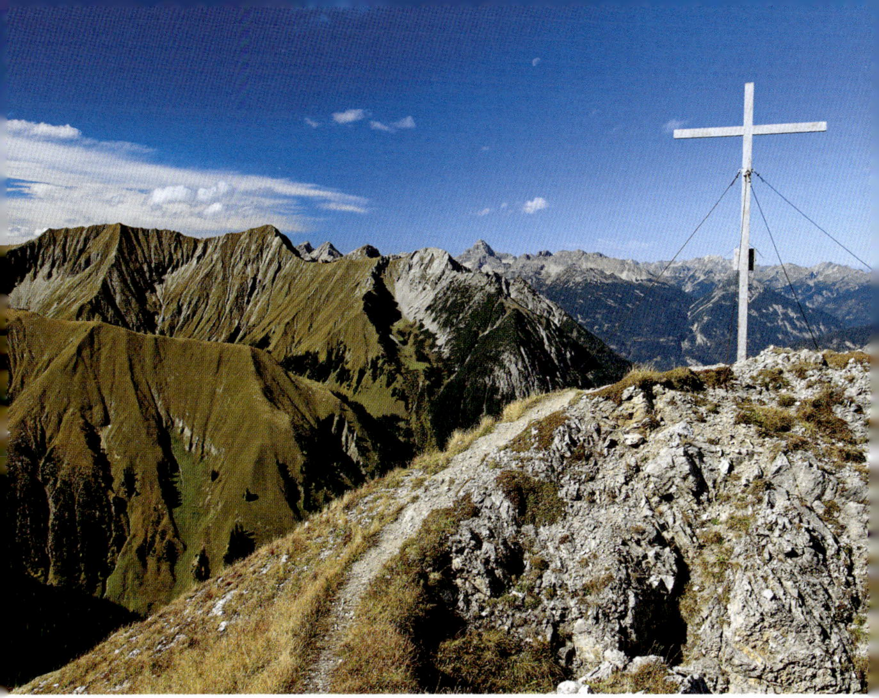

Das Kreuz steht auf dem Westgipfel der Engelspitze, einem feinen Aussichtspunkt.

Steilheit, beim Aufstieg über die Engelspitze weitgehend unschwierig, kaum ausgesetzt und erst am Gipfelaufbau des Seelakopfes kurzfristig felsig (I). Abstiegsroute etwas schwieriger, speziell am schrofigen Nordgrat der Engelspitze und in den weglosen, relativ steilen Graspleisen vom Kalten Stein ins Kelmer Kar. Gute Trittsicherheit obligatorisch, bei Nässe nicht ratsam! Konditionell normale Tagestour, bei Beschränkung auf die Engelspitze nur ca. 1000 Hm bzw. 4.45 Std.

Orientierung: Weithin gepfadete Route, aber abgesehen von der Beschilderung im Tal kaum markiert, nur sporadisch im Wald sowie aus dem Kelmer Kar talwärts. Der pfadlose Abstieg vom Kalten Stein ins Kar muss selbstständig eingeschätzt werden, ist aber übersichtlich.

Einkehr: Keine.

Variante: Wer mit brüchigem Zweier-Gelände routiniert umzugehen versteht, kann versuchen, den Seelakopf Richtung Karjoch zu überschreiten, um von dort auf spärlichem Weg ins Kelmer Kar abzusteigen.

Karten: AV-Karte 1:25.000, Blatt 3/4. Freytag & Berndt 1:50.000, Blatt 351 bzw. 352.

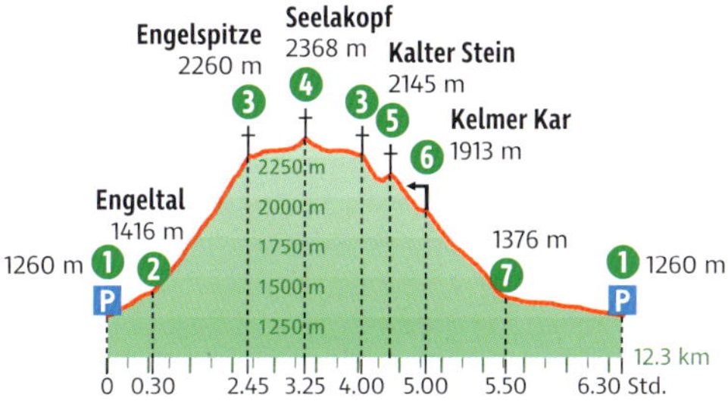

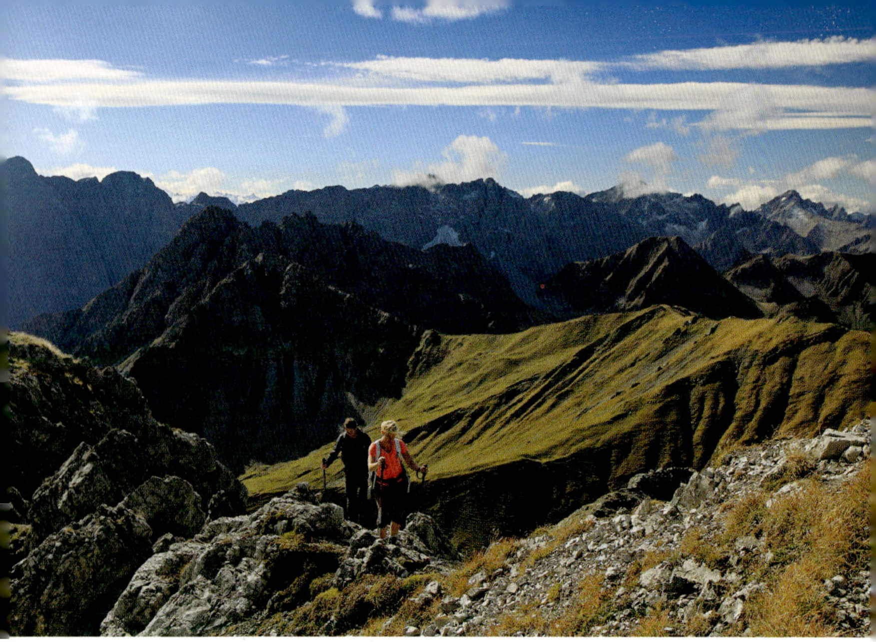

Die letzten Schritte zum Seelakopf, der nur selten Besuch erhält.

Gegenüber dem **Parkplatz ①** an der Namloser Straße geht es nach Beschilderung »Engelspitze« anfangs auf breitem Ziehweg bergauf Richtung Amselboden. Über die Wiese setzt sich die Route fort und schwenkt dann in den Graben des **Engelbachs** ein. Der Bach muss bald nach rechts überschritten werden ② – ohne Bezeichnung irritierend, da sich an dieser Stelle auch eine Spur auf der linken Seite fortsetzt, doch diese führt später nicht zum Ziel. Durch den Vorderen Kesselwald helfen anschließend sporadisch Markierungen. Der Pfad ist deutlich, kann aber durch umgestürzte Bäume behindert sein. Nach und nach treten wir aus dem Gehölz heraus und orientieren uns am stumpfen Westrücken, immer noch auf ganz guter Spur im wechselnd steilen Gras. Einige Latscheninseln werden problemlos passiert. Erst weit oben wird das Gelände etwas schrofiger. Vorbei an einem Marterl, das für einen 2015 verunglückten Skibergsteiger aufgestellt wurde, erreichen wir das Kreuz auf dem Westgipfel der **Engelspitze ③**, 2260 m.

Deren eigentlicher Gipfelpunkt, 2291 m, wird freilich erst auf dem Weiterweg entlang der Kammlinie überschritten respektive tangiert. Ohne Markierung folgen wir der klar erkennbaren Steigspur – teils geringfügig in die harmlose Südflanke ausbiegend – dem höheren **Seelakopf ④**, 2368 m, entgegen. Zuletzt über einen aufsteilenden Hang zum Vorgipfel und zwischen einigen Felsen hindurch (kurz I) zum höchsten Punkt mit Signalstange.

Im Abstieg zunächst entlang der genussvollen Kammroute zurück zur **Engelspitze ③**. Dort wenden wir uns dem steileren Nordrücken zu, wo spärliche, unterbrochene Trittspuren in einen begrünten Sattel hinableiten. Vorsicht, der Untergrund ist teilweise rutschig. Direkt aus der Einsattelung erscheint der Abstieg rechts

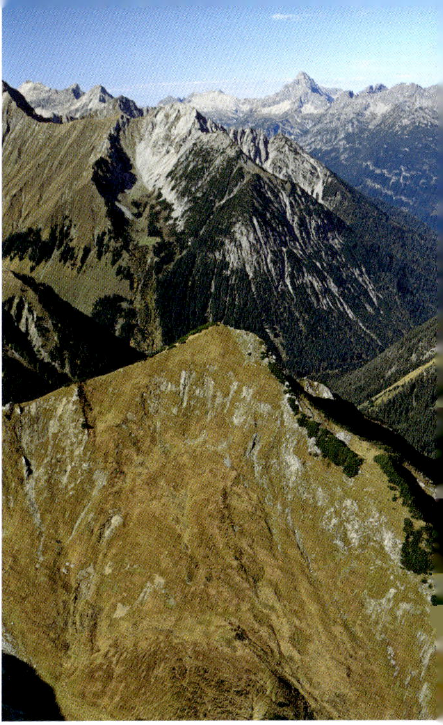

Blick über den Kalten Stein – wo man gut die Abstiegsflanke einsehen kann – bis zum Hochvogel in den Allgäuer Alpen.

ins Kelmer Kar nicht ratsam. Besser, man ersteigt zwischen Latschen zunächst noch den nördlich vorgelagerten **Kalten Stein** ❺, 2145 m, wendet sich dann wieder rund 3 Minuten zurück und biegt an geeigneter Stelle in die Ostflanke ab. Hier müssen wir ein gewisses Gespür für das relativ steile Grasterrain beweisen und nach Augenmaß eine günstige Linie hinunter ins **Kelmer Kar** wählen. Als Richtpunkt dienen dort die Holzhütten. Daran vorbei stößt man nach wenigen Schritten auf die markierte Route von Kelmen herauf ❻ – bergwärts dreht diese im Übrigen zur Schlierewand ab. Man nimmt den soliden Weg auf und wendet sich nach Norden in den Geländetrichter hinab. Zweimal den Bach kreuzend und später durch Wald bis auf die Weiden gegenüber vom Weiler **Kelmen**. Noch vor der Straße biegen wir links ab ❼, folgen einem Karrenweg und treffen dann doch auf die Namloser Straße, auf der noch etwa 2 km zurück zum **Parkplatz** ❶ bevorstehen. Vorsicht, es handelt sich um eine klassische »Motorrad-Rennstrecke«! Alternativ kann man auch auf die andere Hangseite wechseln – der Rückweg via Namlos ist dann aber umständlicher.

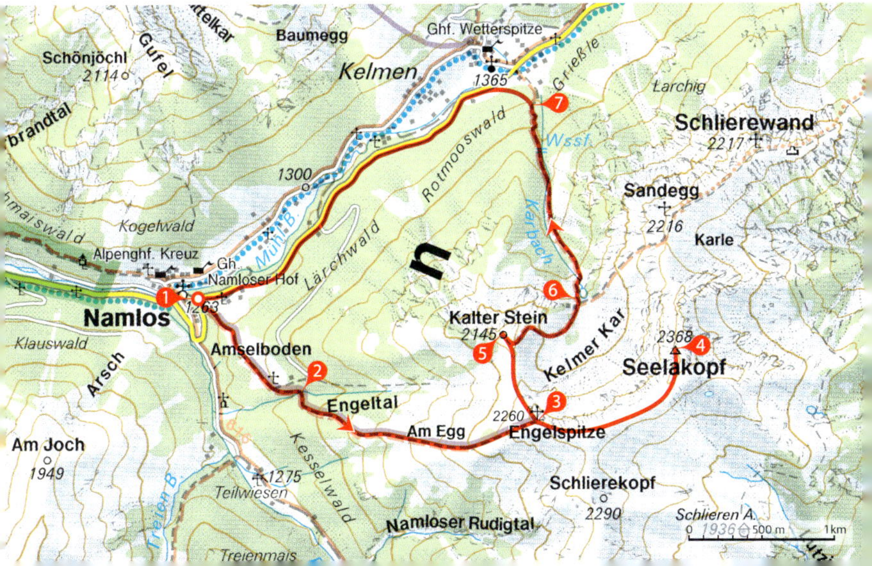

30 Egger Muttekopf, 2311 m
Rundtour von Bschlabs

4.50 Std. | 7,3 km | ↗ 950 m | ↘ 950 m

Eine Stippvisite am Anhalter Höhenweg
Der Egger Muttekopf, ein typischer Lechtaler Grasberg über dem Bschlaber Tal, wird meist nur im Zuge einer Überschreitung auf dem Anhalter Höhenweg besucht. Und auch dieser wird ja nicht gerade häufig unter die Sohlen genommen, zu ausschweifend und anspruchsvoll erscheint vielen die Route. Mit dem Egger Muttekopf stelle ich eine der kürzeren Touren in diesem Buch vor. Gleichwohl erreicht der Anspruch knapp »schwarzes« Niveau, einerseits wegen des kniffligen Zugangs durchs Weittal, wo die in der AV-Karte eingetragenen Steigspuren mittlerweile kaum noch auffindbar sind, zum anderen, weil am Anhalter Höhenweg selbst ein schmaler Pfad in abschüssigem Gelände unsere Trittsicherheit auf die Probe stellt. Immerhin ist der Rückweg aus der Bortigscharte merklich leichter.

Talort: Bschlabs, 1316 m, kleines Bergdorf in einem Seitental des Lechtals.
Ausgangspunkt: Parkmöglichkeit bei den unteren Häusern von Egg, ca. 1420 m, erreichbar auf der Bergstraße von Bschlabs.
Anforderungen: T4. Steiles, bei Nässe auch heikles Grasgelände herrscht vor, am Grat zweimal Kettensicherungen an besonders ausgesetzten Stellen. Unterhalb des Sattels auf 200 Hm weglos durch wucherndes Gras, sonst meist kleine Pfade. Trittsicherheit und Schwindelfreiheit sind essenziell, die Kondition wird dagegen nicht übermäßig gefordert.
Orientierung: Erschwert ist der Aufstieg zum Sattel ab der Stelle, wo man den offiziellen Weg verlässt. Ansonsten

Blick vom Egger Muttekopf hinüber zur Bschlaber Kreuzspitze.

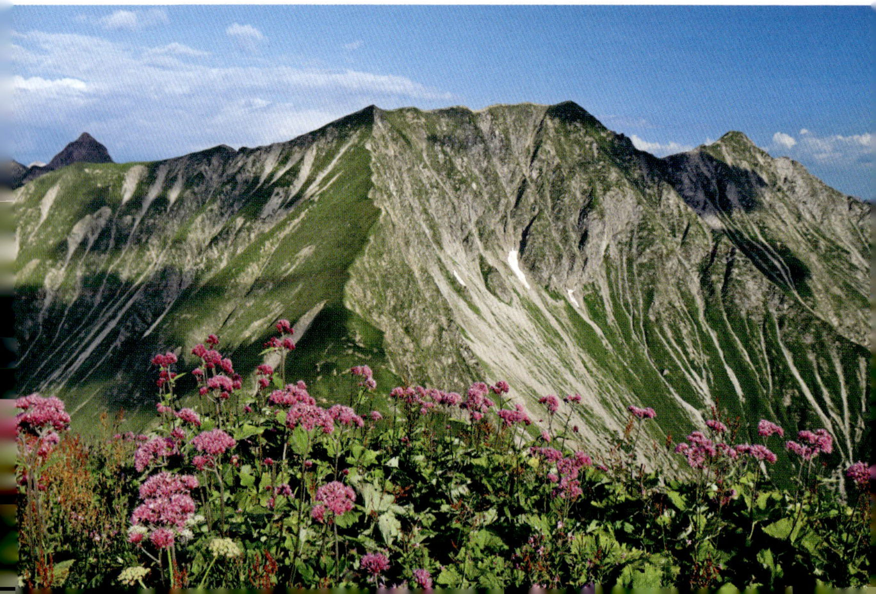

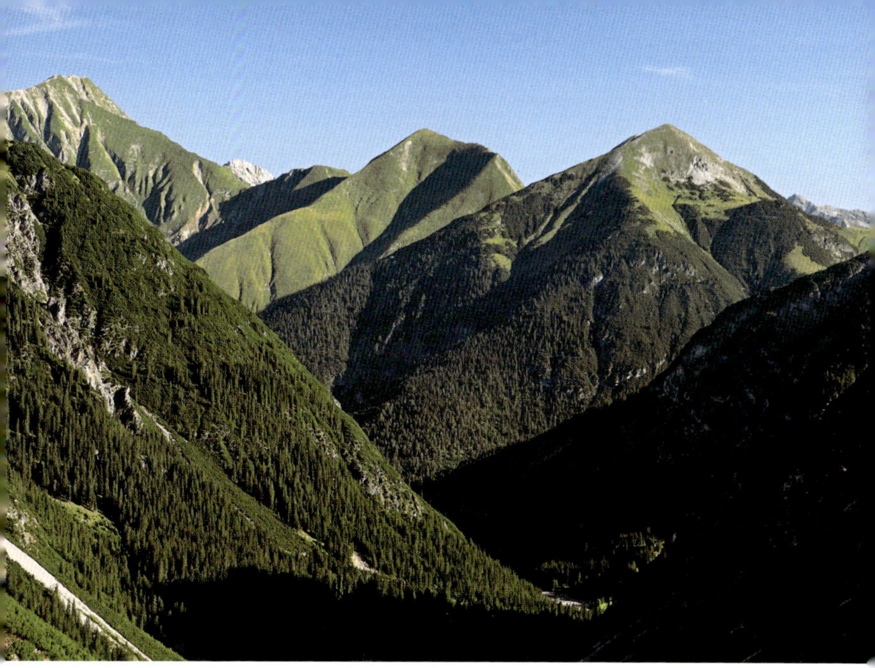

Der Egger Muttekopf, flankiert von Bschlaber Kreuzspitze (links) und Ortkopf (rechts).

über weite Strecken eher spärlich markierte Routen, die entsprechend mehr Sicherheit bieten.
Einkehr: Keine am Weg; in Bschlabs gibt es ein Gasthaus.
Variante: Für Ausdauernde Fortsetzung über die Bschlaber Kreuzspitze, 2462 m, möglich. Aufstieg am Südostgrat, Abstieg über Südwestgrat, Hochpleis und Brandkopf; insgesamt fast 2 Std. länger.
Karten: AV-Karte 1:25.000, Blatt 3/4. Freytag & Berndt 1:50.000, Blatt 351 oder 352.

In **Egg** ❶ folgen wir dem Hinweis zur Namloser Wetterspitze, queren also kurz zum Bach hinunter, überschreiten beide Äste nach rechts und treffen dahinter auf den Beginn eines Steiges. Durch Wald, über Lichtungen und später in Latschenfeldern geht es eine ganze Weile gutmütig aufwärts. Auf rund 1800 m – kurz bevor unser Steig markant nach rechts abdreht – gilt es diesen zu verlassen, wobei der Abzweig ❷ zwischen Krummholz nicht ganz leicht zu finden ist. Mit einer Flankenquerung nähert man sich dem Graben des Weittals (nicht zu tief, da der Graben dort meist Wasser führt und überhaupt beschwerlich und unsolide ist). Man wechselt auf den Rücken links davon und steigt – zumal üppig bewachsen oder gar überwuchert – ohne ersichtliche Spur bis in den **Sattel** ❸, 2043 m, auf. Hier stoßen wir auf den dürftig bezeichneten **Anhalter Höhenweg**. Damit nach links auf undeutlichen Spuren

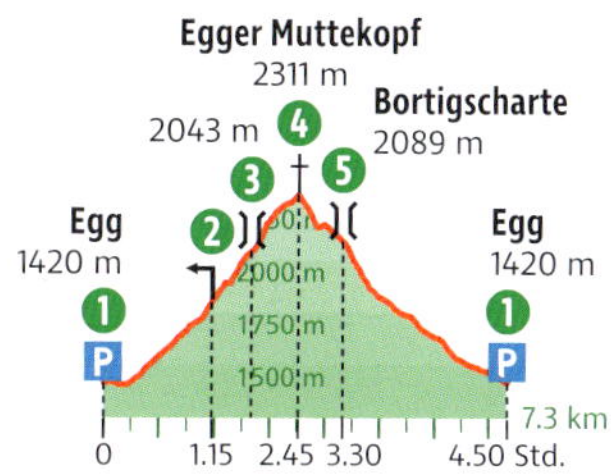

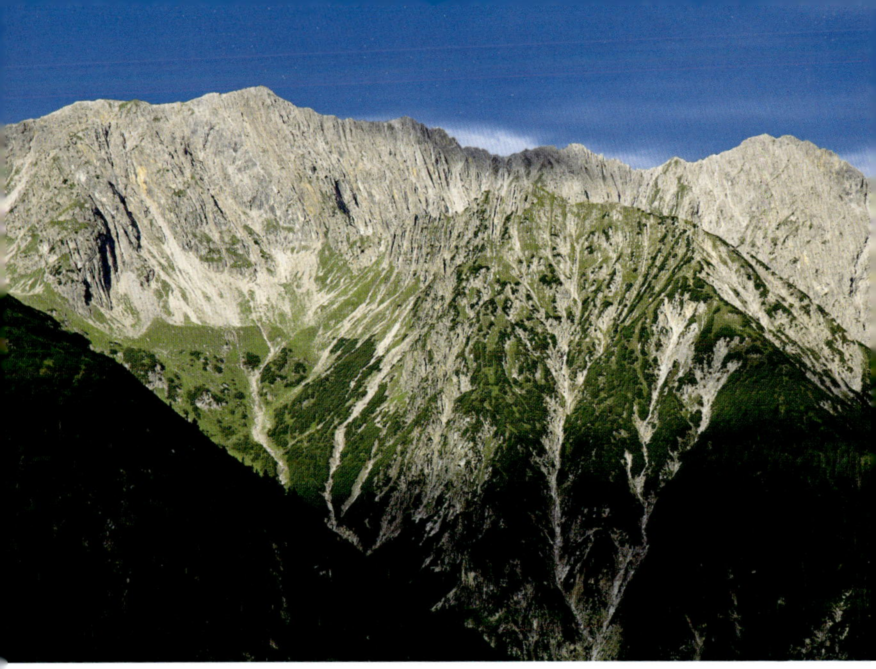

Schöne Lichtstimmung an den Bergen jenseits des Bschlaber Tals.

im Gras sehr steil empor. Die Geländestufe misst ca. 200 Hm und geht bei P. 2235 in einen flacheren Gratteil über, der schließlich auf den ebenfalls völlig grasbewachsenen **Egger Muttekopf** ❹, 2311 m, führt.

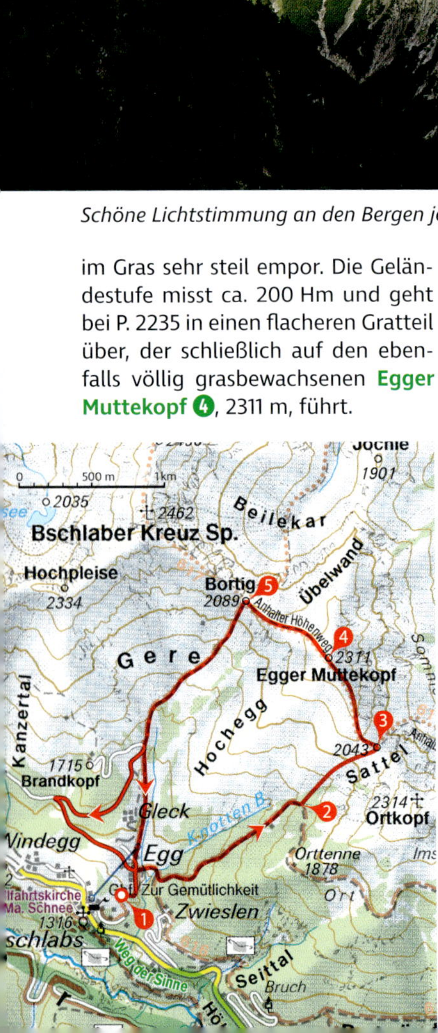

Auf der Nordwestseite des Berges wiederum steil bergab; eine ausgesetzte schrofige Passage ist sogar mit Ketten bestückt. Aus der Scharte P. 2153 überschreitet man eine kleine Zwischenerhebung (P. 2174) – an einer besonders abschüssigen Stelle nochmals mit Kette – und nähert sich dann der **Bortigscharte** ❺, 2089 m. Hier verzweigen sich die Routen Richtung Bschlaber Kreuzspitze, Fallerschein und Bschlabs. Mit Letztgenannter (mittlerweile bezeichnet) geht es für uns links hinunter, wobei es schon im oberen steileren Bereich einen ordentlichen Pfad gibt. In vielen Windungen bis auf einen Boden, dort rechts haltend und mit einer Umleitung oberhalb einer abgerutschten Rüfe vorbei. Man stößt auf eine Forststraße und kann dieser schließlich mit einer weit ausholenden Schleife bis nach **Egg** ❶ folgen oder gegebenenfalls über einen Wiesenhang abkürzen.

Habart, 2294 m, und Hochpleisspitze, 2349 m

Überschreitung von Pfafflar

31

4.15 Std. | 7,9 km | ↗ 830 m | ↘ 830 m

Einsame Kammroute über der Hahntennjochstraße
Der lange Kammzug der Heiterwand setzt sich westwärts über den noch ziemlich felsigen Falschkogel sowie zwei begrünte Erhebungen namens Hochpleisspitze und Habart fort. Diese lassen sich ganz reizvoll überschreiten – wegen des hohen Ausgangspunktes eine nicht besonders lange Tour im Einzugsgebiet der Hahntennjochstraße. Beginnen wollen wir sie mit dem alten Heuersteig hinauf zum Habart, der noch ganz gut in Schuss ist. Auf der Grathöhe über die Hochpleisspitze ist beinahe hindernisloses »Schaulaufen« angesagt. Da die Fortsetzung zum Falschkogel offenkundig handfeste Kletterei erfordert, scheren wir davor am Plattjoch nach Süden aus und vollenden die Runde Richtung Pfafflar. Vor Errichtung der Anhalter Hütte diente dieser Sattel sogar als Übergang ins Plötzigtal – eine Weganlage existiert aber nicht mehr, weshalb eine gewisse Routine in steilen Graspleisen nicht fehlen sollte.

Talort: Boden, 1356 m, kleines Bergdorf im Bschlaber Tal.
Ausgangspunkt: Pfafflar, 1619 m, an der Hahntennjochstraße.
Anforderungen: T3–4. Bergtour in wechselnd steilem Mattengelände, Richtung Habart auf ehemaligem Heuersteig, danach phasenweise wegloser Charakter, vor allem beim späteren Abstieg durch die Südflanke. Gute Trittsicherheit obligatorisch, nur bei trockenen Bedingungen und ausreichender Sicht unternehmen! Noch knapp »rot« eingestuft, konditionell bloß ein gutes Halbtagesprogramm.
Orientierung: Zum Habart bis auf 2100 m markiert, Fortsetzung über die Gipfel logische Routenführung am Kamm, oft Pfadspuren. Erhöhte Anforderungen an die Orientierung jedoch beim weglosen Abstieg vom Plattjoch; hier ist guter Spürsinn gefragt.

Bei den Holzhäusern von **Pfafflar** (1) schlagen wir den Wirtschaftsweg ein und folgen diesem durch das Weidegelände bis zu seinem Ende. Wir entdecken ein Hinweisschild und auch einen kleinen Pfad. Es geht kurz durch Wald, dann teils über freie

Einkehr: Restaurant in Pfafflar.
Karten: AV-Karte 1:25.000, Blatt BY 3/4. Freytag & Berndt 1:50.000, Blatt 351 oder 352.

Frühsommerwiesen bei Pfafflar, im Herzen der Lechtaler Alpen.

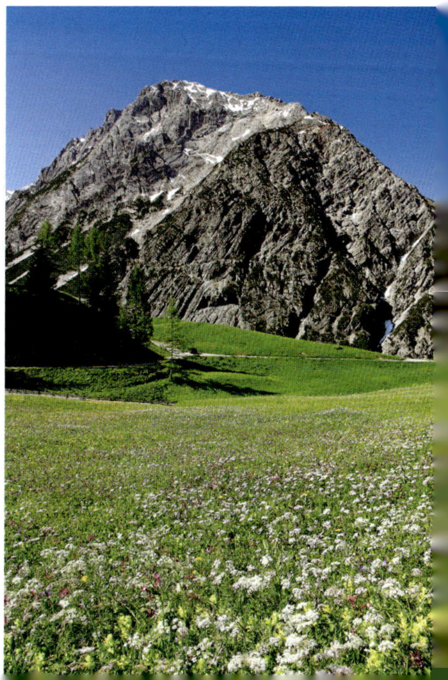

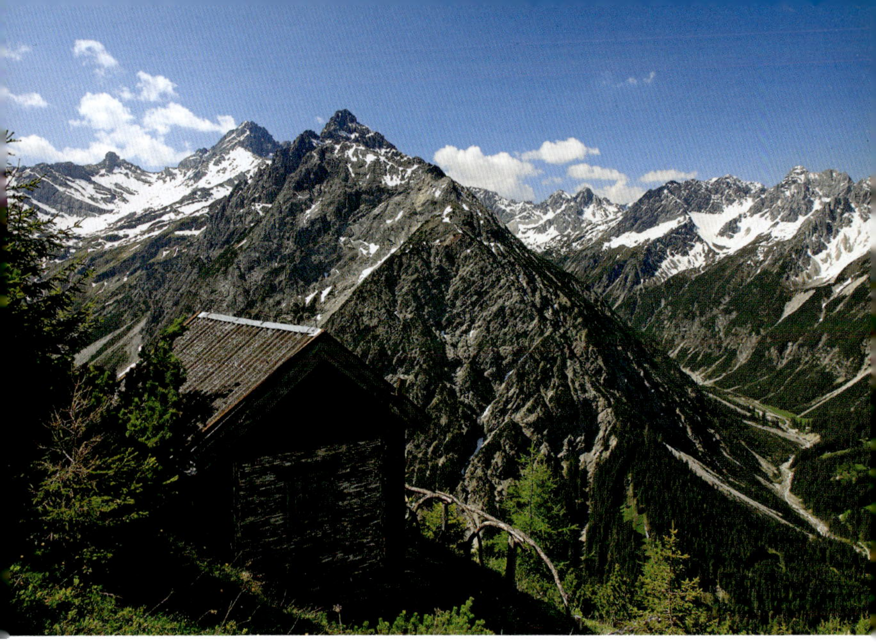

Auf 2000 Meter Höhe empfängt uns ein Hüttchen mit toller Schau auf Reichspitze und Co.

Wiesen und links haltend nochmals zu einer Waldparzelle, wo der Steig im Zickzack überraschend bequem bergauf zieht. Im zunehmend offenen Gelände erreicht man eine kleine Hütte ❷, 2001 m. Anschließend ziemlich steil durch Lawinenverbauungen hindurch zu einem Kreuz an einer Hangkante. Hier enden die roten Punkte. Ohne Probleme setzen wir den Aufstieg über den breiten Grasrücken fort, durchschreiten eine schwache Senke und gewinnen über den allmählich stärker ausgeprägten Grat den **Habart** ❸, 2294 m.

Jenseits erfolgt ein relativ kurzer Abstieg ins Schlechtjöchle, 2208 m. Die Gegensteigung beginnt moderat, zieht dann jedoch kräftig an. Dabei ist das Gras höchstens von wenigen Felsen durchsetzt, die Pfadspur meist zu erkennen, sodass wir auch den Gipfel der **Hochpleisspitze** ❹, 2349 m, im Prinzip unschwierig erreichen.

Ein Stück weit nördlich ragt die Namloser Wetterspitze auf, aufgrund ihrer isolierten Lage ein Blickfang im Osten der Lechtaler Alpen.

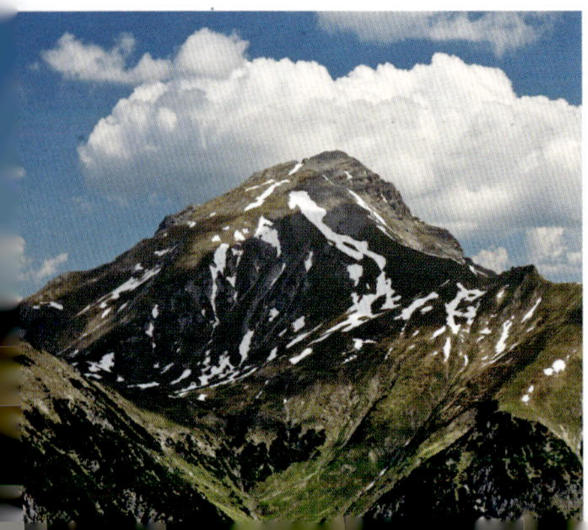

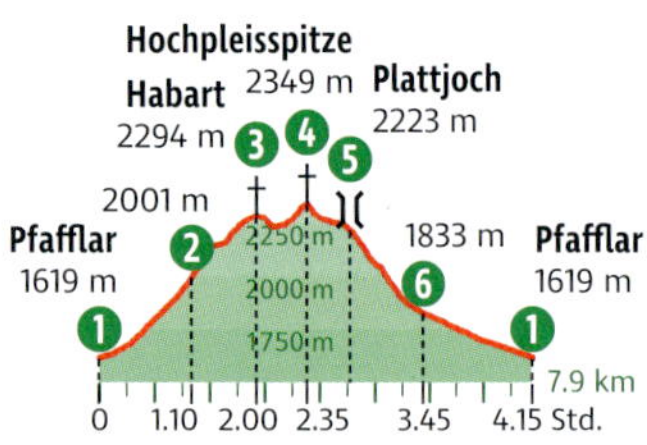

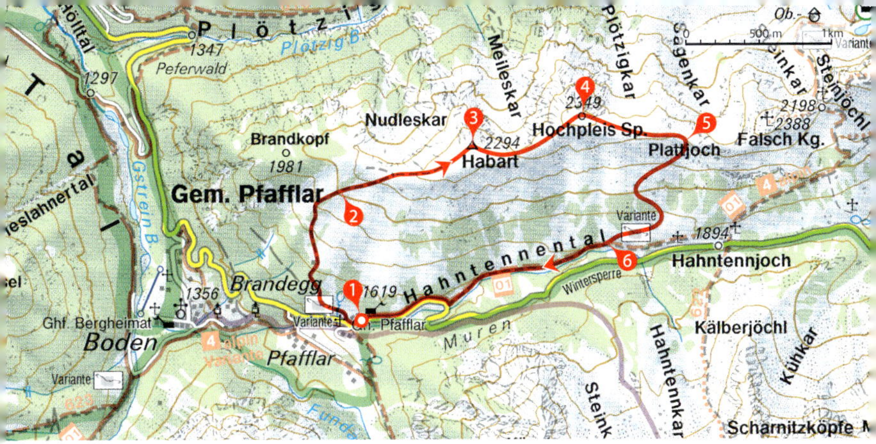

Ähnlich verhält es sich beim ostseitigen Abstieg in die nächste Einsattelung – anfangs steil, insgesamt jedoch ein gutmütiger Rücken. Im **Plattjoch** ➎, 2223 m, verlassen wir diesen und steigen pfadlos in die südseitige Grasflanke ab. Das funktioniert allerdings nicht beliebig. Man hält sich zunächst tendenziell rechts; dabei kann weiter unten eine sandige Rinne als Orientierung dienen. Rechts davon lassen sich die Latschen und Abbrüche auf einer weiterhin grasigen Rampe gut umgehen. Hier im unteren Teil wendet man sich wieder nach links und gelangt nach der Diagonale sanfter auslaufend in die Talsohle, die unterhalb der Hahntennjochstraße verläuft. In der Nähe des Baches fädeln wir in den markierten Weg Nr. 601 ein ➏ und wandern hinaus zur Straßenkehre. Von dort noch ca. 700 m bis zum Ausgangspunkt in **Pfafflar** ➊.

Der Kammverlauf zwischen Hochpleisspitze und Falschkogel, dahinter die mächtige Heiterwand.

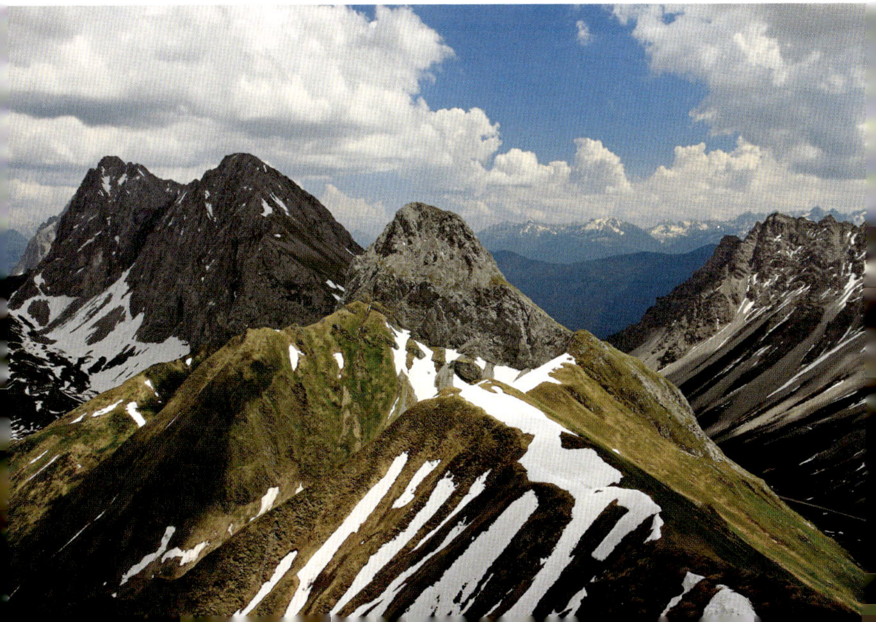

32 Rund um die Heiterwand

Zwei-Tage-Tour via Nord- und Südweg

14.00 Std. | 24,0 km | ↗ 2300 m | ↘ 2300 m

Abenteuerliche Höhensteige mit Romantikfaktor

Die Heiterwand erstreckt sich als sieben Kilometer breite, geschlossene Felsfront im Osten der Lechtaler Alpen. Geologisch ist sie quasi als Fortsetzung der Mieminger Kette zu sehen, zumal aus dem gleichen Gestein (Wettersteinkalk) aufgebaut. Ausnahmsweise sollen uns hier einmal nicht die Gipfel interessieren (notabene: die Besteigung des höchsten Punktes wäre eine anstrengende Tour im II. Grad), sondern die Umrundung des gesamten Massivs. Das nimmt immerhin volle zwei Tage in Anspruch und vollzieht sich mitnichten auf gutmütigen Wanderpromenaden, wie angesichts der Bezeichnungen »Heiterwand-Nordweg und -Südweg« vielleicht der Eindruck erweckt werden könnte. Während die Traverse der Nordseite noch als gewöhnlicher alpiner Höhenweg durchgehen würde – obschon es in seinem Verlauf bereits etwas ruppig wird – präsentiert sich die Verbindung auf der Südseite als »wilder Weg« par excellence! Besonders die grimmigen Rinnensysteme stellen sich uns immer wieder hindernisreich entgegen, sodass man phasenweise nur langsam vorankommt und einige Routine in tückischem Gelände unter Beweis stellen muss. Da kann die Pfadspur an steil abfallenden Mergelhängen durchaus mal unterbrochen sein oder irgendeine andere Unwägbarkeit auftauchen. Immerhin dürfen wir auf eine solide Markierung vertrauen und ab und zu eine hilfreiche Kettensicherung in Anspruch nehmen. Diese einsame Unternehmung besitzt also veri-

Felskulisse über dem Hahntennjoch, wo die Tour beginnt und endet.

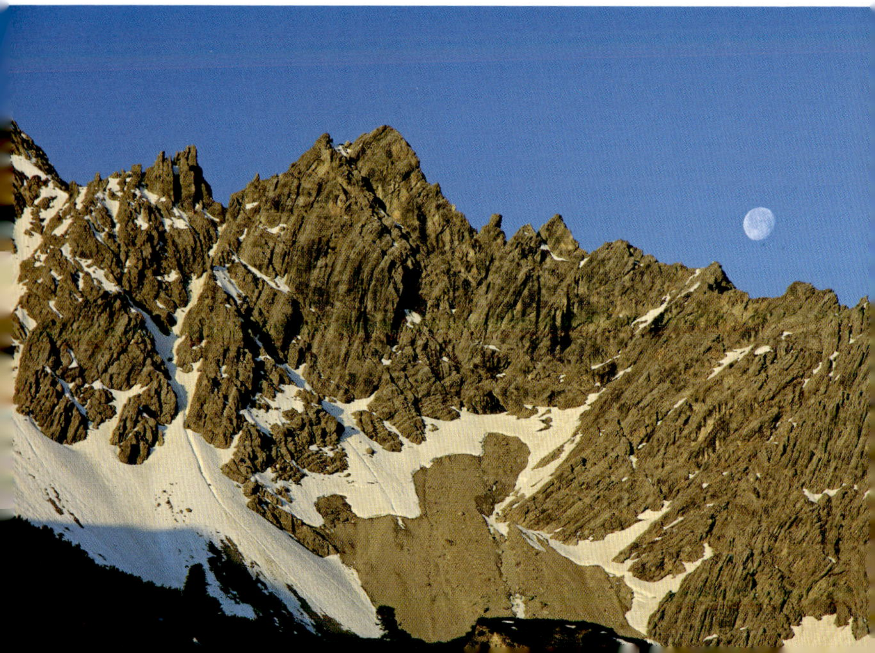

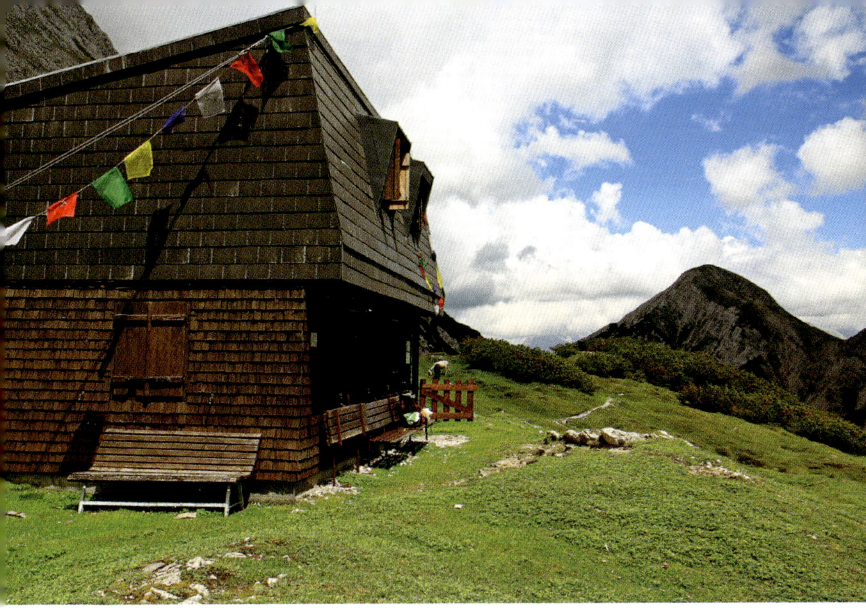

Die Heiterwandhütte ist nicht bewirtschaftet, aber großzügig und zweckmäßig eingerichtet.

tablen Abenteuerwert und ist sicher nichts für Zartbesaitete, was nicht zuletzt durch die bollwerkartige Präsenz der Heiterwand unterstrichen wird. Und dazu passt dann auch, dass wir zwischendurch in einer abgeschiedenen Selbstversorgerhütte Quartier beziehen und ein echtes Gefühl von Ursprünglichkeit aufsaugen.

Talort: Bschlabs, 1316 m, im gleichnamigen Seitental des Lechtals (Hahntennjochstraße).
Ausgangspunkt: Hahntennjoch, 1894 m, Parkplatz an der Scheitelhöhe der Passstraße. In der Hauptsaison Wanderbus zwischen Elmen im Lechtal und Imst.
Anforderungen: T4–5 am Südweg, maximal T3–4 am Nordweg. Insgesamt anspruchsvolle Tour, die alpine Erfahrung sowie perfekte Trittsicherheit und Schwindelfreiheit verlangt. Am Nordweg zwar kaum schwierigere Einzelstellen, aber nach anfänglich recht gut ausgebauten Trassen im Verlauf zunehmend ruppiger. Dieser Charakter erhärtet sich am Südweg in zerfurchtem Steilgelände eklatant. Hier meist nur schmale Pfadspur, die sich in Gras- und Schotterhalden teilweise verliert. Schrofen im I. Grad und sehr abschüssige Hangtraversen auf unsolidem Untergrund (evtl. sogar vermurt!) erscheinen prekär und verlangen große Umsicht und wiederholt Händegebrauch, hier und da an Kettensicherungen. Unkalkulierbar wird das Ganze, falls noch Altschneefelder in den Rinnen lauern (auch am Nordweg im Frühsommer ggf. hinderlich). Somit nur bei trockenen und stabilen Bedingungen ratsam und auf zeitraubende Aktionen in stetem Auf und Ab gefasst sein.
Orientierung: Nahezu die gesamte Route ist zuverlässig markiert, was angesichts eines verwinkelten Verlaufs in oft wildem Gelände sehr sicherheitsrelevant ist. Gleichwohl braucht es Konzentration und solides Orientierungsvermögen.
Hinweis: Beide Etappen dauern ca. 7.00 Std. Am 1. Tag 1200 Hm Aufstieg, 1080 Hm Abstieg, am 2. Tag 1100 Hm Aufstieg, 1220 Hm Abstieg.

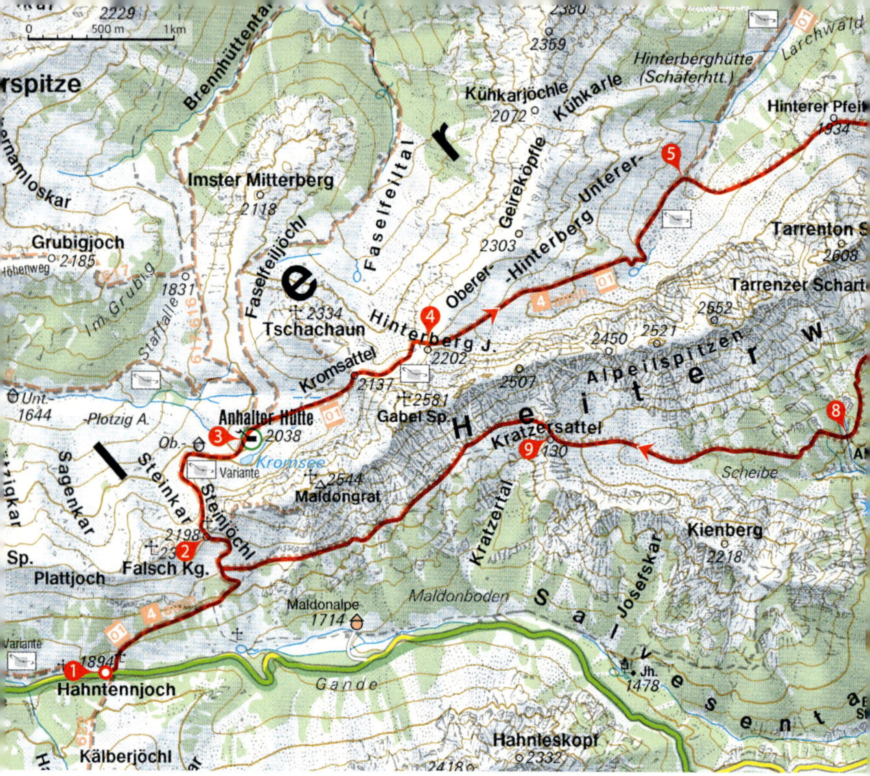

Einkehr/Übernachtung: Anhalter Hütte, 2038 m, Mitte Juni bis Anfang Oktober, Tel. +43 660 6647428. Heiterwandhütte, 2020 m, unbewartete Selbstversorgerhütte, zugänglich mit AV-Schlüssel, Infos unter Tel. +49 741 23614.

Variante: Keine Variante, aber der Hinweis auf mögliche Notabstiege: vom Nordweg mit Nr. 601 zur Hinteren Tarrentonalm bzw. durchs Tegestal Richtung Nassereith, vom Südweg (erster Teil) mit Nr. 615 nach Tarrenz.

Karten: AV-Karte 1:25.000, Blatt 3/4. Freytag & Berndt 1:50.000, Blatt 352.

1. Tag: Vom **Hahntennjoch** ❶ durch Latschenfelder schräg rechts ansteigend, nach einer Kehre am Abzweig des Südweges, ca. 2100 m, vorbei und durch eine Hangmulde ins **Steinjöchle** ❷, 2198 m. Jenseits leiten Kehren über eine gut abgesicherte Steilstufe hinab (Seilgeländer), ehe man auf die Wiesen übertritt, bei der Oberen Plötzigalm ein markantes Eck umkurvt und wieder kurz zur **Anhalter Hütte** ❸, 2038 m, ansteigt. Noch weit am Anfang, werden wir wohl leider nur kurz verweilen können.

Als erdiger Wiesensteig zieht unsere Route (vorerst noch eine ganze Weile Nr. 601) sachte Richtung **Kromsattel**, 2137 m, hinauf und passiert hier einen Abzweig auf den Tschachaun. Mit etwas Zwischenabstieg quer durch die steilen Geröllhalden unterhalb des Steinmandl (Gabelspitze), wobei wir gegenüber den Steilhang der »Schwarzen Erd« anpeilen, und zwar nicht zu hoch. Dort im Zickzack besser als erwartet empor zum **Hinterbergjöchle** ❹, 2202 m. Jenseits der Rippe geht es durch das lang gestreckte Hinterbergkar abwärts.

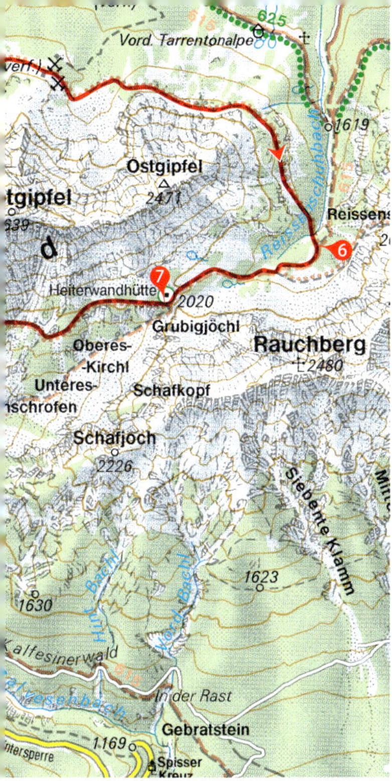

Wir halten uns dabei an die Schafweiden zur Linken und haben einen zwar steindurchsetzt holprigen, aber doch unproblematischen Abschnitt vor uns. Zwischen Oberem und Unterem Hinterberg gibt es eine steilere Geländepartie, ehe wir kurz vor Erreichen des schönen Bodens vom 601er nach rechts ausscheren 5, ca. 1700 m (Wegweiser).

Über ein Trümmerfeld gewinnt man Anschluss an eine deutliche Spur, die in den Geröllhalden schräg aufwärtszieht. Bald wieder in begrüntes Gelände und über die weitläufige Schulter am Pfeilkopf hinweg. Nach Querung einer weiteren, kleineren Reise umkurven wir in lichtem Wald den Hanflandkopf, wobei sich die Bergwerksrelikte der verfallenen **Bismarckstollen** zeigen. Teilweise ist die Spur kaum erkennbar, weshalb wir gut auf die Markierung achten sollten. Auch die Mulde am Auslauf des Elendkars wird durchschritten,

Weideboden im abgeschiedenen Alpeiltal.

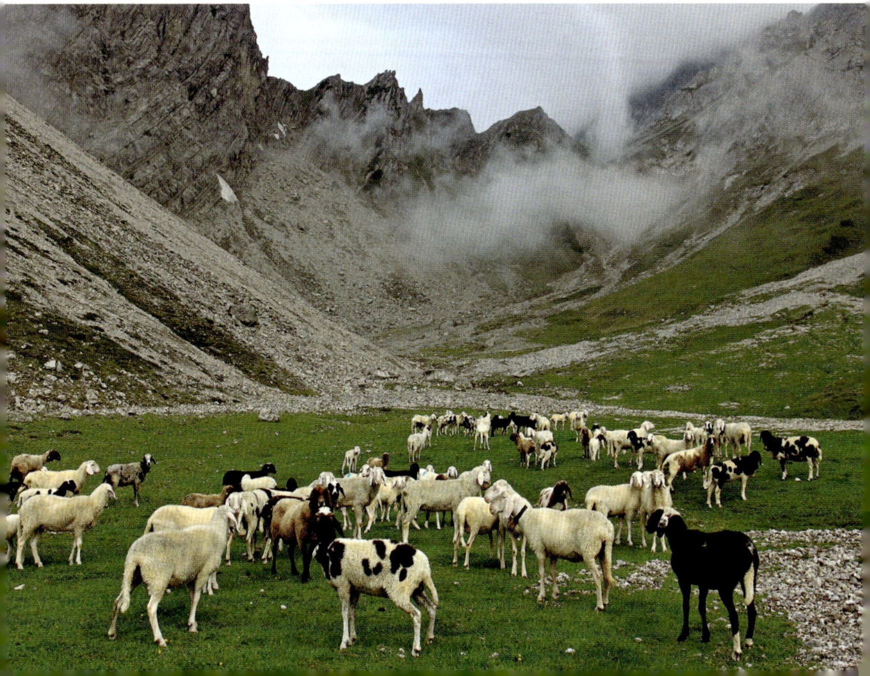

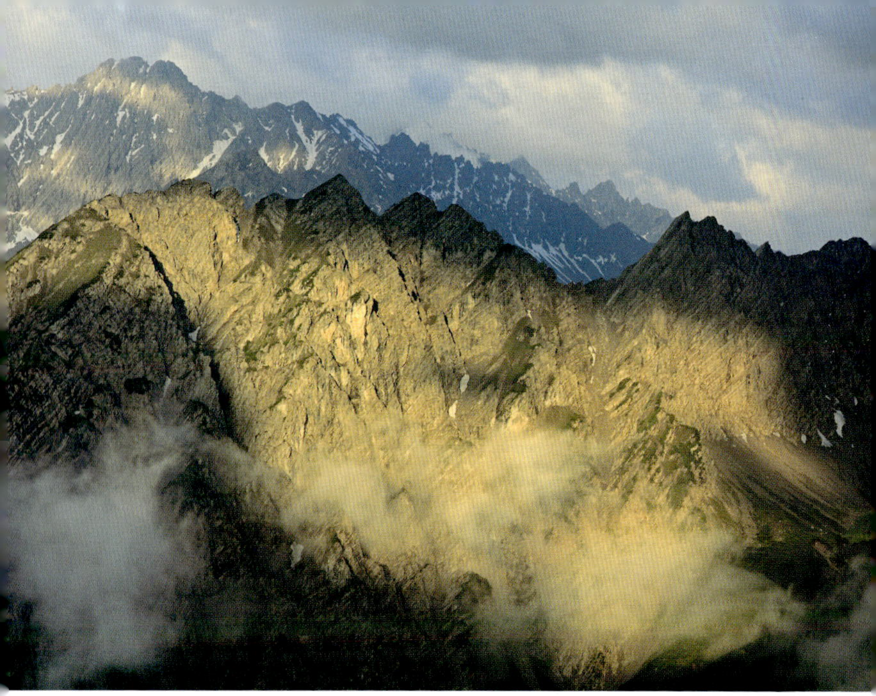

Sonnenspot am Kienberg, der am Heiterwand-Südweg Spalier steht.

ehe es an einem kleinen Rücken aufwärts geht und dann schräg weiter unter die Falllinie des Heiterwand-Ostgipfels. Derweil treten wir aus lockeren Lärchenbeständen heraus und setzen zu einer recht zeitraubenden Traverse des östlichen Bogens der Kette an. Teils nah am Felssockel entlang geht es über rutschige Schuttpfade mit eingelagerten Rinnen und bald auch zunehmend durch Latschenbuschwerk. Dabei verwinkelt leicht auf und ab, bis wir jenseits des Reissenschuhbachs auf den Weg Nr. 615 ❻, ca. 1820 m, stoßen. Zuletzt durch das seichte, von Latschenfeldern bestandene Hochtälchen rund 200 Hm bis zur **Heiterwandhütte** ❼, 2020 m, hinauf. Die unbewirtschaftete Unterkunft mit rund 25 Plätzen taucht plötzlich hinter der Schwelle des Tarrenzer Grübigjöchle auf; eine Quelle findet man indes am Schutthang unter der Heiterwand gut 200 m nordöstlich.

2. Tag: Ab Hütte beginnt der Hei-

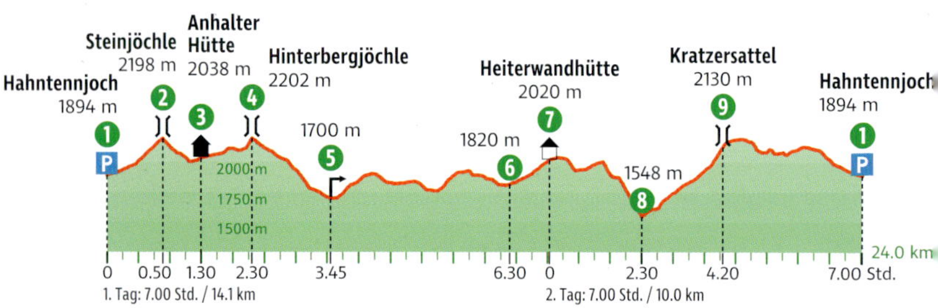

terwand-Südweg am Gras- und Latschenhang ein Stück weit horizontal gen Westen. Dann schräg abwärts, bis sich die ersten tiefen Rinnen in den Weg legen. Abgerutschte bzw. weggespülte Trassen können in abschüssigem Gelände bereits für Schwierigkeiten sorgen. In munterem Auf und Ab werden diverse Runsen eines großen Trichters in Falllinie des Heiterwand-Hauptgipfels gequert. Eine Kettenpassage im Steilgeschröf leitet anschließend einen längeren Abstieg ein. Dabei auf deutlichem Pfad durch steile Latschengassen – bei trockenen Verhältnissen keine besondere Affäre, bei Nässe hingegen lästig, weil man stets Äste wegdrücken muss und der Pfad selbst etwas erdig ist. Zwischenzeitlich auch mal durch Wald und zur tiefsten Stelle bei P. 1548 ❽.
Hier orientieren wir uns nach rechts aufwärts, überschreiten den Alpeilbach und kommen im Hinteren Alpeiltal auf einen ausgedehnten Boden mit Schafweiden. Die Fortsetzung bis zum Kratzersattel ❾, 2130 m, ist normalerweise der angenehmste Abschnitt des Tages, auch wenn etliche Höhenmeter – zuletzt aufsteilend – absolviert werden müssen (überwiegend im Gras).
Am Sattel, der den zerschlissenen Kienberg vom Hauptmassiv abtrennt, liegt aber noch nicht der höchste Punkt, denn die Markierung lotst uns über Schrofen ein Stück höher, ehe die Traverse der Steinmandlwand beginnt (die untere Spur laut AV-Karte scheint nämlich der Erosion anheimgefallen zu sein). Über ein Schotterfeld, kleinere Rinnen inklusive, kommen wir jetzt ganz gut voran. Doch im weiteren Verlauf wird das Gelände erneut von mächtigen Reisen durchbrochen, die allesamt mühsam ausgegangen werden müssen. Das bedeutet für uns ein wiederholtes Ab- und Wiederaufsteigen an steilen Gras- und Schrofenhängen, wobei besonders die mürben Ränder der Rinnen heikel sein können (einmal nur mit Kettenhilfe halbwegs sicher zu absolvieren). Die Rinnen selbst sind mit losem Schotter, bis in den Sommer hinein eventuell auch mit Lawinenresten, gefüllt. So bewältigen wir in den Berglehnen des Maldongrates geduldig eine Reise und Rippe nach der anderen, vollziehen noch die eine oder andere ausgesetzte Schrofentraverse, ehe der Heiterwand-Südweg Richtung Westen allmählich auf harmlosere Grashänge ausläuft. Damit zur Einmündung in den bekannten Weg Nr. 601 unterhalb des Steinjöchle und schräg hinab zum Hahntennjoch ❶.

Überstieg am Hinterbergjöchle.

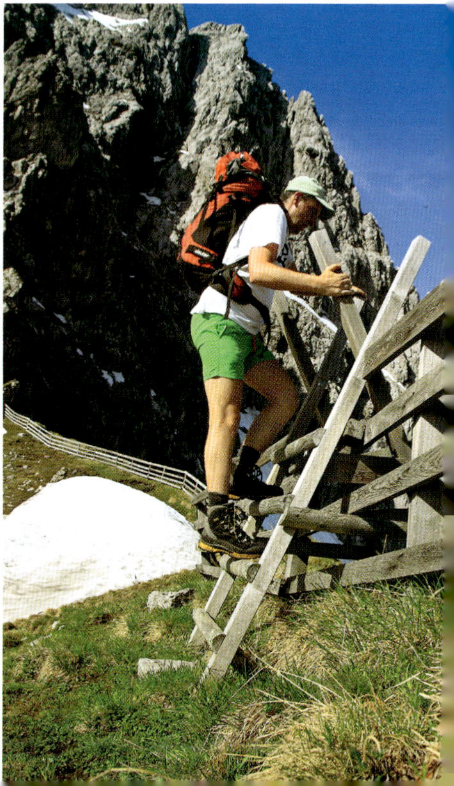

33 Reichspitze, Dremelspitze und Parzinnspitze

Normalwege von der Hanauer Hütte

TOP | 16.45 Std. | 30,3 km | ↗ 2840 m | ↘ 2840 m

Eine Gipfeltrilogie für versierte Bergsteiger

Die Hanauer Hütte liegt direkt auf der Geländeschwelle über dem Angerletal in einem der reizvollsten Winkel der gesamten Lechtaler Alpen. Die Bergumrahmung des Parzinn, wie der Karkessel auch heißt, ist als Tourengebiet ebenso eindrucks- wie anspruchsvoll. Nur ein einziger Gipfel erweist sich als Ziel für den reinen Bergwanderer, nämlich die Kogelseespitze mit ihrem Steig aus dem Gufelseejöchl. Wir haben indes zünftigere Kost auf dem Menüplan, eine Gipfeltrilogie, die uns einiges abverlangt, aber auch einen unvergesslichen mehrtägigen Aufenthalt auf der Hanauer Hütte beschert.

Den Auftakt soll die Reichspitze machen. Die Kletterei am Gipfelaufbau, der vom Galtseitejoch her erreicht wird, ist vor ein paar Jahren eisenhaltig gezähmt worden (ehedem bis II, jetzt Grad B auf der Klettersteigskala). Mit ihren gewaltigen Abbrüchen ins Angerle- und Fundaistal besticht die Reichspitze durch eine überwältigende Aussicht. Einen echten »Zweier« ohne Sicherungen müssen wir hingegen an der Dremelspitze bewältigen. Dieser Berg avanciert mit seiner eleganten Pyramidenform zum Schaustück schlechthin im Parzinn, geriert sich aus der Nähe freilich ziemlich widerspenstig, zumal das Gelände in nachgerade chaotische Kleinformen – Schluchten, Rinnen und Kamine, Rippen und Schichttafeln – aufgelöst ist. Ohne die Markierung wäre die Route von Ortsunkundigen wohl kaum zu finden. Wer sich ins Steilgelände lotsen lässt, ist von den Orientierungsschwierigkeiten zwar weitgehend entbunden, muss aber auf jeden Fall behände kraxeln. An der Parzinnspitze ist die Klette-

Dremelspitze, Schneekarlespitze und Parzinnspitze über den Parzinnböden.

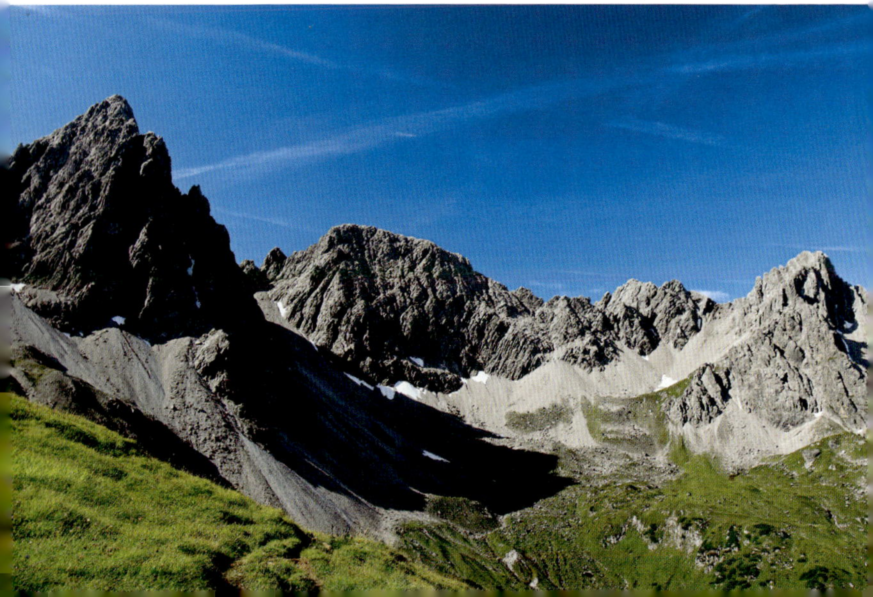

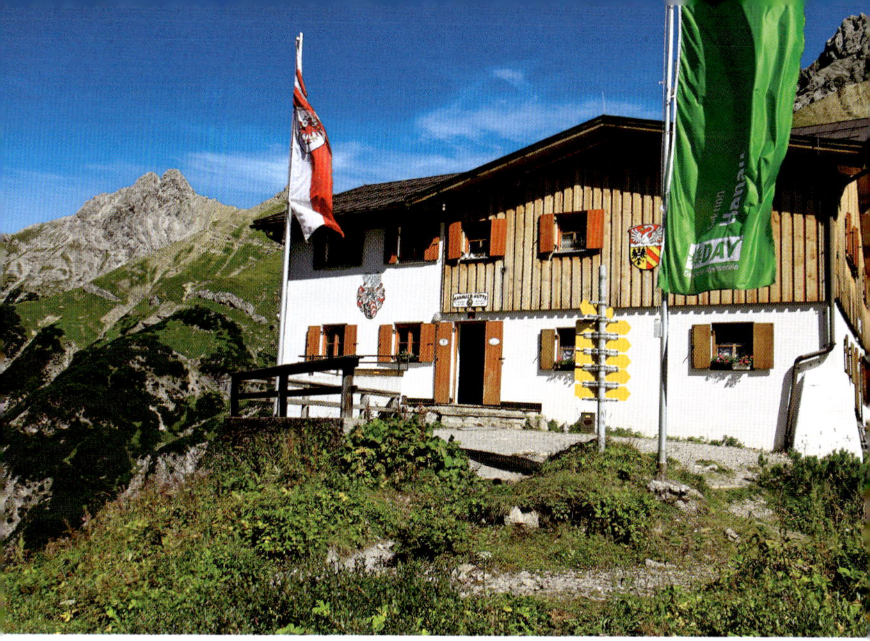

In der Hanauer Hütte wird Quartier bezogen. Hinten links die Reichspitze.

rei nicht leichter, jedoch weniger langwierig. Dafür können wir nur auf einige Steinmännchen bauen, was die günstigste Route angeht – insgesamt also auch Ziel am oberen Limit unseres Spektrums. Somit gehört das Tourenportfolio rund um die Hanauer Hütte zu den Highlights in diesem Führer. Experten könnten sogar noch die Große Schlenkerspitze aufs Programm setzen. Vor einigen Jahren war ich mal oben, doch wenn ich meiner Erinnerung trauen darf, wäre es für unseren Rahmen wohl eine Nuance zu happig …

Talort: Boden, 1356 m, kleines Bergdorf im Bschlaber Tal, erreichbar von Elmen über die Hahntennjochstraße.
Ausgangspunkt: Neuer Parkplatz an der Forststraße etwa 500 m hinter Boden. Im Ort hält sommers der Bus zwischen Elmen und Imst.
Anforderungen: T4–5 für die Reichspitze, T5–6 für Dremel- und Parzinnspitze. Die Zustiege zu allen Gipfeln führen über gewöhnliche Bergsteige. Zur Reichspitze Steigspuren sowie ein Klettersteig (Grad B, mäßig schwierig) am Gipfelaufbau. Zur Dremelspitze und Parzinnspitze jeweils komplizierte Felsrouten im II. Grad. Aufgrund Steinschlaggefahr Helm dringend zu empfehlen und nicht zu früh im Jahr bei heiklen Schneeresten. Große Bergerfahrung mit perfekter Trittsicherheit, Schwindelfreiheit und etwas Kletterkönnen notwendig. Auf drei Tage verteilt konditionell maßvoll.
Orientierung: Zur Reichspitze und Dremelspitze existieren Farbmarkierungen, zur Parzinnspitze nur Steinmännchen. Die beiden Letztgenannten verlangen besondere Aufmerksamkeit und Routengespür.
Hinweis: 1. Tag 1300 Hm Aufstieg, 730 Hm Abstieg, 6.30 Std. 2. Tag 850 Hm Auf- und Abstieg, 4.45 Std. 3. Tag: 700 Hm Aufstieg, 1270 Hm Abstieg, 5.30 Std.
Einkehr/Übernachtung: Hanauer Hütte, 1922 m, Mitte Juni bis Anfang Oktober, Tel. +43 664 2669149.
Karten: AV-Karte 1:25.000, Blatt 3/4 und 3/3. Freytag & Berndt 1:50.000, Blatt 351.

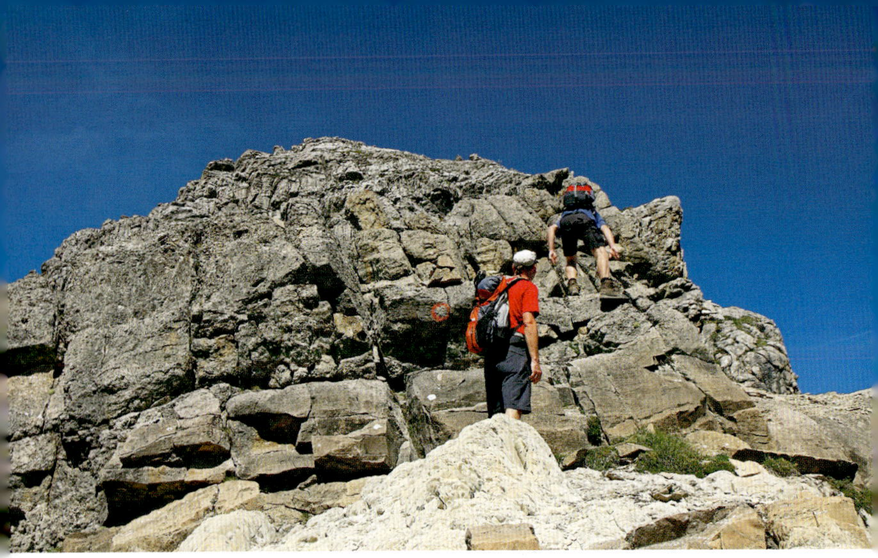

Leichte Kletterei an der Reichspitze.

1. Tag: Von Boden ❶ über zwei Brücken ins Angerletal hinein. Nach einem langen Flachstück wird der Bach kurz vor der Materialseilbahn nochmals überquert. Anschließend wechseln wir vom Fahrweg auf einen guten Steig und nähern uns der Felsbarriere im Talschluss. Auf einer neuen Brücke nach rechts und mit zwei Wegvarianten – die sich weiter oben wieder verbinden – rechts ausholend zur **Hanauer Hütte** ❷, 1922 m. Nun in die latschenbestandene Senke hinter dem Schutzhaus und bei sämtlichen Wegverzweigungen links (Nr. 621). Wo die Route zur Hinteren Dremelscharte abzweigt, vollziehen wir zudem einen Linksknick, queren einen Graben und wandern zur Geländekante bei P. 2159. Mit geringem Höhenverlust wird das Schlenkerkar ausgegangen. Hinter einem weiteren Graben diagonal zu P. 2260 und anschließend im Zickzack bis ins **Galtseitejoch** ❸, 2412 m, empor. Hier wird die Reichspitze mit sehr optimistischen 30 Minuten ausgewiesen. Etwas rechts vom Kamm folgen wir den Spuren über Schafmatten nordwärts. Das Gelände wird allerdings abrupt felsig-schuttbedeckt und stellt uns einige kleine Querriegel in den Weg, die relativ leicht zu über-

Das Gipfelkreuz der Reichspitze gegen die inneren Lechtaler Alpen.

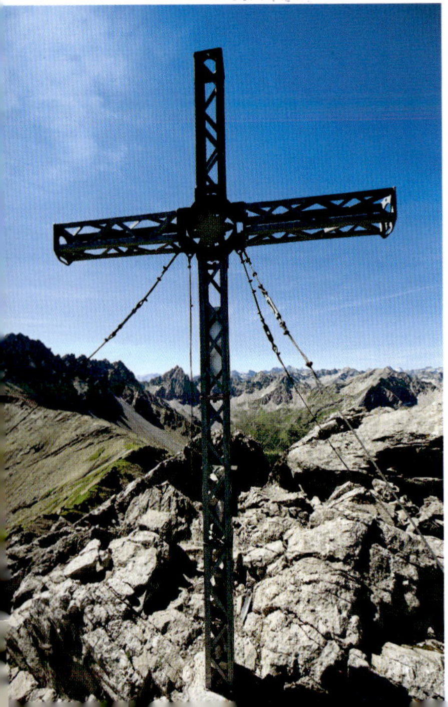

winden sind (höchstens ein, zwei Stellen im I. Grad). Wir nähern uns dem steilen Gipfelaufbau und gelangen mit einer Linkstraverse zum Einstieg in den Klettersteig. Eine Verschneidung leitet als erste Schlüsselpassage schräg rechts aufwärts, dann weiter über gut gestufte Schrofen, teils in Rinnen, zum Vorgipfel. Links haltend etwas abwärts und das letzte Stück über steile Stufen sowie einen kurzen Kamin (zweite Schlüsselstelle) zum Gipfel der **Reichspitze** ❹, 2590 m. Zurück geht es auf der gleichen Route.

2. Tag: Von der **Hanauer Hütte** ❷ wiederum südwärts ins Parzinn hinein, diesmal aber noch vor dem Mini-Stausee mit Nr. 601 rechts weiter und über die welligen, von Latschenzonen durchsetzten Böden kareinwärts. Allmählich nähern wir uns der großen Schutt- und Blockhalde, die etwas mühselig erstiegen wird. Unmittelbar vor der **Vorderen (Westlichen) Dremelscharte** ❺, 2434 m, finden wir links den Hinweis auf die Dremelspitze.

Zuerst bewegen wir uns im Schutt auf der Nordseite des Grates. Eine Kaminrinne markiert den Auftakt der Kletterei, die bis zum Gipfel ziemlich anhaltend sein wird. Man gelangt in ein Schärtchen, geht über ein südseitiges Band und steigt dann links wieder in steilere Felsen ein. Eine rinnenartige Struktur gibt hier die Linie vor, ehe man auf eine Gratrippe kommt, die quer dazu gut gestuft nach rechts aufwärtszieht. Von einer Kanzel werden mit leichtem Höhenverlust einige Nischen mit steil abfallenden Rinnen durchschritten. Weiter oben öffnet sich ein gewaltiger Kamin. Die Route verläuft an

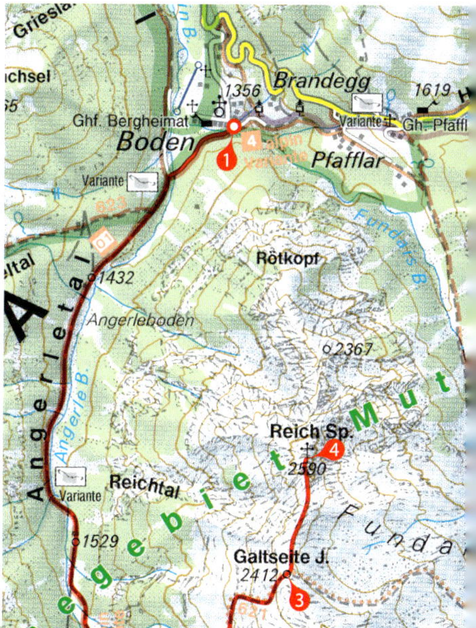

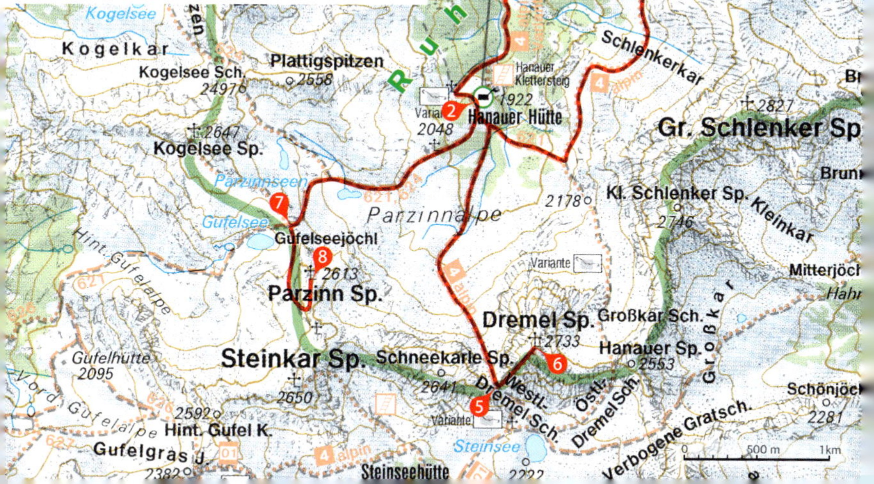

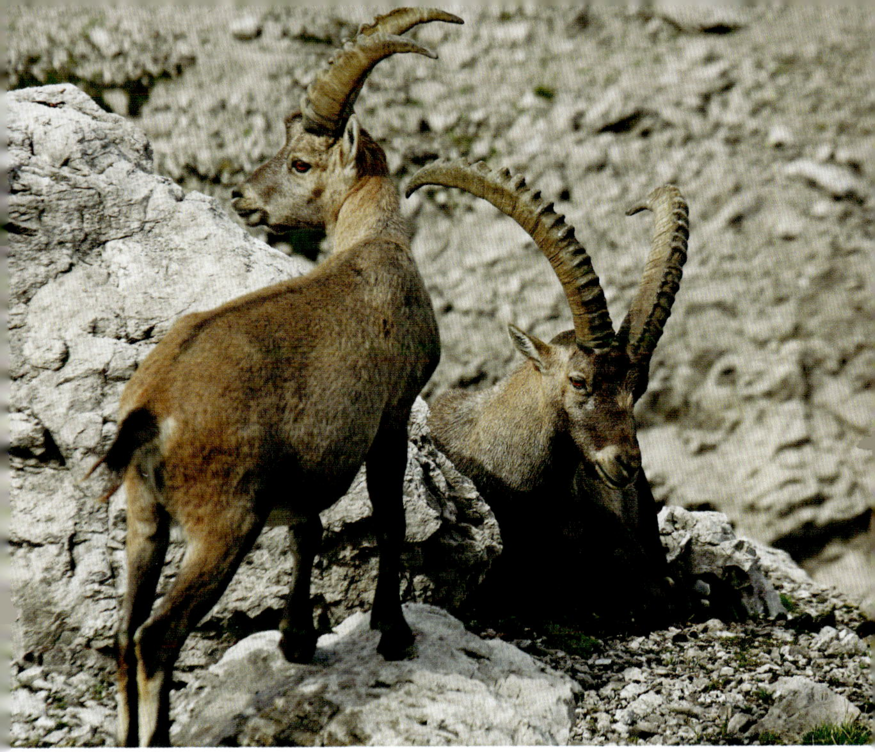

Mit etwas Glück begegnen wir stoischen Steinböcken.

der linken Seite über Stufen und eine Art Band, das ein paar abdrängende Engstellen aufweist. Diese Passage (II) zählt zu den schwierigsten. Man entsteigt dem tiefen Einschnitt in einen kleinen Kessel, aus dem rechts ein Rinnensystem gipfelwärts leitet. Diese Rinnen werden nach oben hin enger, auch ein Klemmblock kommt noch vor, ehe der höchste Punkt der **Dremelspitze** ❻, 2733 m, gewonnen ist. Der Abstieg muss hier mit besonderer Sorgfalt ausgeführt werden!

3. Tag: Hinter der **Hanauer Hütte** ❷ wählen wir heute den ersten Weg nach rechts (Nr. 621) und steigen über die Parzinnalm zum Unteren Parzinnsee an. Über den steinigen Boden zu einer Verzweigung und geradeaus mit einigen Kehren (zuletzt

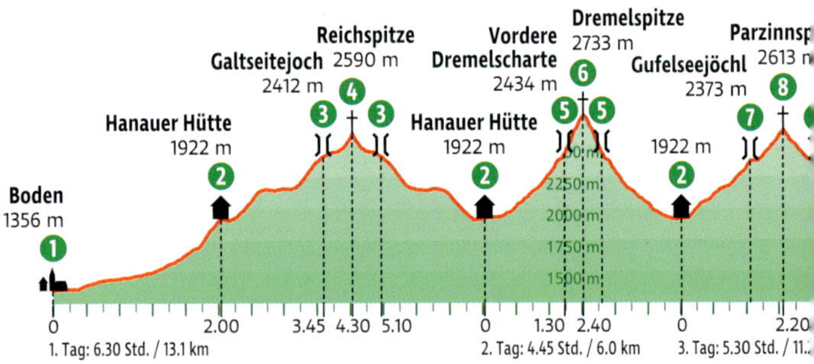

Drahtseil) ins landschaftlich sehr reizvolle **Gufelseejöchl** ⑦, 2373 m, hinauf. Vor allem der Blick über den Gufelsee lässt das Herz hüpfen.
Hier ist rechts hinauf die Kogelseespitze ausgewiesen, doch wenden wir uns in die entgegengesetzte Richtung und queren auf Steigspuren unter den mit senkrechten Tafeln gespickten Westwänden der Parzinnspitze in ein Schuttkar. Die Route leitet mit wechselnder Steigung bis in die eindrückliche **Nördliche Parzinnscharte**, 2504 m. Hier folgen wir scharf nach links (Norden) einer anderen Spur bis unter eine markante Rinne, die gegen den zackenreichen Südgrat durchstiegen wird (eine Stelle II). Stets gut auf die Steinmännchen achtend, werden nun diverse Rippen und Schärtchen überwunden, einmal auch ein Aufschwung neben einem Kamin (II). Damit mogeln wir uns gewissermaßen links an der Gratschneide – die direkt schwieriger oder zumindest deutlich ausgesetzter wäre – vorbei. Aus dem letzten Schärtchen wartet der Gipfelblock noch mit einer kniffligen Zweierstelle auf, dann stehen wir auf der **Parzinnspitze** ⑧, 2613 m. Auf gleicher Route auch wieder abklettern und über das **Gufelseejöchl** ⑦ zurück zur **Hanauer Hütte** ②. Nach einer Rast wandern wir schlussendlich gemütlich nach **Boden** ① hinaus.

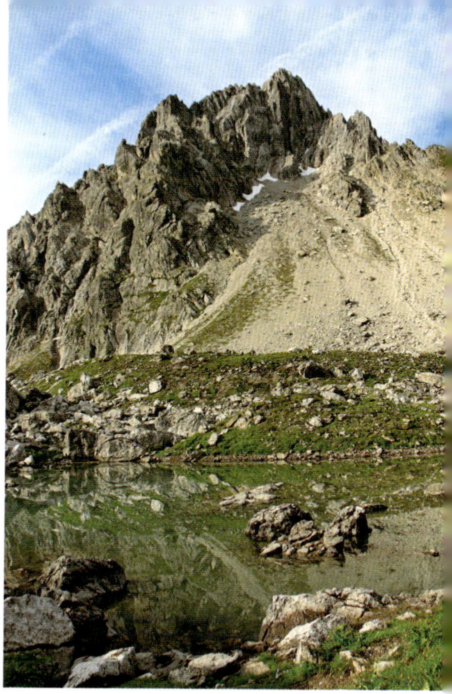

Oben: Seeauge unterhalb der Parzinnspitze.
Unten: Kapellchen bei der Hanauer Hütte gegen die pyramidale Dremelspitze.

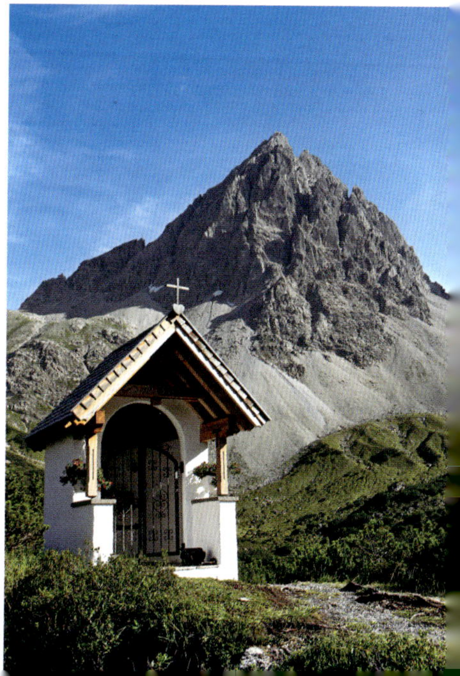

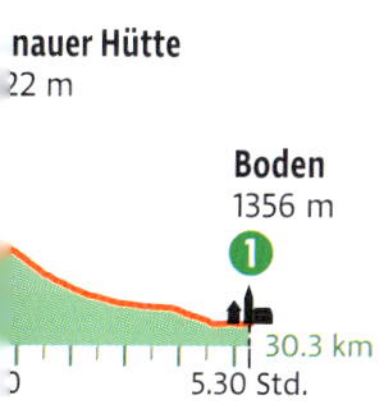

34 Lichtspitze, 2356 m, und Seitekopf, 2344 m

Kombination über das Zirmebenjoch

TOP | 7.30 Std. | 10,9 km | ↗1550 m | ↘1400 m

Großartige Kammtour hoch über dem Gramaiser Tal

Zwei Normalwege der stilleren Sorte und eine pfiffige Gratverbindung zwischen beiden, die teilweise sogar unerwartete Pfadspuren aufweist, sind die Bestandteile dieser Tour. Die Lichtspitze wird als Hausberg von Häselgehr trotz des etwas mühsamen Schrofensteiges halbwegs regelmäßig bestiegen. Und auch der Seitekopf erhält von Gramais aus ab und zu Besuch, seitdem der ehemalige Heuersteig für die Bergwanderer markiert wurde. Die Ausblicke sind aller Ehren wert, einmal besonders über das Lechtal hinweg auf die Hornbachkette, vom Seitekopf dann eher in das Innere der Lechtaler Alpen, die vielgestaltige Gipfelflur um Gramais und Bschlabs. Was die Tour freilich zu einem Glanzlicht für ambitionierte Bergfexe macht, ist der Gang über das Zirmebenjoch. Selbst das Gelände auszutarieren und dabei alle Freiheit des Bergsteigens zu erleben, ohne sich mit allzu großen Hindernissen konfrontiert zu sehen, steht ja ganz unter dem Motto dieses Buches. Die Schlüsselpassage liegt meines Erachtens am Gipfelaufbau des Seitekopfes, wo der richtige Durchschlupf gefunden werden will …

Talort: Häselgehr, 1006 m, im Lechtal. **Ausgangspunkt:** Parkmöglichkeit an der Gramaiser Straße, beim Abzweig des Weges zur Lichtspitze, ca. 1180 m.

Blick vom Seitekopf ostwärts Richtung Muttekopfgruppe.

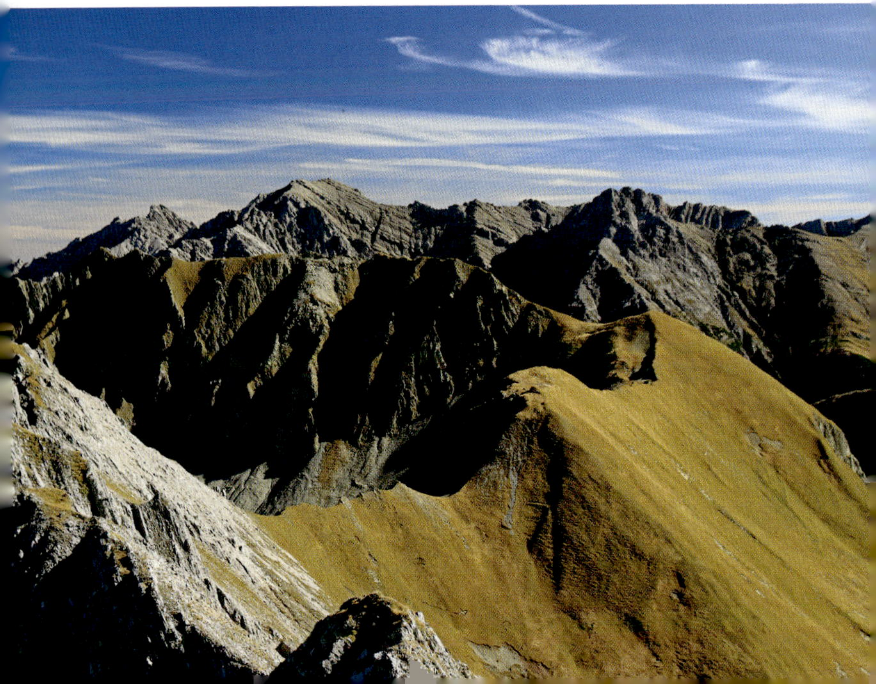

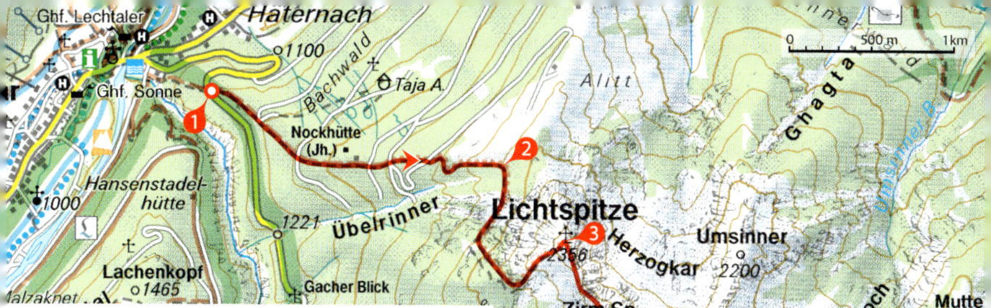

Alternativer Startpunkt in Häselgehr selbst (30 Min. zusätzlich).

Endpunkt: Gramais, 1328 m, Bergdorf in einem Seitental des Lechtals. Im Sommer (Ende Juni bis Ende September) Linientaxi nach Häselgehr, Abfahrt 15.15 Uhr (vor Ort prüfen!).

Anforderungen: T4, auf den beiden Normalwegen etwas leichter (hier eher rot). Große Überschreitung mit kurzen Stellen im I. Grad, zumeist aber in alpinem Gehgelände (Schrofen etc.), das eine gewisse Routine verlangt. Die Bergsteige sind teilweise steil und ruppig (am Seitekopf im Gras eher erdige Trasse, die bei Nässe sehr rutschig wird); der Hauptanspruch geht aber von der langen Gratverbindung aus. Ausgeprägte Trittsicherheit und sehr gute Ausdauer absolut notwendig.

Orientierung: Aufstieg zur Lichtspitze und Abstieg vom Seitekopf sind durchgängig markiert und gepfadet. Dazwischen auf weiten Strecken wegloser Charakter, auch wenn immer wieder mal Begehungsspuren und ab und zu auch blasse Farbzeichen bzw. Steinmännchen auftauchen. Speziell eine Schlüsselpassage vor dem Seitekopf ist etwas knifflig zu finden. Gutes Routengespür wichtig, keinesfalls bei Nebelneigung!

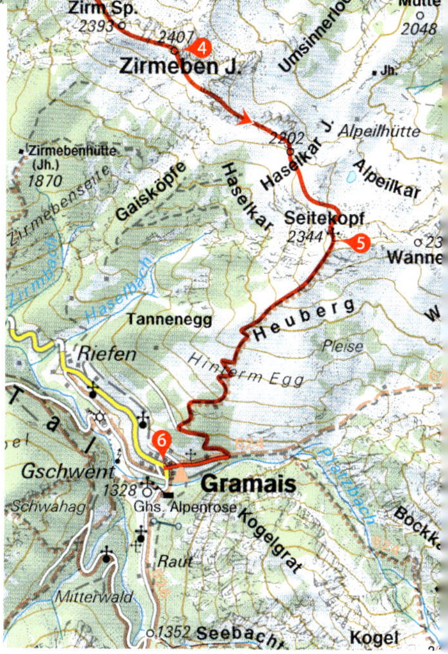

Einkehr: Keine, außer am Ende in Gramais.

Karten: AV-Karte 1:25.000, Blatt 2/2. Freytag & Berndt 1:50.000, Blatt 351 oder 352.

Wo der Steig von Häselgehr die **Gramaiser Straße** ❶ kreuzt, steigen wir vorteilhaft in die Route ein. In wechselnder Steilheit geht es an einem Waldrücken bergauf, dabei mehrmals Forststraßen kreuzend. Nur wenige Lichtungen unterbrechen diesen eher monotonen Auftakt, doch wird es oberhalb etwa 1700 m Höhe in einem Jungwaldbewuchs mit Grasnarbe aussichtsmäßig lang-

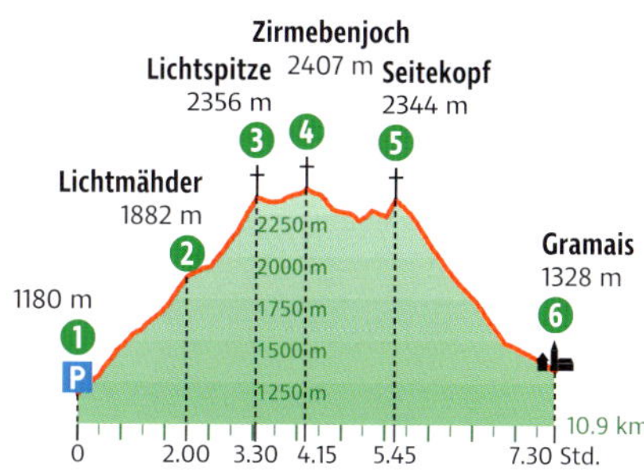

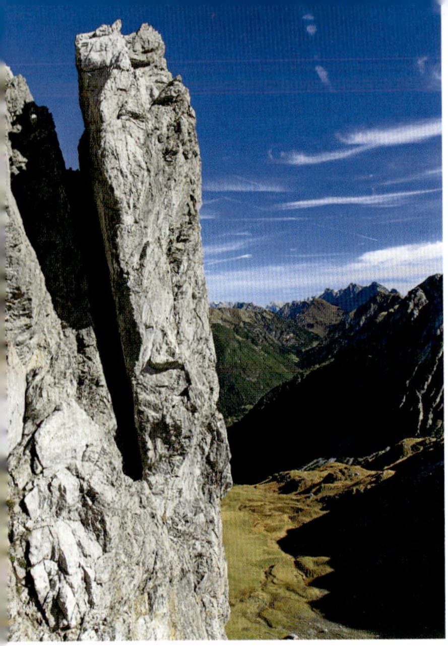

Interessante Nahkulisse am Gratkamm des Zirmebenjoch.

sam interessanter. Im Bereich der lawinenverbauten **Lichtmähder** ❷, 1882 m, schweift man zu einer ausgeprägten Rechtsquerung ab, die insgesamt leicht aufwärtsführt, zwischen diversen Gräben am Ansatz des zerfurchten Übelrinnertals aber auch ein wenig Zwischenabstieg aufweist. Im splittrigen Geschröf muss man ab und zu etwas kraxeln. Zwischen Latschen und Bröselrinnen gewinnen wir den Absatz bei P. 2017. Wieder besser werdend schließt unser Pfad zum Südwestrücken auf, wo wir durch letzte Latscheninseln lavieren und schließlich über schrofiges Terrain problemlos bis zum Gipfelkreuz auf der **Lichtspitze** ❸, 2356 m, ansteigen.

In südlicher Richtung können wir jetzt einer deutlich erkennbaren wilden Spur folgen. Sie führt in den ersten seichten Kammsattel und dann rechts an P. 2349 vorbei. Kurze Kletterstellen tauchen im Bereich der **Zirmspitze**, 2393 m, auf, die am besten ebenfalls rechts passiert wird. Steinmännchen weisen die günstigste Linie. Dahinter schließt man direkt zur Schneide auf und erreicht in Kürze mit dem **Zirmebenjoch** ❹, 2407 m, den höchsten Punkt der Tour. Weiterhin auf Spuren zur südöstlichen Schulter und von dort steiler hinab in ein Schärtchen. Der folgende Gratabschnitt wird wiederum meist in der rechtsseitigen Schrofenflanke begangen. Dabei hinter einer ausgeprägten Hangkante vorübergehend in Ostrichtung einschwenkend (vereinzelte rote Punkte unterstützen die Orientierung) und später schräg absteigend ins grüne **Haselkarjoch** (Wasenjoch), 2202 m. Wir überschreiten die Kuppe des Dreieckjochs, 2283 m, und nähern uns damit dem abweisenden Gipfelaufbau des Seitekopfes. Da der direkte Grataufschwung schwierige Kletterei erfordert, weichen wir unter den Felsen nach links aus, vollziehen eine etwas unübersichtliche Abwärtstraverse, bis sich hinter einem Eck ein Schrofenhang auftut. Dieser ist zwar steil, aber ohne besondere Hindernisse gangbar, und bringt uns zum Grat oberhalb der Stufe zurück. Schließlich noch kurz über Schrofen vollends auf den **Seitekopf** ❺, 2344 m.

Vom Gipfel geht es am meist grasigen Südwestrücken bergab. Nach einer Weile mehr in die südliche Flanke und längere Zeit zwischen Lawinenverbauungen hindurch tiefer. Unser Pfad vollführt zahlreiche Schleifen und Windungen und nähert sich durch lichten Wald der Verflachung **Tanneben** schon weit unten. Hier trifft man auf einen breiten Wirtschaftsweg, der links ausholend bequem nach **Gramais** ❻, 1328 m, leitet.

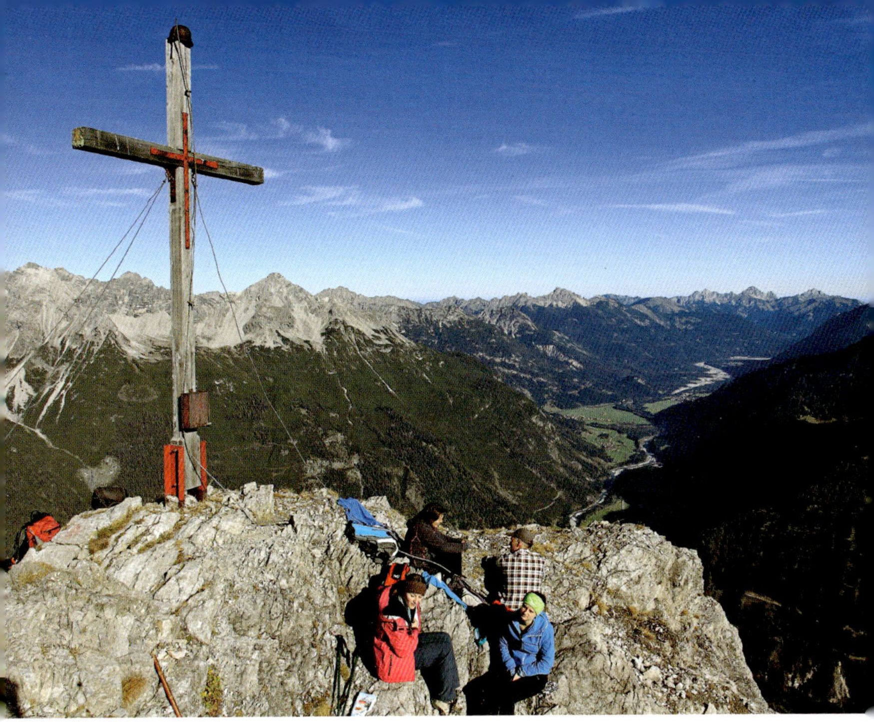

Oben: Die aussichtsreiche Lichtspitze genügt den meisten als Tourenziel.
Unten: Einsam wird's beim Weiterweg über das Zirmebenjoch.

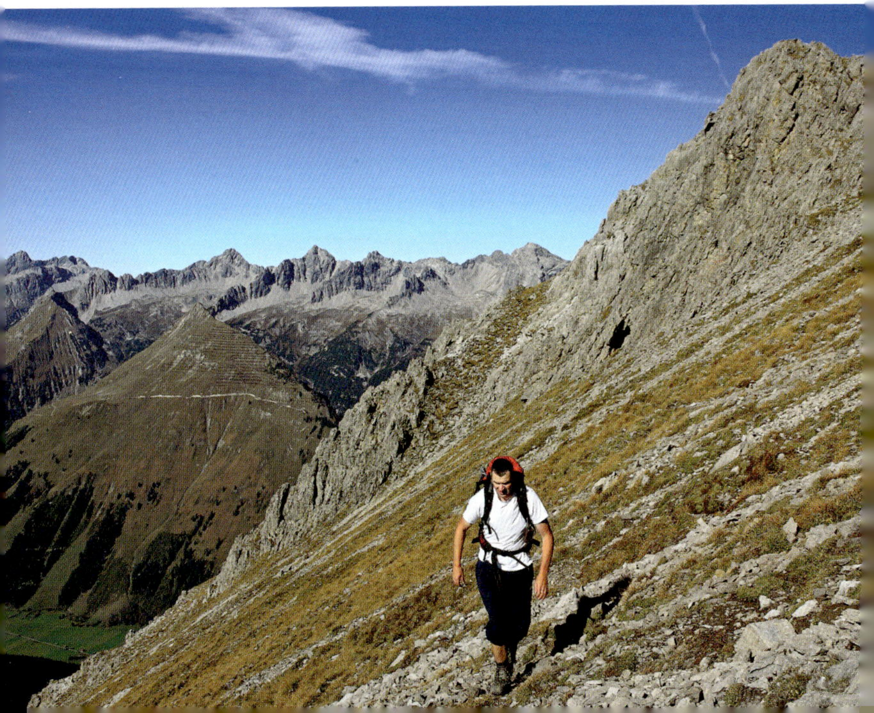

35 Großstein, 2632 m

Von Gramais über Roßkarsee und Hirschhalskopf

8.30 Std. | 13,8 km | ↗1600 m | ↘1600 m

Ein typischer Lechtaler Geselle

Gipfel wie den Großstein gibt es in den Lechtaler Alpen eine ganze Menge. Die Höhe von 2632 Metern bedeutet guter Durchschnitt, das Hauptdolomitgelände mit vermeintlichen Zweier-Stellen gehört zum Typischen. Und auch, dass es keine offizielle Route zum Gipfel gibt, die Bergwanderwege ein Stück weit daran vorbeiführen, ist in den Lechtalern ein gewohnter Aspekt. Umso erstaunlicher, dass aus dem Madautal – womöglich in Privatinitiative – eine Markierung ins Gelände gepinselt wurde. Dieser Umstand war mir gar nicht bewusst, als ich den Großstein jüngst von Gramais aus aufs Programm setzte. Der Zugang von dort erscheint mir etwas praktikabler, weil man Madau im Gegensatz dazu nicht privat anfahren kann, und auch reizvoller, weil wir, abgesehen vom Gipfel, eine schöne Runde via Roßkarsee und Hirschhals legen können. Diese lohnt im Übrigen auch für weniger Ambitionierte, die einfach eine stille Wanderung genießen möchten ... Nun aber zur Gipfeltour selbst: Den Schlüssel zum Erfolg verspricht hier das hoch gelegene Grasschartl, das pfadlos über einen etwas widerspenstigen Steilhang zu erreichen ist. Dahin führen eben auch die roten Zeichen aus dem jenseitigen Madautal, worauf es nur noch eine überschaubare Klettereinlage braucht, bis man tatsächlich oben steht. Keine Hexerei also, aber bestimmt auch keine Tour, die man mal im Vorbeigehen macht. Der Großstein zählt schon zu den anspruchsvolleren Zielen unserer Auswahl.

Rund um Gramais finden Bergindividualisten interessante Möglichkeiten.

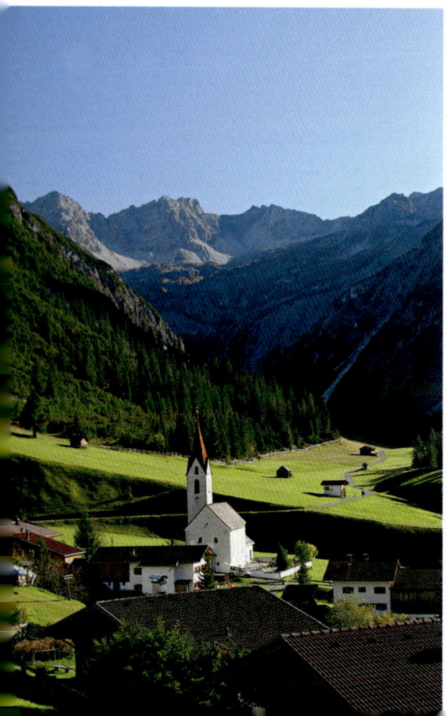

Talort: Gramais, 1328 m, kleine Gemeinde in einem südlichen Seitental des Lech.

Ausgangspunkt: Gramais, kostenfreier Parkplatz im Ort. Im Sommer wenige Buskurse von Häselgehr.

Anforderungen: T5 am Großstein, sonst mit T3 deutlich leichter. Aus dem Roßkar gipfelwärts wegloses Alpingelände, teils sehr steil und zuoberst etwas Kletterei, die den II. Grad tangiert. Entsprechende Erfahrung und nebelfreies Wetter unerlässlich. Sonst über weite Strecken kleine Steige in wechselnder Steilheit und Beschaffenheit (manchmal erdig, nur am Schafkar-Nordostgrat kurz etwas ausgesetzt). Sehr lange Tagestour, die eine tadellose Kondition erfordert.

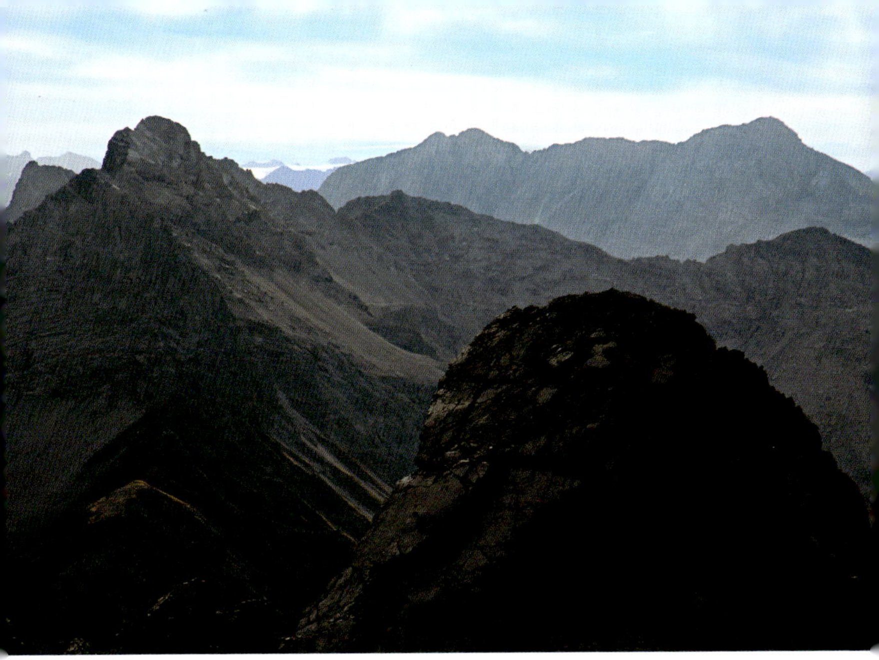

Gipfelpanorama am Großstein.

Orientierung: Zum Gipfel gutes Routengespür erforderlich, vor allem der Aufstieg zum Grasschartl muss selbstständig beurteilt werden. Zuletzt erscheinen allerdings wieder deutliche Spuren und Markierungen. Davon abgesehen ist die Runde via Roßkarsee ordentlich markiert.

Einkehr: Keine am Weg, nur in Gramais.
Variante: Ohne Gipfel hinter dem Roßkarsee einfach auf der markierten Route weiter zum Heinzensprossenrücken, damit bleibt die Tour »rot« und verkürzt sich auf 6.00 Std.
Karten: AV-Karte 1:25.000, Blatt 3/3. Freytag & Berndt 1:50.000, Blatt 351.

In **Gramais** ❶ folgen wir dem Wegweiser ein Stück abwärts, überschreiten zwei Bäche und kommen über eine Wiese in bewaldetes Terrain, wo sich die Routen zum Hirschhals (rechts) und Roßkarsee gabeln. Wir wandern geradeaus ins Tal des Roßkarbachs hinein, stets auf der rechten Seite des eingerissenen Grabens, zwischendurch auch mal das Schot-

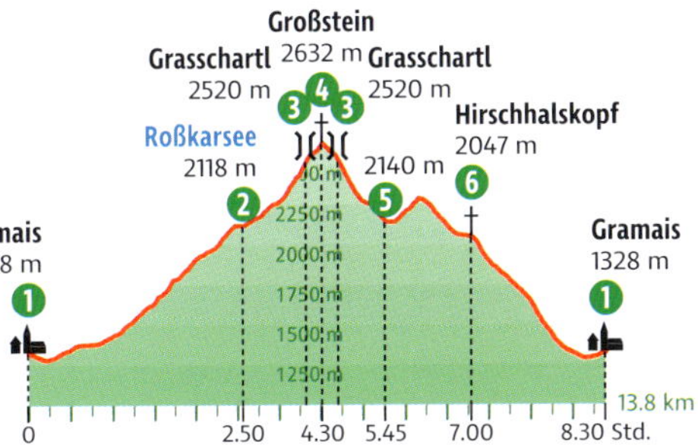

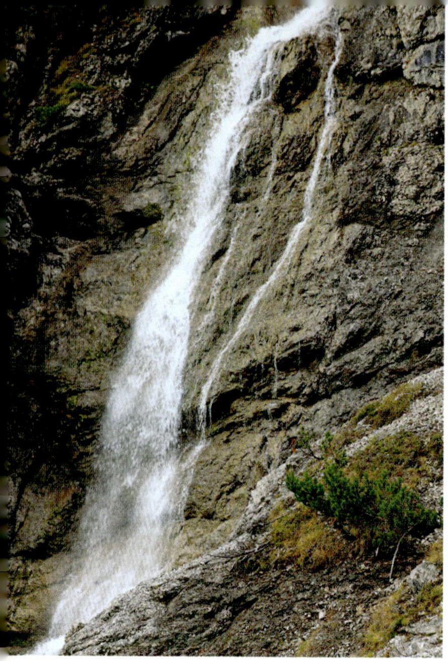

Der Roßkarbach rauscht über eine Felswand.

terbett berührend. In den Latschen können unangenehm erdige Passagen auftreten. Nach einer ganzen Weile mäßigen Höhengewinns steigt man in Nähe der Roßkar-Wasserfälle rechter Hand steiler an, um den Riegel zu überwinden. Oberhalb erfolgt eine Traverse nach links, dann über die nächste Stufe in den Kessel der Roßkaralpe (Oberer Pletschiger Boden) und ein Stück weit links ausholend über die Schwelle des **Roßkarsees** ❷, 2118 m. Rechts am Ufer vorbei folgen wir der markierten Route noch etwas höher, ehe wir nach Gutdünken links ins Gelände ausscheren.

Dieses präsentiert sich jetzt zwar etwas unübersichtlich, doch hat man das Grasschartl zuhinterst als Richtpunkt und kommt zwischen schrofigen Kuppen vorerst auch leicht weiter. Vom letzten Boden geht es ins Geröll, das unerquicklich aufsteilt. Am besten nutzt man die schwach begrünte Hangpartie und steigt gegen die Felsen an. Dort in eine Rinne und so bald wie möglich links heraus auf die begrenzende Schrofenrippe (Stellen I), welche in einen Grashang

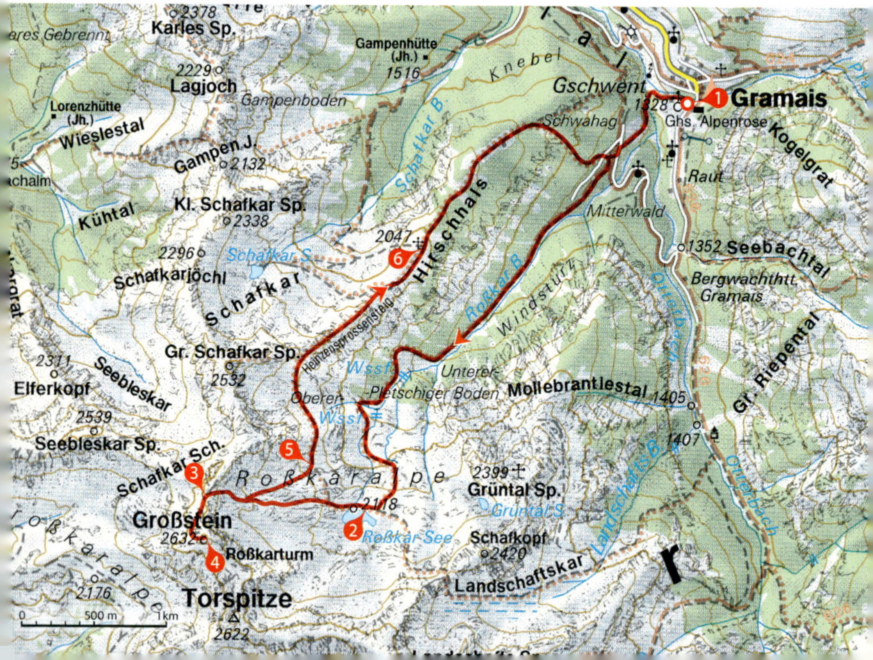

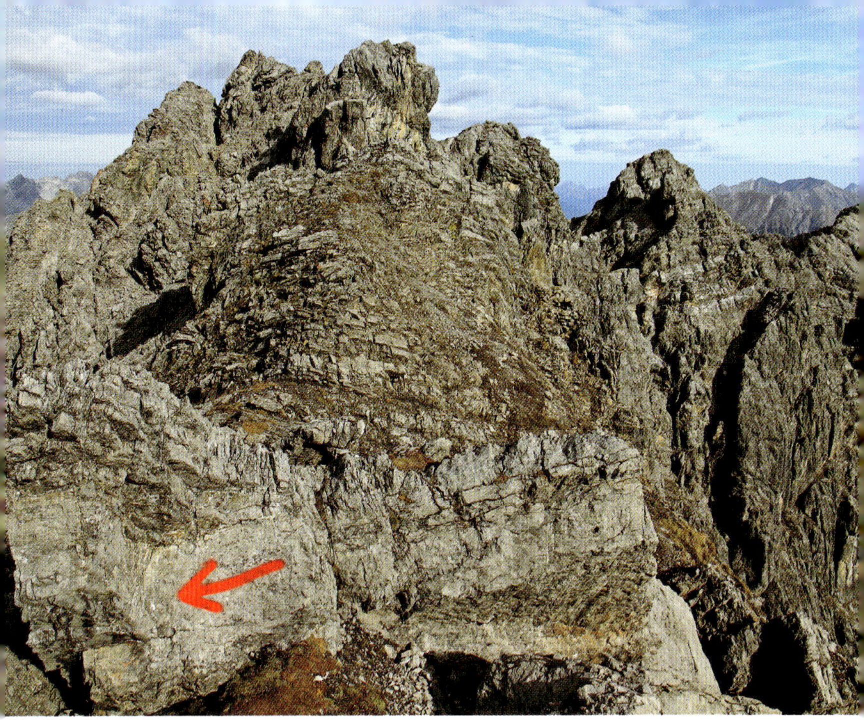

Am Grasschartl tauchen plötzlich wieder Markierungen auf.

übergeht. Dieser leitet wiederum zu einer schwarzen, brüchigen Rinne und damit ins wichtige **Grasschartl** ❸, ca. 2520 m. Farbkleckse und Steigspuren tauchen auf und lotsen uns über einen harmlosen Kammbuckel an den schroffen Gipfelaufbau heran. Direkt unterhalb der Felsen quert man nach rechts und stößt damit auf den Westgrat. Zuerst auf der Schattseite über eine Art Rampe höher, dann in eine Lücke und am Felsgrat in leichter Kletterei (I–II) bis auf den Gipfel des **Großstein** ❹, 2632 m. Der Abstieg wird im ausgesetzten Gelände mit großer Behutsamkeit ausgeführt. Unterhalb der Geröllhalde können wir es lockerer laufen lassen, allerdings mit Augenmaß, um vorteilhaft gegen Norden hin abzukürzen. In jedem Fall ist das Ziel wieder der offizielle Steig ❺, der unterhalb der Großen Schafkarspitze fast 200 Hm Gegensteigung vollzieht. Dabei dreht man rechts ab und kommt nach einer etwas exponierten Schrofentraverse auf den Heinzensprossenrücken (Nordostausläufer der Schafkarspitze). Dieser präsentiert sich anfangs noch schrofig-alpin, läuft dann jedoch harmlos gegen den **Hirschhalskopf** bzw. **Hirschleskopf** ❻, 2047 m, aus. Eine schöne Gramaiser Aussichtswarte!

In gleicher Richtung zwischen Latscheninseln und lichtem Lärchenbestand hindurch über den Oberen zum Unteren Hirschhals, wo sich zwei Möglichkeiten bieten: entweder geradeaus über den Mittelschrofen oder etwas besser ausgetreten nach rechts abdrehend und in vielen Windungen durch die relativ steile Südostflanke hinunter zum Hinweg. Von der Einmündung sind es noch rund 20 Minuten bis **Gramais** ❶.

36 Rotwand, 2262 m, und Plattenspitze, 2489 m

Von Elbigenalp zur Hermann-von-Barth-Hütte

9.30 Std. | 19,0 km | ↗ 1710 m | ↘ 1710 m

Zwei Gipfel im Umkreis des Balschtekars

In der Hornbachkette über dem Tiroler Lechtal befindet sich die Hermann-von-Barth-Hütte als altehrwürdiger Stützpunkt für Wanderer und Kletterer. Während sich die Experten meist an den steilfelsigen Wolfebnerspitzen tummeln, hat die Plattenspitze im Hintergrund zwecks Gipfelambitionen der Normalos eine gelb-rote Markierung sowie an zwei Stellen Sicherungen erhalten. Vollkommen gezähmt ist der Berg damit aber keineswegs. Es bleibt auch vom Ambiente her eine Sache mit alpinem Anstrich – man schaue sich nur mal die teils skurrilen Felsformationen an. Ein anderes Ziel im Einzugsgebiet der Hütte ist jenseits des Balschtekars als famose Aussichtskanzel gegen das Lechtal vorgeschoben: Die aberwitzig steile Südflanke der Rotwand schießt quasi ohne Absatz gegen Elbigenalp hinab. Mit dem direkten Aufstieg über den Südwestgrat, der ebenfalls leidlich markiert worden ist, bietet sich eine interessante Kombination inklusive gemütlichem Hüttenaufenthalt an.

Die vorgeschobene Position der Rotwand eröffnet ein gewaltiges Panorama der Lechtaler Alpen mit Tiefblick in die Talsohle.

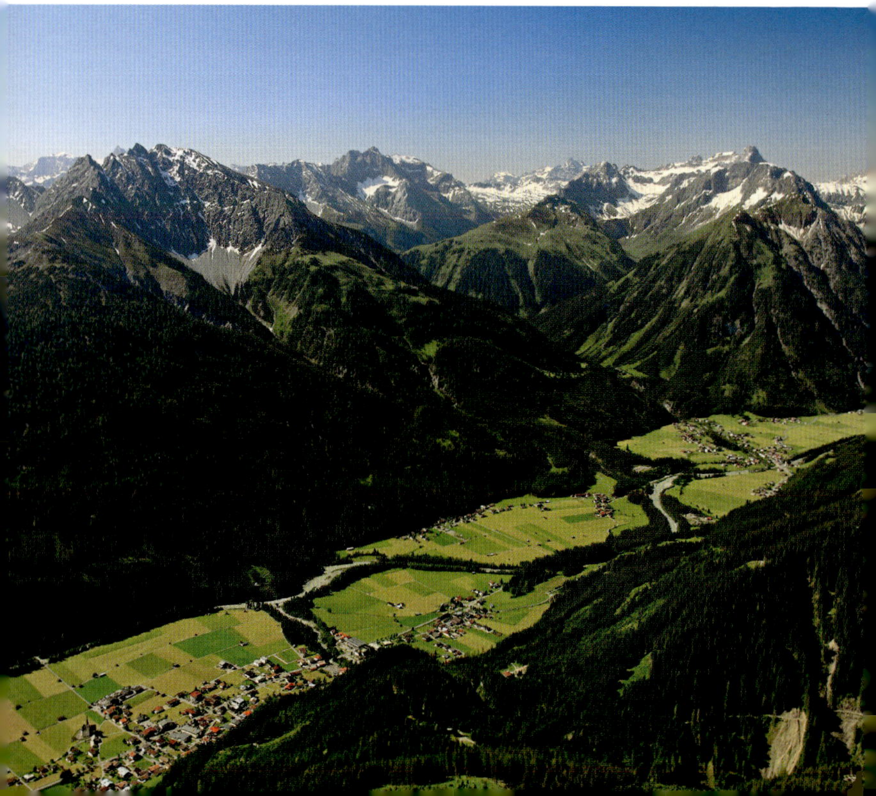

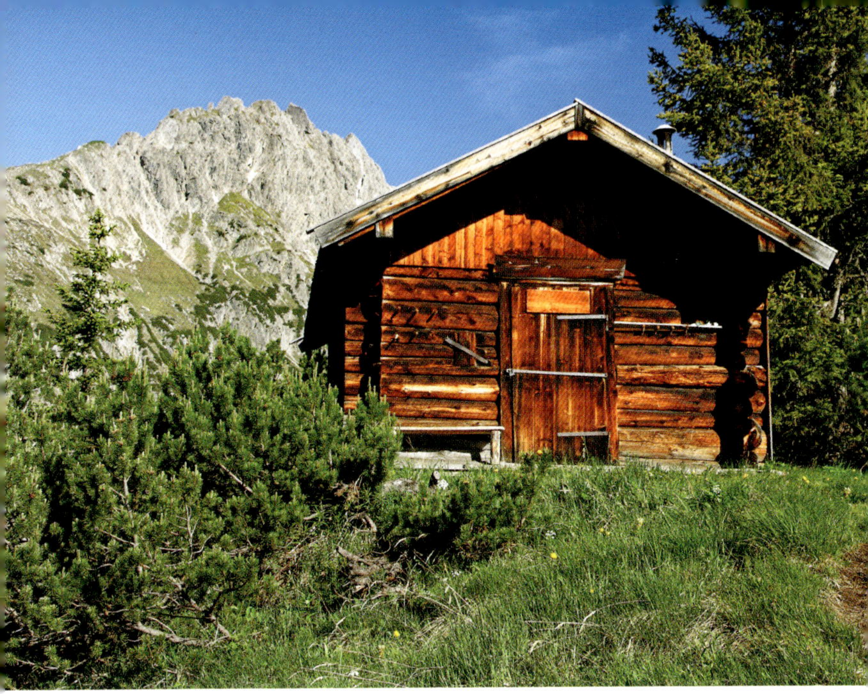

Die Söllnerhütte beim Anstieg von Elbigenalp zur Rotwand.

Talort: Elbigenalp, 1039 m, im Lechtal.
Ausgangspunkt: Geierwally-Parkplatz beim Bernhardsbach in Elbigenalp, ca. 1060 m.
Anforderungen: T3–4 für beide Gipfel. Die Routen sind jeweils markiert, die Pfade jedoch nur schmal und phasenweise steil, zuoberst jeweils ein paar Drahtseile an ausgesetzten Felsen. Trittsicherheit und Schwindelfreiheit sind Voraussetzung. Vom Balschtesattel bequeme Traverse auf dem Enzenspergerweg zur Hütte; Talweg ebenfalls gut ausgebaut. Mit Übernachtung ist das Pensum entzerrt; im Tagesumlauf kann man freilich auf die Plattenspitze verzichten. Bei Nässe ist die Rotwand problematisch.
Orientierung: Dank der Markierungen gut zu finden, aber nicht ganz mit richtigen Bergwegen zu vergleichen.
Hinweis: 1. Tag: 1350 Hm Aufstieg, 280 Hm Abstieg, 5.30 Std. 2. Tag: 360 Hm Aufstieg, 1430 Hm Abstieg, 4.00 Std.
Einkehr/Übernachtung: Hermann-von-Barth-Hütte, 2131 m, Mitte Juni bis Ende September, Tel. +43 5634 6671. Jausenstation Kasermandl, 1412 m.
Karten: AV-Karte 1:25.000, Blatt 2/2. Freytag & Berndt 1:50.000, Blatt 351 oder 352.

1. Tag: Von **Elbigenalp** ❶ zunächst ein Stück auf der Forststraße (Nr. 436) aufwärts, bis man am Beginn einer Freifläche links den abkürzenden Fußweg einschlagen und somit eine weite Schleife abschneiden kann. In Grundrichtung Nordwest geht es noch zweimal über breite Wirtschaftswege hinweg, wobei unser Waldpfad in Lichtungen etwas überwuchert sein kann. Während die Hauptroute zur Hermann-von-Barth-Hütte hinaufzieht, zweigt der Zugang zur Rotwand (Nr. 51) bald darauf an beschilderter Stelle rechts ab ❷. Im bewaldeten Bereich neben der offenen Südflanke und links von einer felsigen Rippe begleitet,

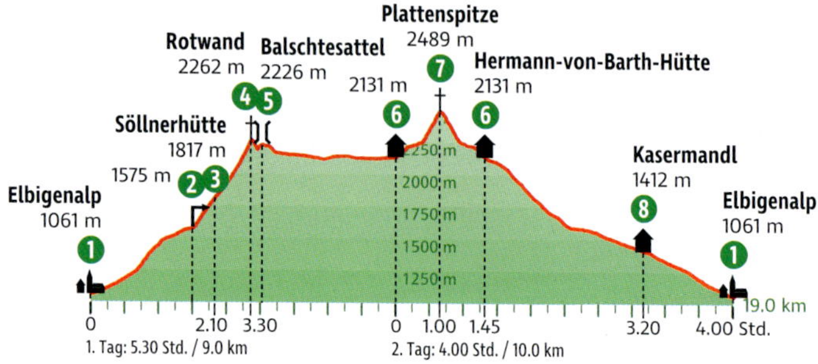

geht es bergwärts. Wir erreichen die kleine **Söllnerhütte** ❸, 1817 m, und gewinnen zwischen hindernisarmen Latschen am Südwestrücken kräftig an Höhe. Etwa 80 m unterhalb des Gipfels vernehmen wir bereits den Abzweig zum Balschtesattel. Oberhalb in die Felsen hinein und mit Drahtseilhilfe über eine steile Stufe, danach an einer Schichtrampe weiter und zuletzt am Grat zum höchsten Punkt der **Rotwand** ❹, 2262 m, die eine wunderbare Aussichtskanzel bildet.

Zwecks Fortsetzung müssen wir zunächst zurück zum erwähnten Abzweig, denn der senkrechte Abbruch der Rotwand über dem Balschtesattel ist ungangbar. Vielmehr steigt man dann am Sockel der Felsbarriere entlang rampenartig wieder aufwärts (Drahtseillauf), um am **Balschtesattel** ❺, 2226 m, in den Enzenspergerweg (Nr. 435) einzufädeln. Auf diesem um den Söllerkopf herum und über Schotter leicht absteigend ins ausgedehnte, wellige

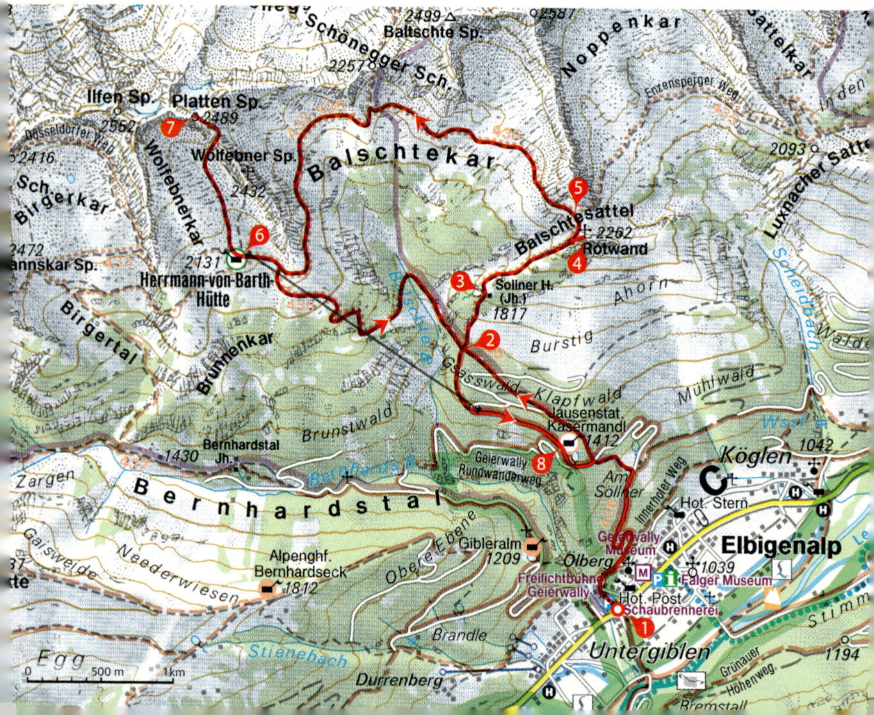

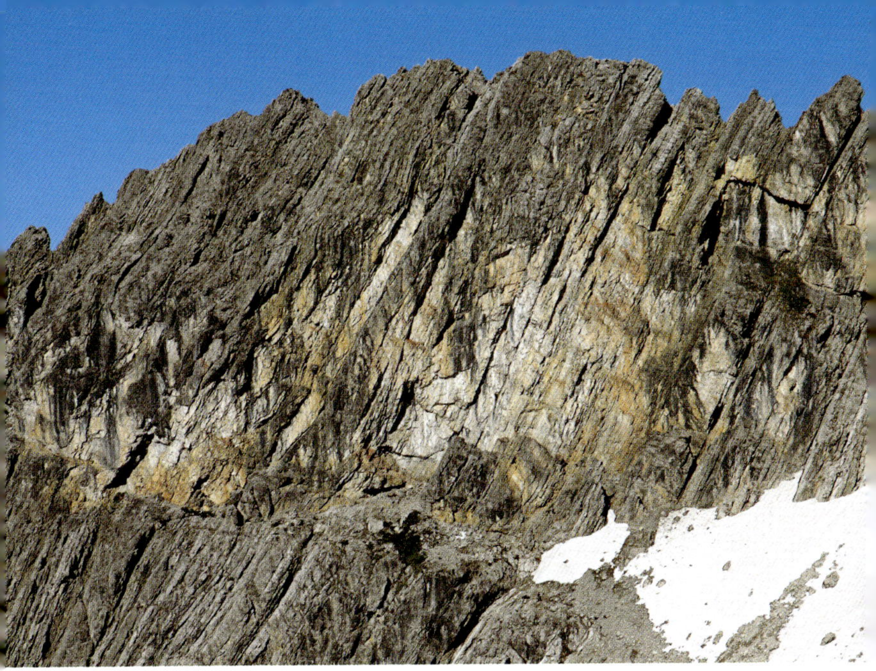

Felsstrukturen an den Wolfebnerspitzen.

Balschtekar, das in weitem Bogen ohne große Höhenunterschiede ausgegangen wird. Zwischendurch zweigt rechter Hand eine Verbindung über die Schönegger Scharte ins Hornbachtal ab. Unser Höhenweg zieht indes um den Gratvorsprung der Wolfebnerspitzen herum, schwenkt damit ins Wolfebnerkar ein und trifft mit einer letzten kleinen Steigung bei der **Hermann-von-Barth-Hütte** 6, 2131 m, ein.

2. Tag: Wir nehmen den gelb-rot bezeichneten Pfad kareinwärts auf und kommen in eine weite, steinige Mulde voran. Hier rechts haltend auf die Geröllhalden, die etwas mühsam (rutschige Pfadspur) im Zickzack bis in die zwischen Wolfebner- und Plattenspitzen eingelagerte Scharte erstiegen werden. Jetzt auf der Ostseite des Grates zu einer gesicherten Felspassage, die im Prinzip nicht schwierig ist. Die Pfadspur führt weiter an die Gipfelfelsen heran, wo nach kurzer Rampe die finalen Platten wiederum mit Drahtseilhilfe erklommen werden. Auf dem luftigen Ostgipfel der **Plattenspitze** 7, 2489 m, empfängt uns ein kleines Kreuz.

Von dort auf gleicher Route zurück zur **Hermann-von-Barth-Hütte** 6 und auf dem üblichen Zugang (Nr. 436) talwärts. Um die Schwelle der Hochmulde herum geht es in die latschenbestandene Flanke hinein und hier in Kehren tiefer. Dann links haltend zum Balschtetobel. Auf der anderen Seite erfolgt eine Traverse über ein Gerinne, teils nah an einer Felsfluh entlang, bis zum Endpunkt der Forststraße, wo auch der Rotwandsteig abzweigt 2. Zuletzt können wir wahlweise wieder den Abkürzungen folgen oder lockeren Schrittes den Schleifen des Fahrweges, wobei man noch am modernisierten **Kasermandl** 8, 1412 m, vorbeikommt.

37 Wannenspitze und Karlesspitze, 2378 m

Überschreitung zur Grießbachalm

7.00 Std. | 13,2 km | ↗1370 m | ↘1370 m

Auf vergessenen Pfaden hoch über dem Grießtal

Die nach Norden vorgeschobenen Berge der Lechtaler Alpen sind im Grunde allesamt herrliche Aussichtslogen. Das gilt gleich für eine Handvoll in diesem Buch vorgestellter Ziele, unter anderem auch für die Wannenspitze, die einen bezeichneten Zugang über den Muskogel besitzt – allerdings keinen stark ausgetretenen Weg. Insofern ist das für die Gegend schon mal typisch. Richtig interessant wird es dann mit der Überschreitung der benachbarten Karlesspitze, die sogar ein paar Meter höher aufragt, und dem Abstieg Richtung Grießbachalm. Überliefert ist die Anlage eines alten Steiges, doch ist dieser nur mehr rudimentär erhalten und offiziell aufgelassen, weshalb sich jenseits der Karlesspitze wohl kaum noch Bergsteiger umtun. Ich persönlich empfand die Tour als perfekten »wilden Weg«, etwas abenteuerlich angehaucht, aber nicht zu waghalsig oder schwierig. Also ein heißer Tipp für ein individuelles Bergerlebnis, das bis zur Wannenspitze wahrscheinlich bereits einsam ausfällt, dahinter aber ganz gewiss …

Der Gipfelaufbau der Wannenspitze gibt sich vorderhand abweisend.

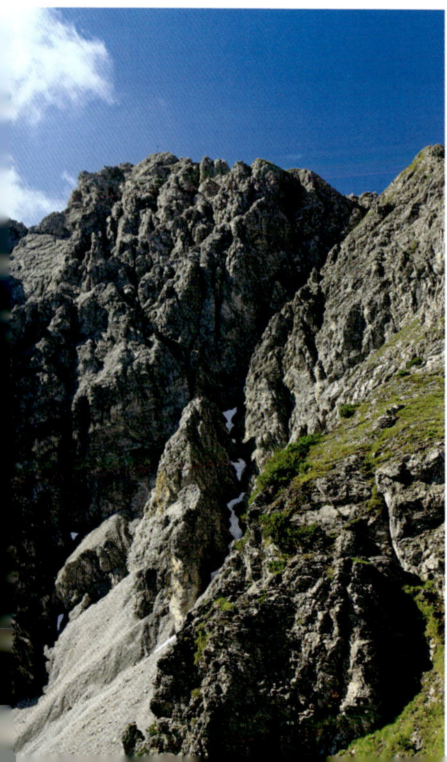

Talort: Elbigenalp, 1039 m, im Lechtal.
Ausgangspunkt: Untergrießau, Weiler zwischen Elbigenalp und Häselgehr. Parkmöglichkeit bei der Pestkapelle, 1061 m; Zufahrt rund 1 km von der Bundesstraße (mit Bushaltestelle).
Anforderungen: T4. Überwiegend schmale Steige und Pfadspuren, die sich auf der Abstiegsroute mitunter etwas verlieren. Kletterei wird nicht verlangt, aber absolute Trittsicherheit in abschüssigem Gelände, bei feuchten Bedingungen teils heikel. Anstrengendes Tagespensum.
Orientierung: Durchgängig, wenngleich phasenweise nur spärlich markierte Tour, besonders am Westrücken der Zwickspitzen nicht immer gut zu erkennen, weiter unten zuletzt durch Forstarbeiten stark in Mitleidenschaft gezogen. Dieser Steig ist aufgelassen und nicht beschildert; offizielle Bergroute also nur bis zur Wannenspitze.
Einkehr: Grießbachalm, 1475 m (Freitag Ruhetag).
Varianten:
1. Von der Karlesspitze ist theoretisch schon ein früherer Abstieg direkt ge-

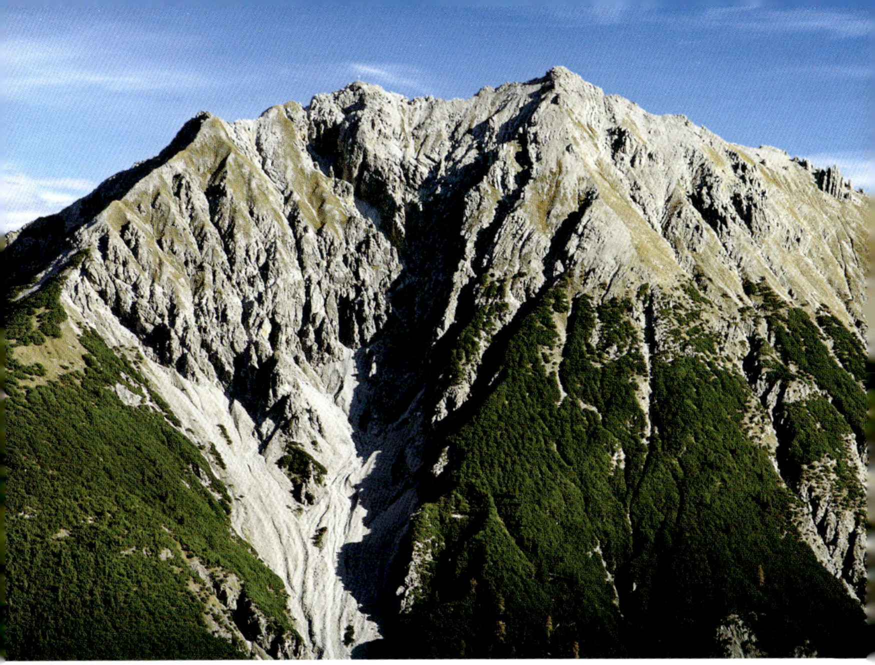

Wannenspitze und Karlesspitze – hier von Westen gesehen – werden der Länge nach überschritten.

gen das Wieslestal möglich (nicht unbedingt leichter). Auf der rechten Seite der Reise wird weit unten die Lorenzhütte (Jagdhütte), 1695 m, angesteuert, dann weiter zur Grießbachalm.
2. Wer über eine sicherere Route lieber absteigt, sollte die umgekehrte Richtung erwägen. Allerdings liegen Almstraßenhatscher und Einkehrmöglichkeit dann ganz am Anfang.
Karten: AV-Karte 1:25.000, Blatt 2/2. Freytag & Berndt 1:50.000, Blatt 351.

Bei der Pestkapelle in **Untergrießau** **1** wählen wir die Forststraße, die ostwärts gemächlich am Waldhang ansteigt. Nach rund 20 Minuten zweigt der Steig zur Wannenspitze ab. Man gewinnt in einer seichten Rinne bzw. links davon an Höhe, wobei der Steig insbesondere im Bereich einer Blöße mangelhaft ist. Zwischendurch gelangt man auf einen Forstweg und dann in die grasige Mulde **»Auf der Lache«** **2**, ca. 1430 m, die hinter dem waldigen Lachenkopf eingelagert ist.

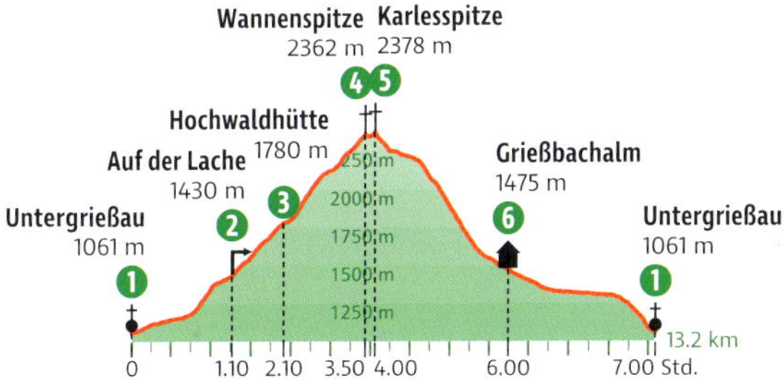

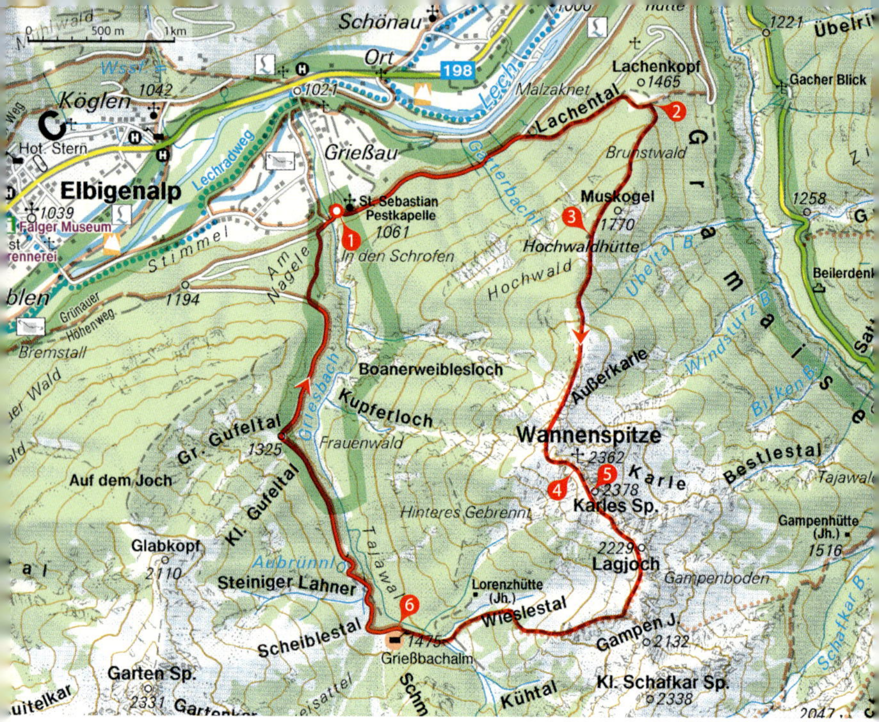

Gemeinsam mit dem Zugang von Häselgehr südwärts einschwenkend und im Bereich des lang gezogenen Muskogel-Waldrückens weiter aufwärts, meist eher auf der rechten Seite. Der Steig ist nun bis zur **Hochwaldhütte** ❸, ca. 1780 m, angenehmer. Auf der großen Lichtung steht rechts eine weitere, sehr neue Jagdhütte. Diese lassen wir abseits liegen und steigen am aufsteilenden Nordhang hinauf. Die Spur wird vorübergehend undeutlich, doch hält man die logische Richtung ein und tritt bald aus den letzten lichten Waldparzellen heraus. Etwa ab P. 2136 wird das Gelände schrofig, die Wannenspitze präsentiert sich als typische Hauptdolomitbastion. Unsere Route weicht den Steilzonen rechts aus, quert ansteigend um mehrere Rippen und Rinnen und gewinnt das Kreuz auf der **Wannenspitze** ❹, 2362 m, in abschüssigem und splittrigem Geschröf zuletzt von Westen her.

Der Übergang zur **Karlesspitze** ❺, 2378 m, dauert für Geübte nur 10 Minuten. Man hält sich knapp rechts vom Verbindungsgrat und gelangt mit kurzem Abstecher zum höchsten Punkt. Auf der Fortsetzung nach Süden bleibt uns der typische Hauptdolomit-Charakter noch eine Weile erhalten. Eher in der Westflanke, aber doch fast stets kammnah, kommt man anhand von Steigspuren und schwachen Markierungen voran. Ein zerklüftetes Hindernis wird unterhalb umgangen. Weiter in den begrünten Sattel des **Lagjochs**, 2229 m, erfolgt ein markanter, geologisch bedingter Wechsel der Bodenbeschaffenheit.

Bevor sich das Gelände jetzt zu den Zwickspitzen aufschwingt, quert man auf dürftigen Spuren (Pflockmarkierung) durch die sehr abschüssige Nordwestflanke (erhöhte Vorsicht vor allem bei Nässe!) und erhält damit Anschluss zum Westrücken der Zwickspitzen. An diesem geht es ebenfalls steil bergab, wobei sich die Trittspuren im Gras allmählich verlieren. Man achte auf die markierten Pflöcke, die jedoch auch nicht immer gut auszumachen sind. Die Route taucht ins Gehölz ein und prägt sich hier langsam wieder besser aus – vorbehaltlich massiver Schäden, die hier jüngst durch Forstarbeiten entstanden sind. Schließlich erreicht man einen Almfahrweg und über diesen die bewirtschaftete **Grießbachalm** ❻, 1475 m. Mit der Zufahrt – oben einige Abkürzer – auf die linke Seite des schluchtartigen Tals und längere Zeit quer durch die Flanken.

Wo die Straße um den Hang immer mehr nach links abdreht, schlagen wir einen unbeschilderten Steig ein, der direkt nach Grießau hinableitet. Über die Bachbrücke zurück zur Pestkapelle ❶.

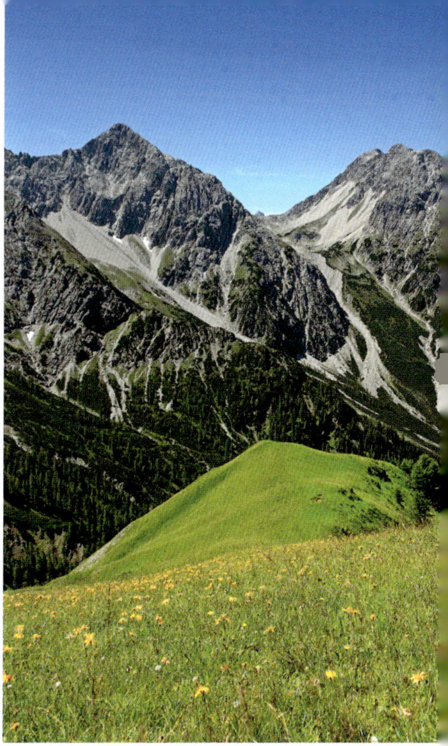

Mit Blick auf Zwölfer- und Ruitelspitze führt der Abstieg über den Westrücken der Zwickspitzen.

Panorama von der Wannenspitze Richtung Südwesten.

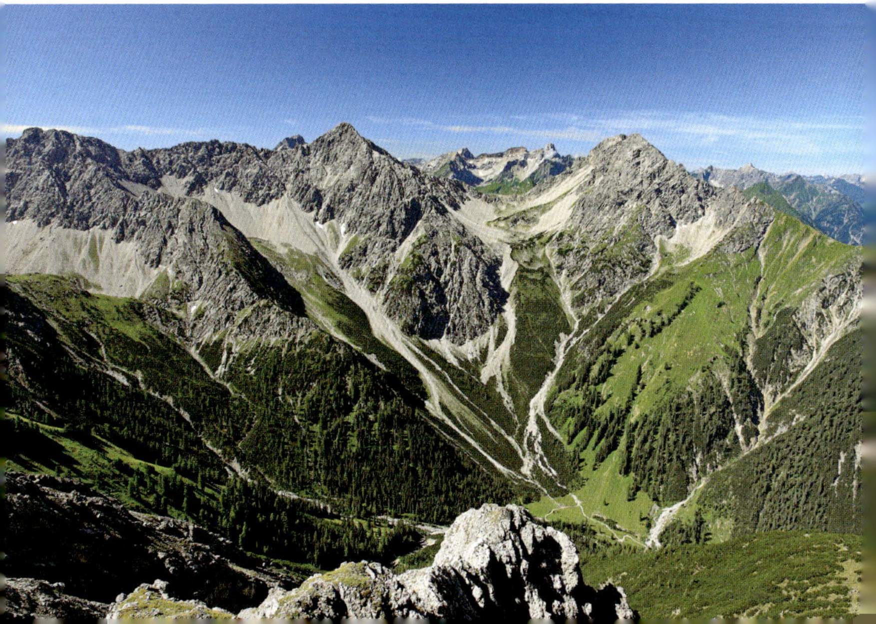

38 Ruitelspitze, 2580 m

Von Grünau über Dreisattelscharte

TOP | 8.00 Std. | 16,2 km | ↗1600 m | ↘1600 m

Pfiffige Überschreitung der Trümmerburg über dem mittleren Lechtal
Blickt man aus dem Lechtal auf das zerborstene Massiv der Ruitelspitzen, so überwiegt eindeutig der abweisende Eindruck. Dennoch gibt es einen bescheidenen markierten Steig hinauf – und zwar von Nordwesten über die Schulter namens Wildebnerspitze –, der für unsere Sammlung der »wilden Wege« schon recht interessant und passend erscheint. Viel los ist hier jedenfalls nicht, immerhin gilt es über 1500 Höhenmeter zu »stemmen«. Deutlich abenteuerlicher gestaltet sich die Unternehmung, falls wir diese Route nur für das Bergab einplanen und zuvor aus dem versteckten Grießtal über die Dreisattelscharte aufsteigen. Für mich war es eine jener Erkundungen, die in Vorahnung einer theoretischen Möglichkeit zunächst allein durch die persönliche Entdeckungslust befeuert wurden. Mit Begehungsspuren oder gar Markierungen rechnete ich kaum und war umso überraschter, zumindest vorübergehend solche anzutreffen. Als sich die Routenführung Schritt für Schritt frei von größeren bergsteigerischen Hürden ergab, stellte sich wieder einmal jene Gefühlslage ein, die mir solche »wilden Wege« einfach unwiderstehlich machen: Bergglück! Der Spätherbsttag war ohnehin prächtig und aussichtsmäßig ein großes Los, wenn ich etwa an die Panoramaschau auf die gegenüberliegende Hornbachkette im Breitwandformat denke. Und dann waren da noch Tierbeobachtungen: Gämsen im Kar, respektable Kolkraben als einzige Gipfelgesellen und ein wuseliges, schlohweißes Mauswiesel auf den Bergwiesen …

Im Dreisattelkar, am Südfuß der Ruitelspitzen.

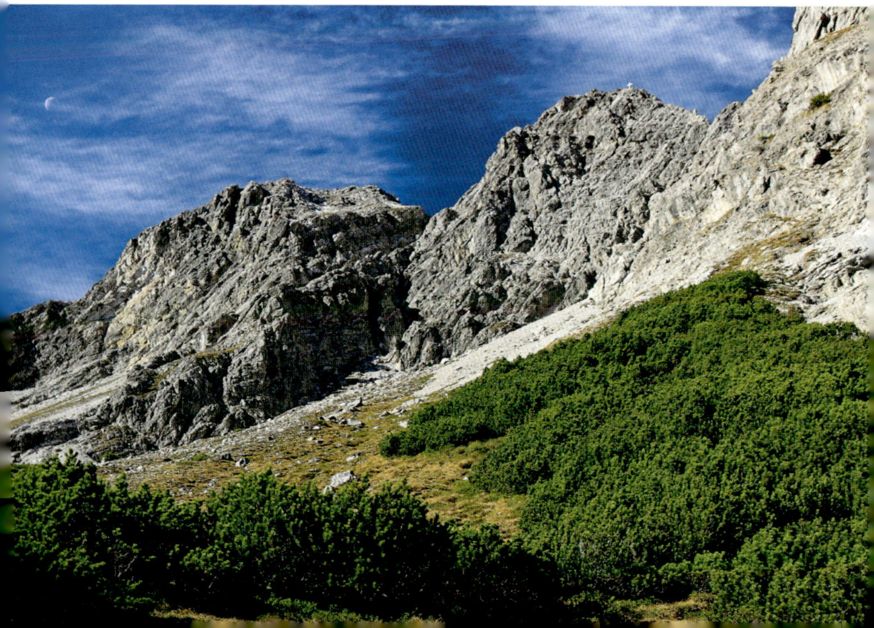

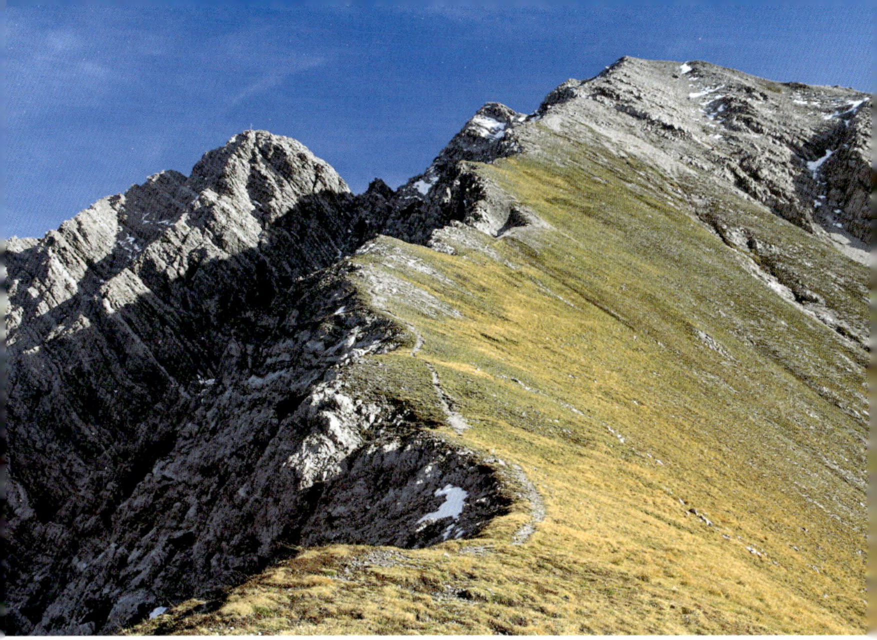

Der Gratrücken oberhalb der Wildebnerspitze.

Talort: Elbigenalp, 1039 m, im Lechtal.
Ausgangspunkt: Untergrünau, 1043 m; Ortsteil der Gemeinde Elbigenalp. Parkmöglichkeit im Ort, Bushaltestelle vorn an der Durchgangsstraße.
Anforderungen: T4. Im Aufstieg nach Forststraßenhatscher nur dünne Pfadspuren bzw. gänzlich weglos; im Abstieg durchgehend gepfadete, etwas verwinkelte Route und damit eine Nummer leichter (rot). Streckenweise steil im Geröll, Gras und splittrigen Schrofen zuoberst, aber ohne felsige Kletterstellen; ausgeprägte Trittsicherheit wichtig und auch konditionell anspruchsvoll.
Orientierung: Die Markierungen und Spuren verlieren sich Richtung Dreisattelscharte immer mehr, gipfelwärts quasi freies Bergsteigen, was einige Erfahrung verlangt. Die Abstiegsroute ist als dürftig bezeichneter, verwachsener Bergsteig orientierungsmäßig wesentlich sicherer, aber keinesfalls narrensicher.
Einkehr: Evtl. Grießbachalm, 1475 m.
Karten: AV-Karte 1:25.000, Blatt 2/2 bzw. 3/3. Freytag & Berndt 1:50.000, Blatt 351.

Von **Untergrünau** ❶ auf der Forststraße ostwärts, dann rechts auf einem Wanderweg schräg bergauf und bei P. 1194 wieder auf eine Forststraße, die von Grießau kommend ins Grießtal einwärtszieht. Dort auf der rechten Seite des schluchtartigen Einschnitts eine ganze Weile nur geringfügig ansteigend, zwischendurch einen Seitentobel ausgehend und zuhinterst mit einigen Schleifen

Grimmiger Fels, aber mehr Kulisse …

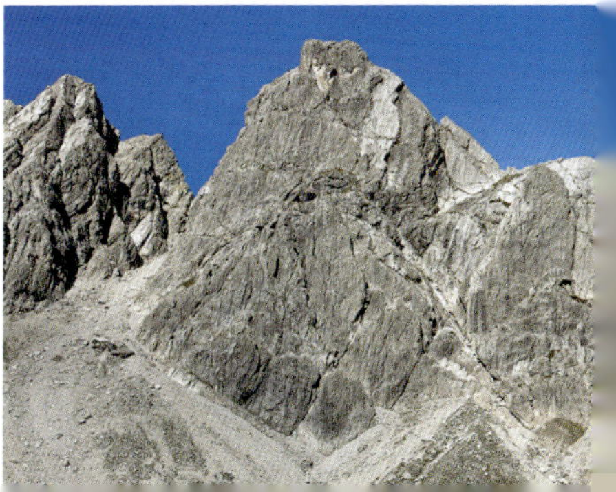

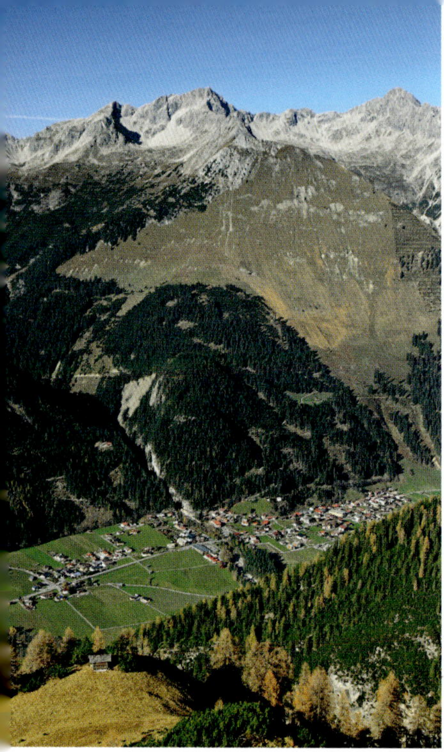

Blick über das Lechtal bei Elbigenalp.

gegen die **Grießbachalm** ❷, 1475 m, hinauf. Etwa 100 m davor zweigt man ohne besonderen Anhaltspunkt nach rechts in die von Schuttzungen durchzogenen Latschenfelder ab. Diese lassen sich leicht durchschreiten – bei optimaler Routenwahl tauchen jetzt auch rote Striche auf, die uns in relativ gerader Linie zunehmend steil bergauf geleiten. Wo die Geröllzungen zu mühsam werden, kann man leicht rechts versetzt in spärlich begrüntem Gelände aufsteigen (die Markierung bleibt trotzdem stets im Blick). Auf knapp 1800 m erfolgt auf kleinem Latschenpfad eine deutlichere Querung, an deren Ende wir in einer Runse die wichtige Gabelung ❸ erspähen (auf Fels angeschrieben): rechts zum »Joch«, direkt aufwärts hingegen unsere Dreisattelroute.

Die Markierungen werden blasser und verlieren sich wie die Steigspuren womöglich ganz. Unmittelbar links von der Rinne, begrenzt vom Krummholz, ziemlich steil aufwärts und auf rund 2070 m über eine markante Geländeschwelle ins **Dreisattelkar**. Hier zwischen Blöcken hindurch leicht links haltend und dann entweder direkt über den rückenartigen Aufschwung nach rechts hoch oder eher etwas daran vorbei. Man kommt somit in den Karhintergrund voran und ersteigt den Schlusshang zur **Dreisattelscharte** ❹, 2258 m, kurzzeitig über felsdurchsetztes Terrain (nochmals rote Punkte). Aus der Einschartung geht es am Südostgrat aufwärts, der ersten felsigen Barriere am besten links ausweichend. Über Graspleisen und zunehmend splittrige Schrofen gewinnt man schließlich den Westgipfel der **Ruitelspitze** ❺, 2580 m.
Dieser bildet laut Kartografie den höchsten Punkt des Massivs, obgleich das Kreuz auf dem Mittelgipfel, 2574 m, postiert ist. Wer unbedingt darauf erpicht ist: Der (optionale) Übergang zweigt bereits kurz vorher in die abschüssige Flanke ab. Nach rund 70 m Höhenverlust durchschreitet man mit Drahtseilhilfe eine tief eingekerbte Doppelscharte und steigt an weiteren Sicherungen über brüchigen Fels zum Kreuz auf. Die Aktion ist hin und zurück mit fast 45 Minuten zu veranschlagen, aber wie gesagt nicht zwingend.
Denn der signalisierte Abstieg führt direkt vom Westgipfel zuerst gen Südwesten zu einer Schulter und anschließend am Nordwestkamm über bröselige Schrofen weiter. Beim ausladenden Vorsprung der **Wildebnerspitze** ❻, 2295 m, knickt die Route wiederum scharf links in eine spärlich begrünte Hangmulde,

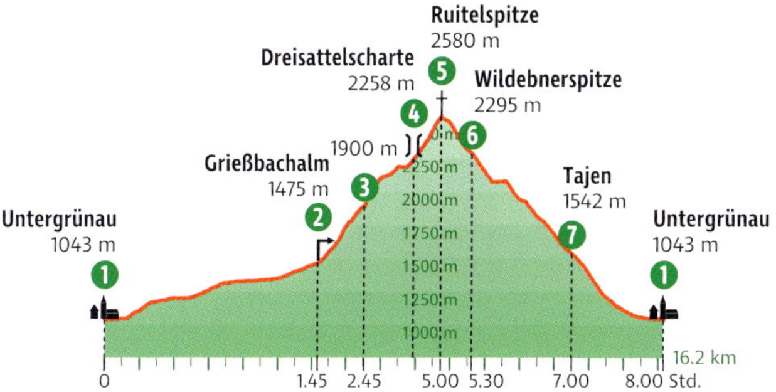

das Wildebnerkarle, ab. Etwas tiefer setzen wir zu einer Rechtstraverse an, die durch den zerklüfteten, von einigen Latschen besetzten Abbruch sogar ein paar Meter aufwärtsleitet. Anschließend auf die Wildebne hinunter und links haltend zur Ronigebne, die jeweils malerische Grashänge oberhalb der Waldgrenze bilden. An einer neuen Hütte vorbei taucht der Steig in den Bergwald ein. Dort recht steil tiefer, bei einer Forststraße rechts (!) weiter und auf die Waldweiden mit den verstreuten Stadeln von **Tajen 7**, 1542 m. Unser Steig bleibt überwiegend schmal, kreuzt nochmals eine Forststraße und endet bei der nächsten Berührung. Hier rechts über die Ruitelbrücke hinweg und auf der Rodelbahn nach **Obergrünau**. Zuletzt auf der Ortsstraße noch knapp 1 km bis **Untergrünau 1**.

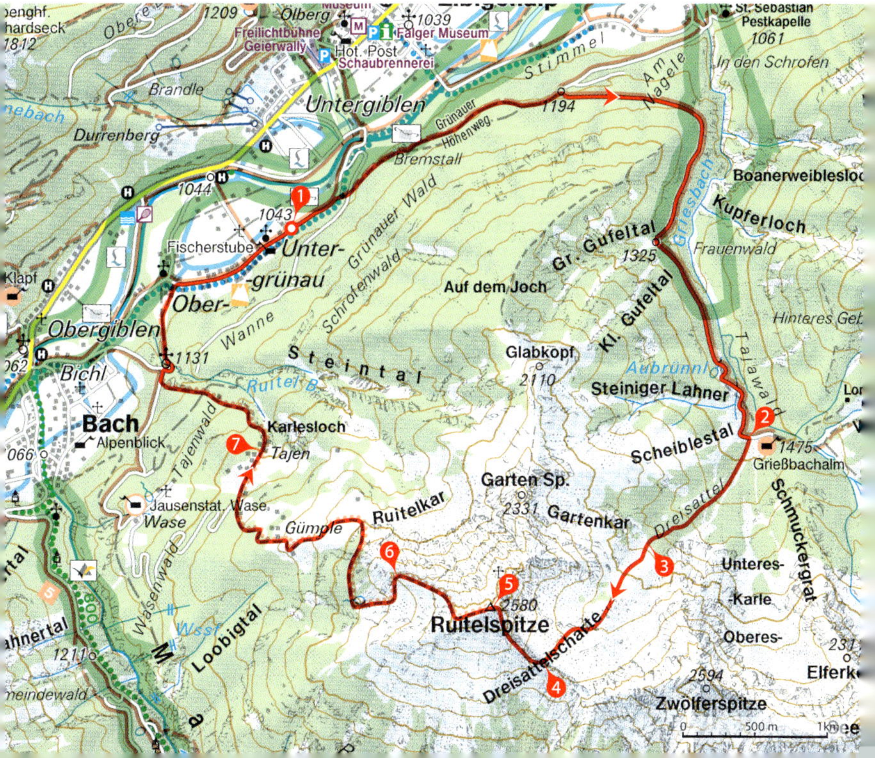

39 Vorderer und Hinterer Sonnenkogel, 2324 m

Von Bach über die Nordflanke

6.00 Std. | 7,7 km | ↗1330 m | ↘1330 m

Einstiger Heuersteig auf den Hausberg von Bach

Ihre Höhe ist nicht gerade überragend, aber sie stehen über dem mittleren Lechtal in der ersten Reihe und setzen sich als stumpfe Grasköpfe mit ausgesprochen steilen Flanken gut in Szene: Die Sonnenkögel zählen auf jeden Fall zu den lohnenden Zielen, auch wenn ich mich letztlich gezwungen sah, auf der gleichen Route wieder abzusteigen. Geliebäugelt hatte ich eigentlich mit einer Variante, die am Vorderen Sonnenkogel in die Ostflanke ausbiegt und sich nach einer Traverse zu einer Forststraße im Madautal hinabwindet. Aber diese Route soll mittlerweile unterbrochen sein (Warnhinweis »Sackgasse« am Beginn der Querung) und sollte von Entdeckungslustigen allenfalls von unten rekognosziert werden – mit der Option eines allfälligen Rückzugs. So bleibt eben die Normalroute über die Nordseite, ehedem ein Heuersteig, der dem Motto »wilder Wege« durchaus schon genügt. Bis hinauf zum Vorderen Sonnenkogel legt sie ihre Steilheit praktisch nicht ab. 1100 Höhenmeter auf zweieinhalb Streckenkilometer sprechen eine klare Sprache! Der schmale Verlauf – zwischendurch sind es sogar nur Trittspuren – zeugt zudem nicht gerade von häufiger Begehung. Und hinüber zum klobigen Gupf des Hinteren Sonnenkogels sind wir der Markierung letztlich sogar enthoben. Meine beste Erinnerung an die Tour, abgesehen von der tollen Aussicht ins Lechtal, ist freilich die ausgiebige Beobachtung eines Adlers!

Der Hintere Sonnenkogel bietet eine tolle Schau ins obere Lechtal.

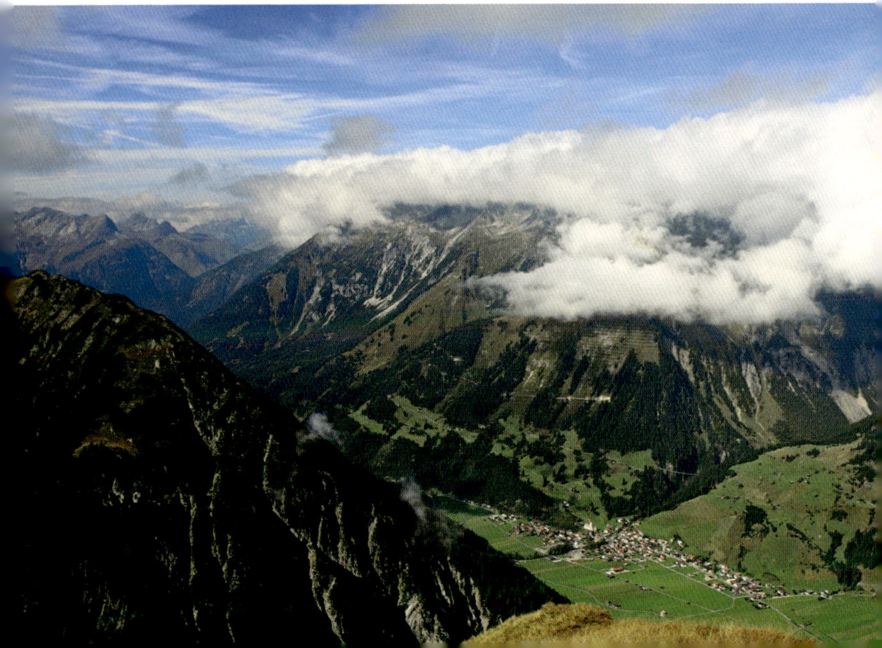

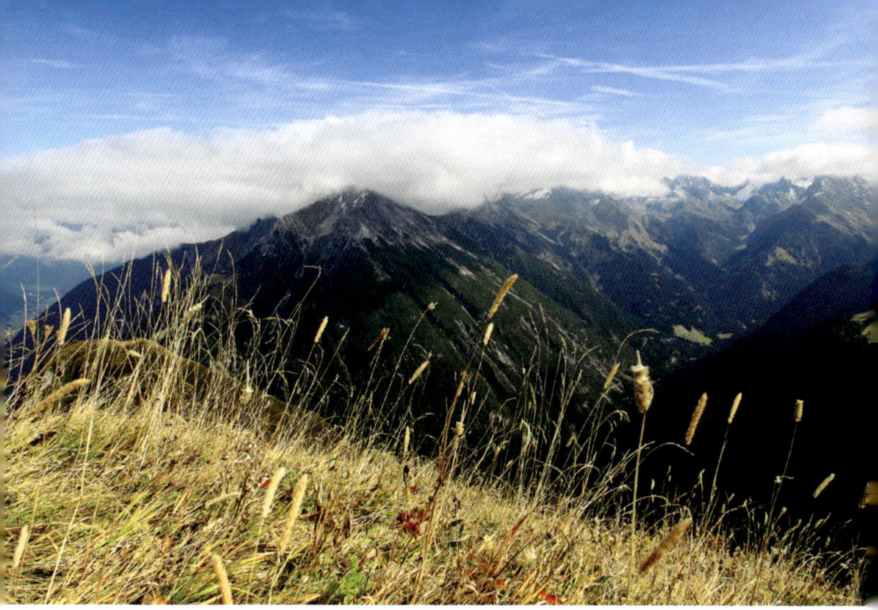

Die Sonnenkögel sind typische Lechtaler Steilgrasberge.

Talort: Bach, 1062 m, im Lechtal.
Ausgangspunkt: Bach, vom Ortszentrum ein Stück weit mit der Madauer Zufahrt bis zum Parkplatz am Alperschonbach, 1066 m.
Anforderungen: T4. Phasenweise beachtlich steiler Bergsteig, im oberen Bereich teils nur erdige Trittspuren im Gras, die bei Nässe gefährlich rutschig werden können (Nordexposition beachten). Der Übergang zwischen den Gipfeln (ebenfalls im Gras) besitzt praktisch weglosen Charakter. Keine Kletterei, trotzdem kratzt die Einstufung an »schwarz« (bei Nässe erreicht sie diese definitiv). Ausgereifte Trittsicherheit angezeigt und Stöcke sehr nützlich. Konditionell schon recht anstrengend, aber noch im normalen Rahmen.
Orientierung: Zum Vorderen Sonnenkogel bezeichnet, aber vor allem im Grasgelände teils nur sehr dürftig ausgetreten, daher etwas Aufmerksamkeit beim Verfolgen erforderlich. Übergang zum Hinteren Sonnenkogel zwar nur ansatzweise Spuren und ohne Markierung, aber leicht zu überblicken.
Einkehr: Keine am Weg.
Variante: Von der Möglichkeit, ostseitig ins Madautal abzusteigen, wird abgeraten – der Steig soll nicht mehr begehbar sein.
Karten: AV-Karte 1:25.000, Blatt 3/3. Freytag & Berndt 1:50.000, Blatt 351.

In **Bach** ❶ folgen wir der Straße Richtung Madau, die am Bergfuß nach rechts ansteigt. Achtung, jetzt nicht den kleinen Abkürzungspfad einschlagen, sonst verpasst man die Sonnenkogel-Route! Diese zweigt nämlich kurz nach der ausgeprägten Linkskehre ab ❷, also schon etwa 10 Minuten nach dem Start am Parkplatz.

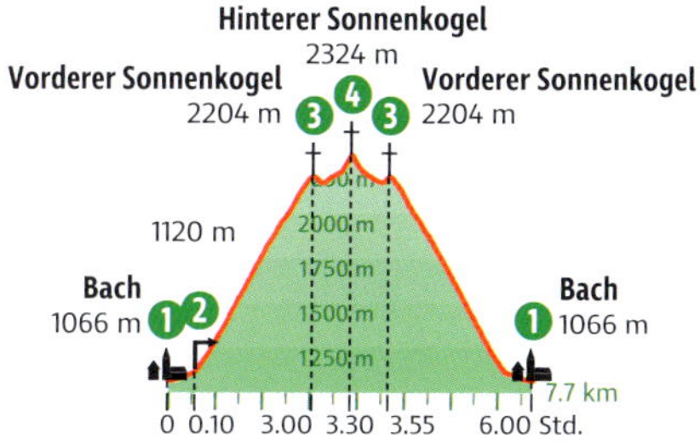

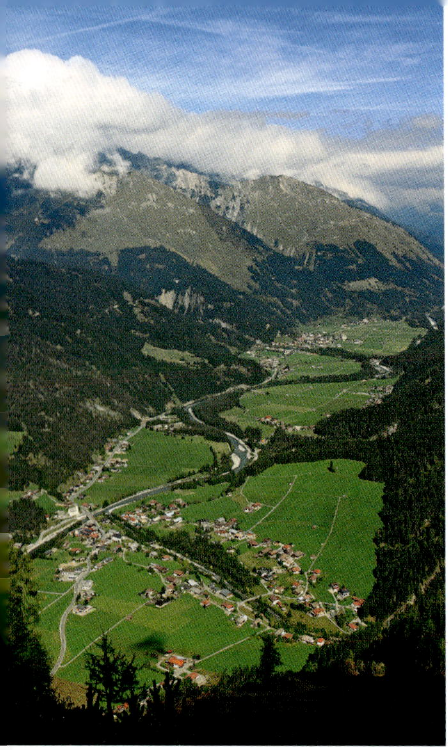

Rückblick ins Lechtal mit dem Talort Bach.

Im Bergwald geht es sofort kompromisslos steil bergauf. Man bewegt sich rechts vom Einschnitt des Kontertals. Im Gehölz und später in den Latschen ist der Steig wohl schmal und steil, aber noch ganz passabel. Nachdem wir die Hälfte des Aufstiegs geschafft haben und in freieres Gelände hinausgetreten sind, verschlechtert sich der Zustand allerdings. Im Gras wird die Trittspur spärlich und teilweise lehmig, was besonders bei Feuchtigkeit unangenehm ist. Wir halten vorerst Südwestrichtung ein und drehen – nachdem sich die Aussicht ins obere Lechtal (Holzgau usw.) geöffnet hat – in der sehr abschüssigen Nordabdachung des Vorderen Sonnenkogels markant nach links ein. Mit einer Querung zu den Lawinenverbauungen im Bereich des Nordostrückens und dort im Zickzack aufwärts. Auf 2050 m zweigt der nicht mehr begehbare Pfad ab (siehe Erläuterungen oben). Schließlich mit etwas zurückgenommener Steigung bis zum Kreuz auf dem **Vorderen Sonnenkogel 3**, 2204 m.

Man überschreitet die Graskuppe südwärts und steigt dahinter wenige Meter in den Trennsattel ab. Hinauf zum **Hinteren Sonnenkogel 4**, 2324 m, prägt sich ein stumpfer, aber sehr steiler Rücken aus, der nochmals gute Trittsicherheit erfordert. Den höchsten Punkt bildet wiederum eine schlichte Graskuppe. Retour geht es auf derselben Route.

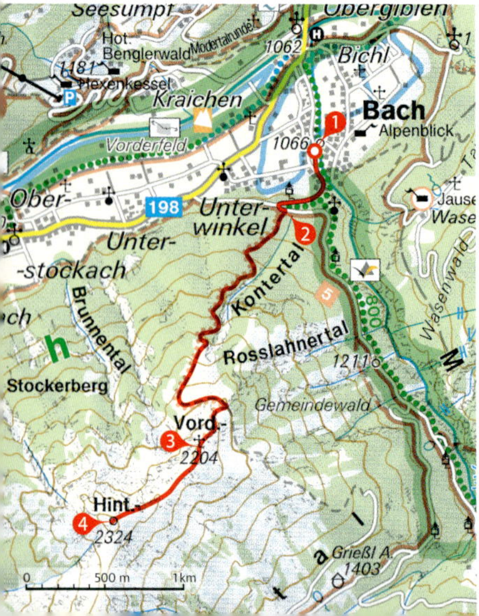

Nur der Vordere Sonnenkogel ist mit einem Kreuz geschmückt.

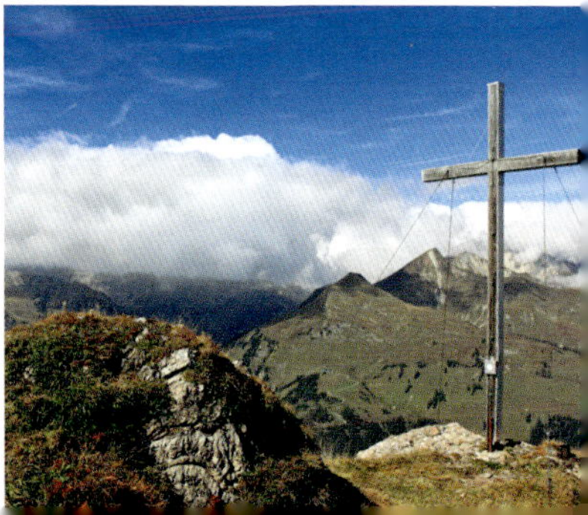

Peischelspitze, 2424 m

Rundtour durchs Wildtal

6.30 Std. | 9,3 km | ↗1350 m | ↘1350 m

Verwegener Anstieg auf den Holzgauer Hausberg

Wenn der Alpenvereinsführer schon von »äußerst steilem Gras« berichtet, ist womöglich eine gewisse Zurückhaltung angezeigt. So bin ich zwar mit dem ambitionierten Ziel »Peischelspitze« ins Wildtal aufgebrochen, aber auch mit der Option, im Zweifelsfall mit einer kalkulierbaren Route auf den Zwölferkopf ausweichen zu können, falls der Zustieg zum Grat der Peischelspitze allzu prekär ausfallen sollte. Ob es einem selbst behagt, lässt sich ja immer nur nach persönlichem Augenschein beurteilen – das kann einem die anschaulichste Info und Beschreibung (um die ich mich hier selbstredend bemühe) nicht abnehmen. Sonst wäre es letztlich ja auch kein authentisches Abenteuer mehr ...
Natürlich kann man es sich mit der Peischelspitze auch relativ einfach machen, indem man dem üblichen Weg durch die düstere, von Krummholzzonen und Rinnen durchzogene Nordflanke – die den Holzgauern im Winter einiges an Sonne raubt – sowie später dem nordöstlichen Kammausläufer folgt. Für durchschnittlich leistungsfähige Bergwanderer ist dies auch schon ein Kaliber, doch der Zugang durchs Wildtal bietet eben jene Portion Abenteuer und eine gewisse Exklusivität, der man als passionierter Bergfex irgendwie anhängt. Knackpunkt ist also eine gut 200 Meter hohe Steilgrasflanke, die aus dem Talschluss zum Südgrat hinaufleitet und bei Nässe absolut tabu sein sollte! Mit einiger Routine und tadelloser Trittsicherheit gelingt die Krabbelei überraschend genussvoll. Oben am Grat begrüßte mich übrigens umgehend ein Steinadler, ehe das absolute emotionale Highlight folgte: Nein, es war in diesem Fall nicht die – keineswegs zu vernachlässigende – Gipfelaussicht, sondern eine Edelweißwiese, wie ich sie mein Lebtag noch nicht in dieser Fülle gesehen habe! Da standen Tausende von Einzelsternen – was ich dem Pflanzenschutz zuliebe ja eigentlich gar nicht verraten dürfte, doch sei dem Leser dieses Buches als gewissenhaftem Naturfreund Vertrauen geschenkt ...

Das Wildtal macht seinem Namen Ehre.

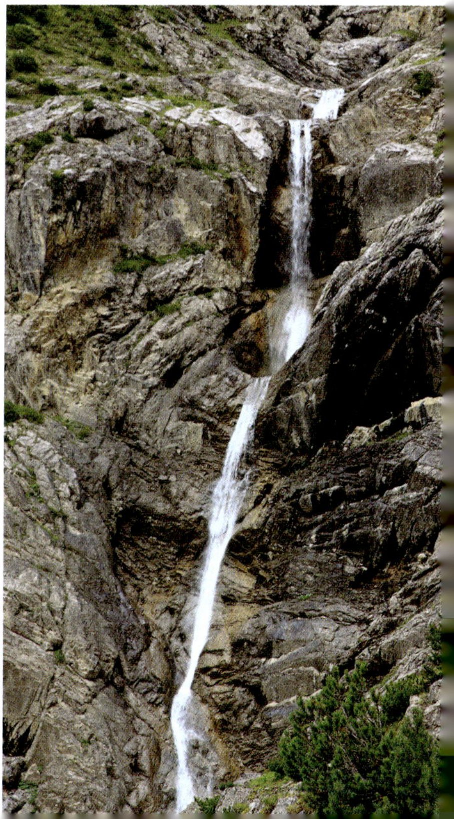

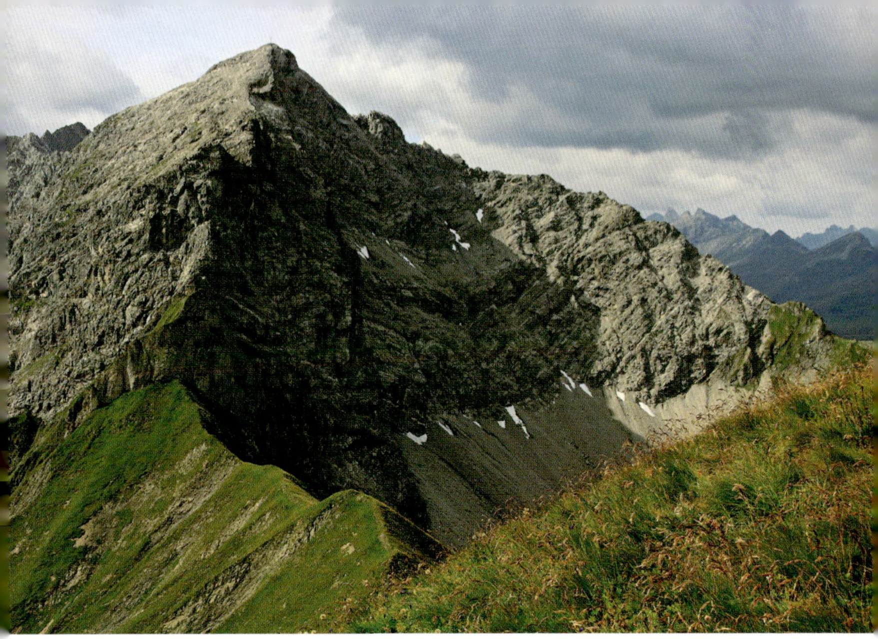

Die Grießtaler Spitze mit dem grünen Sattel, zu dem unsere Route aus dem Wildtal heraufkommt.

Talort: Holzgau, 1114 m, im Lechtal.
Ausgangspunkt: Dürnau, Ortsteil der Gemeinde Holzgau. Parkmöglichkeit am Waldrand, ca. 1120 m, Bushaltestelle an der Lechtalstraße.
Anforderungen: T5 im Aufstieg, T3–4 im Abstieg. Im Wildtal zunächst passabler Steig mit einer heiklen Stelle in einem Graben, ab ca. 1700 m verwachsener und ab ca. 2000 m bis zum Gipfel weglos über Steilgras. Dieses erfordert perfekte Trittsicherheit und Schwindelfreiheit (nicht bei Nässe und besser nicht im Bergab versuchen!). Abstieg auf ziemlich ruppigem Steig, deutlich leichter (noch rot), aber ebenfalls nicht zu unterschätzen. Volle Tagestour für erfahrene Berggänger.
Orientierung: Kleine, spärlich markierte Steige ins Wildtal hinein sowie auf der nordseitigen Normalroute, die speziell im oberen Teil nicht immer ganz leicht zu verfolgen ist. Hauptschwierigkeit sind aber die oberen 400 Hm aus dem Wildtal gipfelwärts, hier pfadlos und sehr gutes Geländebeurteilungsvermögen notwendig!
Einkehr: Keine.
Karten: AV-Karte 1:25.000, Blatt 3/3. Freytag & Berndt 1:50.000, Blatt 351.

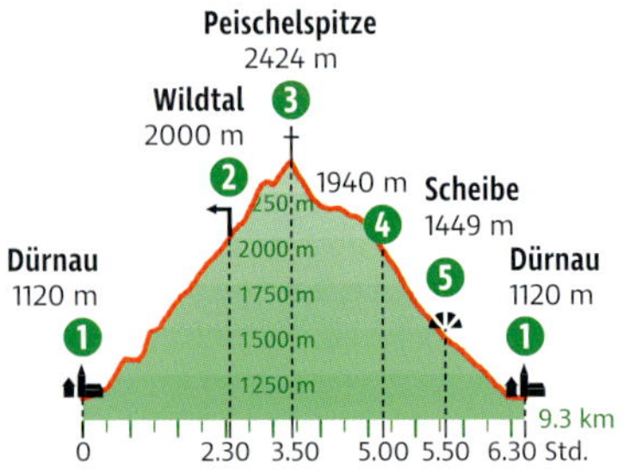

Von **Dürnau** ❶ geht es südwärts durch den locker stehenden Wald an die Bergflanke heran und rechts der imposanten Wildtalschlucht kräftig aufwärts. Einige Latschen hängen in den Weg, aber meistens nicht zu sperrig. Nach gut 200 Hm passiert man einen ersten seitlichen Tobel, bevor ein weiterer zerklüfteter Graben Probleme machen kann. Jeden-

falls war die Traverse während der Erkundung vermurt und ziemlich heikel. Danach wieder besser voran und auf rund 1700 m über den Bach nach links. Hier wird unser Pfad im wuchernden Gras sofort undeutlich, zieht aber im Prinzip gerade in dem Einschnitt höher (auf spärliche Zeichen achten). Wo man von links her einen Geländerücken betritt und die markierte Route schließlich rechts zum Zwölferkopf abdreht ❷, verlässt man diese und wandert weglos noch ein Stück weit gerade in den Hintergrund des **Wildtals**, das von der Nordwand der Grießtaler Spitze abgeriegelt wird.
Hier queren wir nach links zu einer grasigen Rippe in den westseitigen Steilhängen des Peischelspitz-Südgrats. Der Erfahrene erkennt diese Struktur sofort als beste Anstiegslinie zum Kammrücken und wird sie aus einem kleinen Graben heraus von rechts her ansteuern. Der Durchstieg muss wegen der Absturzgefahr mit vollster Konzentration erfolgen, wobei man sich an Grasbüscheln festhalten und immer wieder kleine Trittabsätze nutzen kann. Linker Hand begleitet uns eine ausgeprägte Rinne. Weiter oben verliert sich die Rippe im einförmigen Hang, über den behutsam die letzten Meter hinauf zur Schneide, ca. 2300 m, bewältigt werden. Dort wird nach links die

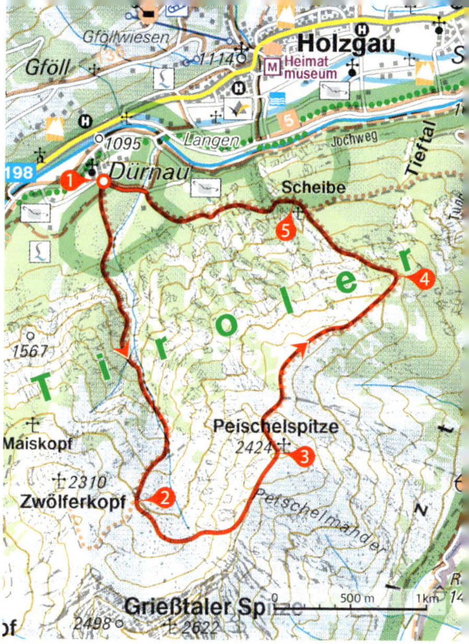

Außergewöhnliche Edelweißbestände an der Peischelspitze.

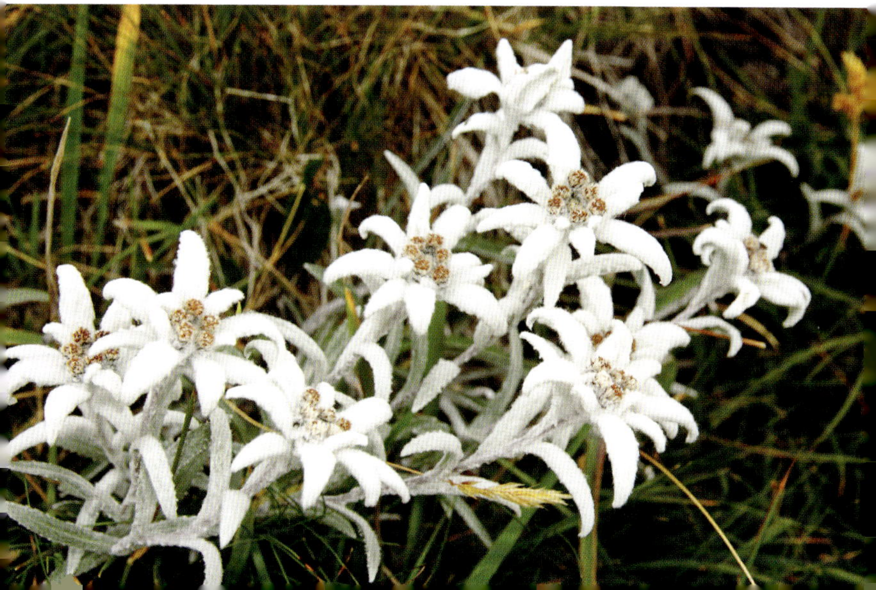

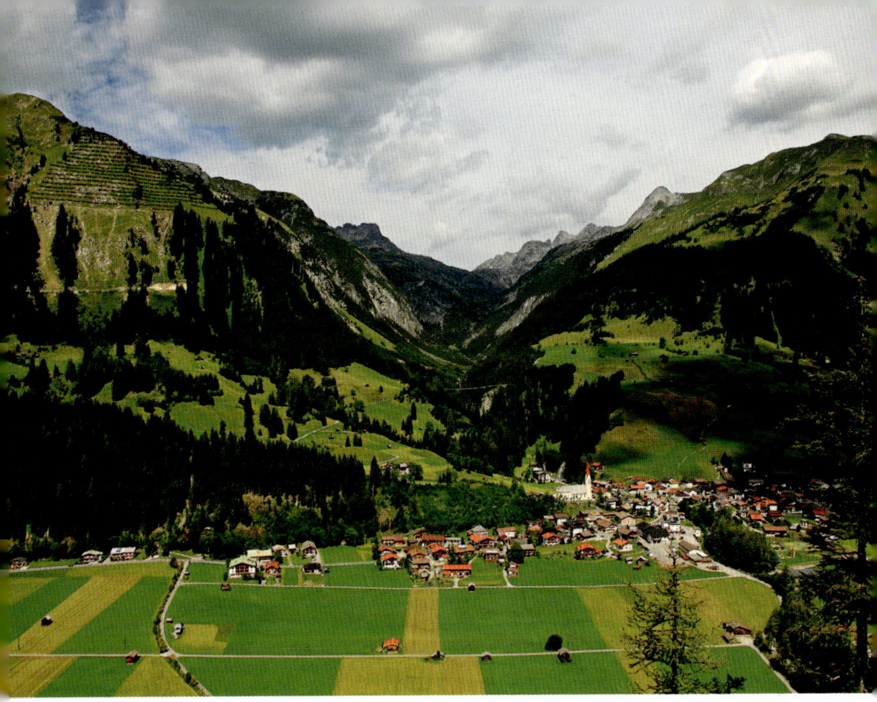

Holzgau ist der Talort für die Peischelspitze.

Kuppe P. 2325 überschritten und aus dem folgenden Sattel der unschwierige Südwestgrat bis hinauf zur **Peischelspitze ❸**, 2424 m, begangen. Die dürftig markierte Abstiegsroute beginnt undeutlich in der abschüssigen, schrofigen Nordwestflanke. Man orientiert sich zu einem Grateck hinab und quert von dort schräg abwärts auf den sanften Nordrücken

Steile Graspleisen sind niemals zu unterschätzen - bei Nässe werden sie äußerst tückisch.

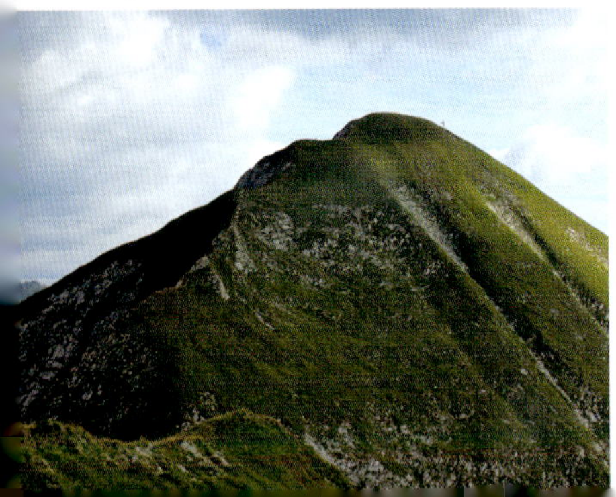

unterhalb der Steilzonen. Ein Stück weiter nordostwärts abdrehen und im Bereich eines mit Latscheninseln bestandenen Rückens die meiste Zeit sanft abwärts gegen P. 1940 ❹, wo man scharf nach links schwenkt. Erst hier werden Markierung und Trasse deutlicher. Allerdings steigen wir jetzt durch wesentlich dichteres Latschengelände ab – trotz passabler Gassen kein wirklicher Genuss. Linker Hand befindet sich ein markanter, schluchtartiger Einriss, der aber erst gekreuzt wird, nachdem wir den Rechtsabzweig nach Sulzlbach sowie den Rastpunkt der sogenannten **Scheibe ❺**, 1449 m, oberhalb von Holzgau hinter uns gelassen haben. Nun also diagonal nach links über die große sowie zwei kleinere Rinnen und auf angenehmer werdendem Steig durch den Bergsockel, bis man drunten im Tal auf den Forstweg nach **Dürnau ❶** trifft.

Rotschrofenspitze, 2588 m

Von Kaisers über West- und Südgrat

5.15 Std. | 9,5 km | ↗1050 m | ↘1050 m

Formenreicher Berg zwischen Kaisers- und Sulztal

Die Rotschrofenspitze offeriert uns ein wenig besuchtes, nicht übermäßig anspruchsvolles Gipfelziel im oberen Lechtal. Sie wird am besten vom idyllischen Bergdorf Kaisers, wo das Edelweißhaus der Sektion Stuttgart steht, bestiegen. Der kurze Südgrat vom Übergang am Falmedonjoch gilt als Normalweg, der ausschweifende Westgrat ist hingegen die schönste Route am Berg, der uns keine Kletterkünste abverlangt, sondern lediglich den viel beschworenen sicheren Tritt an abschüssigen Graspleisen. Erblickt man die Rotschrofenspitze hingegen von Norden, etwa aus dem Sulzeltal, baut sie sich wesentlich grimmiger auf. So präsentiert sie in einem ihrer Gratäste die wilden »Drei Festen«. Hauptblickfang für uns ist natürlich gegenüber die mächtige Holzgauer Wetterspitze samt Trabanten bis zur Tajaspitze: ein Musterbeispiel für die oft kompromisslose Steilheit in den Lechtaler Alpen…

Talort: Steeg, 1124 m, im Lechtal.
Ausgangspunkt: Edelweißhaus in Kaisers, 1530 m. Bergstraße von Steeg, im Sommer Busverkehr.
Anforderungen: T3–4. An beiden Graten überwiegend Grasgelände, teils steil, nur vereinzelt Schrofen, dabei jeweils Steigspuren (am etwas anspruchsvolleren Westgrat dürftiger ausgeprägt). Solide Trittsicherheit und Schwindelfreiheit nötig, bei Nässe meiden. Nicht besonders lange Tagestour.
Orientierung: Moderat, da über die Grate logisch vorgegeben, obgleich am Westgrat ohne Markierung. Davon abgesehen sowieso ordentlich markierte

Der Westgrat ist die schönste Route an der Rotschrofenspitze.

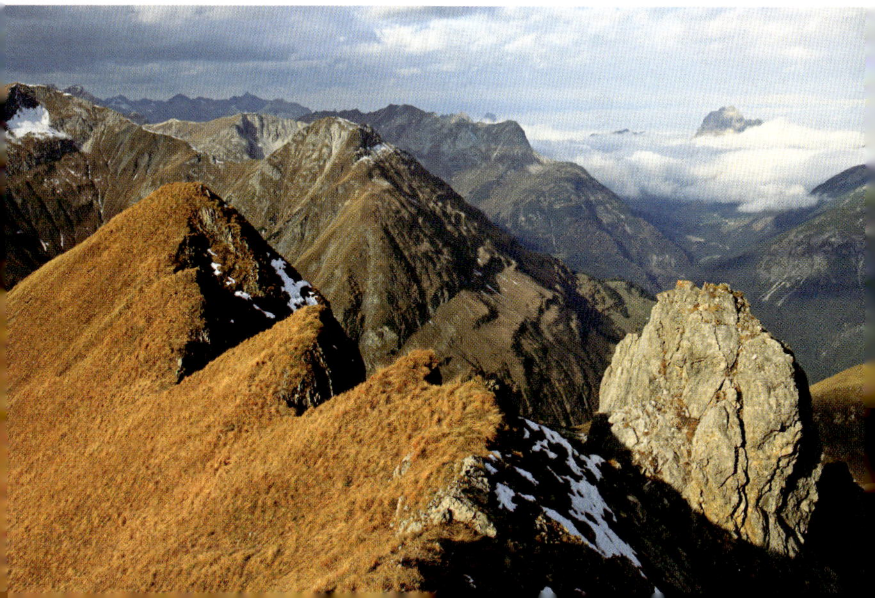

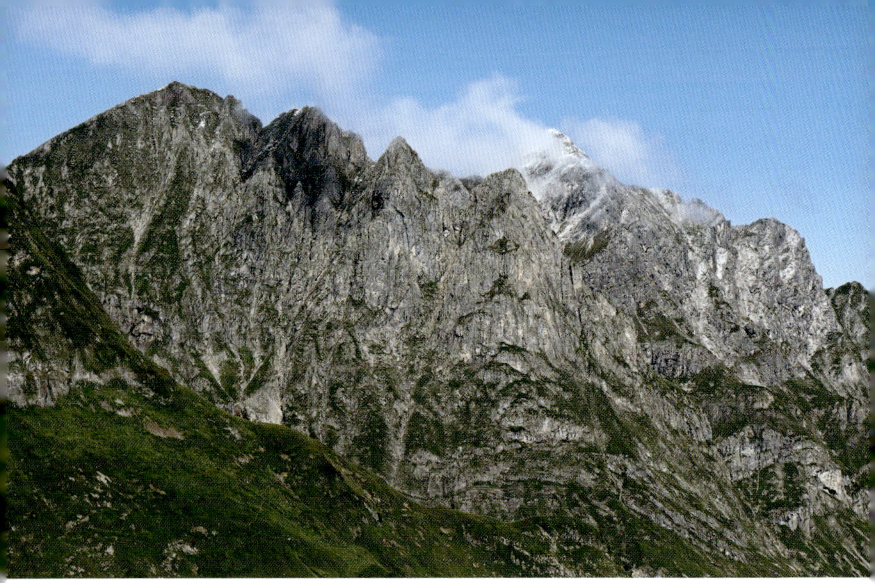

Die Rotschrofenspitze mit den Drei Festen im Nordostgrat.

Bergwege (Übergang Falmedonjoch).
Einkehr/Übernachtung: Edelweißhaus, 1530 m, fast ganzjährig geöffnet, Tel. +43 5633 51158.
Variante: Eine leichte Alternative (blau) wäre der Kammrücken zum Hahnleskopf, 2210 m. Ab Kaisers hin und zurück ca. 3.30 Std.
Karten: AV-Karte 1:25.000, Blatt 3/3. Freytag & Berndt 1:50.000, Blatt 351.

Gleich hinter dem Edelweißhaus in **Kaisers** ❶ geht es nach Wegweiser »Mutte« bergauf und mit einigen Schleifen durch den aufgelockerten Bergwald. Später zwischen Lawinenzäunen hindurch und auf die flachen Hochweiden bei der **Mutte**, 2046 m, wobei die auffällige Hangnase rechts bleibt. Ein Stück weiter kommt die längere, aber bequemere Variante über den Wilden Kaiser dazu ❷. Nun am Grashang aufwärts und nach zwei Kehren zur Gabelung ❸ zwischen Hahnleskopf und Falmedonjoch. Wir entscheiden uns für keinen der beiden Steige, sondern begeben uns einfach weglos über die Matten zur Kammlinie hinauf, sprich zum weit ausstreichenden Westrücken der Rotschrofenspitze. Dieser verschmälert sich Richtung **Rotschrofenkopf**, 2440 m, und steilt auch deutlich auf. Stets am Grat entlang – zur Linken die jähen Felsabbrüche der Nordseite, rechts ebenfalls ziemlich abschüssige Bergwiesen – geht es an einigen kleinen Zacken vorbei zum Gipfel der **Rotschrofenspitze** ❹, 2588 m.
Für den Abstieg wählen wir zunächst den kurzen Südgrat und achten auf die Steigspuren und roten Punkte. Über steiles Gras mit wenigen eingelagerten Schrofen und zuletzt über eine kleine Kuppe hinweg zum **Fal-**

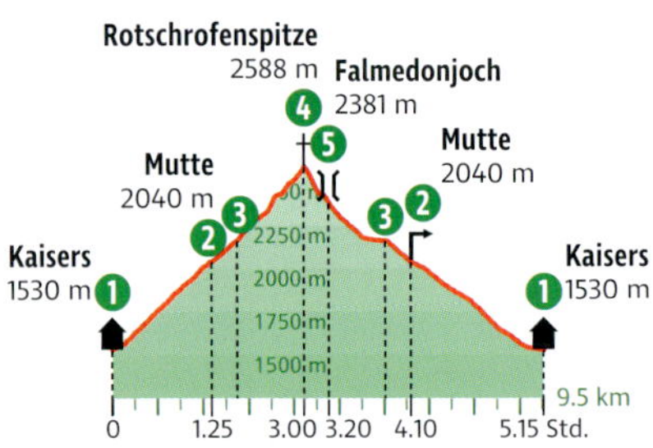

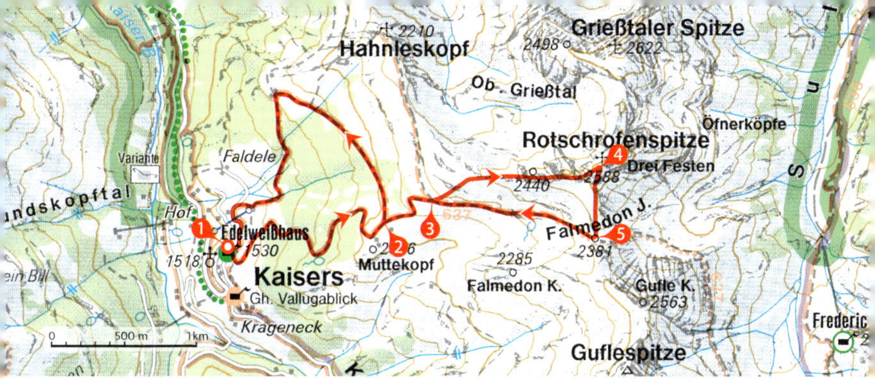

medonjoch 5, 2381 m. Hier stößt man auf die Verbindung zwischen Kaisers und der Frederic-Simms-Hütte – ein Übergang, der namentlich im inneren Sulzeltal öfters mit Tücken (Vermurungen etc.) zu kämpfen hat. Uns betrifft dies nicht, denn wir schlagen die andere Richtung ein und ziehen unseren Kurs bald nur mehr sachte fallend oder sogar horizontal durch die Flanken. Man bewegt sich also parallel zum Westgrat auf tieferer Linie und kommt wieder zu beiden Gabelungen vom Hinweg. Im Bereich der **Mutte 2** dann auf den rechts ausholenden Weg, der im Schrägabstieg zu den Stadeln am Wilden Kaiser führt. Dort mit scharfem Linksknick in den Saurenwald, einige Gräben kreuzend und auf einem Wirtschaftsweg zurück nach **Kaisers 1**.

Das Edelweißhaus in Kaisers gehört dem Alpenverein.

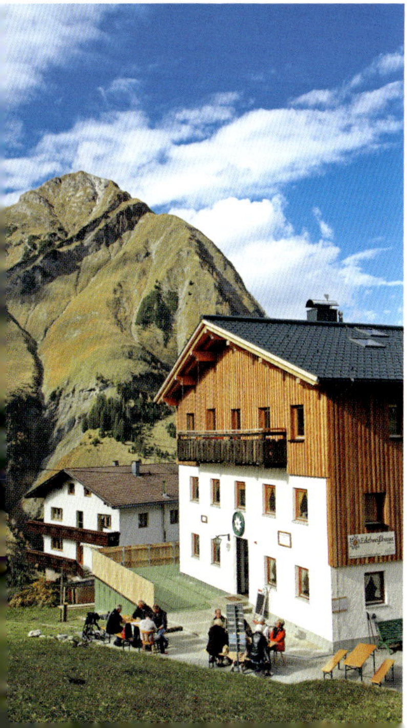

Gipfelpanorama Richtung Fallesinspitze und Valluga.

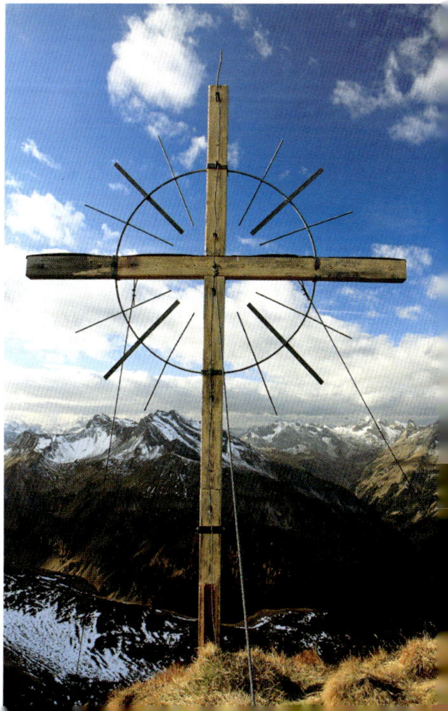

42 Pimig, 2406 m
Überschreitung von Kaisers nach Steeg

7.30 Std. | 18,2 km | ↗ 1130 m | ↘ 1500 m

Zwei Routen am Bollwerk hoch über dem oberen Tiroler Lechtal

Über eine Pimig-Besteigung kursieren teilweise Gerüchte von außerordentlicher Steilheit, speziell was den Nordwestgrat angeht. Um es vorwegzunehmen: So arg ist es nicht, eher »normal« im Sinne zünftiger Lechtaler Bergtouren! Ohne Zweifel flößt der Nordostabbruch des Berges, der aus der Umgebung von Steeg betrachtet wie eine riesige Rutschbahn anmutet, ordentlich Respekt ein. Und tatsächlich verlangt das abschüssige Grasterrain auch eine gute Portion Trittsicherheit und Routine, außerdem einigermaßen trockene Verhältnisse. Damit steht der Pimig vom Anspruch her freilich in guter Gesellschaft, jedenfalls was die Tourenauswahl dieses Buches angeht …

In den Karten stechen zwei markierte Routen ins Auge, eben über den erwähnten Nordwestgrat sowie von der anderen Seite via Mahdbergalpe und Jöchle. Kombination höchst lohnend! Fragt sich nur, in welcher Richtung. In der Hauptsaison können wir uns den Wanderbus nach Kaisers zunutze machen. Für einen Aufstieg über den Nordwestgrat spräche im Prinzip die Tatsache, dass dieser etwas anspruchsvoller ist und man bei Bedarf sehr früh starten kann. Die Gegenrichtung besitzt meines Erachtens aber mehr Vorteile: weniger Höhenmeter im Bergauf, sonniger und damit bei Tau am Morgen rascher trockenere Verhältnisse (womit der Nordwestgrat bis zum Abstieg am Nachmittag auch gut abtrocknen kann), besseres Timing mit der Busverbindung nach

Der Gipfelaufbau des Pimig von Süden.

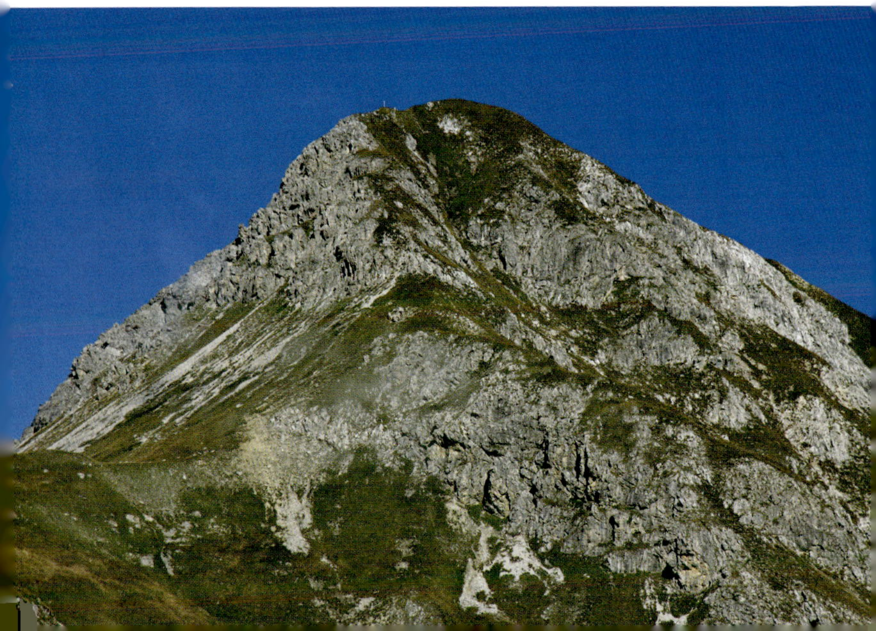

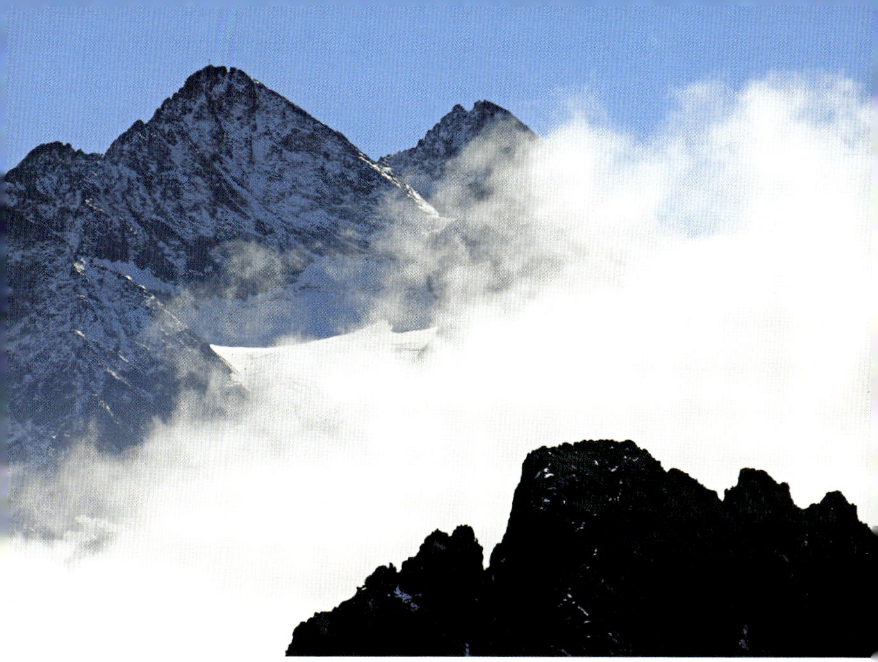

Bis zu den Dreitausendern der Verwallgruppe reicht die Schau.

Kaisers, die wir später nicht mehr im Auge haben müssen. Im Übrigen habe ich den Gang über den Nordwestgrat mit taloffenem Blick (anstatt in vormittäglichem Gegenlicht) als sehr genussreich empfunden! Wie auch immer – der Pimig zählt nicht nur zu den profiliertesten Gipfeln über dem oberen Lechtal, sondern auch zu den schönsten Aussichtswarten!

Talort: Steeg, 1124 m, im oberen Lechtal.
Ausgangspunkt: Kaisers, Gasthaus Vallugablick (Haltestelle), ca. 1490 m. Um für die weitere Tour unabhängig zu sein, hierher am besten morgens per Bus, der bis Anfang Oktober viermal täglich von Steeg fährt (erster Kurs 8.31 Uhr ab Gasthof Stein).
Endpunkt: Steeg, 1124 m.
Anforderungen: T4 via Nordwestgrat, über Mahdbergalpe etwas leichter. Spärlich ausgetretene Bergpfade weithin im Grasgelände, phasenweise abschüssig und daher speziell bei Nässe ungut, obschon vergleichsweise nicht allzu lehmig. Fels kommt nur am Gipfelaufbau vor (kurz I). Sehr gute Trittsicherheit vor allem auf der Abstiegsroute (Nordwestgrat) wichtig, zudem solide Kondition für eine lange Tagestour.
Orientierung: Anhand der Markierungen (häufig kleine Pflöcke) auf beiden Routen relativ einfach, aber keinesfalls »übermarkiert«, weshalb elementares Orientierungsvermögen nötig ist.
Einkehr: Mahdbergalpe, 1820 m.
Karten: AV-Karte 1:25.000, Blatt 3/2. Freytag & Berndt 1:50.000, Blatt 351.

Vom Gasthaus Vallugablick in **Kaisers** ❶ führt ein kleiner Wiesenpfad hinunter auf den Fahrweg ins Almajurtal. In Kürze über die Kaiserbachbrücke und mit wenig Auf und Ab noch weit taleinwärts, schließlich auch über den Almajurbach hinweg bis zur Gabelung des Schottersträßchens ❷, ca. 1500 m. Hier verlassen wir die Route Nr. 642 im **Almajurtal** und folgen den Schleifen rechts am Hang hinauf zur neuerdings bewirtschafteten **Mahdbergalpe** ❸, ca. 1820 m. Gleich dahinter nicht am breiten, horizontalen Alpweg weiter, sondern anhand einer Pflockmarkierung in den Weidenhängen schräg aufwärts. Man erreicht einen stumpfen Rücken und orientiert sich etwas höher wieder nach rechts zu weiteren Traversen. Damit teils aufsteigend, teils querend in die ausgedehnte Geländebucht der Vogelwanne, die im Bogen ausgegangen wird. Kurz darauf stehen wir im **Jöchle** ❹, 2240 m, vor dem steilen Gipfelaufbau. Es kommen ein paar felsige Passagen ins Spiel, bevor der höchste Punkt am **Pimig** (5), 2406 m, gewonnen ist.

Das Kreuz steht etwas tiefer nördlich an der ausgeprägten Hangkante. An diesem vorbei nach rechts auf einen schrofigen Rücken, von dem man dann scharf links in die gleichsam ins Bodenlose hinabschießende Nordostflanke abbiegt. Wir queren am Ansatz der Gipfelschrofen hinüber zum Nordwestgrat (der direkte Abstieg vom Gipfel dorthin wäre deutlich schwieriger!) und setzen dort den Abstieg fort. Die Grasschneide trennt zwei sehr steile Flanken, ist aber selbst nicht allzu scharf und auf passabler Pfadspur (mit Pflockmarkierung) meist wunderbar zu begehen. Die heikleren Passagen treten zwischendurch in zwei, drei schattseitigen Steilstufen auf. Wo der Gratrücken weiter unten an Struktur verliert, wird die Orientierung etwas schwieriger. Teils durch Gehölz, teils noch über freie Wiesen geht es bis

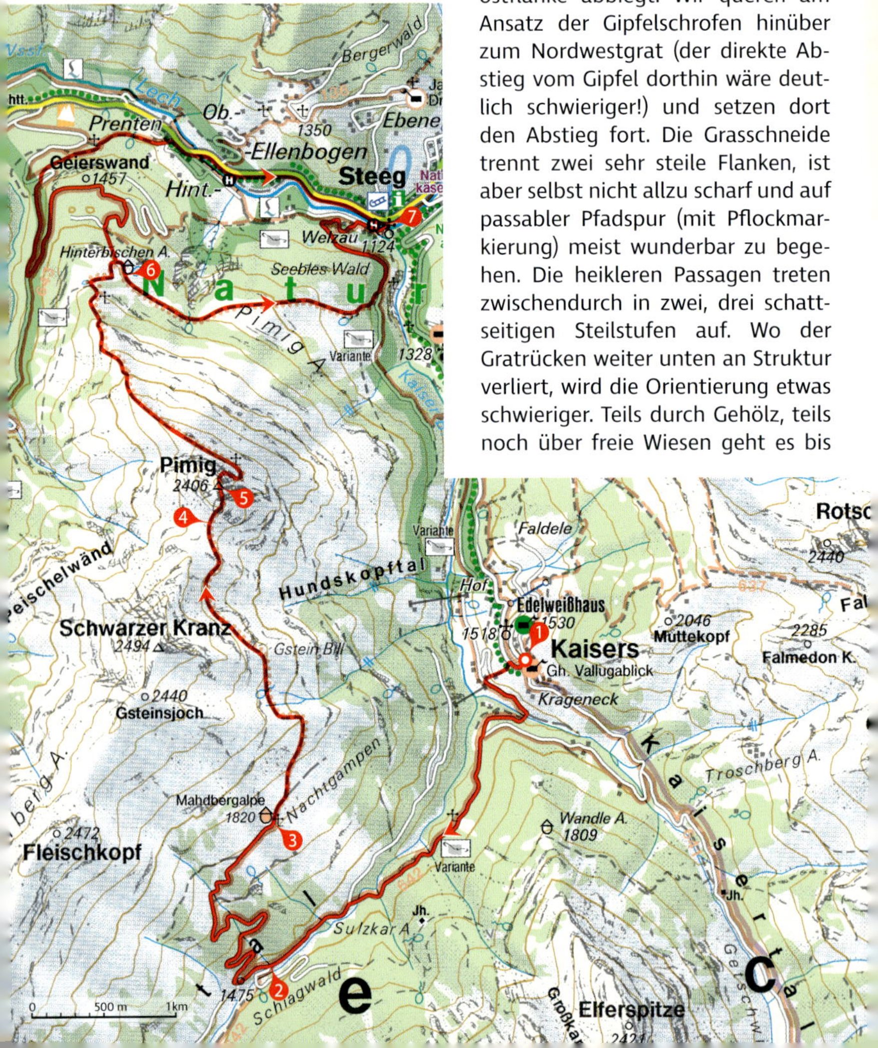

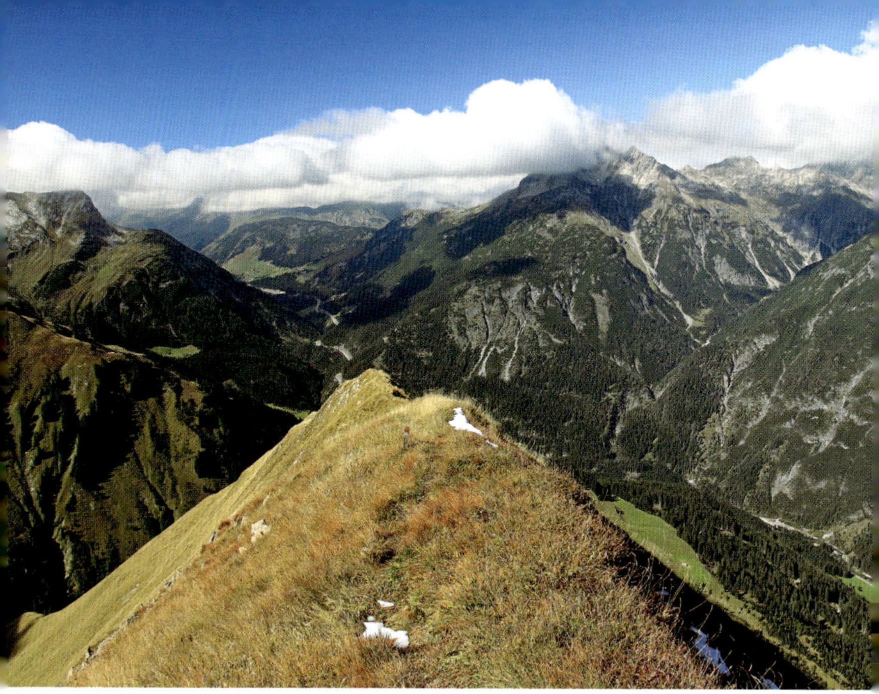

Die Grasschneide des Nordwestgrats bietet einen herrlichen Laufsteg.

vor die Kuppe P. 1693. Nun rechts haltend über die Alpweiden abwärts zur **Hinterbischenalpe** 6, 1580 m, die schon von weit oben auszumachen war.

Für den Schlussteil gibt es zwei Möglichkeiten: Entweder nach rechts in längerer Traverse über die Geländeterrasse (eine markante Rinne zwischendurch) und allmählich hinab zu einem Fahrweg, der Richtung Steeg führt. Oder man folgt ab Hinterbischen der Beschilderung »Steeg – Bushaltestelle«, gelangt links haltend zu einer Forststraße und auf dieser weit um den Hang herum ins Krabachtal. Mit der nächsten Forststraße abwärts, dann auf Steig Richtung Prenten und – nachdem die Lechtal-Bundesstraße tangiert wurde – rechts vom Lech auf breiten Wegen nach **Steeg** 7, 1124 m. Achtung, die in manchen Karten eingezeichnete Abkürzung ist nicht beschildert und vor Ort auch so gut wie nicht auffindbar!

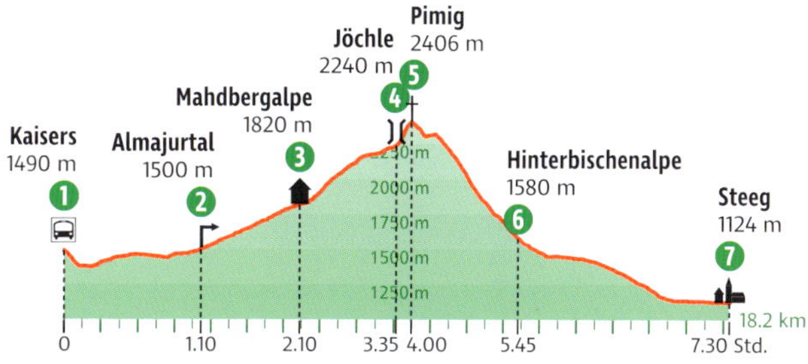

43 Wilder Kasten und Ellbognerspitze, 2552 m

Verbindung durchs Peischelkar

7.45 Std. | 9,7 km | ↗1500 m | ↘1500 m

Zwei große Gipfel auf einen Schlag

Wilder Kasten – ein wahrlich treffender Name für diesen formschönen Berg südlich des Allgäuer Hauptkamms, der sich schon ganz dem Lechtal zuwendet, jedoch nur wenig bergsteigerische Beachtung findet. Eher trifft das schon auf die massige, wenig höhere Ellbognerspitze zu, die mit einem richtigen Steig (alpiner Gattung) aufwartet. Von Überlaufenheit kann aber auch hier keine Rede sein. Dem Wilden Kasten hat man nun ebenfalls eine offizielle Normalroute »spendiert« und diese in die Alpenvereinskarte aufgenommen, doch wer sich auf die Spur begibt, wird feststellen, dass es mit einer Markierung oder gar einem Weg nicht weit her ist. Nur bis gut 1900 Meter Höhe nutzt man den Zugang zur Ellbognerspitze, anschließend muss oder darf im Peischelkar »frei nach Schnauze« die günstigste Linie in dem fast überall gangbaren Gelände gefunden werden. Immerhin ist klar, wo die Reise hingehen soll, denn der Gipfelaufbau des Wilden Kasten grüßt markant und mit einem Südrücken auch strukturiert herab. Und die vermeintlich anspruchsvollen Kletteraufgaben lassen sich schlussendlich leichter lösen als erwartet, denn sie übersteigen kaum den I. Grad. Ein tolles Finale, gekrönt mit einer tollen Aussicht! Sehr instruktiv überblickt man den Allgäuer Hauptkamm in der ungewohnten Südperspektive, während gegenüber weite Teile der Lechtaler Alpen aufgeschlossen sind.

Als ich an einem sonnigen Herbsttag allein auf dem Wilden Kasten weilte, kam mir die spontane Idee, auch die Ellbognerspitze noch einzubinden, schließlich war mir der Berg von früher in guter Erinnerung. Da der Übergang entlang der

Der gebänderte Gipfelaufbau der Ellbognerspitze; links der Südostgrat.

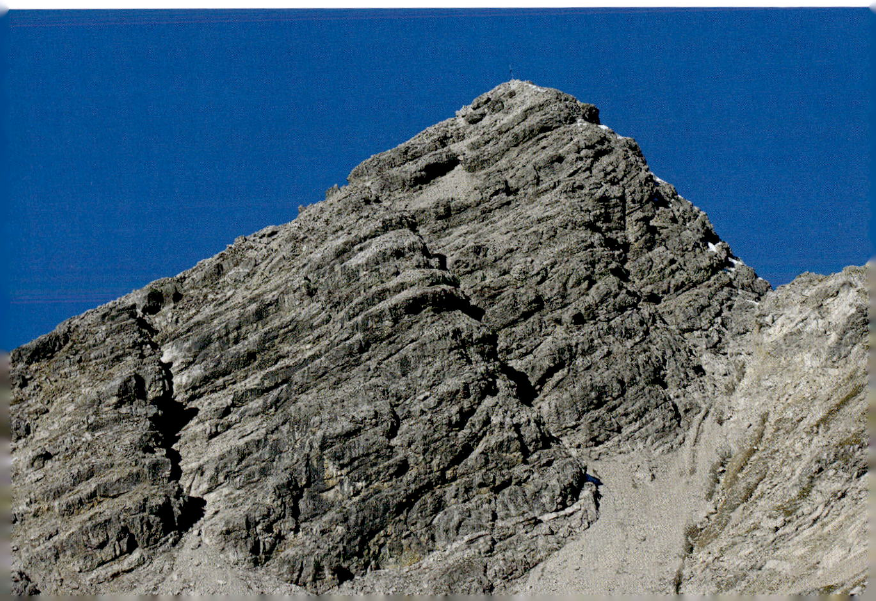

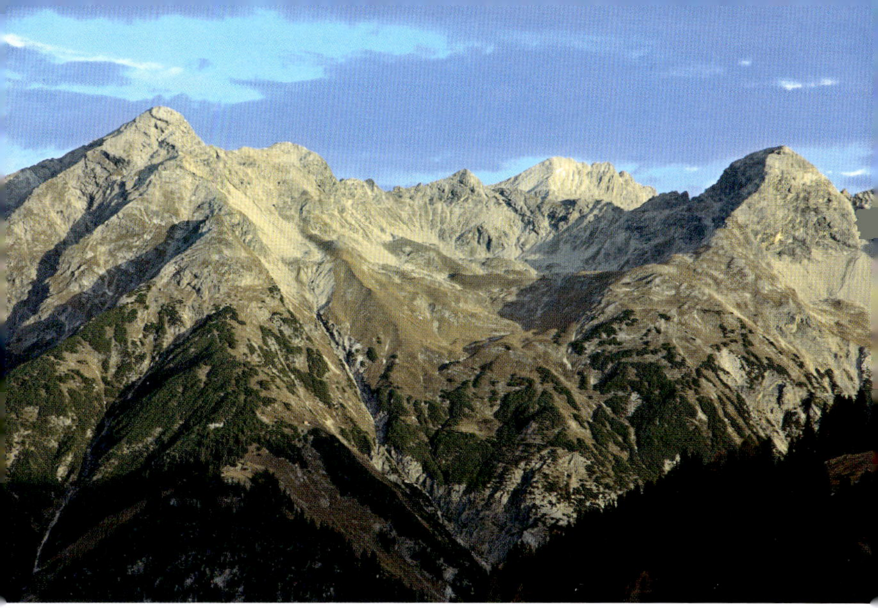

Ellbognerspitze (links) und Wilder Kasten mit dem Peischelkar dazwischen.

Gratschneide (via Peischelspitze) ziemlich grimmig anmutet und einiges an Kletterei erwarten lässt, zog ich mit dem Auge eine Linie durchs Peischelkar und verfolgte diese später auch per pedes hinüber zum Südostrücken, ohne dass ich auf besondere Hürden gestoßen wäre. Sogar einige Pfadspuren sind bei dieser Aktion hilfreich, und die 300 Höhenmeter Fleißaufgabe sind für ein Ziel wie die Ellbognerspitze bestimmt nicht zu viel.

Talort: Steeg, 1124 m, im oberen Lechtal.

Ausgangspunkt: Oberellenbogen, 1350 m. Zufahrt auf schmaler Bergstraße von Steeg; beschränkte Parkmöglichkeit.

Anforderungen: T4–5 am Wilden Kasten, T3–4 (rot) an der Ellbognerspitze. Die alpinistisch anspruchsvollsten Passagen liegen am Gipfelaufbau des Wilden Kasten (gut gestuftes Felsgelände im I. Grad). Im Peischelkar sowohl beim Zustieg als auch bei der Traverse zur Ellbognerspitze wegloses Gras- und Schuttgelände, im Prinzip unschwierig. An der Ellbognerspitze selbst markierter Schrofensteig ohne nennenswerte Kletterei. Insgesamt lange Tour für trittsichere, erfahrene Berggänger, nur Wilder Kasten 1200 Hm, 6.15 Std.

Orientierung: Der Wilde Kasten ist zwar offiziell ausgewiesen, doch ver-

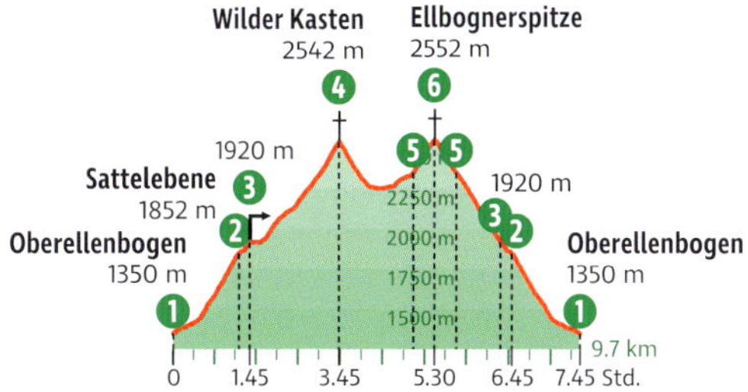

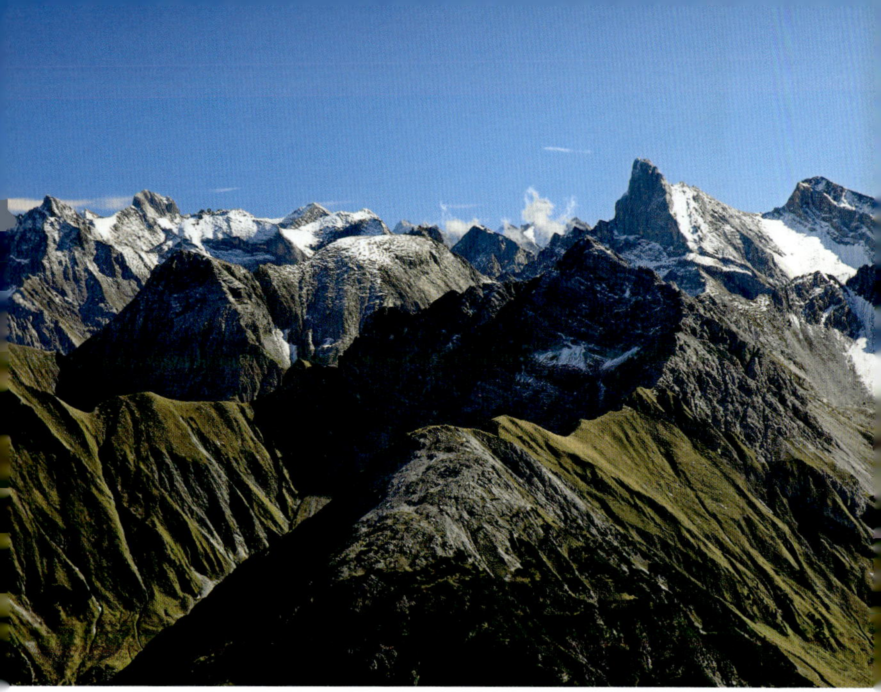

Großes Panorama der Lechtaler Alpen, wo die Holzgauer Wetterspitze heraussticht.

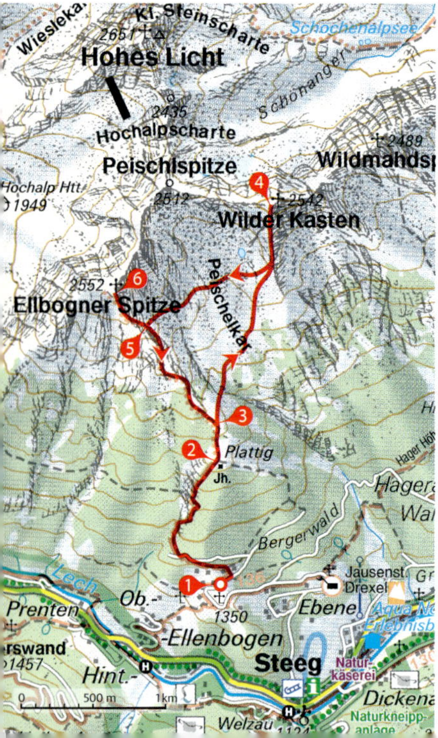

lieren sich im Peischelkar die Anhaltspunkte (Steigspuren und seltene Steinmännchen), was etwas Routengespür erfordert. Erst der Gipfelaufbau ist wieder markiert. Selbstständig beurteilt werden muss auch die weitgehend pfadlose Verbindung zum Normalweg der Ellbognerspitze, welcher wiederum offiziell bezeichnet ist.

Einkehr: Keine.

Karten: AV-Karte 1:25.000, Blatt 2/1. Freytag & Berndt 1:50.000, Blatt 351.

Vom letzten Haus in **Oberellenbogen** ❶ über die Wiese zum Zaunüberstieg und dann zunächst nach links queren. Man stößt kurzzeitig auf eine Forststraße und dann auf einen Waldweg, der zunehmend steiler bergauf zieht. Unter einer Felsbarriere entlang zu einer Rinnenstruktur, die zu den Jagdhütten auf der **Sattelebene** ❷, 1852 m, leitet. Über einen Wiesenabsatz und den

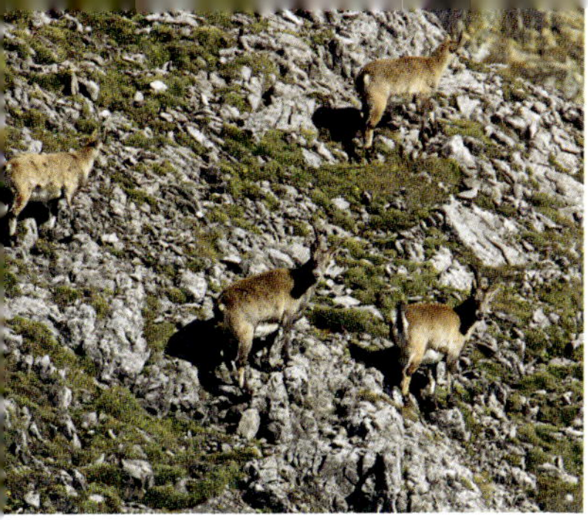

Ein Rudel junger Steinböcke zieht durch die Kare.

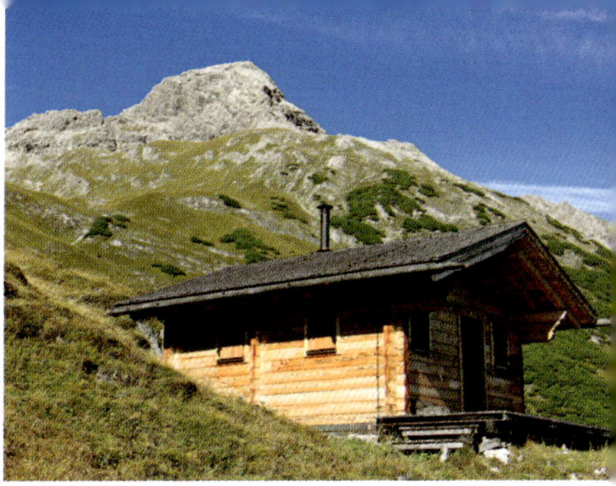

Die neue Blockhütte mit dem Wilden Kasten dahinter.

Latschensteig erreichen wir bei einer neuen Blockhütte ❸, ca. 1920 m, die Gabelung der beiden Gipfelrouten.

Zum Wilden Kasten quert man nun ohne weitere Farbmarkierung rechts in die Flanke und kreuzt den Graben des Hinteren Satteltals. Noch ein Stück durch die Latschen, dann eher gerade aufwärts gegen das **Peischelkar**, wo sich in freien Matten auch die Steigspuren verlieren. Man kann nun schon den felsigen Gipfelaufbau anpeilen und leicht rechts haltend die weitläufigen, wechselnd steilen Karhänge ersteigen. Steinmännchen muss man womöglich schon etwas suchen, weshalb man besser großzügig nach Augenmaß vorgeht, anstatt eine exakte Routenführung zu erwarten. Erst weiter oben schnürt sich das Relief zum Südrücken zusammen. Man gerät allmählich in felsigeres Gelände und findet nun alle paar Meter Steinmännchen zur Orientierung. Mitunter wird der Gratlinie knapp links ausgewichen, speziell an einem Aufschwung (Stellen I), dann fast steigähnlich über Geröll und Platten bis unter die kompakte Gipfelstufe. Hier kurz rechts zur Kante hinaus und an guten Griffen (I+) zum höchsten Punkt am **Wilden Kasten** ❹, 2542 m.

Über die oberen Passagen kraxeln wir genauso wieder bergab, bevor man sich so bald wie möglich und sinnvoll rechts ins Peischelkar wendet. Dort wird die Schwelle eines – eventuell ausgetrockneten – Sees gequert. Über weitere begrünte Kuppen zu einem markanten Rücken im linken Teil des Kares, hinter dem ein Geröllfeld auftaucht. Man quert es leicht ansteigend mithilfe einer schwachen Spur und schließt über eine Art Rampe erstaunlich leicht zum **Südostrücken** der Ellbognerspitze auf. Hier verläuft der blass markierte Normalweg ❺, ca. 2350 m, den wir also knapp oberhalb des markanten Absatzes (P. 2310) und noch unterhalb der schroffen Schichtstufen erreichen. Zum Gipfel der **Ellbognerspitze** ❻, 2552 m, verbleiben nun noch 200 Hm über Schutt und Fels, stets auf deutlichen Steigspuren und ohne nennenswerte Kletterei.

Über den gesamten Südostrücken verläuft anschließend auch der Rückweg. Ab dem erwähnten Absatz zeigt sich das Gelände zunehmend begrünt, nur noch selten schrofig, wie in einem steileren Zwischenstück. Der Rücken wird allmählich breiter und mündet in die Latschenregion. Kurz darauf erreichen wir die Blockhütte ❸ und setzen den Abstieg auf bekannter Route nach **Oberellenbogen** ❶ fort.

44 Biberkopf, 2599 m

Vogelfrei über den wilden Südostgrat

TOP | 5.30 Std. | 8,2 km | ↗1060 m | ↘1060 m

Ein Wahrzeichen des oberen Lechtals

Der formschöne, plattengepanzerte Biberkopf gilt als südlichster Gipfel Deutschlands (nicht als südlichster Punkt, denn dieser liegt nahe dem Haldenwanger Eck). Um Grenzen wollen wir uns hier mal gar nicht scheren, sondern eher versuchen, die eigenen zu verschieben. Denn am Biberkopf habe ich mit dem unbekannten Südostgrat etwas sehr Ausgefallenes probiert und nach bestandener Prüfung als durchaus tauglich für unsere Auswahl eingestuft. Wobei man schon dazusagen muss, dass es sich um eine der anspruchsvollsten Touren des Führers handelt und das Wandern eher richtigem Klettern weicht. Zunächst gilt es, den Ansatz des Grates überhaupt zu finden, was von Lechleiten aus eine Weile über markierte Bergwege geschieht, zuletzt aber frei nach Augenschein. Nach dem Einstieg ins steile Felsgelände geht der Überblick ein wenig verloren (nicht jedoch der Ausblick, der immer besser wird ...), doch sollte man sich, wo immer es die Struktur erlaubt, entlang der Schneide bewegen. Nur im ersten Teil ist es rechts günstiger, während links die Schichten stets steil einfallen. Der überraschend feste Fels verleiht dem Versierten beinahe Flügel, sodass der Grat für den einen oder anderen Gipfelstürmer womöglich sogar zu schnell vorbei ist. Und ganz oben wird man vielleicht einige verblüffte Blicke der Normalbergsteiger ernten ... Auf deren Route geht es schließlich wieder retour, wobei es jetzt darauf ankommt, die Konzentration noch eine Zeit lang aufrechtzuhalten, denn der Gipfelaufbau ist auch auf dieser Seite nicht trivial. So wird eine klasse Überschreitung daraus, mit einem Panorama, das von den Ostschweizer Bergen bis weit hinein nach Tirol reicht.

Von hinten grüßt unverwechselbar der Biberkopf mit seinem Plattenpanzer.

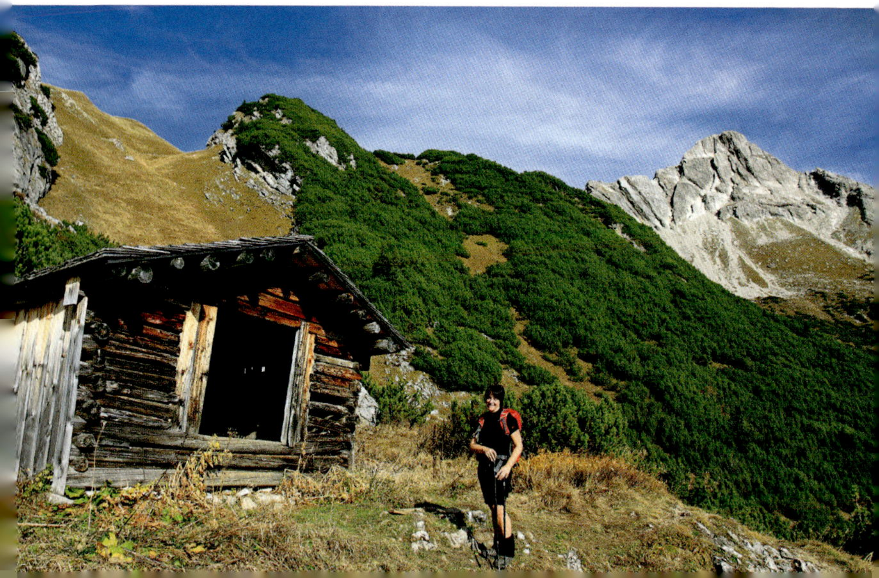

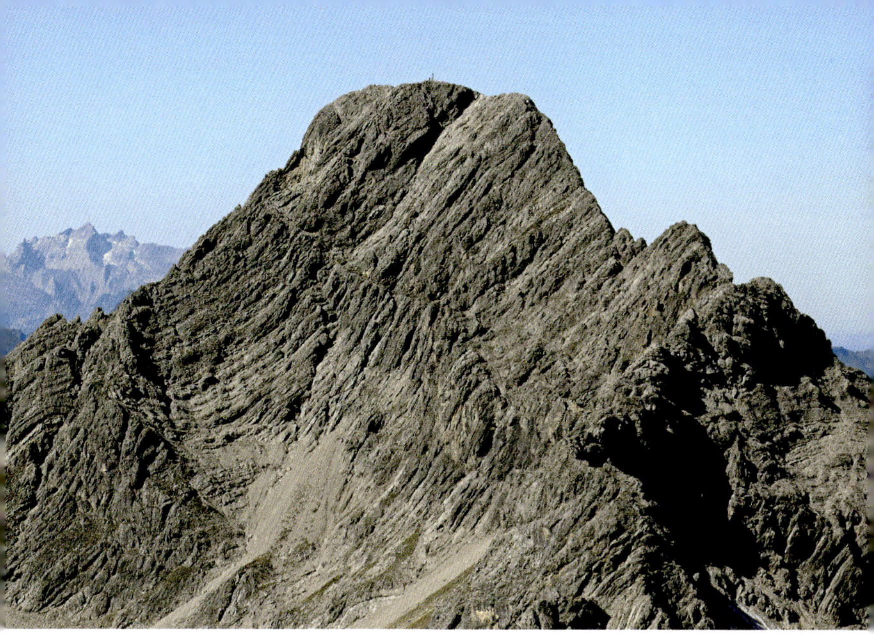

Steilfelsig: der Biberkopf mit dem Südostgrat links.

Talort: Warth am Arlberg, 1494 m.
Ausgangspunkt: Lechleiten, 1539 m, kleines Bergdorf mit Abzweig von der Hauptstraße Steeg – Warth. Parkplatz bei den obersten Häusern, wo auch der Steig beginnt (ohne Busanschluss).
Anforderungen: T5–6 am Südostgrat. Die obersten 300 Hm führen über einen unerschlossenen Felsgrat mit Kletterei bis II, nur für Versierte mit reichlich Alpinerfahrung. Auch für den Normalweg im Abstieg sind gute Trittsicherheit und Schwindelfreiheit erforderlich (T4 mit Stellen I und Klettersteigpassagen). Konditionell normale Tagestour.
Orientierung: Die Felsroute am Südostgrat ist – obgleich logisch im Verlauf – ohne Anhaltspunkte selbstständig zu finden; Routeninstinkt und gutes Einschätzungsvermögen notwendig. Der Abstieg ist diesbezüglich unkompliziert, da bezeichnet und viel begangen.
Einkehr: Keine am Weg, in Lechleiten steht das Holzgauer Haus.
Variante: Es gibt auch einen Gipfelzugang von der Rappenseehütte, 2091 m, der weit oben in die Normalroute von Lechleiten mündet. Als Kombination umständlich.
Karten: AV-Karte 1:25.000, Blatt 3/2. Freytag & Berndt 1:50.000, Blatt 351.

Von **Lechleiten** ❶ steigen wir auf dem Wiesenweg schräg rechts an und durchmessen dabei recht steil eine Latschenzone. An einem Heustadel vorbei in eine breite grasige Rinne (»Im Gang«) und durch diese in die Hochmulden östlich unter dem **Hundskopf**, wo sich früher eine Alp befunden hat. Ein Stück weiter zweigen wir vom Biberkopf-Normalweg

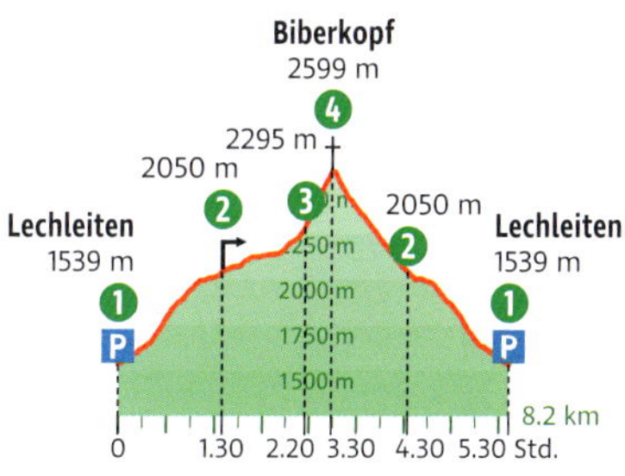

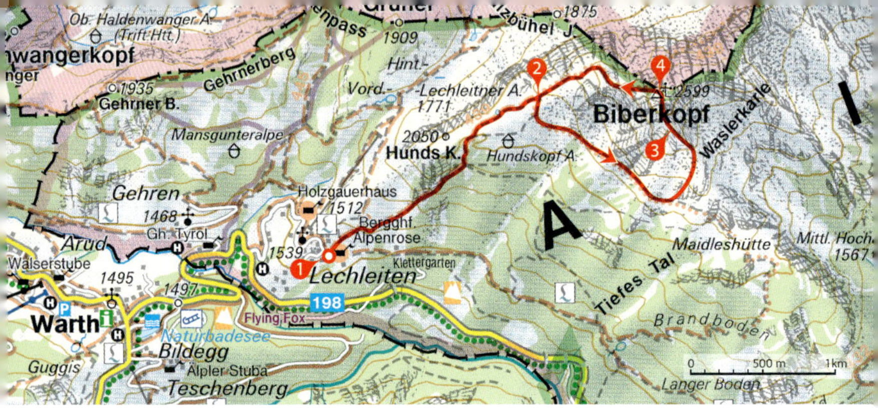

nach rechts Richtung Mäuerleshütte ab ❷ und folgen damit einem kleineren, aber gut erkennbaren Pfad unter den Plattenwänden der Südwestseite entlang. Die Route steigt nur minimal an, muss aber an geeigneter Stelle verlassen werden. Nachdem ein Grasbuckel überschritten ist und sich der Weg allmählich wieder

Ausgesetzte Passage am Normalweg.

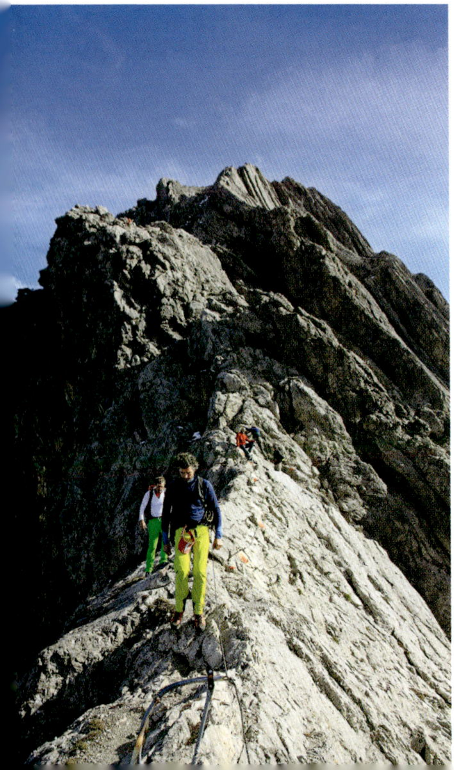

senkt, steigen wir nach Augenmaß über weitere Buckel zum Ansatz des **Südostgrates** empor. Der Einstieg erfolgt auf knapp 2300 m ❸. Brüchige Schrofen kennzeichnen den Beginn der Kletterei, wobei man sich eher auf der rechten Seite bewegt, um über Bänder und Absätze voranzukommen. Spätestens nach etwa 100 Höhenmetern streben wir allerdings zur Gratschneide hinauf und folgen dieser über einige Aufschwünge mit gutem Fels (anhaltend I bis II). Die Linie führt direkt zum Gipfel des **Biberkopfes** ❹, 2599 m.

Im Abstieg wenden wir uns mit einem Linksschwenk in eine schattseitige Rinne und befinden uns damit in der Schlüsselpassage der bezeichneten Normalroute. Teils am Fixseil zu einem Absatz hinab und über die folgende Stufe zu einem schmalen horizontalen Gratfirst, der recht ausgesetzt ist (Sicherungen). Anschließend über ein Band und die nächste kleine Stufe am Westgrat abwärts. Man weicht nun etwas nach links aus und gelangt im Bogen zur begrünten Schulter unterhalb der Felsen. Von dort in Kehren über den Steilhang »Am hohen Gehren« ins wellige Gelände am Fuß des Biberkopfes, wo vorhin die Aufstiegsroute abgezweigt ist ❷. Wie bekannt zurück nach **Lechleiten** ❶.

Trittkopf, 2720 m

Überschreitung von Zürs

6.15 Std. | 14,7 km | ↗ 1150 m | ↘ 1150 m

Zum großen Arlberg-Panorama

Als die Trittkopfbahn vor langer Zeit noch Sommerbetrieb anbot, war der Anstieg auf den südwestlichen Eckpfeiler der Lechtaler Alpen nicht mehr als eine alpine Spritztour. Nun aber verfallen die Wege zusehends, was übrigens auch für den Zugang vom Robert-Bosch-Weg auf der anderen Seite gilt. Hier hat eine instabile Blockhalde den Pfad in Mitleidenschaft gezogen, ohne dass uns dies übermäßig zu schrecken braucht. Unter diesen Rahmenbedingungen ist es relativ still um den Trittkopf geworden. Die großartige Aussicht, vor allem in die Verwallgruppe sowie ins Lechquellengebirge, ist indes zeitlos! So dürfen wir uns ruhig einmal auf die Kuriosität eines »wilden Weges« in einem Skigebiet einlassen. Rund um die Zürser Trittkopfbahn gab es im Übrigen Gerangel. Im Zuge eines Arlberger Skigebietszusammenschlusses wurde sie jüngst abgerissen und durch modernere Anlagen ersetzt, was für einige Nostalgiker sehr schmerzlich war. Wirklich bedenklich stimmen jedenfalls die fortwährenden Erweiterungen des harten Tourismus. Damit erfährt auch unsere Tour auf den Trittkopf streckenweise Beeinträchtigungen.

Talort: Lech am Arlberg, 1444 m.
Ausgangspunkt: Zürs, 1717 m, Hotelsiedlung an der Flexenpassstraße von Lech Richtung Klostertal bzw. Arlberg. Kostenfreie Parkplätze südlich des Ortes.

Anforderungen: T3. Alte, dem Verfall preisgegebene Bergsteige, daher zum Teil verwachsenes, auf der Ostseite auch kurzzeitig verschüttetes Gelände (Blockhalde mit Steinschlaggefahr!).

Der Trittkopf von Westen; nach links streicht der Nordrücken ab.

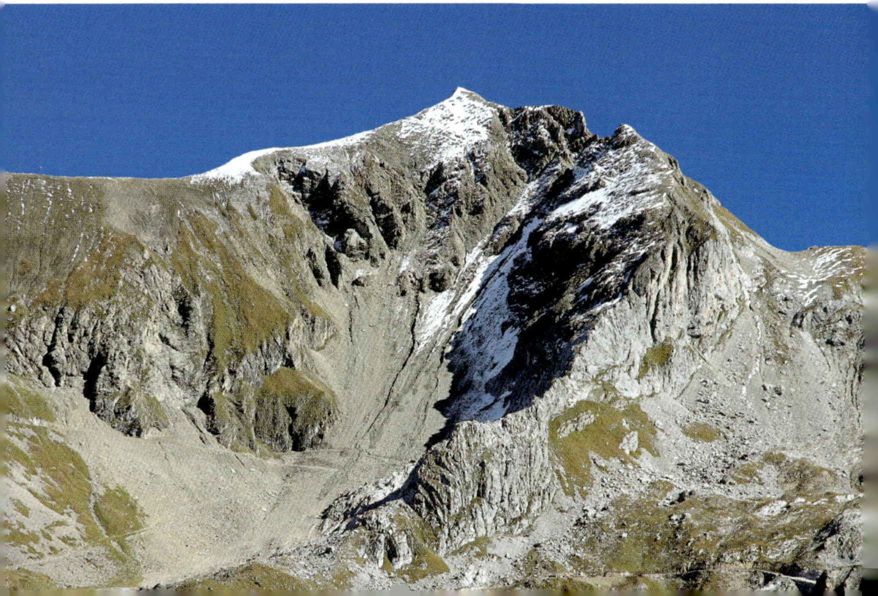

Mit solider Trittsicherheit aber keine Schwierigkeiten oberhalb gehobenen Bergwanderniveaus, so auch keine nennenswerte Kletterei. Durchschnittliche Tagestour.

Orientierung: Im Pistengebiet kann der Verlauf im Detail etwas unklar sein, auch sonst teils nur spärliche Trittspuren, erst im Pazüelfernerkar trifft man wieder auf einen offiziell markierten Steig. Deshalb beschränkt wegloser Charakter, was gutes Orientierungsvermögen sowie nebelfreies Wetter erfordert.

Einkehr/Übernachtung: Stuttgarter Hütte, 2305 m, Ende Juni bis Ende September, Tel. +43 676 7580250.

Karten: AV-Karte 1:25.000, Blatt 3/2. Freytag & Berndt 1:50.000, Blatt 351 oder 374.

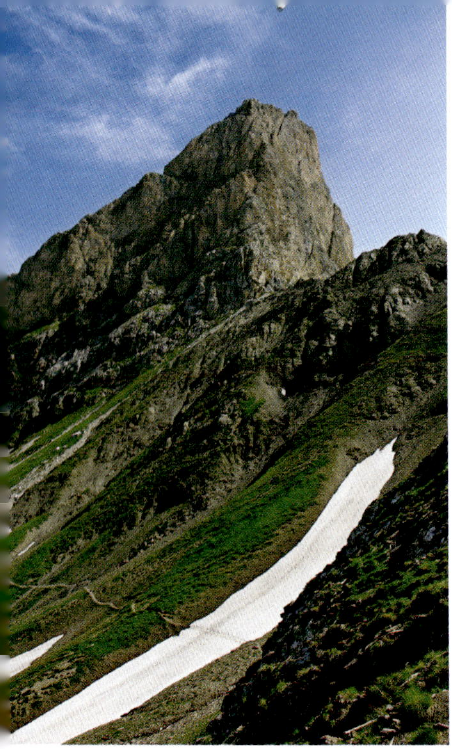

Die markante Roggspitze, Blickfang über dem Boschweg.

Von **Zürs** ① auf einem Fahrweg (fehlt in den meisten Karten) gegen die »Balme« hinan und mit einigen Serpentinen Richtung **Ochsenboden** ②, wo die Ochsenbodenhütte, 2062 m, knapp rechts bleibt. Oberhalb benutzen wir ein Stück weit die spärlich bewachsene Skipiste und stoßen dann erneut auf eine breite Trasse, die von der Gondola herüberkommt und gegen das Kar auf der Westseite des Trittkopfes hinaufzieht. Sie dreht dann links ab und bringt uns zur neuen Bergstation der **Trittkopfbahn** ③, 2423 m. Am stumpfen Westrücken des **Nördlichen Trittkopfes**, 2581 m, führt eine Zickzackspur bis auf die Schulter mit Antenne. Anschließend folgt der schönste Teil entlang dem Nordgrat. Vorerst noch grasig, später in schiefrigem Fels, jedoch ohne Hindernisse, erreichen wir nach insgesamt drei Stunden den **Trittkopf** (4), 2720 m. Der jenseitige Abstieg führt ost- bis nordostwärts über Schuttgelände und eine kleine Stufe. Danach werden Pfad und Markierung unterbrochen, da hier offenbar ein labiler Geröllhang abgerutscht ist. Diesen

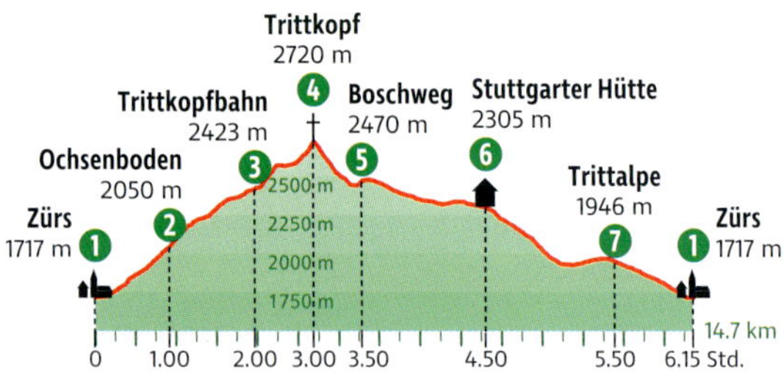

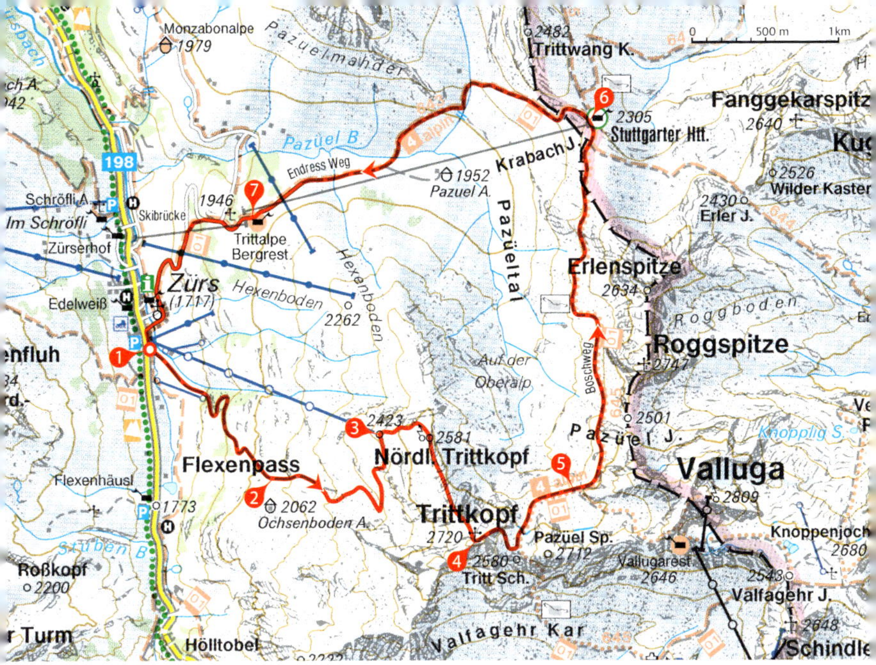

gilt es nun mit Vorsicht zu begehen – dabei auch auf Steinschlag gefasst sein! Man gelangt hinab in die Schneemulde am Fuß der Flanke und trifft auf die blau-weiße Markierung der Verbindung über die derzeit gesperrte Trittscharte. Auf bald besserer Schuttspur (bis in den Sommer hinein noch Schneefelder wahrscheinlich) gen Nordosten und mit geringfügiger Gegensteigung zur Gabelung **5** Richtung Valluga und Stuttgarter Hütte. Der gut ausgebaute **Robert-Bosch-Weg** schneidet in weiterer Folge mit geringen Höhendifferenzen die steilen Abhänge von Roggspitze und Erlispitze, wobei es mitunter etwas ausgesetzt zugeht. Besondere Obacht, falls in einigen Rinnen noch Schnee liegt.

Von der **Stuttgarter Hütte** **6**, 2305 m, am Krabachjoch schließlich westwärts über eine Hangstufe ins Pazüeltal, am weiten Boden über die Brücke nach links und auf einem Fahrweg weiter. Dieser gewinnt nochmals 50 Hm, verlässt damit die zunehmend tobelartige Talsohle und führt über die **Trittalpe** **7**, 1946 m, in Schleifen hinunter nach **Zürs** **1**.

Über den gutmütigen Nordrücken dem Trittkopf entgegen.

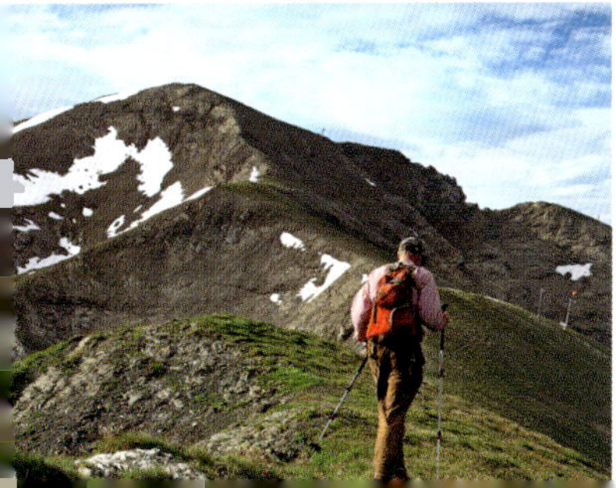

Beim Rückweg machen wir bei der Stuttgarter Hütte Station.

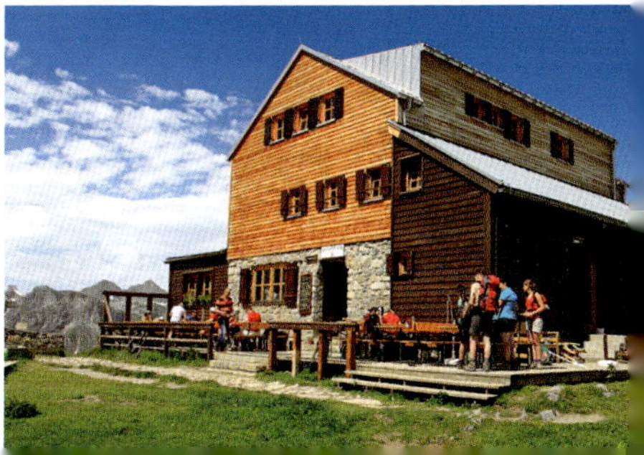

46 Große (Untere) Wildgrubenspitze, 2753 m

Von Zürs durch die Grätligrube

5.45 Std. | 9,6 km | ↗ 1100 m | ↘ 1100 m

Kraxelabenteuer am höchsten Gipfel des Lechquellengebirges

Diese Tour mag in mancherlei Hinsicht Ambivalenzen hervorrufen: Zum einen erweist sich die Große Wildgrubenspitze als veritables alpines Ziel ohne Andrang, andererseits berühren Anmarsch und Rückweg erschlossenes Skigelände. Widerspenstige Schotterfelder lassen uns vorübergehend an der Sinnhaftigkeit des Tuns zweifeln, ehe man doch in einer reizvollen leichten Kletter(steig)route landet. Die offiziellen Wegschilder kennen unseren Gipfel nicht und trotzdem finden sich schließlich Sicherungen in Form dünner Drahtseile. Unbestreitbar ist in jedem Fall die großartige Aussicht von den Ostschweizer Bergen bis zum Tiroler Alpenhauptkamm, immerhin befindet man sich am höchsten Punkt des Lechquellengebirges!

Talort: Lech am Arlberg, 1444 m.
Ausgangspunkt: Zürs, 1717 m, kostenfreie Parkplätze südlich des Hoteldorfes an der Flexenpassstraße.
Anforderungen: T5. Anspruchsvolle Bergtour mit teils gesicherten Fels- und Schrofenpassagen, technisch kaum schwieriger als I, jedoch in einer sehr ausgesetzten Flanke. Zustieg über Wanderwege, Pisten und lästige Schutthalden; schon dort Trittsicherheit nötig, später unbedingt auch Schwindelfreiheit. Normales Tagespensum.
Orientierung: Die Routenführung ist namentlich am geröllreichen Vorbau nicht klar ersichtlich, in der eigentlichen Gipfelroute dann aber ausreichend blau-weiß markiert.
Einkehr: Eventuell Bergrestaurant Seekopf.
Karten: AV-Karte 1:25.000, Blatt 3/2. Freytag & Berndt 1:50.000, Blatt 374.

Unwiderstehlich erglüht die Große Wildgrubenspitze im Morgenlicht.

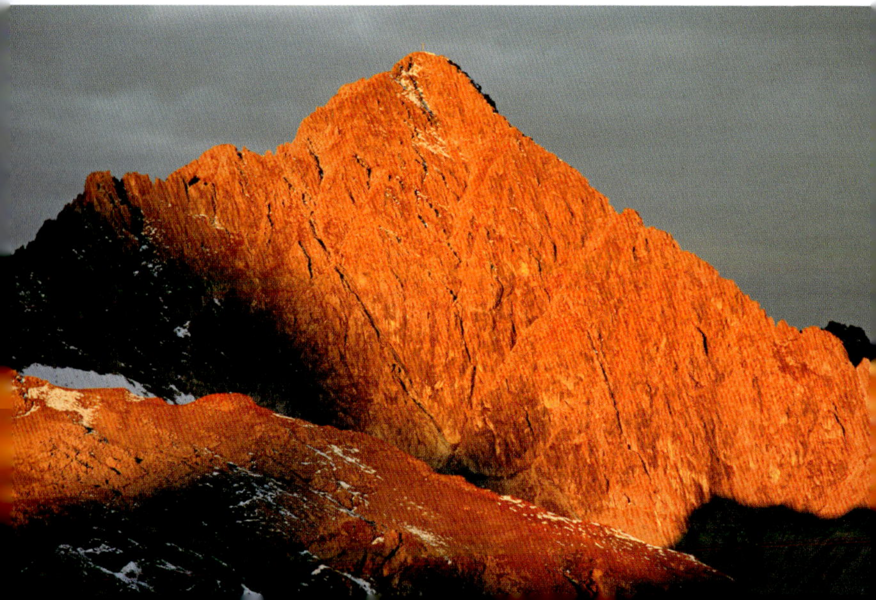

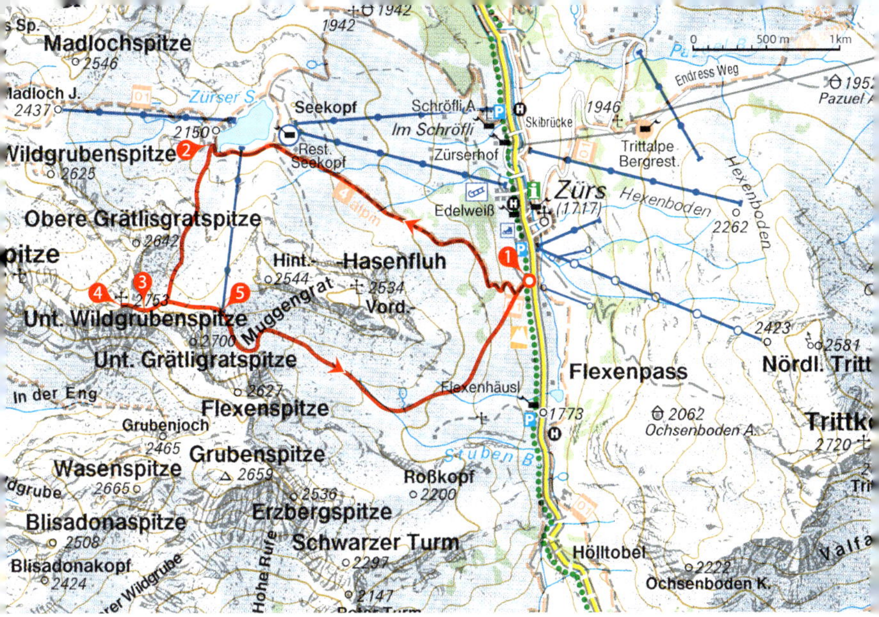

Die Route beginnt auf einem Alpfahrweg südlich von **Zürs** ➊, den man gleich verlässt, um dem markierten Steig Nr. 601 zu folgen. Durch Mattengelände meist nur mäßig steil schräg aufwärts, später die Straße ins Liftgebiet kreuzend und zu einem Sattel, 2170 m, direkt über dem **Zürser See**, zu dem man kurz absteigt. Nachdem die Muggengratbahn passiert ist, lässt man an der Westecke des Sees ➋, 2141 m, den bezeichneten Weg zum Mahdlochjoch rechts abziehen und wandert mit einem Linksschwenk über Pisten gegen die **Grätligrube** hinauf. Die Route hält sich an die Seite der Kleinen (Oberen) Grätligratspitze und kommt zu einer Karschwelle mit Seeauge dahinter. Nun links haltend über aufsteilende Schutthalden empor, dabei so gut es geht vorhandene Spuren nutzend. Im linken Teil der Nordostflanke unseres Berges erkennt man oberhalb der ersten Felszonen ein Geröll- bzw. Schneefeld, das es zu erreichen gilt. Dies ist entweder – schwer auszumachen – links über zwei unsolide Leitern an steileren Stufen möglich oder weiter rechts über abgesetztes, schuttbedecktes Felsterrain (Stellen I ohne Sicherungen). Am besagten Geröllfeld leitet eine Spur zu einer

Und der Mond schaut zu …

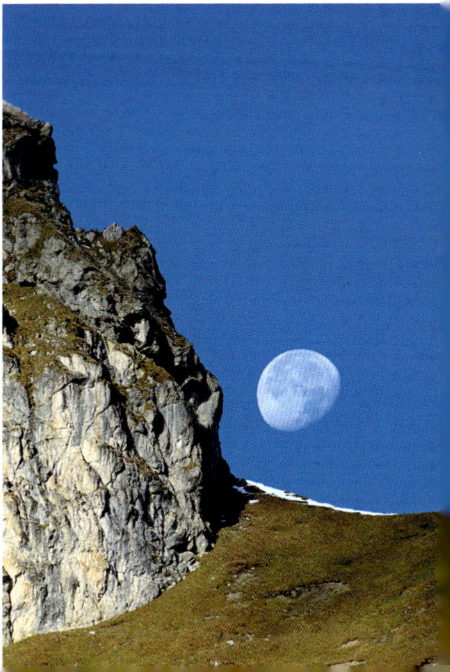

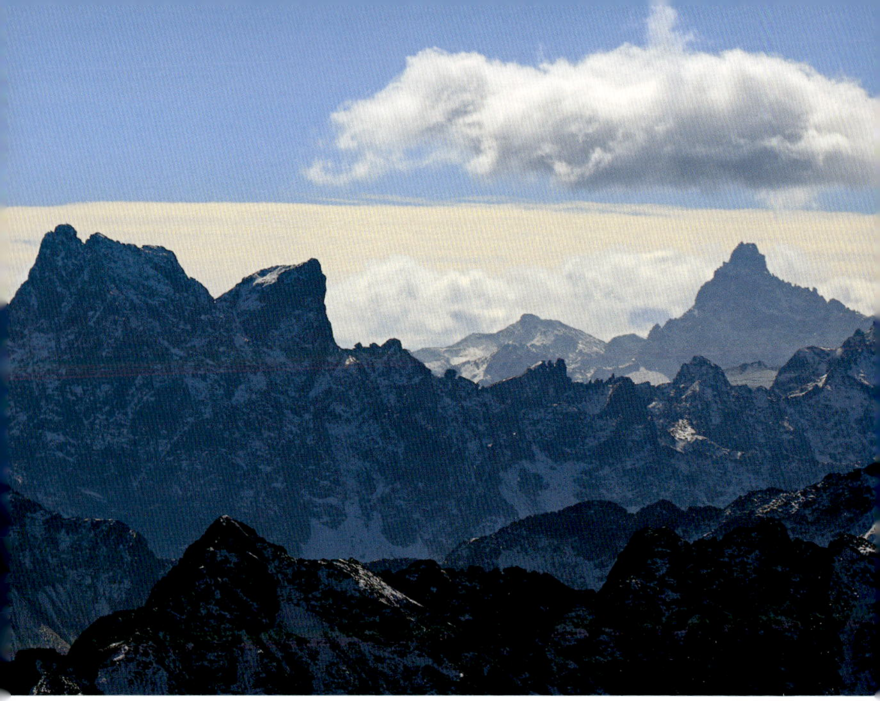

Kantiges Urgestein: Die Gipfelschau umfasst sogar den Patteriol im Verwall (links) und das Fluchthorn in der Silvretta.

kleinen kaminartigen Rinne mit Drahtseil. Hier am eigentlichen Einstieg ❸, 2558 m, tauchen auch blauweiße Markierungen auf.

Wir meistern die erste Schlüsselstelle, folgen weiter den Drahtseilen sowie deutlichen Steigspuren, die sich durch die gegliederten Schrofen bergauf winden. Allmählich geht es nun mehr nach rechts über einzelne Stufen, kurze Rinnenpassagen, ab und zu kleine Traversen und im obersten Teil ungesichert über die

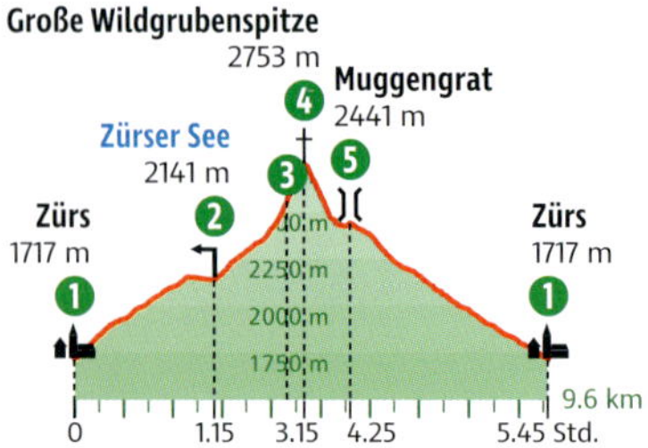

Felsschrofen bis zum Gipfel der **Großen Wildgrubenspitze** ❹, 2753 m.

Der Abstieg ist in der Gipfelflanke auf jeden Fall identisch. Retour nach Zürs können wir eine Variante wählen und halten uns dafür auf den Schuttfeldern rechts, um in kurzem Gegenanstieg auf breiter Pistentrasse den **Muggengrat** ❺, 2441 m, zu erreichen. Durch die Lücke unweit der Liftstation auf die Ostseite und wiederum auf einer im Sommer grobschottrigen Piste mit einem nach rechts ausholenden Bogen in die Mulde hinab. Präpariertes Gelände begleitet uns durchs **Zürser Täli** tiefer, wobei man sich im rechten Bereich bewegt und später auf einen Karrenweg stößt. Bei einer Alphütte übernimmt ein neuer, größerer Wirtschaftsweg, der oberhalb des Flexenpasses links abdreht und uns zurück zum **Parkplatz** ❶ bringt.

Oberer und Spuller Schafberg, 2679 m

Von Zug über das Stierlochjoch

7.15 Std. | 15,6 km | ↗1400 m | ↘1400 m

Doppelpack hoch über dem jungen Lech

Über den Quellen des Lech ist eine ganze Schar großer Gipfel von Erschließungen unbehelligt geblieben. Im Umkreis der Ravensburger Hütte wurde lediglich der Südgrat des Spuller Schafberg für Bergwanderer markiert und dieser Gipfel damit zum Hausberg erkoren. Nördlich vorgelagert erhebt sich fast gleichhoch und ebenso massig der Obere Schafberg, in Karten regelmäßig auch als Mehlsack bezeichnet (was im Alpenvereinsführer allerdings als unsinniger Name entlarvt wird). Wie dem auch sei, der Obere Schafberg erhält eher winters im Rahmen einer rassigen Skitour Besuch und wird von den Wanderern eben mangels bezeichneter Routen total vernachlässigt. Zu Unrecht, wie ich meine! Denn mit gutem Instinkt ist der Aufstieg kein allzu großes Wagnis und das Schwelgen in ursprünglichen Berggefilden ein Fest fürs Gemüt. Natürlich bietet sich die Kombination mit dem Spuller Schafberg als abwechslungsreiche Zwei-Gipfel-Runde an. Damit können wir es später relativ unbekümmert auslaufen lassen.

Talort: Lech am Arlberg, 1444 m.
Ausgangspunkt: Zug, 1510 m; Ortsteil von Lech. Anbindung durch den Ortsbus, Parkmöglichkeit am Fischerteich (gebührenpflichtig).
Anforderungen: T4–5. Zum Oberen Schafberg ab Stierlochjoch komplett weglos über Steilgras, karstige Felsen, Schrofen und Erde, im Kar meist auch Schneefelder. Beim Übergang zum Spuller Schafberg zusätzlich einige Stellen I. Damit perfekte Trittsicherheit im Allroundterrain. Der markierte Normalweg am Spuller Schafberg (Abstieg)

Das Gipfelkreuz auf dem Spuller Schafberg.

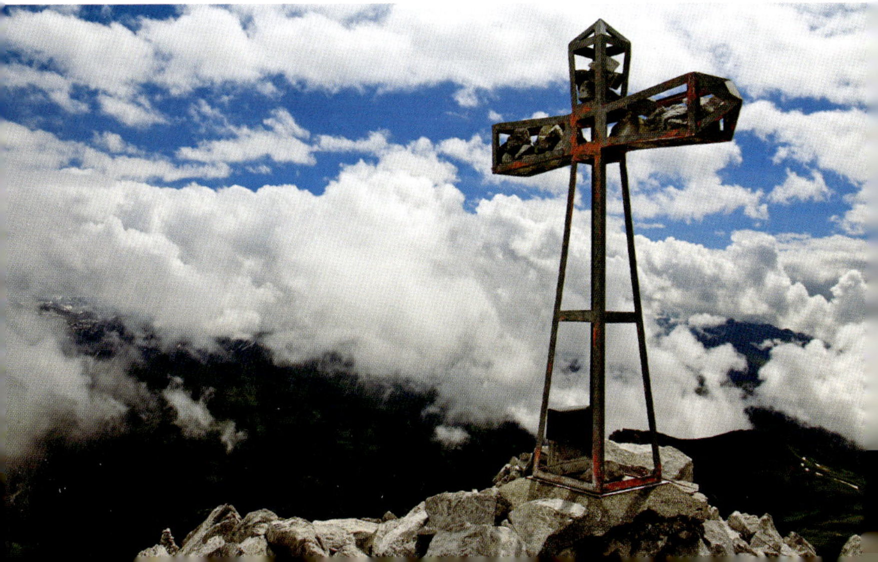

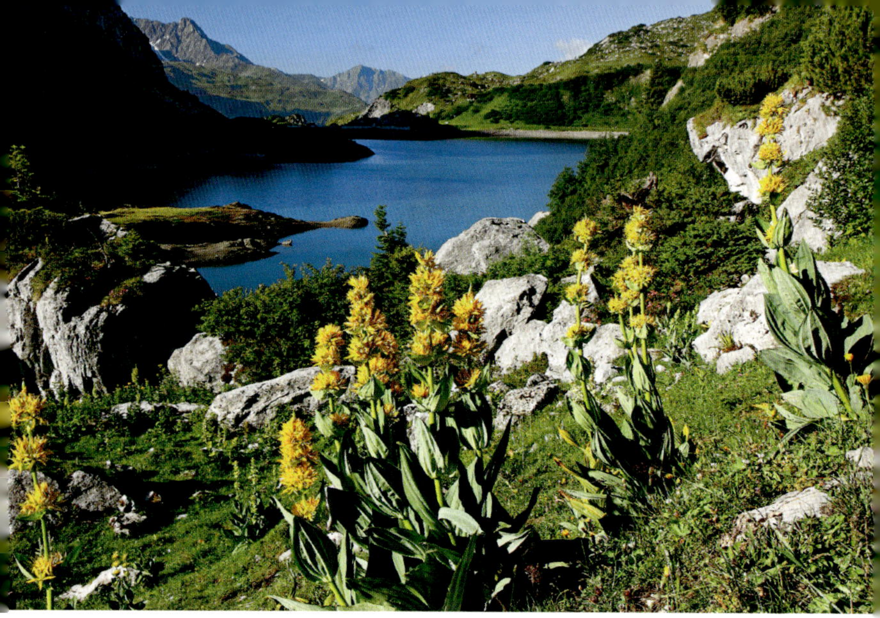

Am Spullersee umgibt uns eine lieblichere Szenerie.

ist eine Nummer leichter (T3, rot), nur etwas heikel bei Nässe. Längere Tagestour.

Orientierung: Anspruchsvoll, da über weite Strecken ohne jegliche Markierung und durchaus nicht unkompliziert im Verlauf. Dafür braucht es gutes Routengespür und unbedingt sichere Sichtverhältnisse; also nur für Erfahrene.

Einkehr/Übernachtung: Ravensburger Hütte, 1947 m, Mitte Juni bis Anfang Oktober, Tel. +43 664 5005526.

Variante: Man kann die Tour auch vom Spullersee aus starten (Zufahrt ab Zug mautpflichtig; tagsüber Wanderbusse von Lech). Damit verkürzt sich das Gesamtpensum um rund 1 Std.

Karten: AV-Karte 1:25.000, Blatt 3/2. Freytag & Berndt 1:50.000, Blatt 374.

Von der Kirche in **Zug** ❶ kurz hinab zum Fischerteich und links davon über die Brücke. Ein Fahrweg zieht mit einigen Schleifen ins Stierloch hinein, wo wir gleich vorn rechts auf den Wanderweg abzweigen. Bald sind wir bereits in freiem Gelände und gewinnen sachte an Höhe. Im hinteren Winkel des Hochtals geht es mit einem Linksbogen ins **Stierlochjoch** ❷, 2009 m, das ganz von Matten umgeben wird. Hier wenden

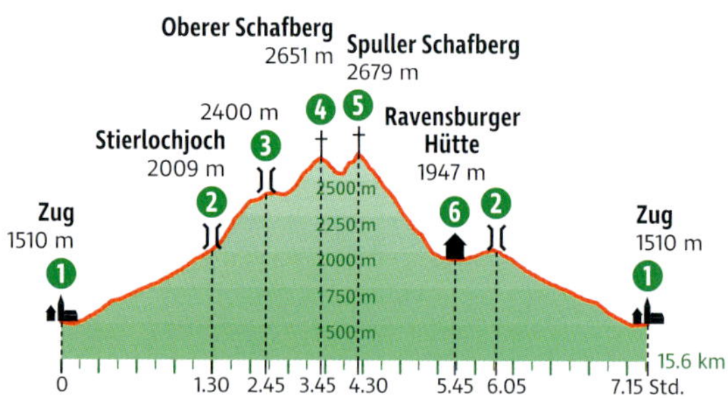

wir uns nun ohne jeglichen Hinweis rechts hinauf. In den bald ziemlich steilen Grasflanken sind vereinzelt kleine Stufen eingelagert, denen sich im Hin und Her geschickt ausweichen lässt. Auf rund 2300 m links haltend über einen Absatz in die zuvor verborgene geröllig-karstige Muldenstruktur, die am besten an der rechten Seite bis hinauf in einen Sattel ❸, ca. 2400 m, durchstiegen wird. Gemeint ist die Einsattelung neben der Kuppe P. 2442.

Man quert jetzt hinüber zu einer vorspringenden Anhöhe, die mit dem Kamm des Unteren Schafberges verbunden ist, und gelangt dahinter leicht absteigend ins **Schneetal**. Hier je nach Verhältnissen im Firn oder Geröll aufwärts und zuletzt aufsteilend über erdigen Feinschutt bis in den hohen Gratsattel, 2533 m, zwischen Spuller und Oberem Schafberg. Über den anfangs ausgeprägten, später stumpfen und abflachenden Südostgrat wird der **Obere Schafberg** ❹, 2651 m, mit dem großen Gipfelkreuz schließlich gewonnen.

Über den Grat geht es auch wieder zurück – ein Hindernis wird ostseitig umgangen – und anschließend unter dem Steilaufschwung ein Stück weit nach links in die geröllige Flanke hinaus. Sie ist glücklicherweise stabiler als zunächst befürchtet. Unter Ausnutzung der festeren Felsstrukturen (Stellen I) streben wir zum Nordostgrat hinauf und betreten diesen oberhalb der Gendarmen. In alpinem Schuttgelände ohne weitere Hürden bis auf den **Spuller Schafberg** ❺, 2679 m.

Dessen Südgrat beginnt oben recht scharf mit Felsschrofen. In wechselndem Gefälle tritt man auf begrünten Untergrund über, wo unser Steig zunehmend erdig wird. Wir verlassen den Südgrat nach links, kommen über zwei Verflachungen, sonst aber relativ steil tiefer und queren schließlich nach links hinüber zur **Ravensburger Hütte** ❻, 1947 m. Von dort mit einer leichten Gegensteigung über Alpweiden zum **Stierlochjoch** ❷ und durchs Stierloch zurück nach **Zug** ❶.

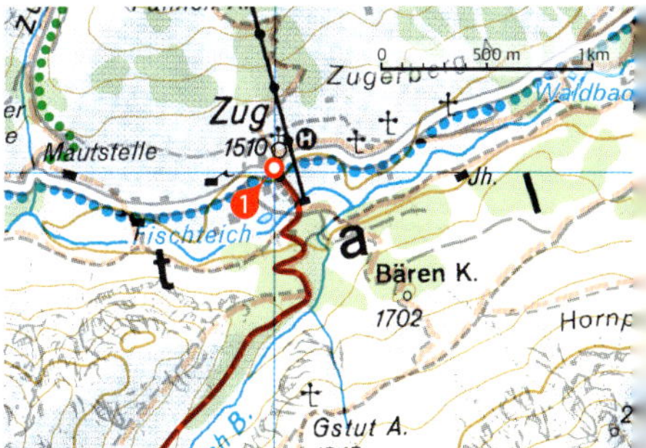
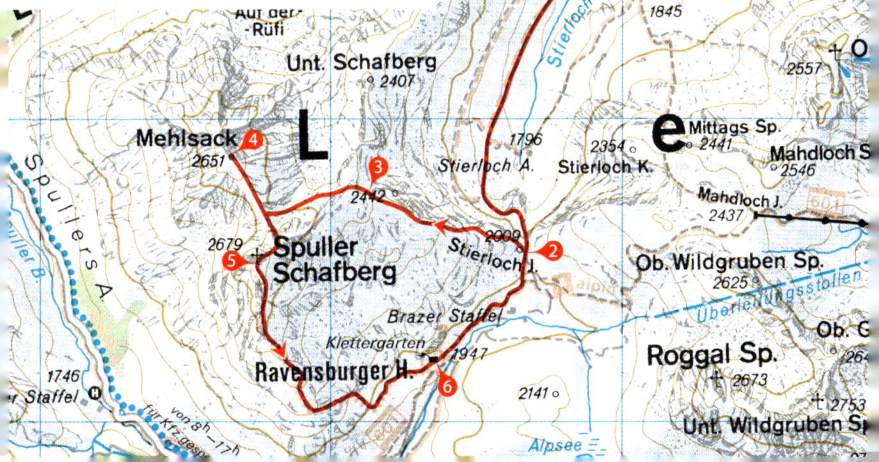

48 Höferspitze, 2131 m

Von Hochkrumbach nach Schröcken

3.00 Std. | 5,8 km | ↗500 m | ↘670 m

Kleine Gratwanderung am Hochtannberg

Steiles Wiesengelände, das früher so weit wie möglich als Mähder genutzt wurde, kennzeichnet den Höferberg im Hochtannberggebiet. Der lang gestreckte Kammzug besteht aus vegetationsfreundlichen Fleckenmergeln und kann sich im frühen Sommer einer bemerkenswerten Blumenfülle rühmen. Auch die Aussicht zum mächtigen Widderstein einerseits sowie hinüber ins Lechquellengebirge andererseits weiß zu begeistern. Zur Kulmination an der Höferspitze gibt es zwei Zugänge, die sich gut als Schnuppertour für unser Repertoire der »wilden Wege« eignet. Sie ist kurz und orientierungsmäßig unkompliziert, verläuft aber auf kleinen Pfaden in abschüssigem Gelände, ist also nicht »leicht« im absoluten Sinn.

Talort: Schröcken, 1269 m, innerstes Dorf im Bregenzerwald.
Ausgangspunkt: Hochkrumbach, 1666 m, an der Hochtannbergstraße zwischen Warth und Schröcken. Kostenlose Parkplätze entlang der Straße beim Hotel Adler (auch Bushaltestelle).
Endpunkt: Schröcken, Ortsteil Neßlegg, 1496 m. Bushaltestelle der Hochtannberglinie.
Anforderungen: T3. Im Aufstieg weitläufiges Mattengelände, das in einen scharfen, etwas ausgesetzten Grasgrat übergeht. Im Abstieg 200 Hm steiles Gelände, dann gemäßigter auslaufend. Jeweils gepfadet und mit elementarer Trittsicherheit sowie Schwindelfreiheit machbar, bei Nässe nicht ratsam. Nur eine Halbtagestour.
Orientierung: Beide Routen sind zwar beschildert, aber nicht weiter markiert. Dank der durchgängigen Pfade jedoch problemlos zu finden.
Einkehr: Keine am Weg, ggf. in Neßlegg.
Karten: AV-Karte 1:25.000, Blatt 3/2 oder BY 2. Freytag & Berndt 1:50.000, Blatt 364.

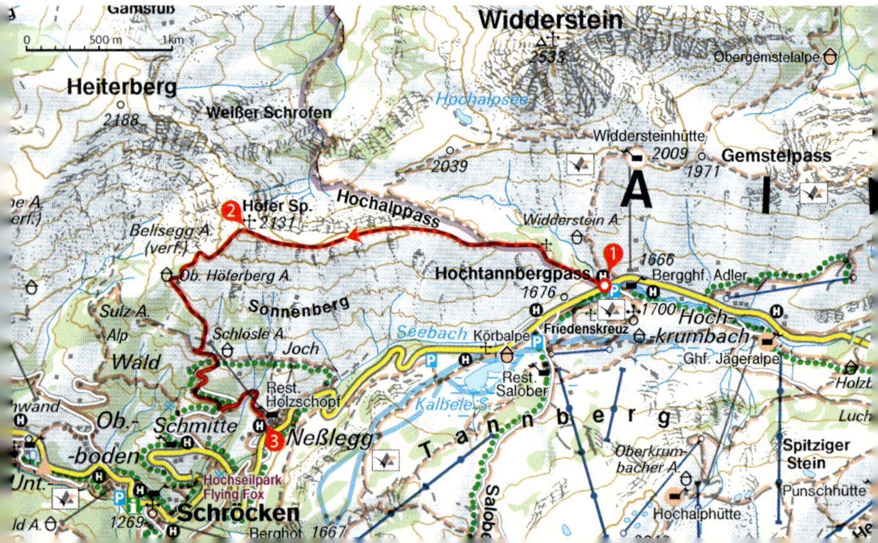

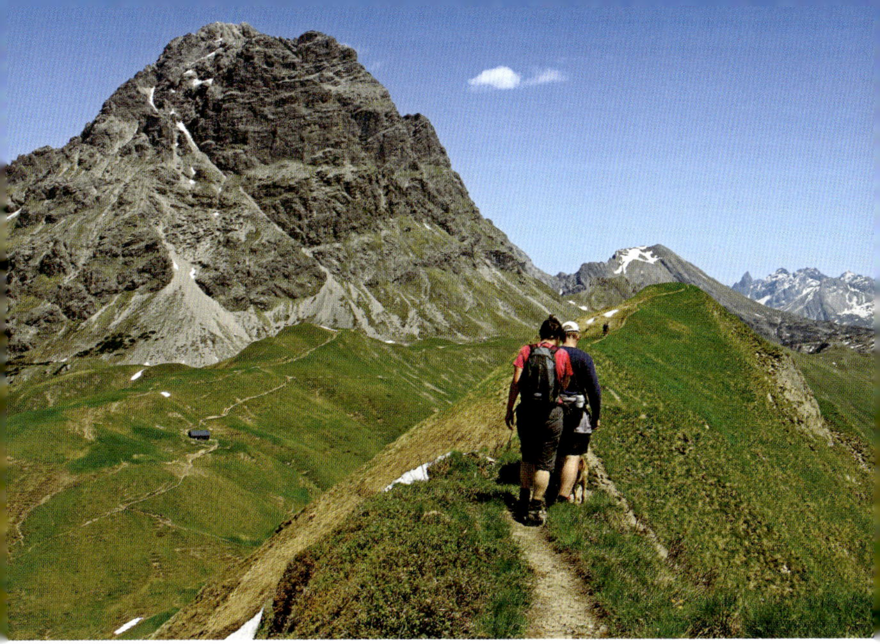

Auf der grünen Kammschneide mit Blick zum Widderstein.

Gegenüber vom Hotel Adler am **Hochtannbergpass ❶** führen zwei Wege bergwärts. Wir nehmen jenen links vom Graben und gewinnen über Wiesen – vorübergehend auch in Strauchhängen – an Höhe. Man nähert sich einem weitläufigen Rücken und lässt derweil die Route zum Hochalppass rechts abziehen. Vorerst geht es nur mäßig steil weiter. Ein kleiner Aufschwung leitet den schmalen Ostgrat zur Höferspitze ein, welcher sich noch eine ganze Weile teils recht luftig hinzieht. Dabei sind mehrere kleine Zwischenabstiege eingelagert, die aber kaum ins Gewicht fallen. Gegen Ende nochmals etwas steiler zum Gipfel der **Höferspitze ❷**, 2131 m.

Auch gegen Südwesten führt ein Pfad hinab. Die Grashänge sind hier ziemlich abschüssig, sodass wir konzentriert gehen müssen. Halt bieten dem Auge die unzähligen Lawinenverbauungen, die je nach Blickpunkt eine gewisse »architektonische Ästhetik« ausstrahlen oder einfach störend im Gelände wirken. Ihre Notwendigkeit dürfte angesichts des Tiefblicks auf Schröcken unstrittig sein. Nach rund 200 Hm wird das Gefälle moderater. Bei der **Oberen Höferbergalpe** drehen wir vom Südwestrücken nach links ab, durchqueren im Schrägabstieg einige bewaldete Zonen und gelangen bei der Unteren Höferbergalpe auf einen breiten Wirtschaftsweg. Mit diesem via Schlößle abwärts und dann links ausscheren, um einen Tobel hinüber nach **Neßlegg**, 1496 m, auszugehen. An der Straße zum Hochtannberg befindet sich eine **Bushaltestelle ❸**.

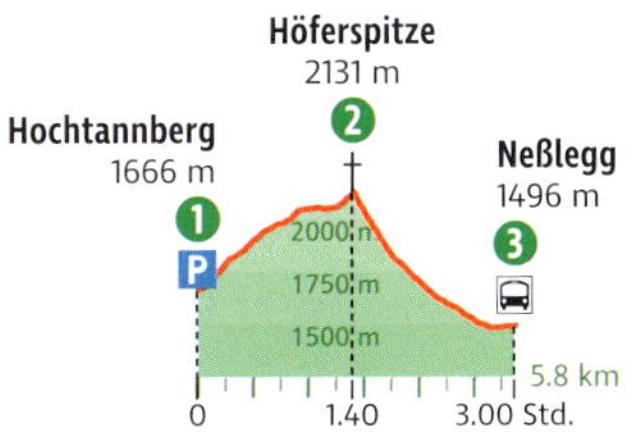

49 Grünhorn, 2039 m, und Güntlespitze, 2092 m
Kammtour von der Diedamskopfbahn

TOP | 7.00 Std. | 15,5 km | ↗ 1080 m | ↘ 1720 m

Über ein halbes Dutzend Gipfel um die 2000-Meter-Marke

Im Übergangsbereich vom Kleinwalsertal zum inneren Bregenzerwald erhebt sich ein verwinkeltes Kammsystem, das vornehmlich aus Flysch aufgebaut ist. Die Karte verzeichnet hier ein etwas verwirrendes Wegenetz, doch wer genauer hinschaut, entdeckt eine prima Kammwanderung über nicht weniger als sechs Gipfel! Als Einstieg empfiehlt sich die Diedamskopfbahn, wobei wir bereits an der Mittelstation aussteigen (die Fahrt bis unter den Gipfel bringt zeitlich keinerlei Vorteile, da man zunächst wieder ein gutes Stück absteigen müsste). Falzer Kopf, Kreuzmandl und Steinmandl, Grünhorn, Hochstarzel und schlussendlich die Güntlespitze heißen die nachfolgend überschrittenen Gipfel. Nicht eben berühmt, aber in Summe eine durchaus große Tour mit prächtiger Aussicht über viele Stunden. Am meisten bewundern wir wohl die Nordfront des Lechquellengebirges vom Zitterklapfen über die Hohe Künzel bis zur Braunarlspitze. Die Kämme sind – wie im Flysch üblich – ziemlich stark bewachsen. Streckenweise gestaltet sich das Wandern recht bequem, mitunter wird es aber auch merklich kniffliger und ausgesetzter. Der anspruchsvollste Übergang liegt dabei zwischen Steinmandl und Grünhorn.

Talort: Schoppernau, 852 m, im Bregenzerwald.
Ausgangspunkt: Schoppernau, Talstation der Diedamskopfbahn, 841 m, im vorderen Ortsbereich. Bergfahrt bis zur Mittelstation, 1670 m, in Betrieb ab 8.45 Uhr.
Endpunkt: Bad Hopfreben, ca. 1030 m,

Vis-à-vis erstreckt sich das Lechquellengebirge.

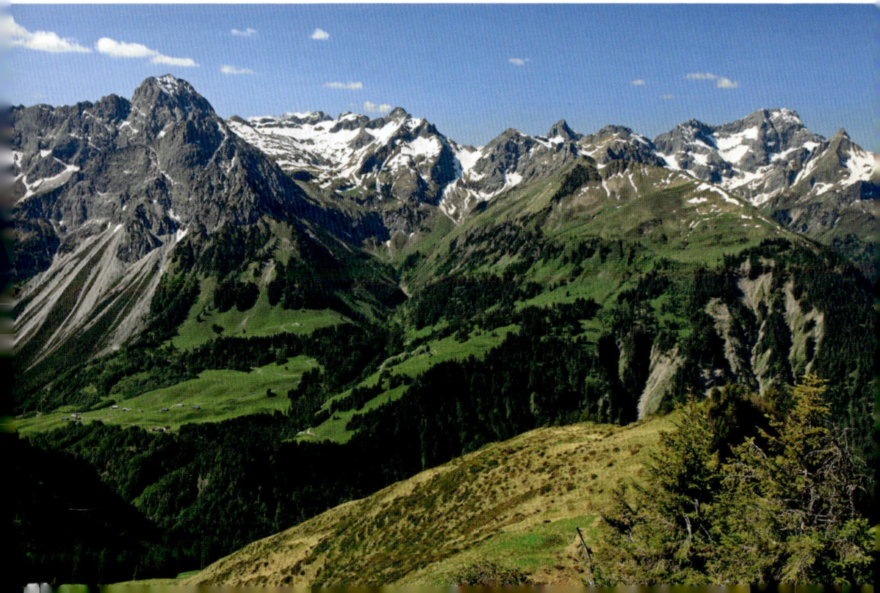

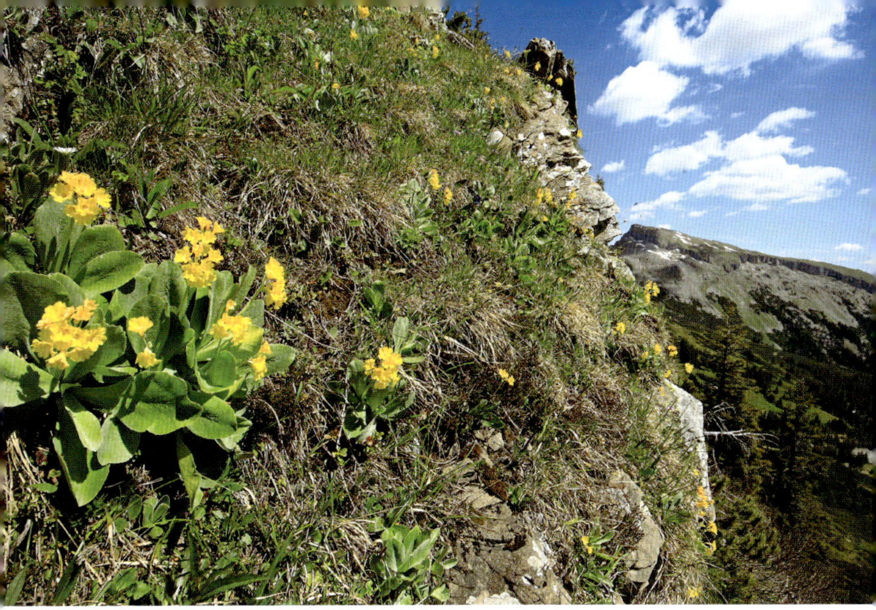

Blühendes Leben am Steilhang.

taleinwärts an der Bregenzerwaldstraße. Per Bus zurück nach Schoppernau.
Anforderungen: T3–4. Größtenteils kleine Gratsteige, meist bewachsen, mit steinigen Passagen dazwischen. Abschnittsweise durchaus anspruchsvoll (vor allem zwischen Steinmandl und Grünhorn an der Grenze zu »schwarz«); einige Stellen gesichert. Trittsicherheit, Schwindelfreiheit und gute Kondition für eine lange Tagestour notwendig.
Orientierung: Die Route ist beschildert, aber selbst nicht üppig markiert. Gleichwohl droht kaum ein Verfehlen, weil man stets den Gratkämmen folgt.
Einkehr: Keine am Weg, unterhalb der Kammlinie liegen einerseits Neuhornbachhütte, 1650 m, andererseits Schwarzwasserhütte, 1620 m.
Karten: AV-Karte 1:25.000, Blatt BY 2. Freytag & Berndt 1:50.000, Blatt 364.

Von **Schoppernau** schweben wir mit der Diedamskopfbahn bis zur **Mittelstation** ❶ hinauf und schlagen hier den Weg Richtung Breitenalpe ein, der in leichtem Auf und Ab bequem durch den Mattenkessel führt. Noch oberhalb der Alphütte müssen wir zweimal abzweigen: zuerst nach

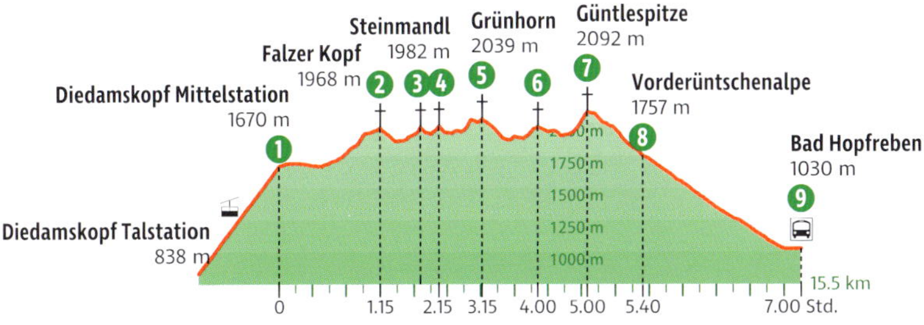

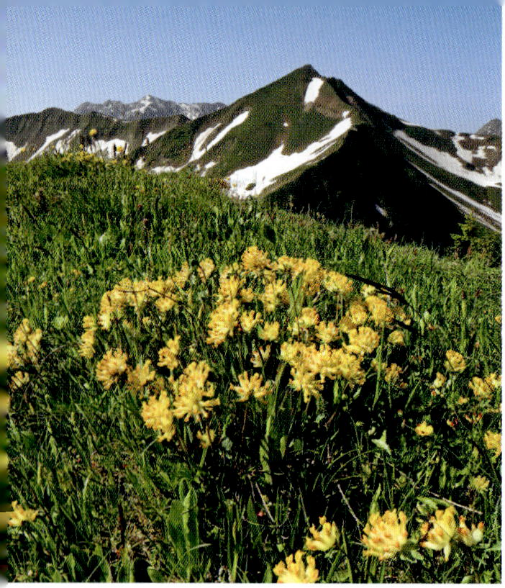

Im Frühsommer sind die Flyschkämme das reinste Blumenparadies.

Beschilderung »Kreuzle«, dann zum Falzer Kopf. Der jetzt nur mehr spärliche Pfad zieht in eine Karmulde hinauf und dann steiler zu einer Schulter mit Kreuz. Der eigentliche **Falzer Kopf** ❷, 1968 m, wird über bzw. neben dem grünen Kamm erreicht.

Am Ostrücken rasch abwärts ins **Neuhornbachjoch**, wo Wege kreuzen, und in unveränderter Richtung mittels Gegensteigung auf Gipfel Nummer zwei, das **Kreuzmandl** ❸, 1974 m. Direkt dahinter wird es ausgesetzt; kleine Steilstufen sind mit Drahtseilen entschärft. Wir tangieren die nächste Einsattelung, steigen über einige Platten hinweg und gewinnen damit das **Steinmandl** ❹, 1982 m.

Der Südostgrat trägt unseren Weiterweg, allerdings nur wenige Höhenmeter bergab. Dann folgt ein hindernisreicher Abschnitt, der uns etwas ausbremst. Kleinräumig verwinkelt windet sich der Steig um und über einige Blocktürmchen, ehe es steil gegen das Grünhorn, respektive den nördlichen Vorgipfel hinaufgeht (Stellen I). Das **Grünhorn** ❺, 2039 m, selbst ist noch durch eine unbedeutende Senke abgetrennt.

Dem Gratverlauf weiter nach Südosten folgend, gelangen wir ohne Schwierigkeiten zur Wegkreuzung im **Starzeljoch**, 1867 m. Gleich darauf

Am Hochstarzelgrat; links der Klotz des Widderstein.

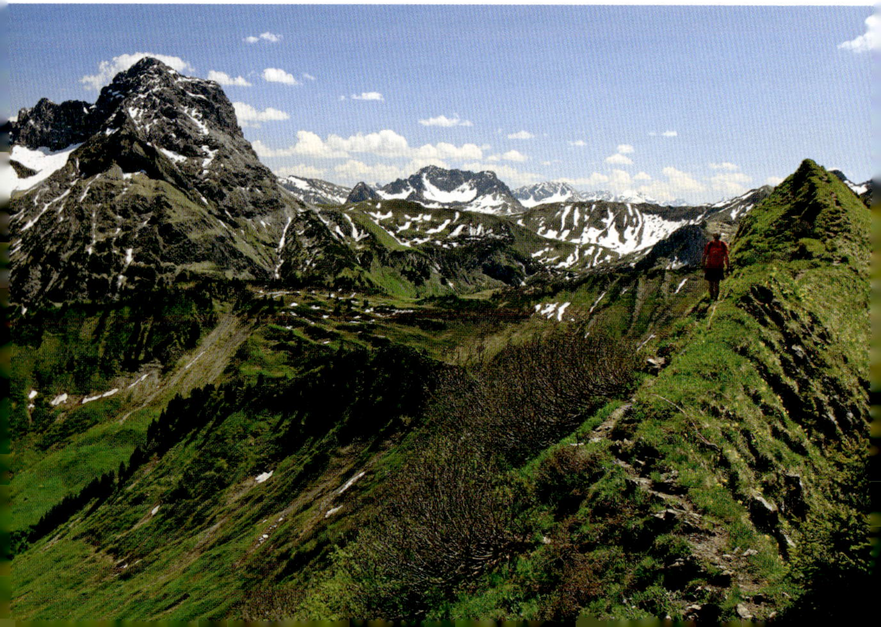

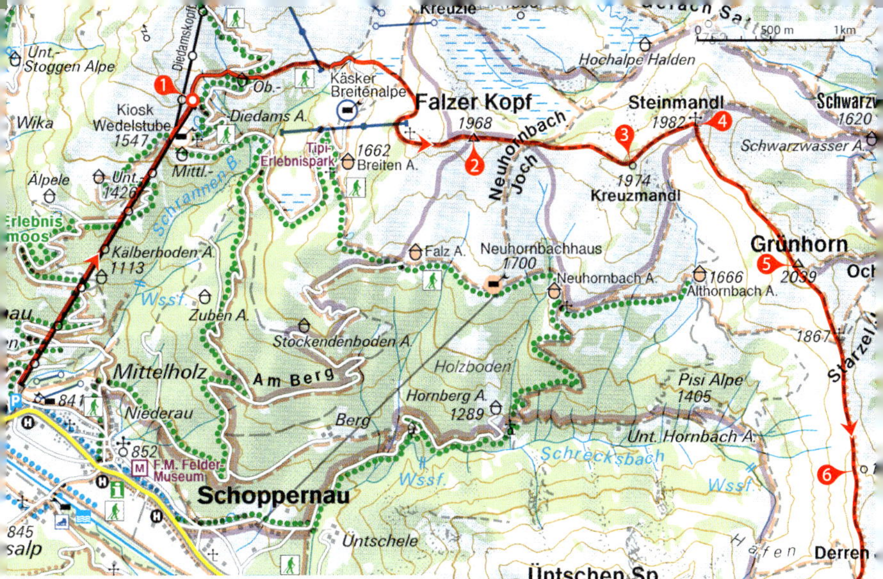

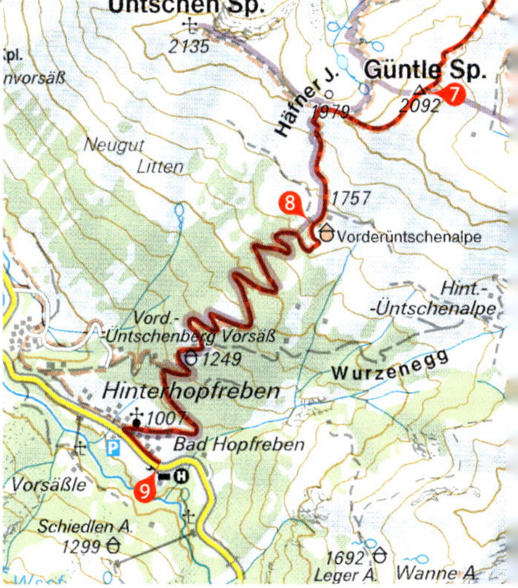

erwartet uns eine Krete mit niederem Strauch- und Baumbewuchs, die wegen ihrer Ausgesetztheit ebenfalls mit Fixseilen versehen ist. Über eine grasige Kuppe schließt man zum **Hochstarzel** ⑥, 1977 m, auf, dessen Kulmination etwas nach Osten heraussteht. Der stets grüne Kamm bleibt phasenweise ausgesetzt und senkt sich allmählich ins **Derrajoch**, 1880 m, wo abermals Wege abzweigen. Man nähert sich dem Gipfelaufbau der Güntlespitze, zunächst eher flach zu einem Bach, dahinter im Zickzack gegen den Ostgrat hinauf. Über diesen wird der sechste Gipfel und gleichzeitig höchste Punkt der Tour, die **Güntlespitze** ⑦, 2092 m, rasch gewonnen.

Man folgt der Schneide hinüber zum Südwesteck und wendet sich rechts gegen das breite **Häfnerjoch**, 1979 m, hinab. Von Unentwegten könnte jetzt auch noch die Üntschenspitze mitgenommen werden, allerdings nur als Abstecher. Angesichts der Tatsache, dass noch fast 1000 Hm »vernichtet« werden müssen, biegen wir in die Südflanke ab und gelangen über einen steilen Wiesenhang zur **Vorderüntschenalpe** ⑧, 1757 m. Nun auf dem Güterweg mit vielen Schleifen durch die licht bewaldete Bergflanke zum **Üntschenberg-Vorsäß**, 1249 m, und vollends in die Talsohle. Am kürzesten ist es nach Hinterhopfreben, wobei sich die Bushaltestelle beim verwaisten Gasthaus **Bad Hopfreben** ⑨ befindet.

50 Annalper Joch und Gräshörner, 2258 m

Von Au über den Annalper Grat

9.20 Std. | 22,0 km | ↗1730 m | ↘1730 m

Berauschende Kammwanderung vor der Zitterklapfen-Kulisse

Auf dieser Tour bewegen wir uns im nördlichen Teil des Lechquellengebirges, geografisch schon dem Bregenzerwald zugewandt. Interessante Einblicke in Vorarlberger Gefilde stehen auf dem Programm, zumal wir eine aussichtsreiche Kammtour vor uns haben. Sie wird weithin vom grünen Alpgelände geprägt, schon beim Zustieg, den man leider über »endlose« Güterwege absolvieren muss (gegebenenfalls auch per Bike). Der Gang auf der Schneide des Annalper Grates ist allerdings ein echtes Gustostück! Er beginnt über das Annalper Joch noch harmlos und steigert sich im Verlauf südwärts Zug um Zug, landschaftlich wie höhenmäßig. Der kühne Annalper Stecken bringt erstmals Exponiertheit ins Spiel. An den Gräshörnern stehen wir schließlich direkt vis-à-vis des grimmigen Zitterklapfen, der seine Nordabstürze wie ein Bollwerk aufbaut. Dort hinauf gibt es übrigens einen blau-weiß markierten Alpinsteig, vielleicht auch mal eine spannende Sache ...

Talort: Au, 791 m, im Bregenzerwald.
Ausgangspunkt: Öffentlicher, gebührenfreier Parkplatz beim Gemeindehaus in Au, ca. 810 m.
Anforderungen: T4 maximal im Kernbereich der Tour, sonst oft leichter. Fast durchwegs grasiges Terrain, nur kurze Stellen felsdurchsetzt, etwa am Wilden Gräshorn (I), dabei teilweise recht ausgesetzt. Gute Trittsicherheit unerlässlich, bei Nässe meiden. Sehr lange Rundtour, Anmarsch und Rückweg sind ausgiebige Alpstraßenhatscher, evtl. Nächtigung erwägen.
Orientierung: Bis zum Annalper Joch offizielle Wanderroute, danach höchs-

Immer wieder malerisch: die grüne Bergwelt Vorarlbergs.

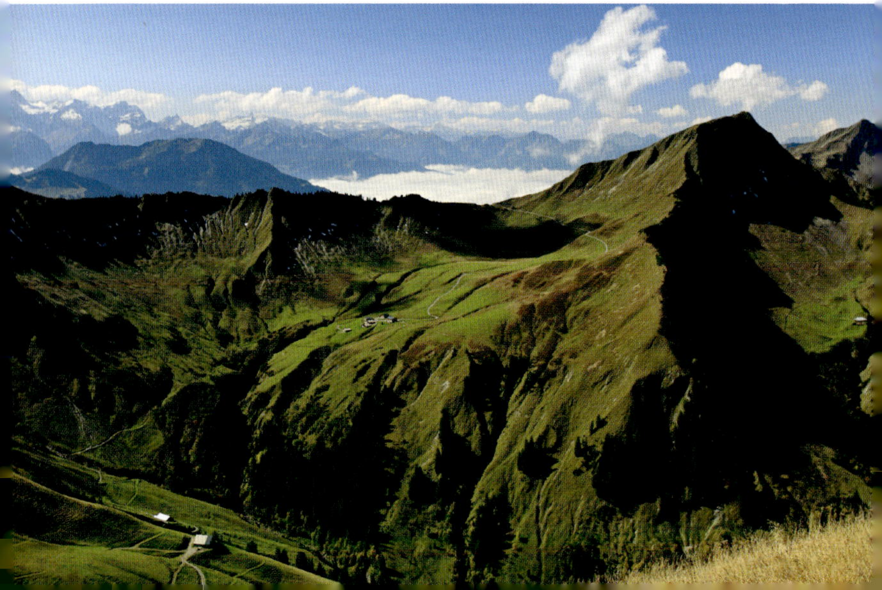

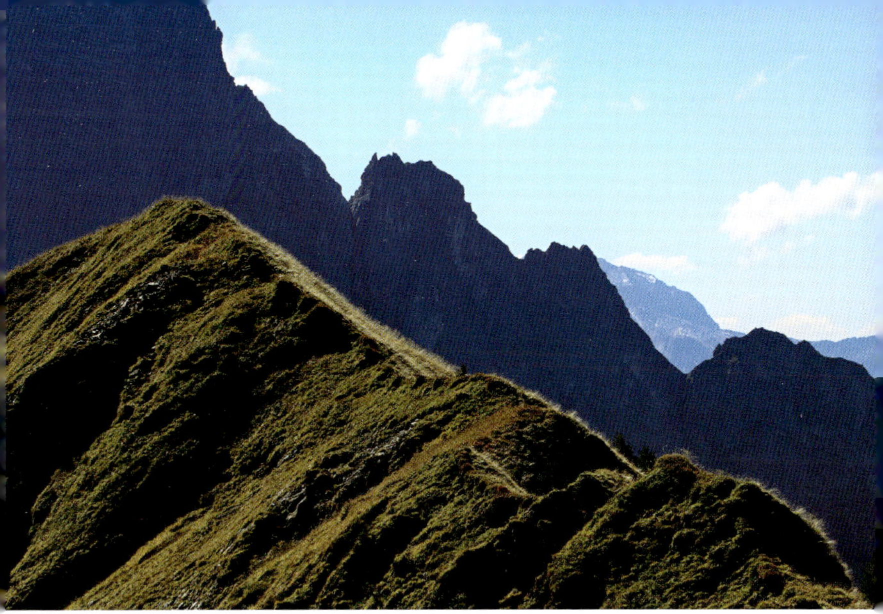

Über das Annalper Joch begehen wir einen aussichtsreichen Grasgrat.

tens sporadisch markiert, aber meist erkennbare Steigspuren. Erst mit Einmündung in die Zitterklapfen-Route wieder normale Wege.
Einkehr/Übernachtung: Bergkristallhütte, 1250 m, Mitte Mai bis Mitte Oktober (Montag Ruhetag), Tel. +43 664 1808482.

Von **Au** ❶ geht es auf Wirtschaftswegen bergauf und neben einem Skilift über die Weiden zum Waldrand, wo man auf die Zufahrt in die Alpgebiete trifft (diese kann man auch schon von Beginn an ab Argenau wählen). Mit einigen Schleifen zu einer Gabelung und hier rechts aufwärts mit einer weiteren Kehre ins freie Gelände der **Godlachenalpe** ❷, 1232 m. Nächstes Ziel ist nun die **Brendleralpe** ❸, ca. 1400 m, zu der man zuletzt eventuell ein Stück über die Wiesen abkürzen kann. Unterhalb des Lug, einem Waldrücken mit schönem Aussichtspunkt zuoberst, den man zeitbedingt aber wohl rechts liegen lassen wird, zieht der Fahrweg weiter zur **Säckelalpe** ❹, 1727 m, hinauf.

Variante: Per Bike bis zur Annalperau Alpe und über die Annalp zum Annalper Joch, dann die Runde wie beschrieben. Die Gehzeit reduziert sich um fast 3.30 Std., die Bikestrecke von Au kommt jedoch dazu.
Karte: Freytag & Berndt 1:50.000, Blatt 364 oder 375.

Leuchtender Herbstwald.

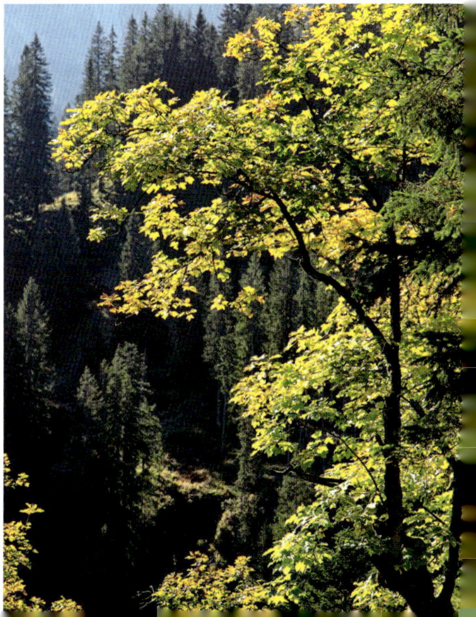

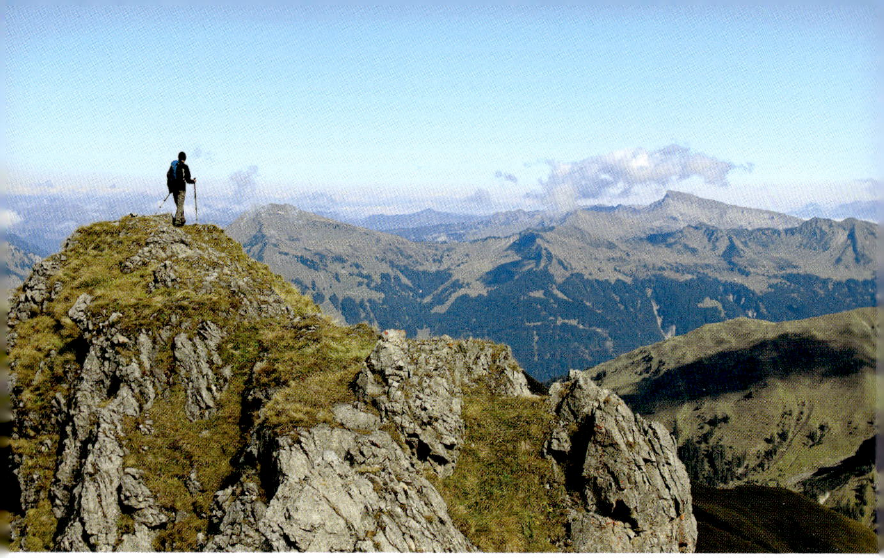

Am Wilden Gräshorn ist der Höhepunkt erreicht.

Gleich oberhalb erreichen wir einen Kammsattel, zu dem auch von drüben ein Weg heraufkommt. Gemeinsam in angenehmer, mäßig ansteigender Kammwanderung – lediglich das letzte Stück steilt merklich auf – zum **Annalper Joch ❺**, 1997 m, unserem ersten Gipfelpunkt. Das Wegschild dort weist die Fortsetzung unserer Route nicht aus – es wartet also ein »wilder Weg«!

Fast lotrecht ragt der Annalper Stecken vor uns auf.

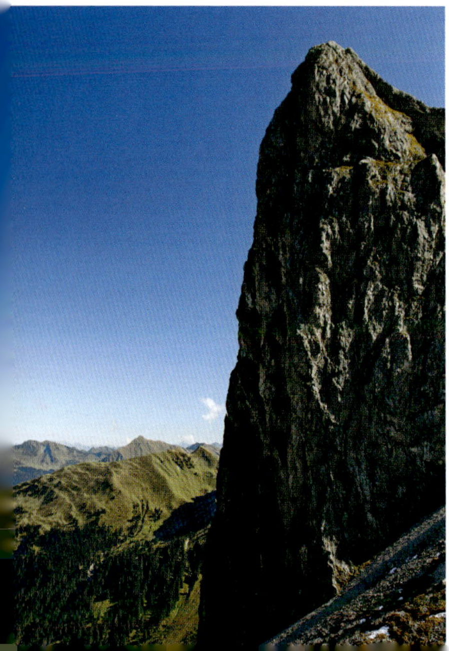

In südlicher Richtung folgen wir der Spur entlang der grasigen Krete über eine unbedeutende Erhebung hinweg auf den **Annalper Stock ❻**, 2043 m. Mit rund 60 m Höhenverlust stehen wir in der Einsattelung vor dem fast senkrechten emporschießenden Annalper Stecken, einem absoluten Blickfang der Gegend. Rechts von der Felswand ermöglicht eine steile Grasrampe mit brauchbaren Pfadspuren den Aufstieg zur Fortsetzung des Grates. Der **Annalper Stecken ❼**, 2124 m, kann von hier über die grasige Südseite per Abstecher erstiegen werden (Trittspur). Ansonsten geht es weiter südwärts über schmale Gratpassagen und eine schrofige Stufe auf den stumpfen Gipfelrücken zum **Grünen Gräshorn ❽**, 2201 m. Achtung, die Neigung ist nicht zu unterschätzen! Durch eine schwach ausgeprägte Senke wird schließlich der fünfte und

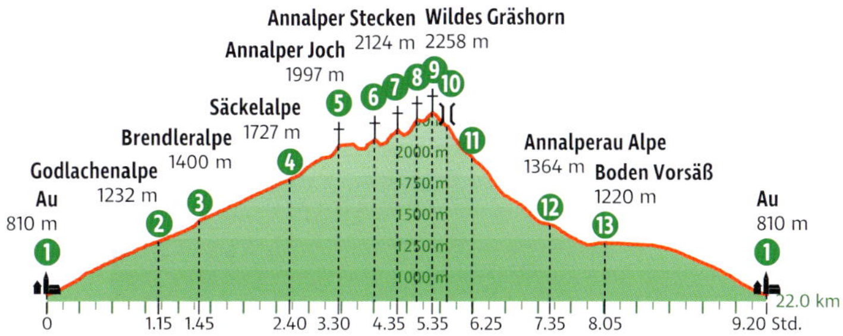

höchste Gipfel unserer Überschreitung angepackt: Wir erklimmen das **Wilde Gräshorn** 9, 2258 m, über seinen scharfen Nordostgrat, wo kurz vor dem Kreuz noch eine leicht knifflige Felspassage (I) bewältigt werden muss.

Im Abstieg müssen wir über diesen Grat zurück, um kurz vor dem Sattel rechts in die südliche Flanke abzudrehen. Schon von oben kann man dort eine Spur ausmachen, welche in die zwischen Gräshorn und Zitterklapfen eingelagerte Graue Furka 10, ca. 2150 m, hinüberzieht. Nun auf dürftigen Pfadspuren, aber immerhin von Farbzeichen geleitet, nach Osten durch den oben geröllreichen Kartrichter hinab. Auf ca. 1900 m trifft man auf die blau-weiß markierte Zitterklapfen-Route 11 und folgt ihr in vielen Windungen in etwas schrofigem, teils auch feuchtem Terrain tiefer. Zu einem Tobel schwenkt man scharf rechts ein, kreuzt diesen am Ansatz der Felsen und wandert mit dem Töbelejochweg schließlich hinunter in die Talsohle bei der **Annalperau Alpe** 12, 1364 m. Den Rest der Tour müssen wir wieder auf breiten Fahrwegen zurücklegen. Mit geringen Zwischensteigungen hinaus zum **Boden Vorsäß** 13, 1220 m, wo leicht erhöht die Bergkristallhütte zur Einkehr lädt. Dann weiter zur Gabelung unterhalb der Godlachenalpe und wie gehabt nach **Au** 1.

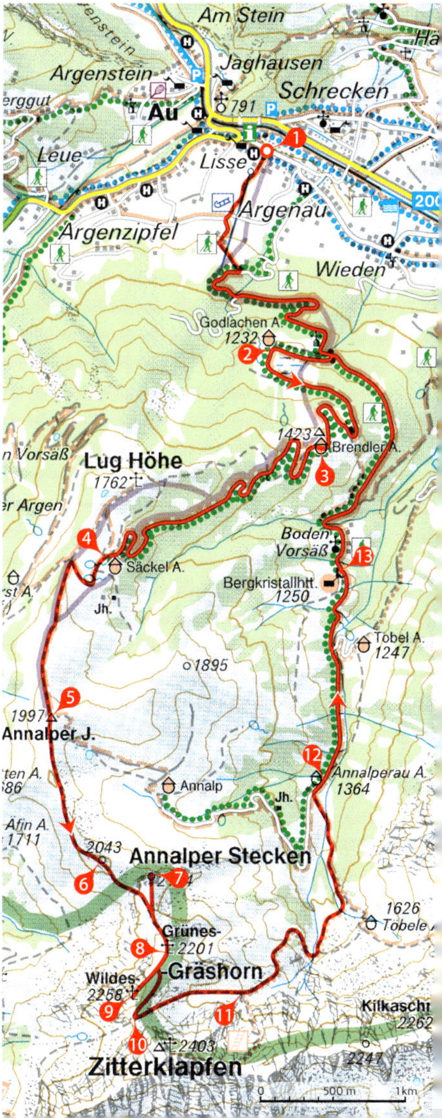

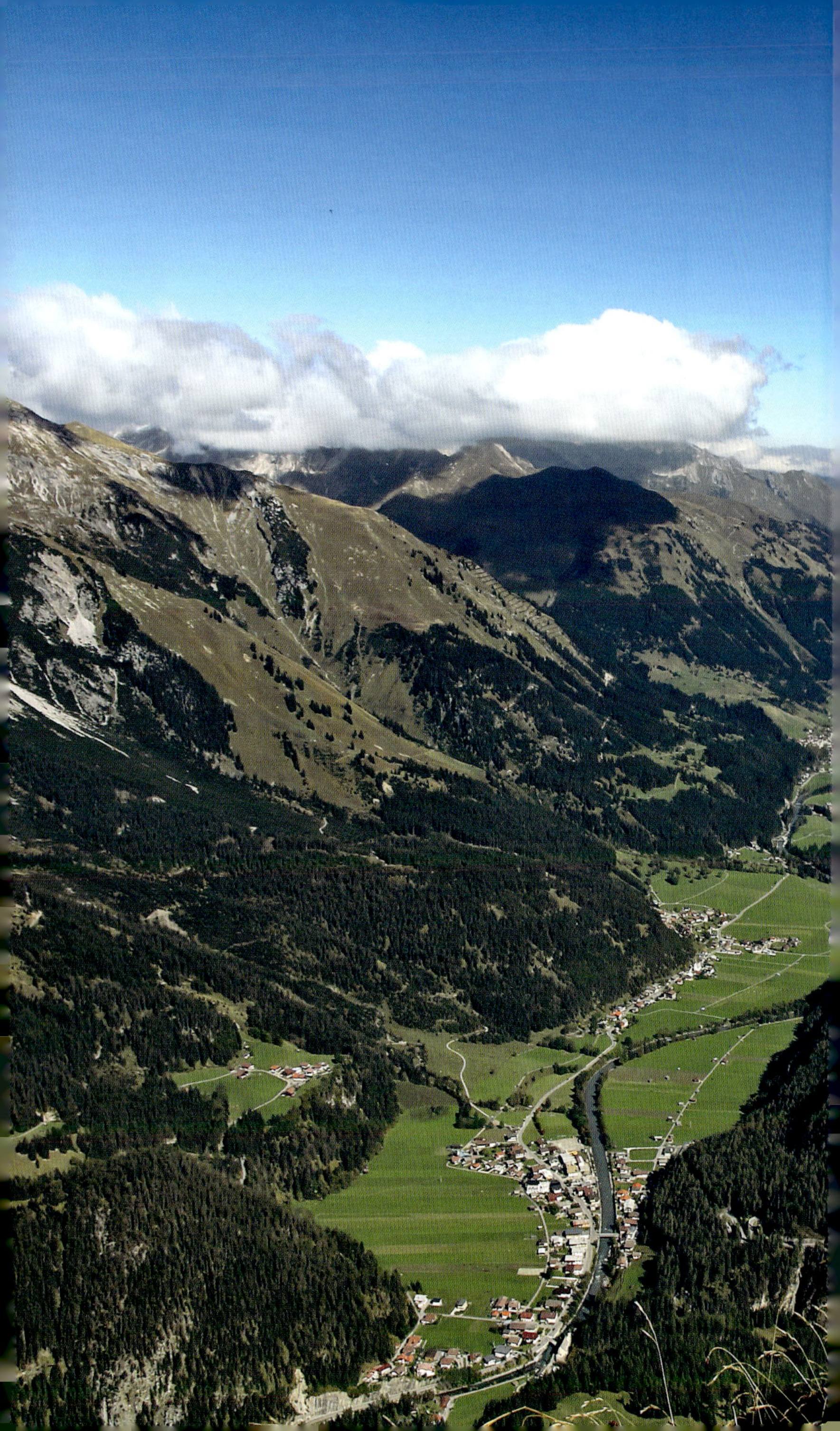

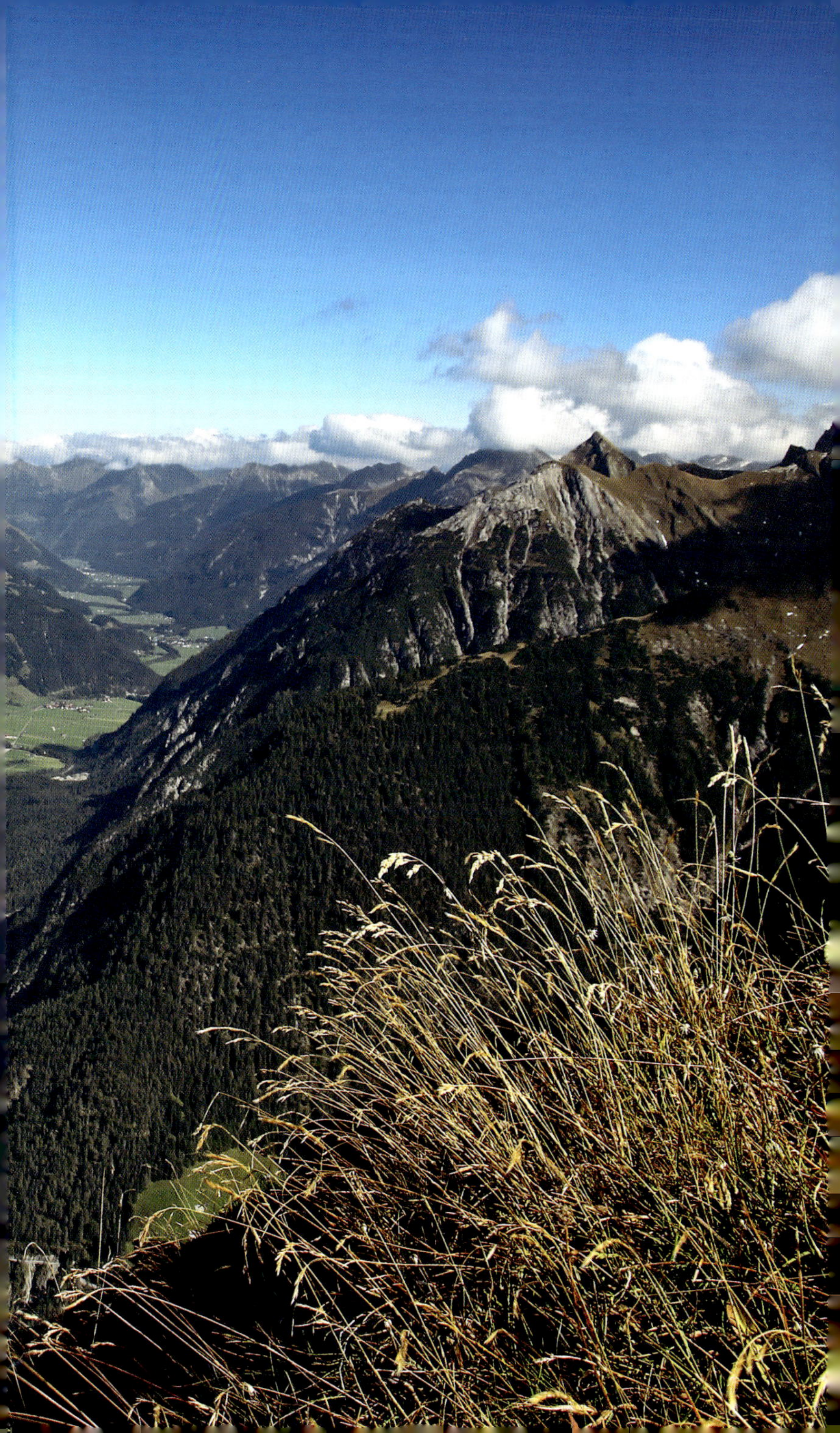

Stichwortverzeichnis

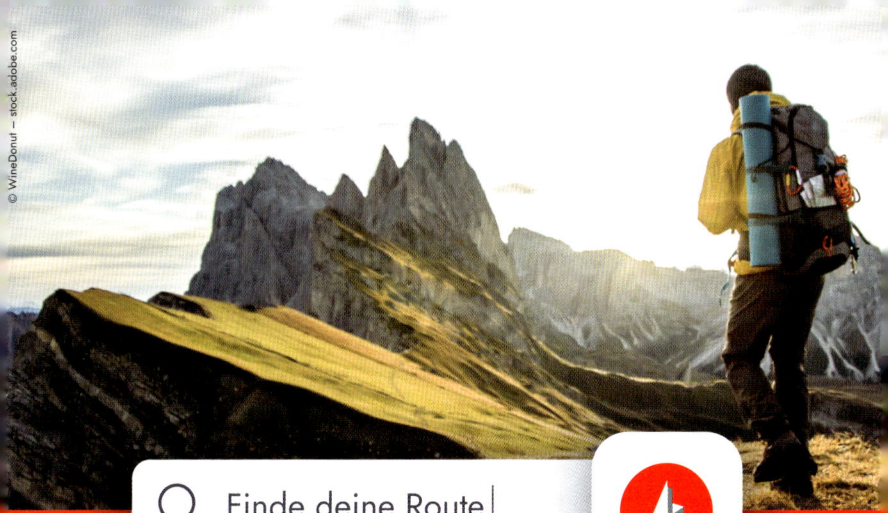

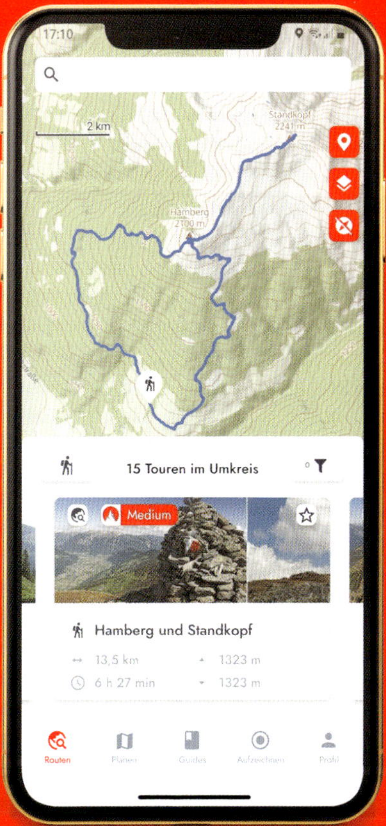
17:10
2 km
Standkopf
2241 m
Hamberg
2100 m
15 Touren im Umkreis
Medium
Hamberg und Standkopf
13,5 km
1323 m
6 h 27 min
1323 m
Routen
Planen
Guides
Aufzeichnen
Profil

Impressum

Umschlagbild: Kraxelei an der Fuchskarspitze (Tour 16).

Bild im Innentitel: Kulissenartig bauen sich die Allgäuer Bergkämme auf.

Bild Seite 2: Der Gufelsee, ein Kleinod in den Lechtaler Alpen.

Bild Seiten 20/21: Typische Lechtaler Berggestalten: Zwölferspitze (links) und Ruitelspitze.

Bild Seiten 210/211: Die Furche des Lechtals vom Pimig aus gesehen.

Alle 230 Fotos von Mark Zahel.

Der Autor: Mark Zahel, Jahrgang 1972, ist als begeisterter Bergsteiger und hauptberuflicher Buchautor intensiv mit Kamera und Notizblock im gesamten Alpenraum unterwegs. Über 40 Titel, sowohl großformatige Bildbände als auch Tourenführer, sind bisher von ihm erschienen, zudem viele Beiträge in Fachmagazinen, vor allem im »Bergsteiger«.

Kartografie: 50 Wanderkärtchen im Maßstab 1:50.000 sowie 2 Übersichtskärtchen im Maßstab 1:400.000 und 1:2.000.000

3., komplett überarbeitete Auflage 2022

ISBN 978-3-7633-3153-6

MIX
Papier aus verantwortungsvollen Quellen
FSC® C021956

Wir freuen uns über jeden Korrekturhinweis zu diesem Wanderbuch!
Bitte per E-Mail an: **leserzuschrift@rother.de**

ROTHER BERGVERLAG · Keltenring 17 · D-82041 Oberhaching
Tel. +49 89 608669-0 · www.rother.de